南阳汉画像与生态民俗

刘 克 著

學苑出版社

图书在版编目（CIP）数据

南阳汉画像与生态民俗/刘克著．—北京：学苑出版社，2008.6
ISBN 978－7－5077－3090－6

Ⅰ．南…　Ⅱ．刘…　Ⅲ．①画像石—研究—南阳市—两汉时代
②信仰—民间文化—研究—南阳市　Ⅳ．K879.424　B933

中国版本图书馆CIP数据核字（2008）第085856号

责任编辑：战葆红
出版发行：学苑出版社
社　　址：北京市丰台区南方庄2号院1号楼
邮　　编：100079
网　　址：www.book001.com
电子信箱：xueyuan@public.bta.net.cn
销售电话：010－67675512、67602949、67678944
印 刷 厂：北京通州京华印刷制版厂
开本尺寸：880×1230　1/32
印　　张：13.375
字　　数：320千字
版　　次：2008年6月北京第1版
印　　次：2008年6月北京第1次印刷
印　　数：2000册
定　　价：42.00元

目　录

自序　汉画像的生态美

美轮美奂的汉画像是历史留给我们的珍贵遗产。汉代特定的政治与文化背景对汉画像的价值取向产生了重要影响，自然力量的巨大和神奇使古代先民对自然一直怀着尊敬和欣赏的思想感情。这种情感既是汉画像走进自然，实现人的自然化的思想基础，也是汉画像孕育生态美的重要动力。汉画像的发掘出土，能够帮助我们厘清以前研究中的许多模糊认识，对于在学术视野中考察生态美学的哲学内涵、构建生态美学的理论基础，具有重要意义。

一、汉画像生态美的实质：人的自然化的审美表现

毋庸置疑，汉画像中蕴涵着丰富的生态内容，这些内容由于在性质、作用以及表现形式上所体现出来的比例、均衡、对称、节奏、韵律等形式美的总规律跟人们的生理结构和心理渴求存在着一定的对应和应和，因此，从审美对象的角度来看，汉画像的生态内容便具有了美的特质。在我看来，汉画像生态美对于形式因素的理解、吸纳和利用，是以荫先荫后，亦即是否有利于墓主及其家族的幸福生存为前提的，不仅祝愿死者在阴间永享幸福，而且慎终追远，让生者借此进行心灵的自我洗练。故而在形式上，它所吸纳的日月星辰、飞禽走兽等自然之美，无论是单体化的融人，还是系统化的构建，常常有意识地将谶纬之学、阴阳五行、风水地气、河图洛书等社会美的内容融合进它的逻辑结构，从而使汉画像生态美的

内涵中既具有自然美的善的因素,又具有社会美的真的成分①。在以物质生产为中心的社会实践中,人的本质力量直接含融在汉画像生态美的具体形式之中。

汉画像中的自然,无论是山川河流,还是草木虫鱼,都是跟人关系密切且同时有助于人快乐生存的"为人的自然",是人的本质力量的显现。受社会实践双向对象化特点所决定,人在与自然的和谐相处中和人在"人化"自然的过程中,也逐渐融入自然,变成了"自然"的人。即在将客观世界的"自在之物"实施人化而转化为"为我之物"的同时,从人跟自然之间的关系来说,人也在不断实现着自然化,具有了强烈的返本归元精神。当这种精神外化为各种感性形式时,汉画像的生态美便应运而生。

汉画像生态美是在自然的人化基础上产生的。人是自然的一部分,董仲舒《春秋繁露》云:"天、地、阴、阳、水、火、木、金、土,九与人而十者,天之毕数也。"②人与其他生命一道构成着自然界的博大和完整。自然离不开人类,人类更离不开自然。作为大自然的一员,尽管人类在自然精华的哺育下拥有了智慧的头脑,获得了改造自然的能力,能够依照自己的审美情趣和对自然规律的认识,对自然实施相应的改造,使自然变成人化的自然,但是,由于人跟自然之间所存在的这种本原性血肉联系,因而在人化自然的同时,其情感深处也在激荡着皈依亲近自然的浪潮。汉代是一个科学文化高度发达的时代,人类改造自然的能力较之以往任何一个时期都有很大的提高,人们已认识到牛去势后其躯体的能量将会得到最大的发挥。1982 年 4 月在南阳方城城关东汉初期画像石墓中出土了

① 刘克:《汉画像的审美文化意义》,《郑州大学学报》2007 年第 2 期。
② 董仲舒:《春秋繁露》,中华书局,1992 年版,第 88 页。

一幅椎牛图，图中戴尖顶帽的阉者左手抓牛睾丸，右手以利刃相割。相同内容还见于滕州汉代石祠堂画像。牛经过人的这种人化改造，性情变得温驯而便于役使，因而以往一直沿用的2牛3人的耦耕方式在东汉初年便普遍被2牛1人的耕作方式所取代，改造自然的效率得到了极大的提高。在山西平陆枣园村汉墓壁画、陕西米脂东汉画像石墓、江苏双沟东汉画像石墓中出土的都是2牛1人耕作方式的画像。犬为六畜之一，早在裴李岗文化时期，犬已被驯化成人类的忠实伴侣。它不仅能助人看家护院，而且能帮人狩猎。在长期的驯养过程中，犬的原始野性已被温驯机警和善解人意所遮蔽。《后汉书·宗室四王三侯列传第四》中曰："声色是娱，犬马是好。"[①]犬变成了人的宠物。犬为人所用的汉画像较多。南阳县英庄和南阳市王庄汉墓出土的田犬，为主人卖力地跟猎物鏖战，可视为替人狩猎的犬类翘楚；南阳市邓县长冢店和南阳市白滩汉墓出土的守犬，暴跳狂吠，可看作帮人看家护院的犬中模范。这些画像都形象地表现了牲畜人化后的具体情状。即便如此，我们也应看到，这种对于自然的改造也是建立在人是自然之子的基础之上的，面对这种物质对象变成人的本质力量的肯定和自然向人的需要生成，古人并没有陶醉于自然的人化，更无意强化这种人化，而是在人与自然的广泛联系中，时时不忘返本归元，于精神家园的深层召唤着人的"自然化"本性。人首兽身图像是汉画像中的荦荦大者，题材繁富，立象精妙，不仅神性偶像多与飞禽走兽和水生物错综拼接，使整个神祇世界变得光怪陆离，而且人也从自己所在的类中淡出，心满意足地走向与狞厉动物相结合的道路。这是古人对内心深处那种回归意识的独特展现，是在人们善的目的的基础上

---

① 范晔：《后汉书》卷一四，中华书局，1965年版，第557页。

对自然之真的着意强调。除此之外，在南阳市桑园东汉画像石墓，还出土了头戴三山冠的虎身人面兽画像石。[①] 在南阳市唐河县针织厂汉画像石墓中也出土了多个人首兽身共处一幅画像的画像石。[②] 在南阳市郊及其周边各县的汉画像石墓中还出现了"掌蒙熊皮，黄金四目，玄衣朱裳，执戈扬盾"并奋力驱鬼的方相士。这种奇肆瑰丽的人兽同体画像，表达了一种有意泯灭人类天地间独立存在的观念。对这种与自然相依相融情感的审美表现构成了汉画像生态美的精髓。视死如生观念是汉代人修造画像石墓的思想基础，他们往往将活着时渴望实现的或享用过的事物雕刻于墓室之内以慰死者和生者。建立在自然人化基础上的汉画像之于人的自然化强调，使人成为了既游离于自然之外能对自然进行改造的一个物种，同时又是一个通过将自然中一切物种的规律性内化而与自然和谐相亲、共生共在的物种。当人能认识到自己的双重角色并将这两种角色有机地结合起来去改造自然的时候，不仅他自己能够领略到"按照美的规律来建造"的快感，而且在他所改造的对象世界中，因为蕴涵了人的自然化因素，所以便有了生态美的新质。时刻顾念与自然的相融相亲，可有效防止过度开发自然的悲剧发生。

虽然人类作为万物灵长，但是，从根本上说人与世界万有皆为自然化育，都是自然之子，所以，他不能因此而从精神上抛却对于自然的皈依和依赖。在生态哲学看来，人类更不能自恃具有认识、掌握自然规律的能力而一味地对自然进行无休止的掠取和改造。

---

① 南阳市古代建筑保护研究所:《河南南阳桑园路东汉画像石墓》,《文物》2003 年第 4 期。

② 周到、李京华:《唐河针织厂汉画像石墓的发掘》,《文物》1973 年第 6 期。

古人对于人与自然共在共生、亲近和谐关系的重视，是汉画像形象地表现的基础。汉画像表达了一种与历史记载完全一致的美学语汇。这种设计，体现的不仅是一种生态环链思想，更是一种生态美中的人的自然化思想。对它们进行审美表现，也才是真正意义上的生态美。

在汉代，人们支配和改造自然的能力尽管得到了较大的提高，人们生活的条件尽管也得到了相应的改善，但是，不能因此而骄奢淫逸，更不能因此而养尊处优，缺乏自信。要有效承接早期先民骨子里那种原始的勇毅忍强、凶悍泼辣精神，自愿地、勇敢地寻找一切机会最大限度地释放自身的潜能以创造人间奇迹。人们不能够仅仅使用先进的工具以咄咄逼人之势创造开发出美不胜收的“人化的自然”，人自身也不能满足于从被自然支配和控制的状态中获得了一定程度的解脱，人们生命中理应保存有一定的原始野性，勇于进行各种勇的较量和力的角逐。否则的话，对于人类的长远发展是极为不利的。从人对自然的审美关系来说，此时更应该用那些原始朴野的本真化自然来对这一人性之痛进行匡扶。正是在这个意义上，汉代民间自觉主动地重新回到了昔日原生态的自然，汉画中出现了很多以徒手搏兽为题材的画像。这类不假利器而战胜凶蛮野兽的画像在各地广泛存在的事实，表现了汉代人在“人的本质力量对象化”面前对于人类自然生命所喷射的那种原生态气息的珍视与欣赏。这种不耗一刀一枪、不费一材一物的行为虽然充满血腥味，极其残忍，但是它有一股雄健的气势和审美感染力量，是人类旺盛生命力的自然展呈。无论社会文明发展到怎样的高度，理性得到怎样的加强，作为大自然之子，时刻不应淡忘骨子里的“自然化”，崇尚、眷恋原始自然并保持不使其丧真。从本质上讲，这是对人类生存之根的培养和加固，是对人的生命力的深入体验和领悟。这既是人与万物一气相通、一体相融、平等相处、和谐共存和规避毁灭性灾难打击的基本前提,也是人类在大自然中进行地位自我保持,克服理性困扰,拓展生命极限和获得人生欢乐的基本准则。“真在内者,神动于外”,汉画像以审美的眼光对人的这种天机自动、蓬勃茂盛之本真自然所作的审视,气势浩瀚,韵味深美,具有无穷的神性魅力。它既合乎自然的内在规律性,又与人们葬先荫后的善的价值追求相一致,构成了汉画像生态美的本质内涵。

二、情感本体:汉画像生态美生成的基础

人的社会化和人化虽然是一条汹涌澎湃、长流不息的巨川,无人能阻断或改变它那固有的运作程式和积储逻辑;人们的生活环境和生活方式中也虽然有种种非自然的暗潮在蠢蠢涌动,但是,在中国文化固有生态关怀和传统哲学天人合一理念中成长起来的中国人,其文化心理结构中那种根源于自然存在的情感本体总是会在关键的时候默默地“运气”、“发功”,推动着已经成为主体性存在的人重新回到自然,并把回归自然当作摆脱理性约束和纠正社会化、人化对人异化的温馨港湾。汉画像生态美的存在,就得益于这一情感本体的厚赐,是情感本体的“功”发“象”现。

汉画像石自然生态意蕴的繁盛与武帝之后社会文化转型有着密切关系。在汉代外儒内道的文化背景上,热爱并回归自然,追求纯朴自然、高远旷达境界,不仅与主流文化的政治宣喻和价值追求没有抵牾,而且也满足了世人急于挣脱政教束缚、重新回到自然之中的心理渴望。这种情感本体的确立,为孕育人的自然化和汉画像的生态美提供了动力和基础。于是,倾情于自然,呼唤人的自然

化，便成为汉画像生态美的重要主题。

自然万物在汉画像中所高奏的这些优美乐章，是古人基于情感本体对自然所表达的爱悦同情和亲近向往之情，是人对自然所作的审美表现。正是在这样的文化心理的作用下，走向自然，把自然界的山水草木作为审美对象便成为汉画像的一条根本的创作原则。车骑出行和丘山狩猎是汉画像的重要内容，形式多、场面大，在汉画像墓中相当普遍。面对汉画像中的车骑出行和丘山狩猎内容，论者多持死者生前生活反映说。毫无疑问，这种论述显然未曾触及汉画像审美的深层意蕴。艺术的作用是凭借情感来感染欣赏者，艺术虽然包含有认识的成分，但不能因此而将它的作用归结为认识。驰骋的原野和寄意的山林，既是情感的天地，也是灵魂的乐园，一年四季不论哪个季节，它在人的心目中都能引起不同的美感。郭熙《林泉高致·山水训》曰："春山烟云连绵，人欣欣；夏山嘉木繁阴，人坦坦；秋山明净摇落，人萧萧；冬山昏霾翳塞，人寂寂。"[①] 沈灏《画尘》亦曰："山于春如庆，于夏如竞，于秋如病，于冬如定。"[②]自然之景因节令不同会在人心深处勾起不同的情感共鸣。虽然自然美和生态美在实际形态上很难作出明晰的区分，但是从理论形态上看，生态美要高于自然美。在我看来，出行田猎类汉画像给人所带来的固然有自然美，但更重要的还是生态美。在汉代科技手段相对于今天极其低下的情况下，雕刻画像石尤其是雕刻诸如车骑出行和丘山田猎之类场面宏大的画像石，是相当费力费时的。古人之所以不计靡费地大量刻制此类画像石，重要原因就

---

① 郭熙：《林泉高致》，见《文渊阁四库全书》，台北商务印书馆 1983 年版，第 812—75/上页。

② 沈灏：《画尘》卷二五，人民美术出版社 1960 年版，第 43 页。

在于此类画像内容蕴涵着丰富的人性内容,比纯粹的自然美具有更多的创造性,因此古人更乐意把它当作安顿心灵的家园。出行田猎是自然与自由合一的境界。汉代人的这种审美观念既与汉代特殊的权利—语言—知识系统有关,也与当时崇尚老庄、回归自然的社会风潮有关。亲和于自然,人与天地万物同生共运,不仅能给希冀挣脱现实困扰的人以精神方面的根据,而且也能得到日渐与国家意识形态趋于一致的主流文化的认同。车骑出行和丘山田猎是人们出于孝心为亲人开设的一个自我玩味、自我安慰,类似于道家审美境界中的"虚空"的空间。世俗之中名缰利锁的步步进逼,难以高蹈远引,生活越来越不自然,灵魂经常处于痛苦和不安之中,有出行和田猎这些表现林泉之志、烟霞之侣的画像在侧,使亲人"不下堂筵而坐穷泉壑",以美启真,从而达到纠正社会之于人的异化和安魂宁魄的目的。有汉一朝,南阳特殊的政治文化背景,使这里出土的车骑出行、丘山田猎画像石比全国任何地区都多。在情感的作用下,汉画像成了既合目的性又合规律性的道德艺术,不仅具有理论的深刻性,而且还具有现实的针对性。这是对当时政治意识形态主导下的生活环境所作的"诗意裁判"。这种"裁判"中交融了人们的情感评价态度和认识。

如果说与自然的亲近以及自然对于人性之真的启沃和濡染使人类对自然产生了一种怜惜欣赏之情,那么,在这种感情的作用下,在行施生存权利时也要铭记权利的限度,不能肆无忌惮地破坏生态平衡。特别是当自然的人化达到一定的程度,人的身心伤痕累累的时候,人类更不应该淡忘自身之于自然应有的亲情和敬畏,了解自然在不同季节的不同特性,发现并创造自然的多个层次、多种形式的美。把怜惜与敬重当作处理人与自然关系的情感基调,与自然同乐,实现真正的天人和谐。精神世界和宇宙天地之间保持一种协调融通的关系,无论对人类还是对自然都大有裨益。汉画像立足于精神跟自然的感应、交流基础对人的自然化所作的这种审美展呈和建构,从人类所追求的理想境界和美的形态来说,就是实际意义上的生态美。

三、汉画像对生态美研究的价值

汉画像的价值除却本书论述的民俗价值外,还具有很高的生态美研究价值。

生态美是美学中的一羽俊鸟,她的啁啾呢喃引起了学界的广泛关注。但是,也应清醒地看到,由于生态美的研究目前还仅停留在一些理论问题的思辨上,因此除实证研究明显不足之外,关涉该学科自身深层问题的研究,诸如研究对象、研究方法和哲学基础等都尚未有过科学有效的阐释。刊刻生态内容的汉画像的大量出土,对于我们深入理解和研析上述问题将会带来一定启发。

首先,为生态美研究提供研究对象。生态美是研究生态之美的学说。由于过去仅把自然界的生态现象当成生态美的研究对象,这样就给人以生态美寄生于生态学或跟生态学争夺研究对象的印象。同时从生态美的内在学理上看,也不宜以生态学的角度来阐释和界定生态美。汉画像所呈现出来的多重蕴涵,特别是汉画像所体达的整体观、系统观与和谐观,将生态美的研究对象坐实为人与生态环境的和谐平衡关系。这样一来,不仅使我们当下的生态美研究穿越了狭隘的自然环境的局限,研究视域豁然开阔,而且使我们从学科性质上很容易就是否实现人与自然之间、人与社会之间和人与自身的精神世界之间平衡和谐来对何种生态美、何种生态不美作出准确判断。和谐的意思是融洽和友好,不是通常所理解的和平。汉画像生态美告诉我们，和谐并不仅指种群之间没有冲突。由于从人的自然化立场界定生态环境时纳入了自然生态环境、社会生态环境和人的精神文化生态环境诸因素，因此，汉画像所彰显的整体思维方式，是一种突出人的自然性，以人与社会、人与自然、人与文化间审美关系为中心的思维方式，对生命本源和生命本真存在的真诚呵护构成了汉画像生态美的基调。世界万有共同的生命本原使它们不仅具有密切的联系性和较多的同一性，而且使它们连接成环，即庄子所说的“天均”、“天倪”。在生物环链中，“人类任凭万物自然兴起而不人为地对其最初的生长进行改造，生化万物而不占有，帮助万物生长有所作为而不因此无限制地对万物施为，对万物的生长取得成功而不因此自居为万物的中心，正因为不自居为中心，人类应有的发展和地位反而可以保存而不失去”。[①] 在世界万有所构成的生物环链中，人类要认识到自己跟世界万有的相同性，在生物链的某一环上和万物彼此相依相扶，不游离于这个环链之外。但是，仅有这点还远远不够，因为人之所以为人而异于他物者，还在于人与世界万有相比存在着相异性。理性和意识是构成人与其他动物相区别的显著特征，他有欲望且能控制欲望，具有追求精神超越的天性。也正是这些成分的羼入，使人能够判断出自己和万物的行为是否会对生态环链的良好循环构成威胁，从而自行修正或实施必要的干预。在汉画像中，古人不仅通过丰富的想象在努力构画着自己美好的生活，而且还凭着自己的理性和智慧自觉对自然行施着维护的功能。人以自己的自然之力去调整生态，并把和谐当作追求的最高目的，这既是生态美的

① 曾繁仁：《老庄道家古典生态存在论审美观新说》，《文史哲》2003年第6期。

根本内容，也是人的生命活动本质和存在方式。

其次，为探求生态美的规律提供智慧方法。当代英美美学界以分析哲学方法界定艺术概念的学术实践和国内实践美学与后实践美学的激烈论争，不仅未能找到美学研究的出路，反而使美学研究陷入了无以自拔的学理困境。再加之突飞猛进的现代化进程所裹挟而来的环境污染、生态恶化、心灵扭曲和精神空虚，人们在生活的诸多方面，如在实现差异与统一、秩序与自由的完美结合方面和在化解、躲避因现实与理想背离而导致的心理疾患及可能出现的社会问题方面等，都向素以向人类提供诗意栖居为指归的美学提出了殷切的期待。在现实需要面前，有学者从生态环境的美感形式入手，研究人对于生态环境的审美观照，试图按照生态世界观为人类营造出和谐吉祥、诗意盎然、符合美的至上追求的生存空间。而另有一些学者则从生态学的整体性、系统性特质上受到启发，运用生态学的理论和方法研究生态美学中存在的问题，并试图以生态学、美学交叉之后所孳乳的新理论来解救当前美学之倒悬。这都是很有价值的理论建树。但也应看到，他们在可贵探索中对于主客二分思维方式的重新审视和对于人类中心文义的否定，尽管为美学研究走出学理困境的阴影找到了理论支点，也尽管为人们重新缔造诗意家园提供了新的思维方式，但是，它本质上还没有彻底摆脱二元论的制约。美学理论告诉我们，在二元论的世界观中，既不能实现灵魂的自由和精神的超越，也难以真正实现诗意的栖居。汉画像所彰显的世界观是一种天人合一的世界观，古人把人的自然化作为自己的审美理想，在他们眼里，不仅自然的人化及其过程是一种美，在人类改造自然的能力大为提高的前提下怀着对自然的钦敬和欣赏而不断亲近、回归自然，实现心物交融、物我两忘更是一种美。选择人的自然化和自然的本真化作为生态美学研究的切入点，由于有着中国“天人合一”传统哲学作基础，因此从这个角度进行生态美研究，不仅可以弥补实践美学在阐释生态美时所流露的粗疏，而且可以避免生态学方法解决生态美学中具体问题时的软弱和无力。汉画像从人的自然化和万物源本一体的大道浑一视角对生命存在境界所作的深长思考，对于到底该以怎样的方法去研析生态美学而言，能够带来很多切实可行的帮助。

最后，为生态美研究提供哲学基础。生态美研究究竟该有怎样的哲学基础不仅是生态美研究成为生态美“学”的充要条件，同时也是当今学界灵魂骛趋并竞相“说话”的前沿热土。生态美学的哲学基础究竟是什么？学术界尽管众说纷纭，却都没有抵达与这一厚重的学术研究相匹配的那个深处，要么停留于古代哲学层面，把传统哲学中的生态智慧当成是生态美学哲学思想的终极境域；要么是西方观念与形式层面的杂糅，将外国的存在主义、现象学和人类学等哲学思想当作生态美学的哲学基础。虽然这种哲学基础的确立表征了思维方式的转向，是人类抛弃人类中心主义的进步表现，但由于不是对于世界的独到理解，因此，这些挪用或嫁接的生态美哲学思想势必造成当前生态美学研究的先天性弱点。建立在这种哲学基础上的生态美学因有反人类的嫌疑，导致它所描绘的非人类中心主义无法在生活中实现。这是因为，以对象性思考为特点的理性具有超越意志的力量，在以理性为准则的社会中，人类不可能放弃理性，“对于理性的放弃就是对于生活本身的弃绝”，①人作为世间唯一具有审美能力和价值判断能力的动物，面对自然破败和生态危机，他们只会从自身利益的可持续发展出发接

① 吉登斯：《现代性与自我认同》，生活·读书·新知三联书店，1998版，第55页。

受生态中心主义中的合理成分,绝不会轻易放弃人类在地球上的中心地位而向万物齐一无别的生态中心转移,更不会接受绝对的自我生命与天然生机的交融为一。虽然“天人互相影响,互相决定”,但毕竟“由人决定天的意义更重。”[①]人是自然的灵长这一点不可能改变。生态中心主义论之所以遭人诟病和厚诬,其根本原因在于忽视了人类的基本生存权利。汉画像的哲学思想将人看成是自然的一部分,它虽不以人为目的,但正视人的权利及其存在理由。因此,它强调在自然的人化过程中人的自然性,以自然性为纽带让人跟世界万有既相互依存又相互制约,在讲求人伦安定有序和世界各方互惠互利的前提下协调人与自然的关系,并形成各种力量的均衡,以利于人类的繁衍和社会的可持续发展。在自然人化的同时不忘人的自然性的回归与保护,用对大自然和人的自然之性的精心呵护来纠正发达的理性给人类所带来的异化。在为自身的基础上强调生态和强调对于自然资源的合理利用。二元对立中二者必居其一的思维路向在汉画像的语境中因为违背古人的生态精神,因而是根本不存在的。呼唤人类在异化的世界里及时拣拾失落的人性,重新回到赖以生存的自然之根。这种独立完整的思想观念,形成了汉画像独特的内容和形式。汉画像告诉我们,除自然的人化之外,人的自然化和自然的本真化同样是美的重要表现形态,欣赏敬畏自然的思想是生态美学的核心思想。这样,从人的自然化视角切入生态美学研究,不仅能够顺利解决生态中心主义跟人的基本生存之间的矛盾,而且生态美学也真正成了关乎人类本质价值的学说,其“美”的形态也由此而能够成为人类追求的理想境界。汉画像的生态美价值是在人的自然化的基础上,强调

① 徐复观:《两汉思想史》,华东师范大学出版社 2001 版,第 141 页。

人要顺应自然,不胡作妄为违背自然本性的蠢事。其对墓室所做的“万物群生,连属其乡,禽兽成群,草木逐长”的人性化设计,是古人对生态社会的审美建构,把自己的整个生存向自然回归,让人的自然本性得到最大限度的释放。从美学上说,这种能够时时感受自然、融入自然的墓室环境设计,不仅是孝悌的体现,符合社会道德规范,同时也符合生态美学原则,在舒坦的生活中,满足了回归亲近自然的愿望。

总之,汉画像所呈现的生态美体现了古人对人类和自然命运的深切关注,为人们提供了与自然社会和谐相处的生态社会模型。人跟自然的关系不是相互对立的关系,而是在情感上亲近并从自然那里获得“天和”和“天乐”的关系。汉画像所展呈的朴素的生态美智慧,在与自然的本然联系中建造精神家园的做法,不仅对于实现天地万物调适畅达、各得其所的社会发展有益,而且对于提升和拓展生态美学的研究地位和审美空间也具有重要意义。

导 言

南阳汉画像石是汉代贵族豪门崇尚厚葬的产物，因其刻画内容极为繁富，涵盖汉代文化生活的各个方面，所以素有“绣像汉代史”、“无韵之离骚”的美称。在汉代社会特殊的政治文化背景下，以早期民间信仰为题材的绘画、榜题、题记等，更成为南阳汉画像石中的大宗。作为一种在地下埋藏了两千年，躲过无数兵燹战乱洗劫的文化瑰宝，南阳汉画像石在赢得世人惊羡的目光的同时，也引起了学术界的广泛赞誉和越来越多的关注。特别是20世纪80年代以来，层出不穷的学术成果像一道道绚丽无比的彩虹将祖国学术研究的天幕装扮得姹紫嫣红、气象万千。许多著名学者在许多重要学术刊物或出版机构都发表、出版过思维光新、形制厚重的研究成果。无论是艺术分析抑或是内容考证都达到了前所未有的高度和深度。但是，也应看到，南阳汉画像石中的早期民间信仰生态意识文献还是一个新的研究领域，现有研究成果大多偏重于汉画像石本身的考察，相关资料的考察整理工作还相对薄弱、落后，目前出版行世供学术界研究的只是其中的一部分，还有相当大的一批不为外界所知。它们要么在汉画像石馆的库房里沉睡，要么在荒郊野外与枯草为邻，或被人从汉墓中掘出填到桥基和墙垣上充当建材，没能获得进入研究中国古代宗教和民间信仰学者的视野的机会，严重影响了南阳汉画像石中早期民间信仰内容学术价值的发挥。这样的汉画像石，据我们粗略统计，目前就已多达2405块，占到南阳汉画像石总量的70%以上。有必要对这些分布于南阳各地的汉画像石实施系统的钩稽、整理与研究。特别是那些过去因文献资料和研究方法受限而为学术界所难以界定、背后深隐丰富的早期民间信仰生态意识、具有重要学术价值的汉画像石，更需要进行深入的考察和认真的梳理。其实，从学术上看，随着民俗学、历史学、考古学和宗教学的发展，现在的研究基点已经具备了将这项工作再向前推进一步的条件。近年来，在学术界的支持下，依托南阳当地汉画像石堆积如山的便利条件，我们一边在大学课堂上讲授专题课"南阳汉画像与生态民俗"，一边也在这个大题目下出版和发表了一批学术成果，完成了一些国家和省部级的相关课题，由此而对南阳汉画像石中的优秀民间文化有了一些新的认识和想法，这些认识和想法便成了我们扩展、深化这方面研究的立意与思路。拙著《南阳汉画像与生态民俗》一书正是在这样的意义上，对上述方面实施的一次探索。

自从1866年德国生物学家海克尔(E·H·Haeckel)创立生态学之后，经过100年的发展，生态学研究的触角开始由自然科学领域延伸进社会科学领域，"生态学"这一学术名词也因为关注人类群体与周围环境的关系问题和人类文明的进程之类的内容而具有了自然科学与社会科学相结合的性质。与此同时，以民俗学为代表的人文社会科学也将研究的目光投向了生态环境与人类文化发生发展的关系上面，并在人类社会和社会风习是适应特定环境条件的产物的看法上达成共识。两大研究领域的交叉，催生出一大批从生态学角度探索人类文化的优秀成果。

南阳汉画像石丧葬习俗是一种民众自己创造、人人传习、用以自我教化的文化现象，是特定历史阶段政治、经济、文化、生态的生动反映和民众信仰方式、信仰传统、信仰行为的真实表现，其图象的表面虽然看不到丝毫的生态色彩，但从生态学的角度考察，这些图像都深刻地折射着人与自然、人与社会、人与人之间的密切关系。同时，这些信仰图像都是一定自然环境下万物生存、发展状态的写照，每一幅图像以及这些图像所代表的民俗原生态，都和生态学的许多重要课题有着深层次的联系，其背后都蕴涵着丰富而生动的生态内容，它们对于正确评估和深刻认识人与生态环境的关系而言具有重要意义。因此，我们有理由把南阳汉画像石中所反映的信仰民俗，称之为生态民俗。

对南阳汉画像石文物中早期民间信仰生态意识文献进行科学系统的钩稽、梳理、归纳和研究，在我们看来，具有一定的重要意义。首先，可以为学术界科学研析早期宗教制度史、宗教社会史和深入认识民间信仰与早期民间宗教、传统宗教的关系提供大量珍贵翔实的原始资料；其次，从传统文化的视角，透视民间文化育成南阳汉画像石时代性内涵的作用，揭示儒、释、道诸家精华之于南阳汉画像石生态意识的血肉联系及在擢拔人的审美素养、全面提高人文素质上的独特功能和深远意义。

第一章　汉画像石产生的条件

汉画像石固然是一份耀眼的辉煌,但这份辉煌的产生不可能游离开汉代南阳的文化富藏。南阳汉代优越的文化环境、自然环境、政治环境和经济环境,为画像石及其信仰内容中生态意识的诞生、发展备下了一张不错的“产床”。

一、悠久的历史文化

南阳,物华天宝,人杰地灵,具有十分悠久的历史文化传统。如果我们把这种文化传统喻作一部波澜壮阔的多幕剧的话,那么,南阳地区南召县云阳镇杏花山晚期猿人(直立人)遗址所活动的距今50余万年的南召人,[①]也即与猿类相揖别、“正在形成中的人”,便是这部悲壮戏剧的序幕。南召人和距今200万年左右的四川巫山人、距今170余万年的云南元谋人、距今80余万年的陕西蓝田人、距今50余万年的北京房山县周口店北京人等一起,共同奠定了中国古文化的发展基础。南召人在南阳大地上的繁衍生息,以自己的聪明才智和辛勤劳动,为南阳,为祖国创造了光辉灿烂的文化和文明。新石器时期,南阳地区的人类活动更加频繁,生产生活的种类和样式更加丰富多样。从南阳业已发掘的102处新石器时期文化遗址,如淅川县黄楝树遗址、淅川县下王岗遗址、淅川县双

---

① 杨育彬、袁广阔:《二十世纪河南考古发现与研究》,中州古籍出版社,1997年版,第155页。

河遗址、淅川县马坡遗址、淅川县李家庄遗址、淅川县雷咀遗址、南阳县黄山遗址、镇平县赵湾遗址、社旗县茅草寺遗址、南召县二郎庙遗址、西峡县杨岗遗址、新野县凤凰台遗址、桐柏县陡坡遗址和内乡县小河遗址等出土的磨制、打制石器、日用陶器和水稻、渔猎印痕来看,长江文明和黄河文明的杂糅互融在使这些遗址显现出仰韶文化、屈家岭文化和龙山文化叠压交并的特征的同时,也促使人们的日常生活生产、畜牧饲养和手工制作等具备了一定的规模。①

夏时,南阳为夏王国统治的中心地区,不光"颍川,南阳,夏人之居也"②"邓为禹都",③邓州(为南阳所辖)还是夏的都城。从与邓毗邻之地二郎庙、下王岗、马圈王等夏文化遗址所出土的大口樽和澄滤器来看,颇具二里头黄河文明的特征。由夏至商,盘庚弟小乙之子武丁为了"奋伐荆楚",曾以南阳为前哨阵地。为此,在夏的基础上,商代南阳的政治地位得到了极大的加强,农业和手工业等各个方面得到了长足发展。南阳市东北5公里处的十里庙商文化遗址所出土的农具、武器以及冶铜的坩锅和铸铜的陶范,均在当时处于全国的领先地位。

南阳在西周时被世人称为"申吕之国"。今南阳西郊15公里处即为周初吕尚先祖的初封之地吕国。《史记·吕太后本纪》、"正义"、"括地志"云:"故吕城在邓州南阳县西三十里,吕尚先祖封。"④考古发现数以百计的西周时期的聚落遗址。周宣王时,于今

---

① 向绪成:《中国新石器时代考古》,武汉大学出版社,1993年版,第201页。

② 司马迁:《史记》卷一二九,中华书局,1959年版,第3269页。

③ 杜佑:《通典》卷二五,中华书局,1988年版,第50页。

④ 司马迁:《史记》卷九,中华书局,1959年版,第402页。

南阳市唐河县西北的谢邑分封申国，[①]于今南阳市唐河县东南分封唐国。[②] 它们和南阳境内的谢、应、邓、都等国一起，在军事、政治和文化的发展上发挥着牵制约束相邻楚国的作用。由于这种分封实质上是一种军事殖民，所以，经过百余年的拓殖、建设与开发，南阳的经济文化实现了质的飞跃。在南阳市北郊独山山麓红旗砖瓦厂发掘的申国贵族墓葬中，陪葬十分丰富，出土的文物中不仅有铜制鼎、盘、马镳，还有铜制的簋和刻有 45 字铭文的铜簠。代表了南阳文化发展的水平。

春秋之际，战乱频仍，世事维艰。南方楚国经过一番筚路蓝缕的艰苦奋斗，壮大之后，眼羡于这里的沃野平壤和江河之便，约在鲁庄公元年（前 688 年），北扩灭掉了申、吕等国而占据了南阳，命名为宛邑，并且相继在南阳盆地这一"方城"之内设置申（今南阳市）、吕（今南阳西）、叶（今叶县南）、析（今西峡东北）、湖阳（今唐河南）、上都（今西峡西）和武城（今南阳市北）等县邑，将之建设成楚国经济文化的中心和北望中原的桥头堡。

赧王姬宜延十一年（前 303 年）韩国夺取宛邑。

秦昭王十六年（前 291 年），据《史记·秦本纪》记载，"左更错取轵及邓"。[③] 秦昭王二十四年（前 283 年），"秦与楚王会鄢，又会穰（按：今邓州）"。[④] 秦昭王三十五年（前 272 年），秦置设南阳郡，治所宛，并设宛县。

---

① 徐少华：《周代南土历史地理与文化》，武汉大学出版社，1994 年版，第 115 页。

② 石泉：《古代荆楚地理新探》，武汉大学出版社，1988 年版，第 85－103 页。

③ 司马迁：《史记》卷五，中华书局，1959 年版，第 212 页。

④ 司马迁：《史记》卷五，中华书局，1959 年版，第 212 页。

在春秋至秦这一漫长的历史中，虽然历代王朝的更迭和社会政治的变幻层出不穷，昨是今非，但是，南阳以及生活繁衍于斯的广大民众，以其勤劳朴实的品性，凭借中原文化和荆楚文化交接地带这一特殊的区位优势，创造出了彪炳史册、泽被后世的灿烂文化。20世纪70年代，我国考古工作者在南阳的淅川下寺楚国墓葬群中，一共成功发掘20余座春秋楚国墓，出土数以万计的珍贵文物。这其中仅出土的青铜礼器、乐器、车马器、兵器、石器、玉器、贝币、工具等就超过了7000件。用失腊法铸造出来的铜禁为我国首次发现的长方形礼器，具有很高的学术价值。出土的铜编钟是有史以来国内考古出土春秋时期编钟数量最多、音响效果最好的编钟。出土的钮钟，经科学测试，音阶准确，音色优美。装饰在鼎上的透雕兽头和装饰于铜盏足部、身部的卷帘状兽头，系中国青铜冶炼铸造史上发现的较早利用失腊法铸造的配件，显示出先秦南阳铸造工艺技术的高超与发达。青铜器和乐器上雕刻有大量铭文，字体多变，内容丰富，显示出南阳人早期较高的礼乐文化素养。

汉袭秦制，仍置南阳郡，郡治宛。

"南阳"一词，既是对该郡所处方位的指代，又是对该郡地貌特征的概括。夏时将中国分为九州，豫州居其一，位于黄河中游，素有"中国"、"中州"之称。南阳在中州之南，故有"南"字一说。另外，南阳与"中国"之间，横亘着一条长达800里的伏牛山，南阳居于此山南麓和汉水之北。从传统习惯来说，"山南为阳，山北为阴"；"水北为阳，水南为阴"。南阳所处方位和地望，均为阳地，因此，东汉刘熙所撰《释名》之《释州国》中云："南阳在中国之南，而居阳地，故以为名也。"①《元和郡县图志·山南道二》亦曰："秦昭

① 刘熙：《释名》，上海古籍出版社，1984年版，第125页。

襄王取韩地，置南阳郡，以在中国之南，而有阳地，故曰南阳。”[①]作为一个区域之名，宋代司马光出于“鉴于往事，有资于治道”目的而编撰的编年体通史《资治通鉴》，也为南阳的历史文化研究提供了较系统、完备的资料。作者在该书的《周纪五·赧王四十三年》中写道：“秦置南阳郡，以在南山之南，汉水之北也。”[②]对于南阳一词的这一基本内涵，清代张嘉谋校注的《明嘉靖南阳府志校注》中也有明确的记述：“周为申伯国，春秋属楚，战国属韩，秦取韩地于汉水之北，洛阳颍川之南，置南阳郡治宛，以其在中国之南，居方城汉水之间，故曰南阳”。[③] 清时的“方城”不同于春秋时南阳盆地“方城内”这个别称，而是指南阳郡治宛城东北的方城县（汉时称裕州）。明嘉靖南阳府志校注的这条记载也充分说明秦开始置南阳郡时即是以南阳的地望特征来命名的。

西汉之际，南阳郡辖 36 县（汉画像石墓分布于其中的 23 个县），是号称“人民众，蓄积多”的“大郡”。[④] 东汉沿袭西汉旧制，南阳郡辖 37 县（汉画像石墓分布于其中的 25 个县）。南阳郡因为是光武帝刘秀的发迹之地，虽然仍归属于荆州刺史部，但“帝乡”、“南都”的特殊背景，使这里成了皇亲、国戚、王侯、富商们的依附汇聚之地。据记载，东汉时有 5 位皇后、1 位贵人出自南阳，7 人被封为公主，钦封的列侯也多于西汉。[⑤] 出于这样的原因，一方面，当时的

---

① （唐）李吉甫：《元和郡县图志》卷二一，中华书局，1983 年版，第 330 页。

② 司马光：《资治通鉴》，中华书局，1956 年版，第 21 页。

③ 张嘉深：《明嘉靖南阳府志校注》，南阳地区史志编纂委员会总编室翻印，1984 年版，第 35 页，现藏南阳师范学院图书馆。

④ 司马迁：《史记》卷八，中华书局，1959 年版，第 359 页。

⑤ 范晔：《后汉书》，中华书局，1965 年版。

南阳“王侯将相第宅相望”、“田宅逾制,他郡邑不敢为比”;另一方面,政治、经济、文化也盛极一时,成为都城洛阳的陪都,不仅所辖范围空前扩大,而且人口也急剧增加。据《后汉书·郡国志》载,南阳郡在西汉时辖三十六城,东汉时则辖三十七城,“户五十二万八千万五百五十一,口二百四十三万九千六百一十八”,[①]到处呈现出一派欣欣向荣的繁荣景象。

二、繁荣的工商业

南阳郡层峦叠障的山地和连绵不绝的丘陵,不仅生长着茂密的森林植被,而且还埋藏着丰富的铁矿和铜矿。冶炼所需燃料和原材料的充沛与丰盈,使这里早在战国时期,便成为闻名遐迩的冶铁铸造中心。当时探明的富铁矿,据《山海经·五藏山经》记载,全国共有 37 处,属于南阳郡的就有两处:“帝囷之山”,和“免床之山”。这两座山脉,不是“其阴多铁”,就是“其阳多铁”。[②]“帝囷之山”在今泌阳和南阳之间,“免床之山”在今嵩县和南阳之间,丰富的地质储藏为南阳的冶炼业提供了充足的原材料。除此之外,在南阳盆地内的方城(今方城境内)、雉县(今南召境内)、复阳(今桐柏县境内)、郦县(今内乡县境内)、博山(今淅川县境内)、析县(今西峡县境内)、丹水(今淅川县寺湾乡一带)还分布着多达四五十处的矿点。这种景况,在全国各地都是不可多见的。南阳冶铁中心的地位极大地促进了铁器在生产生活中的广泛使用,高超的冶炼水平也使得南阳的铁制产品搏得了世人如潮的美誉。《荀子·议

① 范晔:《后汉书》卷一一二,中华书局,1965 年版,第 3475 页。

② 袁珂校注:《山海经校注》,上海古籍出版社,1980 年版,第 25 页。

兵篇》云:“宛钜铁钝,惨如蜂虿。”[①]《史记·礼书》也用“轻利剽遬,卒如熛风”[②]来形容南阳所造兵器异常锋利的特征。社会的交口称赞,极大地推动了南阳铁器向全国输出的进程。《史记·苏秦列传》中苏秦说韩宣王曰:“韩卒之剑戟,皆出于冥山、掌溪、合膊、邓师、宛冯、龙渊。”[③]宛冯,因宛人于冯池铸剑而得名。[④]

西汉初期,刘汉皇朝以黄老思想为治国纲领,推行“休养生息”政策,允许商人经营冶铁。原籍魏国的孔氏家族,在被迁到南阳之后,百余年时间,不仅靠经营冶铁成为南阳郡的巨富,而且其后裔孔仅,凭借自己高超的冶铁技术和管理才能,也被武帝刘彻委以大农丞的重任,直接管理全国的盐、铁、农三大支柱产业。既富且贵,一时成为民众效仿的对象。《史记·货殖列传》对此有这样的表述:“宛孔氏之先,梁人也,用铁冶为业。秦伐魏迁孔氏南阳。大鼓铸,规陂池,连车骑,游诸侯,因通商贾之利,有游闲公子之赐与名。然其赢得过当,愈于纤啬,家政富数千金,故南阳行贾尽法孔氏之雍容。”[⑤]

尽管孔仅在大农丞的位置上干了只有十余年的时间,但他所制定的关于发展冶铁产业的措施和规章,极大地促进了南阳冶铁业的发展,保持和巩固了南阳在全国冶铁领域的领先地位。

依据“依山川,近铁炭”[⑥]的选址原则,汉代的冶炼遗址大多都分布在南阳盆地周边的山区。具体情况见表 1－1:

---

① 《荀子》,北京古籍出版社,1956 年版,第 105 页。
② 司马迁:《史记》卷二三,中华书局,1959 年版,第 2251 页。
③ 司马迁:《史记》卷六九,中华书局,1959 年版,第 2015 页。
④ 杨宽:《战国史》,上海人民出版社,1987 年版,第 45 页。
⑤ 司马迁:《史记》卷一二九,中华书局,1959 年版,第 3124 页。
⑥ 桓宽:《盐铁论》,王利器校注,中华书局,1992 年版,第 108 页。

表1－1 汉代南阳冶铁作坊(遗址)地理分布一览表

序号	冶铁遗址名称	所在朝代	县属	遗址面积(m^2)	所处位置	文献来源
1	桐柏毛集铁山庙冶炼遗址	西汉	复阳县(现桐柏县)	4万	毛集镇铁山村与园岗村之间	河南省文物研究所、信阳地区文物科:《信阳毛集古矿冶遗址调查简报》,《华夏考古》1988年第4期
2	桐柏黄小庄冶炼遗址	西汉	复阳县(现桐柏县)	3万	黄岗乡黄楼村黄小庄	国家文物局:《中国文物地图集·河南分册》
3	桐柏大张陂冶炼遗址	东汉	复阳县(现桐柏县)	不详	桐柏张陂村	国家文物局:《中国文物地图集·河南分册》
4	南阳瓦房庄冶炼遗址	东汉	宛(现南阳市宛城区)	3万	南阳市北关	国家文物局:《中国文物地图集·河南分册》
5	桐柏县固县镇张畈冶炼遗址	东汉	复阳县(现桐柏县)	1万	固县镇张畈村	河南省文物研究所、中国冶金史研究室:《河南省五县古代铁矿冶遗址调查》,《华夏考古》1992年第1期
6	桐柏毛集铁炉村冶炼遗址	东汉	复阳县(现桐柏县)	4万	毛集镇铁炉村	河南省文物研究所、中国冶金史研究室:《河南省五县古代铁矿冶遗址调查》,《华夏考古》1992年第1期
7	方城赵河冶炼遗址	东汉	博望县(现方城县)	不详	方城县赵河村	河南省博物馆等:《河南汉代冶铁技术初探》,《考古学报》1978年第1期

（续表）

序号	冶铁遗址名称	所在朝代	县属	遗址面积（m^2）	所处位置	文献来源
8	鲁山西马楼冶铁遗址	东汉	鲁阳县（现鲁山县，汉代属南阳郡管辖，下同）	6万	董周乡西马楼村	国家文物局：《中国文物地图集·河南分册》
9	鲁山黄楝村冶炼遗址	东汉	鲁阳县（现鲁山县）	0.6万	仓头乡黄楝树村	国家文物局：《中国文物地图集·河南分册》
10	泌阳铁王冶炼遗址	东汉	沘阳县（现泌阳县，汉代属南阳郡管辖，下同）	不详	官庄乡铁王村	国家文物局：《中国文物地图集·河南分册》
11	泌阳上河湾冶炼遗址	东汉	沘阳县（现泌阳县）	1万	泌阳县上河湾村	国家文物局：《中国文物地图集·河南分册》

冶炼产业的繁荣也促进了冶铁技术与冶铁工艺的发展和提高。相对于全国其他重要的冶炼重镇，汉代南阳郡的冶铁水平是比较高的。炒钢技术产生于西汉末期，成熟于东汉中期。它在生铁受热呈熔化或基本熔化状态下加以炒炼，使之脱碳成钢。在方城县赵河村汉代冶铁遗址中发现了4座圆形炒钢炉。① 南阳市北关瓦房庄汉代冶铁遗址西汉文化层中发现熔炉4座，勺型鼓风机械基址1个，水井9眼，水池3个，遗物有熔炉残块，鼓风管残块，模范残块以及铧、镭、铲、镬、锛、斧、凿、钉、钩、杈、锥、刀、锤、鼎、熨斗、悬刀、剑等残破铁器。东汉文化层中的遗迹有熔炉5座，烘范窑3个，退火脱碳窑1个，煅炉9座，烧土槽4个，水井2眼，瓦洞3个，范坑3个和众多渣

① 参见河南省博物馆等：《河南汉代冶铁技术初探》，《考古学报》1978年第1期。

坑，遗物有耐火砖、鼓风管残块，熔炉残块，各种模范，浇口范以及铧、锸、镢、犁、耧铧、镬、铲、锛、锄、镰、斧、凿、钉、杈、锥、鼎、熨斗、齿轮、釜、炉、臼、烛灯、夯、筒形器、耙齿、纺轮、镦、刀、矛、镞、镳、环、圈、衔、钳形器、各种板材和各种条材等铁器。① 遗址中炒钢炉和散落的大量煅制工具、构件，说明炒钢技术已经得到普及和推广，它对于制作坚硬的工具具有十分重要的意义。另外，冶铜业也相当发达，南阳盆地内分布着多处汉代冶铜遗址。

除此之外，汉代南阳的铸铁柔化技术、熔炉的设计建设技术、铸铁脱碳成钢技术等都位于全国的前列，对后世产生了巨大的影响。据地方志记载，唐宋以后，特别是明清年间，汉代当年冶炼业发达的南召、桐柏、镇平、方城等境内，采掘业和冶炼业都极其繁荣。

冶炼业的蓬勃发展和冶炼工艺水平的极大提高，直接推动了南阳兵器业和“冶车诸器”手工业的发展。为加强对南阳官府所设手工业作坊和民间手工业作坊的管理，南阳早在西汉时期就设置有工官衙署。南阳为全国 9 个设置工官的地区之一。从出土文物来看，南阳工官的生产领域主要集中在矛、盾、刀、剑、镞、镳、镦、弩机等兵器与镬、锸、铲、锛、斧、凿、杈、锤、锥、熨斗、齿轮、釜、耙齿、耧铧、镢等农业和日常用具方面。南阳工官作坊不仅制造的品种多，而且生产规模也大。20 世纪 80 年代，在汉都长安城未央宫第三号建筑遗址内出土了大量南阳工官所造的铜弩机。这批弩机形制大，制作精，其中一件完整的弩机，通长 10.6cm，前宽 2.4cm，后宽 3.3cm，高 4cm。弩机上刻着“南阳工官第二千一百卅”、“南阳工官第二百一十”的铭文及编号。弩机上编号最大的为“第二千二百一十四”，最小的为“第五十

① 参见河南省文物研究所：《南阳北关瓦房庄汉代冶铁遗址发掘报告》，《华夏考古》1991 年第 1 期。

九”。[①] 其数量不亚于汉代以制造兵器名于天下的河内工官和关东诸郡工官。近年来,南阳工官作坊遗址的不断发现,也从另一个侧面证明了汉代南阳工官作坊具有规模较大、兼造品种较多的特点。南阳汉代工官作坊相关情况见表1-2:

表1-2　南阳汉代工官作坊一览表

序号	遗址名称	面积(万 m^2)	性质	所在地	文献来源
1	南阳瓦房庄遗址	2.8	兵器、农具、工具及日常用品兼造	河南省南阳市北郊	①班固《汉书》卷二八;②河南省文化局文物工作队:《南阳汉代铁工厂发掘报告》,《文物》1960年第1期;③河南省文物研究所:《南阳北关瓦房庄汉代冶铁遗址发掘报告》,《华夏考古》1991年第1期
2	鲁山望城岗遗址	70	兵器、农具、工具、陶器兼造	鲁山县城关南关	①河南省文物研究所、中国冶金史研究室:《河南省五县古代铁矿冶遗址调查》,《华夏考古》1992年第1期;②河南省文物考古研究所、鲁山县文物管理委员会:《河南鲁山望城岗汉代冶铁遗址一号炉发掘简报》,《华夏考古》2002年第1期

① 参见中国社会科学院考古研究所汉城工作队:《汉长安城未央宫第二号建筑遗址发掘报告》,《考古》1989年第1期。

（续表）

序号	遗址名称	面积（万 m^2）	性质	所在地	文献来源
3	镇平安国遗址	不详	农具、工具及陶器	镇平县城郊乡安国村	①河南省文物研究所、镇平县文化馆：《河南镇平出土的汉代窑藏铁范和铁器》，《考古》1982 年第 3 期
4	泌阳下河湾遗址	12	农具、工具及陶器	泌阳县马谷田镇下河湾村	①《河南日报》2004 年 11 月 3 日，《泌阳发现国内罕见冶铁遗址其发掘和研究将推动中国乃至世界冶铁研究进程》；②《大河报》2004 年 11 月 3 日《我国著名冶铁史专家李京华兴奋地尧起大拇指——泌阳“铁厂”堪称“国宝”》

除南阳的工官作坊在全国居于重要地位外，南阳的纺织业在我国的纺织领域中也占有重要地位，有着较大影响。南阳属亚热带气候，适宜种植桑、麻作物。据明朝嘉靖年间编修的《南阳府志·名宦》记载，桓帝时，刘宽任南阳太守，“教民种柘养蚕织履，生民之利”。[①] 桑麻的普遍种植，使以家庭为单位的麻纺织和丝织业得到很大发展，构成了汉代南阳自耕农经济的主要成分。漆器手工业以其骄人的业绩，受到世人的注目，《史记·货殖列传》中有“陈、夏千亩漆”[②]的记载，说明南阳漆及其相关手工业在秦汉时期就很发达。

---

① 参见明嘉靖《南阳府志》，现藏南阳师范学院图书馆。

② 司马迁：《史记》卷一二九，中华书局，1959 年版，第 3272 页。

南阳所处的地理位置，使得这里气候温和，雨量充沛，为生活在此地的世界万有提供了良好的生活生长条件。土地肥沃，森林茂密，动植物品种繁多。稻麦间作，一年可达三熟。雨量的充沛使得汉代的南阳河流纵横，漕运发达。淯水（白河）、泚水（唐河）、淮水、湍水、丹水等水系不仅为南阳提供了丰富的水利资源，成为农业丰收和发展的保障，而且为南阳与外界的沟通提供了发达的水陆交通。淮水发源于桐柏山麓，在东流的过程中先后与汝水、颍水、泗水相沟通；泚水、湍水在新野境内先后归入淯水，然后进入汉水。丹水亦归入汉水，再归入长江。远在战国时期，楚王的船只即可逆水而上，经汉水、淯水，然后到达南阳盆地的宛县（今南阳市区）、棘阳县（今新野前高庙乡）、新野县、西鄂县（今卧龙区石桥镇）、淯阳县（今南阳市区西北）、杜衍县（今南阳市西）和雉县（今南召县云阳）。自汉水可达于湍水两岸的安众县（今邓州汲滩）、朝阳县（今邓州刁河下游一带）、穰县（今邓州市区）、泗水两岸的新都县（今唐河东岸、唐河县西南部一带）、博望县（今方城县西）、堵阳县（今方城城关）和丹水两岸的南乡县（今被丹江口水库淹没）、丹水县（今淅川寺湾）、析县（今西峡县城关）、博山县（今被丹江口水库淹没）。漕运之繁盛，不要说陆路交通相对于现代而言极其落后的汉代，即使公路铁路已相当发达的20世纪70年代，白河、湍河、唐河之上的船舶亦可称得上是首尾相接、船灯交错，人声鼎沸。江南货物经汉水、泌河、堵水，可直达堵阳（今方城县）口岸。淮水流域的货物也可由滍水、沅水运到堵阳，然后顺堵水等水系抵于唐、宛。顺丹水逆流而上，可抵达今天的陕西商县。不仅如此，扬州、荆州等东南方的货物达宛后，还可以靠陆路向关中及黄河流域的洛阳等地流散，内地货物也可以顺此道而流散于江浙。在某种意义上说，南阳是长江、淮河水系伸入到中原腹地最远的地区，是东部、南部文化进入黄河流域的重要中转站。这些都为南阳商业文化吸纳八面来风，融汇南北风骨提供了得天独厚的条件。

南阳亦是陆路交通的枢纽，阡陌交通，四通八达，甚为通畅快捷。它北连汝洛，向北可直通洛阳。特别是东汉时期，由于帝乡的特殊背景，虽然这里西有武关，东有桐柏、方城之险，但宛洛之间一直都是通行条件最好的全国重点驰道之一。它西通关中，武关道由南阳西行，过武关、商洛，可抵达长安咸阳；它南控荆襄，经新野（今新野）、邓县（今襄樊市西北）、宜城（今宜城南）、当阳（今荆门市南）可直抵荆州，继续向南可到长沙乃至番禺。[①] 除此之外，鲁关道由南阳入方城，经鲁关（今鲁山县南），穿越伏牛山可抵洛阳，向东行过堵阳（今方城）伏牛山隘口，可达许昌，再过汝、颍河中上游，可达黄河中下游及其以北广大地区。[②] 东北行则可过陈、蔡而达于齐。由南阳出夏路向东南经汝水、颍水下游平原的颍焚、平舆、繁阳、沈、胡、居、鄵等地，可到达淮河流域一带。

南阳交通水陆交错，互为补充，发达的水陆运输网络，不仅使这里货畅其流，而且为商业文化的交流和传播提供了良好的条件，使南阳能够获得荟萃齐鲁、河东、荆楚、巴蜀、燕赵、西域商业文化的能力，从而融汇纳新、构建出南阳商业文化繁荣多姿的底色和品格。《史记·货殖列传》云："南阳西出武关、郧关，东受汉、江、淮，宛亦都会也，俗杂好事，业多贾。"[③]班固《汉书·地理志》也说此地

① 郭天江、刘振宇：《南阳的古代道路》，《河南交通科技》1996 年第 3 期。

② 王文楚：《历史时期南阳盆地与中原地区间的交通发展》，《史学月刊》1964 年第 10 期。

③ 司马迁：《史记》卷一二九，中华书局，1959 年版，第 3269 页。

“其俗夸奢,上气力,好商贾渔猎,藏匿难制御也。”[①]好商之俗使南阳商风炽盛,商业活动频繁,商品流散范围极广。例如,除上文提到的南阳生产的兵器在长安城里有出土之外,刻着“阳一”、“阳二”铭文的生产工具和生活用具近年来在新疆、陕西等地也多有出土。“阳一”、“阳二”是南阳所生产生产工具和生活工具的牌名,相当于今天的商品商标。南阳商品走向全国的事实,显示了南阳商遍天下的雄风。至迟在西汉中期以后,南阳已成为全国著名的商业都市。《盐铁论》云:“燕之涿、蓟,赵之邯郸,魏之温轵,韩之荥阳,齐之临淄,楚之宛、陈,郑之阳翟,三川之二周,富冠海内,皆天下名都”。[②]

南阳商品除通过四通八达的水、陆路输往全国各地之外,汉代南阳本地的商品贸易活动一般都是在市里进行。市就是官府为便于民众进行商品贸易而在城市中设置的专门区域,这种区域一般是固定不变的。根据商贸规模品种的大小多少不等,城市所设置市的数量也大小多少不等。郡县治所大多都设有市,从东汉哲学家王符《潜夫论》的论述中有“天下百郡千县,市邑万数”[③]之语来看,有些城市中的市还不止一处。依据汉制,管理市场贸易事务的官吏,称为市长或市令,规模大者为市长,规模小者为市令。王莽改制,将长安东、西市令和洛阳、宛、邯郸、临淄、成都5个城市市长改为五均司市。东汉时,鉴于南阳繁荣的商业经济,在宛又增设了交易丞和钱府丞。在此类官员之下,又设有市掾、市门卒、市啬夫等官吏,一同协助市长、市令管理市场。市掾、市门卒、市啬夫等形

① 班固:《汉书》卷二八下,中华书局,1962年版,第1654页。
② 桓宽:《盐铁论》,王利器校注,中华书局,1992年版,第31页。
③ 王府:《潜夫论》,上海书店出版社,1986年版,第15页。

象在汉代南阳画像石多有出现。如图1－1、图2－2、图1－3、图1－4所示。解放后，南阳市城区东关外小庄出土4块阴文"半两"青石质钱范，宛城东汉冶铜遗址出土3块郡国五株钱范，南召出土1块阴文五铢钱铜范，宛城区出土更始五钱范等，从另一个侧面说明

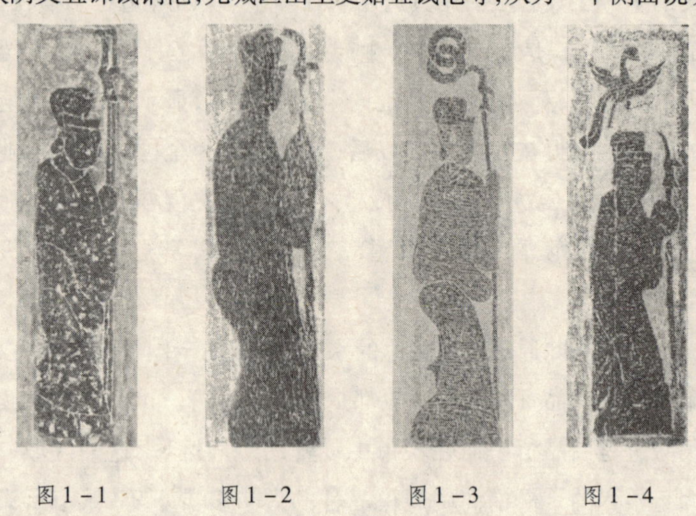

图1－1　图1－2　图1－3　图1－4

了汉代南阳商业繁荣和造币作坊众多。昭帝时御史大夫桑弘羊给予"商遍天下"[①]的评价，实不为过。需要明确的是，在中国历史上，商风强劲之地并不仅仅限于南阳，例如，与南阳比邻的河东地区，自古以来就商风强劲，《北史·常山王遵传附赞弟淑传》卷一五记载："河东俗多商贾，罕事农桑，人至有年三十不识耜耒。"[②]《晋乘鬼略》也载："太原以南多服贾远方，或数年不归。"[③]《雍正朱批谕旨》云："山右积习，重利之念，甚于重名。子弟俊秀者，多入贸易一途。其次宁为胥吏，至中才以下，方使之读书应试。"又说："山谷大

① 桓宽：《盐铁论》，王利器校注，中华书局，1992年版，第7页。

② （唐）李延寿：《北史》卷一五，中华书局，1974年版，第573页。

③ 《晋乘鬼略》，上海古籍出版社，1998年版，第37页。

约商贾居首，其次者犹肯力农。再次者谋入营伍，最下者方令读书。朕所知悉。”①乾隆《平阳府志》分析秦晋“扶资走四方”的经商之因乃在于“地狭人稠”，②不可不重商甚于重农。光绪《五台新志》云：“晋俗以商贾为重，非弃本而逐末。”③《阅微草堂笔记》：“山西人多商于外，十余岁辄从学贸易。俟蓄集有资，始归纳妇，纳妇后仍出营利。”④跟河东重商轻农不同，召信臣宣帝时任南阳太守，针对南阳好商之俗，晓之利害，劝农耕稼以“富以本业”。在他的倡导下，民风为之一变，民众基本能够做到农商并重。《史记·货殖列传》云：“秦、夏、梁好农而重民，三河、宛、陈亦然，加以商贾。”⑤这种跟晋地迥然有别的风习，一直流传到东汉。刘秀外公家为湖阳望族名门樊氏，《后汉书·樊宏阴识列传第二十三》说他“世善农稼，好货殖”。⑥甚至还有因农商互务致富而不愿为官为宦的。如宛人李通，“世以货殖著姓”，“居家富逸，为闾里雄，以此不乐为吏”。⑦富逸的日子和商业辐辏的地位不仅直接丰富了汉画像石的表现内容，而且还直接促使了南阳人口的急剧增加。南阳汉代人口情况见表1－3：

① 参见《雍正朱批谕旨》47册：雍正二年五月九日：“刘於文上奏，雍正朱批。”

② （康熙）《平阳府志》卷二〇，第317页。

③ （光绪）《五台新志》，第78页。

④ 纪昀：《阅微草堂笔记》，天津古籍出版社，1994年版，第215页。

⑤ 司马迁：《史记》卷一二九，中华书局，1959年版，第3270页。

⑥ 范晔：《后汉书》卷三二，中华书局，1965年版，第1119页。

⑦ 范晔：《后汉书》卷一五，中华书局，1965年版，第573页。

表 1－3　南阳郡两汉户口对比表

<table>
<tr><th>时代</th><th>县数</th><th>户数</th><th>口数</th><th>郡人口占
全国百分比(%)</th><th>文献来源</th></tr>
<tr><td>西汉</td><td>36</td><td>359316</td><td>1942051</td><td>3.24</td><td rowspan="2">①鲁西奇:《历史时期汉江流域农业经济区的形成与发展演变》,《中国农史》1999 年第 1 期
②梁方仲:《中国历代户口·田赋·田财统计》等</td></tr>
<tr><td>东汉</td><td>37</td><td>528551</td><td>2439618</td><td>5.1</td></tr>
</table>

从表中可以看出,汉家 400 余年的享祚历史中,南阳的人口总体趋势是上升的。在以小农经济为主体的封建社会,由于生产技术和劳动条件的原始落后,一个地区的经济发展与人口数量之间成正比关系。人口数量的增加,意味着生产的发展和经济的繁荣。反之,则意味着生产的倒退与经济的疲软。南阳人口由西汉 190 余万增加到东汉的 240 余万,是一种商业繁荣、社会富足的表现,的确是值得骄傲和自豪的。

三、发达的社会经济

南阳西汉时期兴旺的手工业和繁荣的商贸业,不仅为南阳营造了良好的社会环境,而且也给南阳带来了发达的社会经济。尽管在西汉末期和东汉初期这里曾经沦为战乱中心而备受战争铁蹄的践踏和蹂躏,但是,由于这里具有土地肥沃、河流纵横、气候适宜、交通便利和农商并重等优越的自然条件和人文环境,因此,兵燹战火的奔突并未使这一北起熊耳山,南止大洪山,西达武当山,东到桐柏山广袤盆地的社会经济一蹶不振。相反,在上述有利因素的共同作用下,经过数年的稍稍恢复和发展,便会迅速繁荣起来,照样成为全国重要经济区域中的一颗耀眼明星。研究汉代画像石中民间信仰的生态意识,我们觉得,不能忽视对这一深层问题的探究和考镜。

（一）完善的水利设施

汉代南阳郡虽然处于亚热带向暖温带的过渡地带，具有光照充足、热量丰富、四季分明和降雨充沛的气候特点，但是，由于此地属于典型的季风型大陆温润气候，降水量集中，降水量的月际变化往往很大，常常造成郡属各地旱涝不均。春、秋、冬三季降水一般偏少，常常造成旱灾。夏季降雨偏多，占全年总量的一半左右，因此，涝情严重。旱涝灾害为汉代南阳郡的多发性灾害，对农业生产和民众生命财产安全构成了巨大而直接的威胁。为改变这种局面，战国时期楚国即已在南阳修筑堰陂用于农业灌溉。[①] 秦时迁大梁孔氏入宛，之后不久该族即有修筑堰陂之举。规模虽然不大，但是对农业灌溉和冶铁而言，仍然起到了一定的促进作用。[②] 到了汉代，人们利用南阳盆地自西、北、东 3 个方向向中、南部倾斜及地下水丰富的地理特点，将河流、地下水等结合起来，形成了一个集排、蓄、灌诸多功能为一体的完整水利体系，有效地缓解了南阳郡内旱涝灾害的发生。

南阳汉代的水利工程分为两种，一为堰陂，二为水井。前者耗资巨大，一般为权贵豪民所建。后者耗资较少，适合堰陂水利网络波及不到的土地和财力有限的中小地主、平民建用。这些水利工程给工、农业生产和民众日常生活带来了很大的便利。

汉代统治者多有兴修水利之举。例如，汉武帝在关中就成功地修筑了龙首渠、白渠等水利设施。在封建专制社会，一代君主在

① 参见《水经注》。《水经注》中有“冠军县西北有楚碣，高下相承八里，周十里，方塘蓄水，泽润不穷”的记载。

② 参见明嘉靖《南阳府志》，现藏南阳师范学院图书馆。

某一项事业上的进退不仅关乎着某项事业的兴衰，其兴趣和偏好还可能给这个王朝创造新的传统。南阳郡形成的以水兴利传统，固然与该区自然环境有着极为密切的关系，但从本质上讲，与皇帝的个人的行为偏好不无关系。有道是，上有所好，下必甚之。自从武帝兴修水利之后，据《史记·河渠书》记载，“自是之后，用事者争言水利，朔方、西河、河西、酒泉皆引河及川谷以溉田”。[①] 在这股热潮的推动下，据《汉书·循吏传》记载，“好为民兴利，务在富之”的南阳太守召信臣，尽管“躬劝耕农，出入阡陌，止舍离乡亭，衡有安居时”，但仍“行视郡中水泉，开通沟渎，起水门提阏凡数十处，以广溉灌，岁岁增加，多至三万亩”。他在白水、湍水之上还主持修建了六门陂、召渠、钳卢陂等大型水利工程。由于民得其利，蓄积有余，故而“其行大化，郡中莫不耕稼力田，百姓归之，户口倍增，盗贼狱讼衰止。吏民亲爱信臣，号之曰‘召父’”。[②]

六门陂坐落在湍水之上，具体位置在今邓州市城关西1.5千米处的韩洼村。召信臣在湍水上筑坝，两边建造高大的围堤，形成蓄水库。《水经注·湍水》云：“湍水之迳穰县（按：今邓州市），为六门陂，汉孝元之世，南阳太守召信臣，以建昭元年断湍水，立穰西石堨，至元始五年，更开三门为六石门，故曰六门堨也。溉穰、新野、昆阳（按：应为朝阳[③]）三县五千余顷。”[④]“六门陂”又名“六门堰”、“六门堤”等，北宋乐史取古山经地志考正编纂而成的地理总志《太平寰宇记》卷一四二，邓州穰县“六门堰”条，这样写道：“在

① 司马迁：《史书》卷二九，中华书局，1959年版，第1414页。

② 班固：《汉书》卷八九，中华书局，1962年版，第3642页。

③ 参见龚胜生：《〈水经·湍水注〉“昆阳”正讹》，《中国历史地理论丛》1988年第4期。

④ 郦道元：《水经注》，上海古籍出版社，1990年版，第72页。

县西三里，拥湍水，亦召信臣所作也。”清代顾祖禹积20年之力撰著的《读史方舆纪要》卷五一南阳府邓州“六门陂”也写道：“在州西，汉召信臣为南阳守，以建昭五年，断湍水，立穰西堨石。至元始五年，更开三门为六石门，故号为六门堨。”①清官修地方总志《大清一统志》卷二一〇南阳府山川“六门陂”条则这样写道：“在邓州西，即今六门堤。”不管是六门陂、六门堰，还是六门堤、鹿门堤，也不管元始五年召信臣是否已死，但有一点应该肯定，那就是召信臣掀起了南阳郡水利建设的高潮。

钳卢陂在穰县东南60里处，亦为召信臣所建。《元和郡县图志》卷二一有这样的记载：“汉元帝建昭中，召信臣为南阳太守，复于穰县南六十里造钳卢陂，累石为堤，旁开六门，以节水势、泽中有钳卢玉池，因以为名，用广灌溉，岁岁增多，至三万顷，人得其利。”②钳卢陂遗址在今邓州市构林乡王堤村，据南阳地区水利局现场勘察，此陂现在南北仍然长达8千米，东西宽3千米，浇灌面积达24平方千米。③

东汉时期，面对废驰的陂堰，杜诗不仅予以疏浚整修，而且还继信臣之业，在任上又建造了诸如樊氏陂、邓氏陂、郑渠堰等大型水利设施。杜诗对于陂池的“修治”，使南阳郡的水利设施更加完善，为农业丰收打下了良好的基础。念其兴利除弊之功和勤政爱民之德，世人诵其为“杜母”。在召父杜母的带动下，南阳郡的庄园主也积极投身到水利建设的热潮当中，南阳的水利设施的数量和质量都得到了显著的提高。

---

① 乐史：《太平寰宇记》，台湾商务印书馆，1983年版，第10页。

② （唐）李吉甫：《元和郡县图志》，中华书局，1983年版，第101页。

③ 南阳地区水利局：《南阳地区水利志》，河南人民出版社，1986年版，第320页。

汉代南阳的水利工程见表1-4：

表1-4 汉代南阳水利工程一览表①

名称	今地	灌溉概况	承水	文献来源
六门堰	邓县西三里	溉穰、新野、昆阳(按为朝阳之误)三县五千顷。下结二十九陂,诸陂散流,咸入朝水	湍水	《水经·湍水注》
钳卢陂	邓县南六十里	召信臣所凿,灌田三万顷。钳卢玉池,赭阳东陂	朝水(今刁河)	《周地图》《南都赋》
玉池陂	南阳东四十五里玉池	承上右堰水	淯水(今白河)	《南都赋》
楚堰	邓县西北冠军	高下相承八重,周十里,方塘蓄水,泽润不穷	湍水	《水经·湍水注》
马仁陂	泌阳北羊棚湖	泉流竞凑,水积成湖,盖地百顷		《水经·沘水注》《水经·沘水注》
樊氏陂	新野西北瓦亭	陂东西十里,南北五里	朝水	《水经·淯水注》
堵阳坡	方城	东西夹冈,水相去五六里,右合断冈两舌,都水潭涨,南北十余里(有东、西二陂)	堵水(今唐河)	《水经·潕水注》《南都赋》
安众港	南阳潦河	(不详)		《水经·湍水注》
预章陂	新野襄阳界	下溉良畴三千顷许。	潕水	《水经·潕水注》
邓氏陂	新野西	(不详)	湍水	《水经·湍水注》

① 龚胜生:《汉唐时期南阳地区农业地理研究》,《中国历史地理论丛》1991年第2期。

（续表）

名称	今地	灌溉概况	承水	文献来源
无名陂	新野	东西九里，南北十五里，陂水所溉，咸为良沃	湍水	《水经·淯水注》
大湖	唐河南八十里湖阳	（樊重）能治田，殖至三百顷，陂波灌注。上承隆山水，其水周四溉		《水经·泚水注》
唐子、襄乡诸陂	唐河湖阳一带	（南长水）上承唐子、襄乡诸陂，散流也（散流是灌溉的表现）	泚水（今唐河）	《水经·泚水注》
醴渠、赵渠	唐河	自今唐河城附近引唐河南流至湖阳西与唐河支流汇	泚水（今唐河）	《水经·泚水注》
丹水渠（阿堤）	淅川	丹水原有沟渠引水灌田三十余顷，永寿三年（157年）七月壬午日被洪水冲垮，建宁元年（168年）二月陈卿召民修复，溉田二十余顷	丹水	丹水丞陈卿纪勋碑；《康熙南阳府志》卷六
上默河堰	内乡东	明嘉靖时溉田七十余顷。杜诗创建	清泉河	《南阳嘉清府志》卷四《陂堰》
斋陂	南阳西南	（安众港支渠）相传召、杜修		《光绪南阳县志》卷九《沟渠》
淯水四堰：		汉召信臣所置，灌田六千余顷	淯水	《读史方舆纪要》卷五一《南阳府》
上石堰	南阳北四十里	引白河达唐河，下段即今桐河		
马渡港	南阳东南八里	引白河至新野复入白河，即今溧河		
蜣螂堰	新野北	在白河故道上		
沙堰	新野北	在白河故道上		
豫山下三十六陂	南阳北独山一带	西汉召信臣、东汉杜诗、晋杜预作陂溉田		同上

（续表）

名称	今地	灌溉概况	承水	文献来源
上下陂堰	唐河	位于绵延河与唐河二水交汇处，也是西汉时较大的水利工程之一	唐河	南阳汉代史陈列馆
霞雾溪	新野北	治召伯兴水利，自厚庄望夫石之东开溪一道，引白水，南北纵贯六十里	白河	同上
郑渠	内乡	明嘉靖时溉田十余顷，杜诗创建	湍水	《康熙内乡县志》卷二《井堰》

在修造陂堰等大型水利设施的同时，汉代人或囿于财力，或因地块过小，或所处位置远离水利网络，而因地制宜地修建了一些汉垱，打造了一些水井，用以灌溉农田和供人畜饮用。这些小型水利设施在汉代的工农业的生产中都发挥了极其重要的作用。

（二）发达的农业经济

南阳冶铁业的繁荣和发展，为南阳农业提供了高效的生产工具。据李宗华、陈长山《南阳汉代冶铁》一书的统计，在南阳北郊瓦房庄汉代冶铁遗址出土的器物中，镢、耒、犁、犁铧、犁镜、耧铧、锄、镰等农具或农具配件占了相当大的比重。由于瓦房庄遗址乃是西汉和东汉共建且冶铸合一作坊，因此该遗址出土的农具及其配件不仅数量多，而且具有越往后工具的品种越多、质量越高的特点。据统计，西汉时的农具为48件，而属于东汉的农具则达到了472件。经检测，其中好些农具所用的韧性铸铁，已跟现代无本质的差别。① 由于铁农具“用

① 李宗华、陈长山：《南阳汉代冶铁》，中州古籍出版社，1995年版，第55页。

力少得功多”,“其功相什而倍”,[1]所以,铁农具的广泛使用,极大地提高了汉代农业的发展水平。

根据研究,铁农具在生产中使用方法不同,其发挥出来的功效也不一样。铁镬,呈长条形,形式简单,但装柄形式较多,一共可达5种,功能也多种多样。装直柄为耒,既是土工工具,也是点种工具。装歧头直柄的叫歧头锸,既是土工工具也是翻土的耕具。装成钩柄便是镬,用做挖土、翻土、播种。由于镬的功能如此多样,所以在汉代南阳农业中成为用量最大的工具之一。铁犁,呈牛舌形或三角形,底面平整,中央凸起成脊,銎部为三角形。犁镜为不规则的五角形。犁和犁镜配套使用,是当时先进的耕地农具。铁锄,是中耕除草的专用农具。东汉时锄板已被改造成了三角形或扇形,銎在锄板顶端,柄较长,柄裤呈圆筒形,锄柄与锄板的夹角小于90°,中耕除草时用起来十分方便,为汉代先进的农具。[2] 这些先进农作技术在农业生产中的应用,为农业的丰收提供了保证。

牛性驯、力大,用之于农业将会对生产的发展产生极大的促进作用。我国使用牛耕的历史虽然可以上溯到春秋时期,但使用范围较小。到了汉代,假牛事农才得到了普及推广。南阳郡汉代属于荆州刺史部管辖,据《史记·食货志》记载,汉武帝时,皇上曾命赵过向全国推广过“用耦犁,二牛三人”之法。[3]《史记·王莽传》也载,大司马司允费兴王莽天凤五年被拜为荆州牧。正月朔,莽问其治部方略,兴答曰:“兴到部,欲令明晓告盗贼归田里,假贷犁牛

---

① 桓宽:《盐铁论》,王利器校注,中华书局,1992年版,第150页。

② 李桂阁:《从出土文物看两汉南阳地区的农业》,《农业考古》2001年第3期。

③ 司马迁:《史记》卷二四,中华书局,1959年版,第1139页。

图 1－5

种食。"[①]虽然费兴后来被王莽免官,但这足已说明官府已经认识到了推广牛耕的必要性。20 世纪末叶,南阳出土了一通汉代《张景造土牛碑》,此碑为东汉桓帝延熹二年(159 年)所刻,碑文陈述了南阳人张景以家钱于府门外建劝农土牛、土人、犁耒等雕塑的全部过程。[②] 于府衙门前筑塑此等物件,在某种程度上反映了当时社会各界对牛耕的重视。图 1－5 为牛力耕车画像,1983 年 4 月从南阳县英庄画像石墓出土,位于东主室门楣背面。

生产工具性能的提高促进了南阳郡农业的快速发展,土地开发的速度越来越快。召信臣一面劝课农桑,一面大力开拓土地,"岁岁增加,多至三万顷。"杜诗踵事增华,在修堰治陂的同时也"广拓土田"。随着田地开垦数量的扩大,南阳人口数量也随之得到了提高,成为南阳汉代农业发展的有力佐证。

先进的农作技术、完善的水利设施、适宜的气候和肥沃的土壤,不仅使南阳汉代的农作物品种齐全,南北兼有,而且农业结构也不断趋于优化,形成了以水稻为主、旱作物为辅的农业生产模式。

水稻是南阳郡重要的农业种植作物。早在屈家岭文化时期,南阳就有水稻种植。淅川黄楝树遗址的烧土块中发现有稻秆和谷粒,并出土有加工稻谷的石杵和石臼。两汉时期,由于水利设施的

① 司马迁:《史记》卷九九,中华书局,1959 年版,第 4152 页。
② 杨育彬:《河南考古》,中州古籍出版社,1985 年版,第 301 页。

发达和完备，南阳水稻种植面积有很大发展。富豪地主占有大量"陂波灌注"的水田，西汉时水田达4万顷以上，人均两亩之多。东汉则更多。[①] 张衡《南都赋》中不仅生动地描绘了溪水"开窦洒流，浸彼稻田"的景观，而且还记载了东汉所种植的粳稻（秔）、糯稻（稌）和黄稻等水稻品种。[②]

粟，在南阳俗称谷子、小米。与此同类属的作物还有黍、稗、稷等，都是南阳汉代种植的重要旱地农作物品种。秬又叫黑黍，由于稃内含米两粒，故又叫重秬。《南都赋》中有"若其厨膳，则有华乡重秬"句。粟与麦、豆等作物一起，在汉代的南阳，都曾有大面积的种植，成为人们生活中的主食。《南都赋》中不仅形象地描写了南阳原野上"菽麦黍稷"蓬勃生长的喜人景象，而且还记载了"冬稌夏穱"这种冬糯稻夏穱麦，水旱轮作，一年两熟的生产民俗。

芋、葵、甜瓜、葫芦、藕、姜、芥和果品栗、枣、梨、桃、杏、梅、橙、橘、若留（葡萄）等都有种植。

图1－6

桑麻系南阳汉代广泛种植的经济作物，召信臣"劝民农桑"，[③]

① 周伟洲：《南阳蛮族的分布及其对长江中下游地区的开发》，载《古代长江中下游的经济开发》，三秦出版社，1989年版，第501页。

② 张衡：《南都赋》，见严可均校集：《全上古三代秦汉三国六朝文·全后汉文》卷三三，中华书局，1958年版，第71页。

③ 班固：《汉书》卷二八下，1962年版，第1654页。

图1－7

图1－8

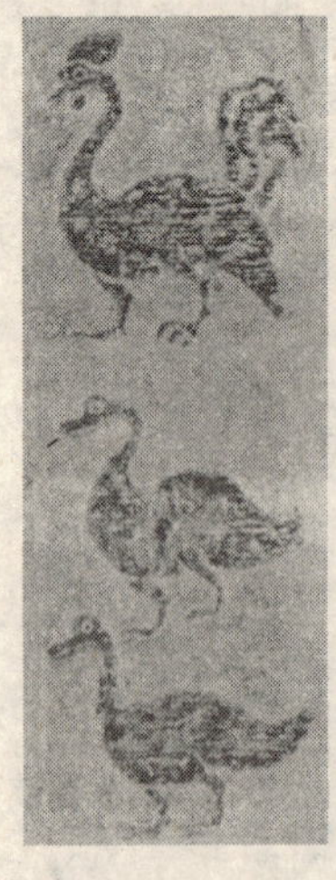

图1－9

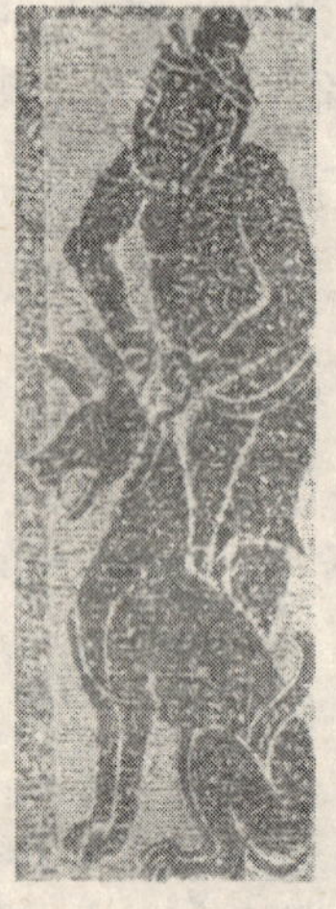

图1－10

刘秀舅父樊宏田庄也是“檀棘桑麻”[①]毕具，养蚕纺织更是南阳民间的传统，据《后汉书·卫讽传》载，其技术在汉代还远传到南方桂阳(今湖南彬县)。[②]

鸡、鸭、鹅、马、牛、羊、猪、狗等也是汉代南阳民众的重要饲养对象，出土的汉画像石上均有生动的反映，从另一个侧面表现了汉代六畜的兴旺。如图1－6、图1－7、图1－8、图1－9、图1－10所示。

南阳的农作物加工机械，在汉代也有很大发展，性能得到了很大提高，为后世农业技术的进步积累了丰富的经验。汉代的粮食加工机械及其相关技术详见表1－5：

---

① 范晔:《后汉书》卷三二，中华书局，1965年版，第1119页。

② 范晔:《后汉书·卫飒传》中有南阳人茨充后桂阳太守，“教民种植桑柘麻苎之属，劝令养蚕织履”的记载。

表1-5　汉代南阳粮食加工机械及其相关使用技术一览表

品名	构　造	用　法	意　义
足碓	臼石平埋地下，两侧立支架，支架中部架翘杆一根，翘杆一头装杵头一个，杵下端对准臼石	脚于翘杆未装杵头的一端上下踩动，即可舂去臼石中的粮食皮	与汉代以前沿用的石杵臼脱壳去秕技术相比，"利十倍杵舂"（见桓谭《新论·离事》）
水碓	构造几与足碓相同，不同之处唯在足踏之处改换成一架轮盘	用水流击打轮盘带动翘杆上下运动	"役水而舂，其利百倍"，"可省人力十倍。"（见桓谭《新论·离事》）
风车	为长方形风箱，内装扇叶，两边分别设进出口，谷由进口入内，米、糠由出口扇出	用手摇动风扇，用风力将米、糠分离	风车的出土，将学界过去一直共识的北宋发明风车前推到西汉
石磨	为圆形，上下两扇之间有磨齿，当挽转石磨上扇时，石磨上扇的重压以及上下扇之间的磨齿切割将粮食磨碎成面	将粮食倾覆于石磨顶端，当拉动石磨上扇转动时，粮食由磨眼流下而被磨细	从汉代开始，中国人告别传统的"麦饭豆羹"或"豆饭藿羹"之饮食习惯，面食开始进入寻常百姓家

上述几种粮食加工机械由于跟民众生活密切相关不可分离，因此汉画像石中有很多这方面的表现，极其生动逼真。

（三）强大的庄园经济

汉代南阳的庄园经济是一种自给自足的自然经济，庄园主是大地产者，通常被称为地主。地主以自己保有经营和以份地形式分给奴婢、宾客、徒附经营。奴婢、宾客、徒附等除给庄园主缴纳地租之外，还要承担徭役和缴纳捐税。南阳汉代的庄园不仅从事农副业生产和各种手工业作坊加工，而且还豢养部曲家兵，修筑防御工事，制造武器装备。

贵族、官僚、豪民3类人构成了南阳汉代庄园主的主要成分。这些人物在当时的南阳社会中有很大的数量。贵族为凭宗室、功臣身份或凭皇帝恩宠关系而分封于南阳的诸侯,他们位尊权赫,在地方上具有很大的影响。官僚指根基在南阳但在中央或郡国担任要职且年俸在二千石以上的官员,在本地也拥有较高威望。豪民身份的庄园主系由《史记·货殖列传》中所谓的"素封"阶层演化而来。这些人凭借西汉早期繁荣的工商大潮起家,经过漫长的资财积累,到了西汉末叶,他们虽然可能"身无半通青纶之命","不为编户一伍之长",但经济实力雄厚,馆舍布于州郡,田亩连于方国。不仅能够"窃三辰龙章之服"和"有千室名邑之役",[1]而且还具有"大者倾郡,中者倾县,下者倾乡里"[2]的煊赫势力。由于武帝一朝始终对豪民采取打击分化政策,因此豪民庄园经济的胚胎一直未能"坐床"成形。昭、宣、元、成四帝长达80余年的统治,政治更加腐败,"案比"、"上计"之制形同虚设,对豪强长期实行的分化瓦解的迁豪政策也无力实施,使得豪强的宗族势力受到保护,人数日益扩大。这样一来,不仅为他们肆无忌惮地兼并土地和聚敛依附人口创造了条件,而且也使他们在拥有大量土地和众多依附人口的基础上能够顺理成章地从单一经营向自给自足式的综合经营方向过渡,最终形成了农、林、牧、副、渔、工、商等品种齐全的豪强地主庄园经济。在豪民庄园经济崛起的同时,生活在南阳的贵族、官僚也不甘落后,也积极地予以效法,至危机四伏的哀帝时期,终于在南阳大地上形成了一个以贵族、官僚、豪民为主体的庄园主阶层并衍生出一种新的庄园经济。昏庸无能的哀帝面对越演越烈的土地兼并和民不聊生的惨象,虽然也曾颁布了"限田限奴婢"诏令,但该诏令最后在外戚权臣的强烈反对下也不得不付诸东流。从客观上讲,这

① 范晔:《后汉书》卷四九,中华书局,1965年版,第1651页。

② 司马迁:《史记》卷一二九,中华书局,1959年版,第3282页。

种局面,为南阳郡庄园经济的发展赢得了千载难逢的机遇。这一区域庄园经济规模的扩大和运行机制的进一步完善,最终在南阳盆地内出现了一批诸如樊重、邓晨、来歙等有强大经济和军事实力、能给西汉政权以致命打击的庄园主。

樊重乃樊宏之父,光武帝刘秀外公。由于其世善农稼,经营有方,故而在西汉末年所拥有的田地即达到300顷。另外还有宛人宁成,田地也达千余顷。[①] 邓州新野人邓晨,田地亦有数千倾。[②] 在广袤肥沃的土地上,这些人凭借自己的精明和世故,不仅大量种植小麦、大麦、粟、稻、豆农作物和瓜、瓠、韭、葱、蒜、姜、芋菜蔬,而且还种植胡麻、苴麻、牡麻、松、柏、竹、桐、漆、杏、桃、枣等经济作物。不仅开展养蚕、缫丝、纺织、酿酒、制糖手工业,而且还举办冶炼、制造工具和兵器的作坊。从东汉政论家崔寔《四民月令》的记述中可知,在西汉末期的这些颇具规模的庄园里,各种生活资料应有尽有,基本上都能做到自成一体、自给自足。对于这样的经济格局,曾在南阳做官的郦道元在他的《水经注·沘水篇》中用极其欣赏的口吻对以樊重的庄园为代表作了如下评述:(樊重)"能治田,殖直三百顷,广起庐舍,高楼连阁,波陂灌注,竹木成林,六畜放牧,鱼赢梨果,檀棘桑麻,闭门成市,兵弩器械,赀至百万。其兴工造作,为无穷之功,巧不可言,富拟封君。"[③]

庄园主具有十分雄厚的财力和物力,他们针对南阳旱涝灾害多发的现实,一般都能兴修水利,以涝排旱浇的方式来确保农作物的丰收。樊重在其住所西(今新野县西南)利用朝水修建一座东西

---

① 司马迁:《史记》卷一二二,中华书局,1959 年版,第 1255 页。

② 范晔:《后汉书》卷一五,中华书局,1965 年版,第 1031 页。

③ 郦道元:《水经注》,上海古籍出版社,1990 年版,第 31 页。

长10里、南北宽5里的樊氏陂，陂渠灌注，以保障他的300顷良田不受损害。《水经注》卷三一《淯水》载："朝水又东南，分为二水，一水支分东北，为樊氏陂，陂东西十里，南北五里，亦谓之凡亭。"[①]当时该地因此而流传"陂汪汪，下田良"的民谚。有了陂渠灌溉，抵抗旱涝灾害的能力就强，农业丰产稳产才有保障。《后汉书·光武帝纪》记载，地皇三年，南阳因大旱五谷不生而遭荒饥，宾客为寇盗者蜂起，刘秀田园独收，为避吏新野，因卖谷于宛。庄园因为具有较为完备的水利设施，所以在旱灾肆虐、一般中小地主经济无法应付的景况下，仍然能够取得田产的收成。当然，大旱大涝之灾，在一般地主和自耕农无力应付而纷纷破产之时，往往成为庄园主兼并土地和聚敛人口的良机。

庄园经济的快速发展以及土地兼并所带来的一系列严重社会问题，使王莽在新朝甫立之际使决计要进行土地改革。这项旨在化解地方豪强经济实力、以"王田私属"为核心的所谓"王莽改制"，虽然比哀帝时期所推行的"限田"政策更为激进，也更为强硬，但是，由于侵犯了贵族、官僚和地主的切身利益，强力推行了不到4年光景，便草草收场。在沸腾的民怨声中，王莽不得不以"诸名食王田，皆得卖之，勿拘以法"[②]的诏告宣布"王田"制的失败。史称的"王莽改制"尽管失败了，但是，在推行的3年多的时间里，由于这种政策严重地制约了庄园经济的发展，剥夺了庄园主的既得利益，因此，这批人心间埋藏着对于王莽政权深深的仇恨和敌意。一俟天下大乱，这些受到过伤害的庄园主便会带领自己的部曲客兵勇往直前、意无返顾地加入反莽的阵营之中。地皇三年(22年)，当

---

① 郦道元:《水经注》，上海古籍出版社，1990年版，第31页。

② 班固:《汉书》卷九九，中华书局，1960年版，第4130页。

28岁的刘秀被宛人李通等以图谶说服并在南阳举事之后，南阳地望上很多豪门贵族亲率私人武装踵武接符便是证明。如南阳郡新野庄园主邓晨，“将宾客会棘阳”，而追随刘秀。[①] 南阳郡新野人来歙，为刘秀表兄，刘秀起事时，亦率私家武装追随刘秀，忧国忘家，出生入死，为汉捐躯。[②] 南阳郡棘阳人岑彭，莽时任棘阳县长，后率“战斗甚力”的宾客归顺刘秀之兄刘縯。[③] 南阳郡冠军人贾复，曾“聚众数百人于羽山，自号将军”，[④]后投奔刘秀。南阳人刘隆，其父刘礼也曾起兵讨伐王莽。[⑤] 南阳庄园主的私人武装由于在东汉王朝的建立过程中立下了汗马功劳，因此，待东汉王朝建立之后，这批人凭借此一资本都获得了很大的权力，庄园经济也因之更加迅猛地发展了起来。“豪人之室，连栋数百，膏田满野，奴隶千群，徒附万计。船车贾贩，周于四方。废居积储，满于都城。琦赂宝货，巨室不能容。马牛羊豕，山谷不能受。妖童美妾，填乎绮室。倡讴伎乐，列乎深堂。宾客待见而不敢去，车骑交错而不敢进。三牲之肉，臭而不可食。清醇之酎，败而不可饮。睇盼则人从其目之所视，喜怒则人随其心之所虑。”[⑥]庄园主豪华气派的日常生活，汉画像石中也有着生动形象的反映。如图1－11、图1－12所示。图1－11发掘于南阳市七孔桥，画左为车骑出行场面，画右为乐舞百戏场面。图1－12发掘于南阳市唐河县，图右刻3骑，皆肩抗旌旗飞驰于道路上。其后刻3辆轺车，车上均饰华盖，每车各有一驭

---

① 范晔:《后汉书》卷五，中华书局，1965年版，第583页。

② 范晔:《后汉书》卷一五，中华书局，1965年版，第589页。

③ 范晔:《后汉书》卷一七，中华书局，1965年版，第653页。

④ 范晔:《后汉书》卷一七，中华书局，1965年版，第664页。

⑤ 范晔:《后汉书》卷二二，中华书局，1965年版，第780页。

⑥ 范晔:《后汉书》卷四九，中华书局，1965年版，第1648页。

图 1－11

图 1－12

夫，一尊者，其后刻 1 骀骑、1 侍从，随车疾驰。

在东汉庄园经济的热潮中，土地兼并运动比有汉一朝历史上任何一次都显得凶猛。无论是文武之世发生的土地兼并，还是昭宣中兴之后发生的兼并，相对于东汉的这次兼并而言，都只能是小巫见大巫了。由于东汉政权的主体原本就是豪强大地主阶层，他们反抗王莽政权的动因乃出于王莽不让他们扩张，因此，当他们一旦得势，兼并起土地来便会更加丧心病狂，无所顾忌。据《后汉书·窦宪列传》记载，窦宪曾想用"贱值"去侵占明帝妹妹沁水公主的园田，被侵犯者求告无门，最后搬出援军章帝才把此事平息。身为公主其私产尚且难保，一般平民和中小地主地产的命运便可想而知了。加之在这场声势浩大的土地兼并狂飙中，官府"优饶豪右，侵刻羸弱"，致使"百姓嗟怨，遮道号呼"。[①] 土地兼并在迫使一大批中小地主和自耕农破产沦为流民、依附民和奴隶的同时，汉代的大地产也在这种残忍血腥的剥夺侵吞中应运而生。例如，光武帝刘秀皇后阴丽华即拥有土地七百余顷、食客达千余人。

南阳的庄园一般都是聚族而居，宗族组织和乡里关系是庄园主笼络、聚敛人口和役使依附人口的重要手段和方式。庄园主在

① 范晔：《后汉书》卷二二，中华书局，1965 年版，第 780 页。

兼并他人土地时往往表现出凶残的狼性，但在自己的庄园里，却显得温厚仁慈，在日常生活中或在对租种自己土地的族人、宾客进行生产管理时，常常因表现出较高的人格修养而受到庄园上下的拥戴和尊重。《后汉书·樊宏传》载樊宏之父樊重，就"性温厚，有法度，三世共财，子孙朝夕礼敬，常若公家。"其营理产业，物无所弃，"课役童隶，各得其宜"。又"赀至巨万，而赈赡宗族，恩加乡闾。外孙何氏兄弟争财，重耻之，以田二顷解其忿讼。县中称美，推为三老，年八十余终。其素所假贷人间数百万，遗令焚削文契。责家闻者皆惭，争往偿之，诸子从勑竟不肯受"。樊重正因为有如此修养和品行，"故能上下勠力，财利岁倍"。[①] 王丹在族人面前，亦是个温情脉脉的仁厚之人，《后汉书·王丹传》记载他："家累千金，隐居养志，好施周急，每岁农时，辄载酒肴于田间，候勤者而劳之。其惰懒者耻不致丹。皆兼功自厉，邑聚相率，以致殷富。其轻黠游荡废业为患者，辄晓其父兄，使黜责之。没者则赙给，亲自将护。其有遭丧忧者，辄徒丹为办，乡邻以为常。行之十余年，其仁大洽，风俗以笃。"[②]庄园主的人格魅力能使庄园上下团结一致，再加之南阳在东汉时期的特殊地位，因此南阳庄园这种异常旺盛的活力能够经得起来自皇帝和官府的限制与盘剥，在东汉建立伊始的短短数十年间，庄园经济便出现了快速发展的喜人局面。光武帝外祖父家樊氏、出光武帝阴皇后和和帝阴皇后的阴氏、出顺帝邓皇后的邓氏等所经营的庄园，都是南阳这一时期庄园经济的翘楚。他们的存在，标志着南阳庄园经济达到了鼎盛阶段。

到了东汉晚期，南阳的庄园经济虽然在天灾人祸，特别是人祸

① 范晔：《后汉书》卷三二，中华书局，1965 年版，第 1119 页。

② 范晔：《后汉书》卷二七，中华书局，1965 年版，第 930 页。

的逼压下败落了，但是，庄园经济繁盛给南阳聚敛的众多人口及其创造的文化，并不因庄园的败落而消亡。根据考古调查可知，南阳境内目前业已发现了40余处汉代的聚落遗址。这为我们研究汉画像石中民间信仰的生态意识提供了强有力的资料支撑和线索向导。汉代南阳郡聚落状况见表1－6：

表1－6 汉代南阳郡聚落一览表

序号	名称	位置	面积（m^2）	文化层厚度	文化层特征
1	沙岗店遗址	宛（今宛城区七里园乡沙岗店村）	5万	1.5米	散布汉代板瓦、筒瓦及汉砖碎块等遗物
2	兰营址址	西鄂（今卧龙区安皋镇兰营村西）	7.5万	1.4米	陶片、铁锄、五铢钱等遗物
3	大屯遗址	西鄂（今卧龙区安皋镇大屯村）	3.1万	1.5米	水井数处，地面散存陶片、铁犁、铧、锄等遗物
4	太清观遗址	西鄂（今卧龙区安皋镇太清观村西）	30万	1.2米	存在汉代房基、水井等遗迹，出土陶鸡、狗、壶、俑、铁剑、犁铧、铁镢、犁镲、铜镜、铜印等遗物
5	小柿园遗址	雉县（今宛城区新店乡小柿园庄南）	35万	1.8米	存在房基、水道、古井等遗迹，散存汉代砖瓦及陶器残片
6	谢庄遗址	雉县（今卧龙区谢庄乡谢庄村北）	25万	1.2米	存在房基、陶圈水井等遗迹，发现砖、瓦、陶罐等遗物
7	老薛营遗址	育阳（今宛城区高庙乡老薛营村南）	25万	2.4米	有房基、水井、墓葬等遗迹以及绳纹砖、瓦、陶瓮、罐、盆等遗物

（续表）

序号	名称	位置	面积（m^2）	文化层厚度	文化层特征
8	谢营遗址	育阳（今宛城区高庙乡谢营村西）	11万	1.4米	房基、古井遗迹及陶器、铜镜等遗物
9	沙岗遗址育阳	（今宛城区溧河乡沙岗村南）	5万	0.7-1.3米	散存大量陶片、瓦片、陶罐、铜镜、铜钱等遗物
10	范营遗址	育阳（今宛城区溧河乡范营村西北）	25万	1.5米	有砖、瓦片、陶罐、陶俑、铜镜、铁刀等遗物
11	南屯遗址	育阳（今卧龙区英庄乡南屯村）	15万	2米	有画像砖、瓦、陶罐、铁犁、铧和五铢钱等遗物
12	罗营遗址	新都（今宛城区金华镇罗营村北）	4万	1.2米	散存大量汉代陶片
13	王张营遗址	新都（今唐河县郭滩乡王张营村）	60万	1.5米	有房基、排水沟等遗迹，和绳纹砖、几何纹砖、板瓦、陶罐、陶鸡、狗、画像石及五铢钱等遗物
14	前王庄遗址	新都（今唐河县苍台乡前王庄村北）	30万	3米	多处水井、管道等遗迹，陶瓮、罐、网坠、石磨、铜矛、五铢钱、"军假司马"铜印、画像砖等遗物
15	史庄遗址	博望（今宛城区黄台岗镇史庄村东北）	40万	2.5米	有陶罐、盆等残片
16	马营遗址	博望（今唐河县上屯乡马营村西南）	50万	2米	发现有房基、地下管道、陶井圈，出土有大量绳纹砖、筒瓦片以及陶狗、壶、罐等遗物

（续表）

序号	名称	位置	面积（m^2）	文化层厚度	文化层特征
17	靖岗遗址	博望（今唐河县上屯乡靖岗村东）	75万	1.7米	发现有房基、下水管道和古井，有绳纹砖、几何纹砖、筒瓦、陶罐、石磨、画像石等遗物
18	施河遗址	博望（今唐河桐河乡施河、马营、赵庄一带）	1万	0.7米	有绳纹砖、花纹空心砖、筒瓦、陶器残片和陶罐、陶俑、陶鸡、狗等遗物
19	杨官寺遗址	杜衍（今卧龙区潦河镇杨官寺村南）	3.5万	1.2米	有房基、古井等遗迹和陶盆、缸、云纹瓦当、铁犁铧等遗物
20	潦河遗址	杜衍（今卧龙区潦河镇北）	8万	2.5米	有瓦片、砖、陶豆、盆、罐等残片
21	吴集遗址	杜衍（今卧龙区潦河镇吴集村南）	4万	1.4米	有汉砖、陶片和五铢钱等遗物
22	清凉寺遗址	杜衍（今卧龙区潦河镇清凉寺村北）	10万	1.2米	有陶豆柄、盆、缸等遗物
23	任家庄遗址	杜衍（今卧龙区青华镇任家庄村东）	4万	1.3米	有大量瓦片、陶片和少量五铢钱
24	湖阳东北遗址	湖阳（今唐河县湖阳镇北蓼阳河边）	10万	2.5米	有井圈及绳纹砖、筒瓦、陶罐、鼎、盆残片等遗物
25	大营遗址	棘阳（今新野县施庵乡大营村东南）	35万	1.2米	有房基、水道、水井、墓葬等遗迹和汉代陶片、菱形图案砖、四神瓦当等遗物

（续表）

序号	名称	位置	面积（m^2）	文化层厚度	文化层特征
26	老关庙遗址	棘阳（今新野县前高庙乡老关庙村东）	30 万	1 米	有水井、房基、汉墓等遗迹和石磨、铜器、印章、“大泉五十”铜钱、菱形图案砖、瓦当及陶器残片等遗物
27	南王村遗址	棘阳（今新野县新甸铺镇南王村南）	35 万	1.4 米	有汉墓、房基、水井遗迹和石磨、铜器、筒瓦等遗物
28	刘庄遗址	新野（今新野城郊乡刘庄）	30 万	2 米	板瓦、筒瓦、几何纹砖残片等
29	北康庄遗址	安众（今镇平县彭营乡北康庄村北）	12 万	0.5－1.5 米	遗迹遗物有灰坑、灰陶鼎、瓮、红釉陶壶残片、铁锄、铜镞、布纹瓦当
30	马营街遗址	安众（今镇平县遮山乡马营街村北）	0.5 万	1－1.6 米	地表暴露大量陶片，主要器形有灰陶鼎、圆底罐、红釉陶壶、布纹板瓦、筒瓦等
31	寇楼遗址	丹水（今淅川县黄庄乡寇楼村西）	3 万	1.5 米	板瓦、陶盆、罐、铁釜、陶罐、碗和五铢钱等
32	简营遗址	博山（今淅川县上集乡简营村西）	1 万	3 米	粗绳纹筒瓦、板瓦、陶罐等
33	党岗遗址	博山（今淅川县寺湾乡党岗村）	2 万	1 米	有汉砖、陶盆、罐、板瓦、筒瓦、瓦当等残片
34	穰东遗址	涅阳（今邓州市穰东镇穰东街）	41 万	1.6 米	汉代水井和汉代陶灶、砖瓦等

（续表）

序号	名称	位置	面积（m^2）	文化层厚度	文化层特征
35	葛营遗址	涅阳（今邓州市穰东镇葛营村）	9万	1.5米	汉代砖、瓦、绳纹陶片等
36	杜集遗址	涅阳（今邓州市穰东镇杜集村南）	0.4万	2米	汉代水井及汉代瓦、绳纹灰陶片等
37	陈楼遗址	涅阳（今邓州市穰东镇陈楼村南）	0.25万	3米	汉代犁、铧和汉代砖、瓦等
38	张村遗址	冠军（今邓州张村镇张）	5万	2米	汉代绳纹砖、瓦等
39	南古县村遗址	冠军（今邓州罗庄乡南古县村一带）	0.1万	2米	水井残迹及汉代陶器、砖瓦残片等遗物

由表中可知，业已发掘的汉代聚落遗址，主要分布在汉代的宛（今南阳市区）、湖阳（今南阳市唐河湖阳镇）、育阳（今南阳市宛城区）、西鄂（今南阳市卧龙区）、博望（今南阳市方城）、新野（今南阳市新野）、棘阳（今南阳新野）等地，这些地区位于沘（唐河）、淯水（白河）的冲积平原上，土质肥沃，气候适宜，水网发达，在汉代既是豪门大族集中居住的地方，也是日后出土汉画像石墓最多、汉画像石最丰富的地方。据统计，解放后在南阳已经发掘的50余座画像石墓，所收集的4000余块汉画像石中，95%以上出自这些地区。

四、厚葬习俗

中国人十分看重亲人的死和葬，厚葬在中国具有悠久的历史。早在夏、商、周奴隶制社会时期，此风习便在社会各界广泛流行。南阳民间用画像石装饰墓室便是厚葬风习在汉代的延续和发展。

它的出现不是偶然的，其背后隐藏着丰富的政治、经济、文化内涵。

（一）汉代厚葬的原因

中华民族深受灵魂不灭观念的影响。作为一种经久不衰的文化传统，到了汉代，这种有关灵魂的观念不仅未能随着时间的流失而弭灭，反而在汉代特殊的文化背景下与阴阳五行、神仙方术相杂糅，得到了更大范围的认同。在汉代人的观念中，认为人死为鬼，有知，既可以降福生者，亦可以祸害生者。为求得死人对生者的护佑，生者，上至皇帝下至平民，除不惜一切代价、千方百计地为死者勘察墓穴以占据所谓的风水宝地之外，还要"厚资多藏，器用如生人"。[①] 不计靡费，按照阳间的幸福生活图式，把墓室修筑得宽敞、豪华。为实现这些，即使债台高筑，甚或倾家荡产，也在所不惜。特别是当一想到所占的"地气"在不久的将来就要"发"，占住风水的亲人就要护佑自己升官发财、光宗耀祖，心田里便会油然而生一丝欣慰。正如崔寔在《政论》中所谓："竭尽家业，甘心而不恨。"[②]

厚葬风习的传布也与汉代繁荣的经济有关。刘汉皇朝享祚的400余年间，虽然也曾发生了一些群雄逐鹿和屑小造反的局部之乱，但因为有汉王朝大一统中央集权强有力的控制，其社会发展的整体趋势，还是比较顺利的。大多数时段，人们面对的还是一种相对安定的社会局面。不仅如此，经济、文化、政治等，在这个王朝也得到了很大的完善和发展。彪炳史册的"文景之治"、"汉武盛世"、"昭宣中兴"、"光武盛世"、"明章之治"等，都对推动中华社会的发展和经济的进步作出过不可磨灭的贡献。《史记·平准书》曾这样

① 桓宽：《盐铁论》，王利器校注，中华书局，1992年版，第32页。

② 严可均：《全上古三代秦汉三国六朝文·全后汉文》卷四六，中华书局，1958年版，第13页。

描述“文景之治”的盛况：“汉兴七十余年之间，国家无事，非遇水旱之灾，民则人给家足，都鄙廪庾皆满，而府库余货财。京师之钱累巨万，贯朽而不可校。太仓之粟陈陈相因，充溢露积于外，至腐败不可食。”[①]《后汉书·明帝纪》载，东汉光武执政的34年时间，“天下安平”，制定的各项方针政策也注意保护民众的生产积极性。“人无徭役，岁比登稔”，因此，“百姓殷富，粟斛三十，牛羊被野”。[②]富足不仅带来了土地扩展，人口增加，商业繁荣，城市兴旺，而且也使人们的生活日益奢华侈靡，致使厚葬成为可能。再加上成于周代的礼制到了汉代早已废驰不在，人们在富裕之后日常行事往往要竞相僭越以讲究排场，这在一定意义上刺激了厚葬之风的盛行。

汉代立孝以教化天下，为导民以孝，惠帝、景帝、武帝均频颁诏令褒奖孝悌并免除年老者子孙的租赋徭役。例如：惠帝四年，下“举民孝弟，力田者，复其身”诏；[③]文帝不仅以亲尝汤药的形式向世人彰孝，而且还多次对孝弟力田者实施物质奖励，并置“三老、孝弟、力田常员”；[④]武帝出于光大孝行需要而在京师、郡国、县、道、邑、侯国、乡、聚设太学、学、校、庠、序以专门讲授《孝经》。为强化孝道在意识形态中的地位，刘汉皇朝一改以前养士、军功、吏道、通法等吏进办法，以举孝廉的方式对孝行施行嘉奖和勖勉。由于一旦搏得孝悌之名便意味着将要出任高官，所以孝子顺孙很快便如雨后春笋，呈现出森森葳蕤之貌。“从郡国要员到朝内公卿，有不少都是孝廉出身，从而营造了一种在家为孝子，出仕作廉吏的社会

---

① 司马迁：《史记》卷三〇，中华书局，1959年版，第1420页。

② 范晔：《后汉书》卷二，中华书局，1965年版，第115页。

③ 班固：《汉书》卷二，中华书局，1962年版，第90页。

④ 班固：《汉书》卷四，中华书局，1962年版，第124页。

舆论和氛围”。[①] 为了彰显“教化已明，习俗已成”，[②]汉王朝除通过各种诏令向民众实施教化之外，还身体力行，通过对厚葬这一孝行形式的肯定和张扬，使自己的意愿为四海所接受。南阳为汉代重镇，皇帝国戚、达官显贵、富商豪客多如牛毛，与官府有着千丝万缕的联系，其丧葬理念自然也深受影响。

（二）贵族豪门的厚葬表现

贵族豪门厚葬的表现，主要带有这样几个特征：

规模大。汉代帝王的陵寝耗工甚巨。文帝凿山为陵，武帝即位第二年即开始修建自己的陵墓，历时长达53年。成帝修造昌陵，《汉书·傅常郑甘陈段传》云：“率徒工庸以巨万数，取土东山，与谷价同。”[③]皇帝们巨大的覆斗型夯土坟丘，即使经过2000余年的风雨剥蚀，其规模仍然让今人惊愕不已。以下是20世纪90年代测量的汉帝陵数据：汉高祖长陵底部东西162米，南北132.3米，高31.94米；景帝阳陵底部东西166.5米，南北155.4米，高31.64米；武帝茂陵底边长231－234米，高46.5米。昭帝以后诸陵，底部边长也大致都在150米，高30米以上。[④] 东汉较之西汉，厚葬之风有过之而无不及。据史籍记载，和帝慎陵三百八十步见方，安帝恭陵也有十五丈之高。规模都超过了西汉。贵族墓葬建造时也与时俱盛，形制十分高大。长沙马王堆轪侯妻墓，现存封土底径约40米，高16米；阜阳双古堆汝阴侯墓，现存封土东西约100米，南北约

① 张涛：《经学与汉代选官制度》，《史学月刊》1998年第3期。

② 班固：《汉书》卷二二，中华书局，1962年版，第1032页。

③ 班固：《汉书》卷七〇，中华书局，1962年版，第3024页。

④ 阴法鲁：《中国古代文化史》（第2册），北京大学出版社，1991年版，第127页。转引自郝建平：《论汉代厚葬之风》，《临沂师范学院学报》2007年第2期。

70米,高约20米。据鲁琪在《试谈大葆台西汉墓的梓宫、便房、黄肠题凑》一文中记载,西汉燕王刘旦墓的梓宫,为五棺两椁。五层棺所用梓、楠大型木料110块,约合数十立方米。两层椁,里层长5.5米、宽5.75米、高3米,外层长7.2米、宽9米、高3.3米。便房长7米、宽9米、高4米,黄肠题凑绕便房、椁室之外,共用15880根黄肠木。[①] 西汉枢臣霍光薨后,据《汉书·霍光传》载,朝廷"赐金钱、缯絮、绣被百领,衣五十箧,璧珠玑玉衣,梓宫、便房、黄肠题凑各一具,枞木外藏椁十五具。东园温明,皆如乘舆制度。载光尸柩以辒辌车,发材官轻车北军五校士军陈至茂陵,以送其葬。谥曰宣成侯。发三河卒穿复土,起冢祠堂,置园邑三百家,长丞奉守如旧法"。[②] 贵族所用棺椁的装饰,也十分讲究。如长沙马王堆一号墓出土了四层套棺,均为产于江南的梓木制成。外棺为黑漆素棺。第二层棺为黑底彩绘棺,绘制着云气纹及神禽异兽图案。第三层棺为红底彩绘棺,绘制着龙、虎、朱雀神兽和祥瑞图案。第四层棺外髹黑漆,横缠3道宽12厘米的束帛,每道六七层,再饰以绒锦和羽毛帖花绢。[③] 费工费时费钱财,极尽豪华铺张之能事。

陪葬丰。富贵之人的墓室一般模仿阳间宅第建造,餐厅、客厅、车库、卧室、仓库等一应俱全。每室对应阳间宅第摆设了很多玉器、陶器、财宝、禽兽、珍玩和车马,应有尽有。《汉书·贡禹传》载,茂陵"多藏金钱财物,鸟兽鱼鳖牛马虎豹生禽,凡百九十物"。[④]

---

① 鲁琪:《试谈大葆台西汉墓的梓宫、便房、黄肠题凑》,《文物》1977年第6期。

② 班固:《汉书》卷六八,中华书局,1962年版,第2948页。

③ 黄景略等:《丧葬陵墓志》,上海人民出版社,1998年版,第296页。转引自郝建平:《论汉代厚葬之风》,《临沂师范学院学报》2007年第2期。

④ 班固:《汉书》卷七二,中华书局,1962年版,第3070页。

中山靖王刘胜墓形制宏大，长51.7米，宽37.5米，高6.8米，由墓道、南北耳室、中室与后室构成。南耳室为车马室，放置车辆马匹。北耳室为仓库，储藏大批食物。中室为厅堂，宽大、豪华，悬挂着高级帷帐，陈列着各种珍宝古玩。后室为内室，放置主人棺柩。墓室南侧建浴室一座，室内设置洗盥的相关设施。中室、后室和耳室皆用木材搭建成房屋形状，屋顶铺瓦。[①] 其格局跟阳间宫殿毫无二致。上文提到的枢臣霍光，其死后朝廷所赐本已很厚，但太夫人并不满意，于是"太夫人显改光时所自造茔制而侈大之。起三出阙，筑神道，北临昭灵，南出承恩，盛饰祠堂，辇阁通属永巷，而幽良人婢妾守之"。[②] 财力权势不及大将霍光这些京师贵族的郡县豪吏富门，也不惜财力营造画像砖、画像石墓冢，并模仿帝王贵族的做法，积土成山，不仅在坟墓内"多埋珍宝，偶人车马"，而且在冢前，"广种松柏，庐舍祠堂，务崇豪华"。[③] 争强好胜，互相攀比，以至于达到"法令不能禁，礼义不能止的地步"。[④]

（三）厚葬大潮下以画像石装饰墓室的风俗

在厚葬那形形色色的多声部合唱中，谁也不会否认建造豪华气派的画像石墓是这一合唱中最为洪亮的一支。雕刻一墓所用的画像石，往往需要花费大量的人力、物力和财力，"工匠雕治，积累日月，计一棺之成，功将千万"。[⑤] 这在"厚葬为德，薄终为鄙"的世风中，一望而知便是"养生尽爱，送死尽哀"的表现。这样，除给墓葬施加了一定的驱鬼辟邪、安息死人魂魄等宗教意义之外，孝子们

① 叶保民等：《十大考古奇迹》，上海古籍出版社，1989年版，第89页。
② 班固：《汉书》卷六八，中华书局，1962年版，第2950页。
③ 王符：《潜夫论》，上海书店出版社，1986年版，第115页。
④ 范晔：《后汉书》，中华书局，1965年版，第1311页。
⑤ 王符：《潜夫论》，上海书店出版社，1986年版，第15页。

还能借此孝行换得周围人们的褒扬而从中受益。正如蒋英炬所谓:"若对这种坟墓艺术或为死者丧葬服务的功能艺术的实质追根求源,它的终极结果还是为生人的。"[①]应该承认,能以石刻画像装饰墓室之人,在社会上一般都具有较高的公信力,由于周围的乡邻跟这些人处在同一种文化环境之中,有着相同的心理需求,因此,当看到这些先知是以怎样的方式来显示孝行,并受到了怎样的社会褒奖及得到了怎样的实惠后,无疑为他们提供了价值参照,促使他们在相同的情境中不仅要做出同一种审美反应,而且还要取青蓝之效,从而在运作实践上引发更加激越的效仿行为。桓宽《盐铁论·教不足》云:"今,生不能致其爱敬,死以奢侈相高,虽无哀戚之心,而厚葬重币者则称以为孝,显名立于世,光荣著于俗,故黎民相慕效,至于发屋卖业。"[②]这种文化利益共享和民众共同参与的现实不仅是南阳汉画像石艺术确立大众化原则的重要因素,而且也为社会大众直接纳入这种艺术创造并在艺术创造中自我确认,赋予南阳汉画像石世俗生活生存图景以合法的文化身份创造了条件。正是在这样的意义上,到西汉晚期,不仅建造的画像墓数量多,规模大,汉画内容也表现出强烈的排斥昭、宣时期的抽象化倾向,日常生活方式和生存状态的描绘受到追捧,历史故事、祥瑞逐疫、车骑出行、乐舞百戏、宴饮田猎、侍女奴婢题材大量出现,几乎每墓必具。

① 蒋英炬:《关于汉画像石产生背景与艺术功能的思考》,《考古》1998年11期。

② 桓宽:《盐铁论》,王利器校注,中华书局,1992年版,第65页。

图 1－13

图 1－13，范雎受袍。1972 年 6 月从南阳市唐河县针织厂汉画像石墓发掘出土。该图像刻绘于北主室南壁西门楣。范雎，字叔，战国时魏国人，善游说。因家贫无以自理乃在魏中大夫须贾门下做事。须贾为魏昭王出使齐国，范雎随从。后须贾怀疑范雎里通外国，唆使魏相魏齐将范雎毒打一顿，范雎诈死，魏相以醉酒者往范雎身上撒尿而羞辱他。后范雎从魏国逃出，化名张禄，入秦给秦昭王讲了“远交近攻，加强王权”的策略，颇得秦王信任而当上了国相。后来魏国听说秦国将伐魏，便派须贾出使秦国。范雎知道后，便以破衣裹身微行，与须贾交谈。须贾见范雎如此寒酸，请他吃饭并送他一件绨袍，并要求范雎引荐自己面见秦相张禄。范雎（张禄）答应了他的要求。唐河针织厂汉画像石墓中出土的汉画像石刻绘的就是这个历史故事中的这样一段情节。

图 1－14，白虎青龙鱼图，象征吉祥，在南阳各县的汉画像石墓

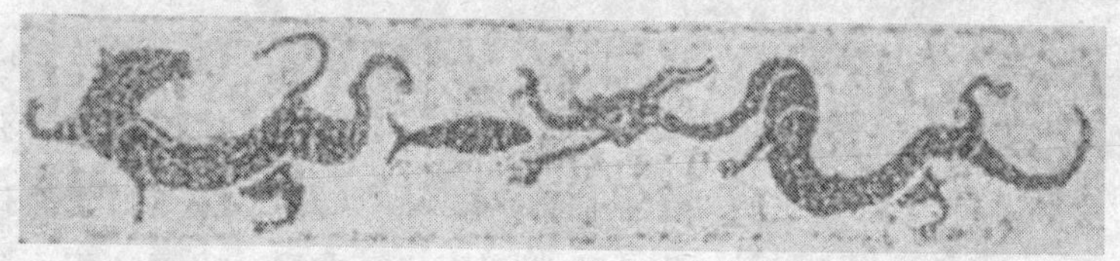

图 1－14

图 1 - 15

图 1 - 16

中多有出土。

图 1 - 15，乐舞百戏。此图像 1966 年 3 月从南阳县军帐营汉画像石墓中发掘出土。乐舞百戏图像在南阳汉画像石墓出现的几率较高，几乎每墓都有。

图 1 - 16，田猎。左刻山峰，山间有松柏、卧鹿、奔鹿、鸠鸟。右刻 1 骑手，其前 1 人一手执矛，一手握弩，画面中两只猎犬穷追野猪和麋鹿。此图从南阳市政府院内汉画像石墓中发掘出土。

图 1 - 17，捧奁侍女，从南阳市方城县博望镇汉画像石墓发掘出土。

南阳画像石艺术这种内容上的变化，显然是自身的文化利益和自我的价值追求所决定的。因为在汉代人的冥世观念中，不仅相信阳间活人需要的阴间死人也需要，而且相信所绘制图像能对墓主及其亲人产生影响。于是，日趋生活化和直白化便成为画像石艺术审美风格形态和艺术表现形态的突出特征，画像石艺术的创作者总是站在大众生活立场以最简洁易明的图像来跟民众进行拉家长式的对话。这一特征，在南阳汉画像石艺术的发展历程中，越往后表现得越突出。虽然不能一味地将画像石中的乐舞百戏、车骑出行、宴饮田猎、侍女奴婢等生活气息极浓的内容视为所有墓主生前生活的写照，榜题中铭刻的“二千石”、“亭长”等官衔也并非一定是墓主生前的真实官位，但是，它们是生活中实有的，这种来自生活实际的倩影，在一定意义上表现了活人渴望死者在冥界能够过上钟鼎铭食、吉祥如意生活和获得相应官职的孝道思想。这些图像内容使我们进一步看到，此时的阳间与阴界的对话，生人与死人的交流，已经完全是在日常生活层面进行了，表达的思想感情也不是像青铜器那样立足于想告知某些特殊的东西，而是立足于大众共同的文化和生存环境，以相互间共知的日常生活为内容进行交流了。南阳汉画像石艺术对于日常生活的强烈关注使日常生活成为一种深入展呈人心和社会意识的富矿。汉代富家子弟崇尚骑马和田猎之风，《汉书·仲长统传》云：“连年列骑，田猎出入，毕弋捷捷。”①画像石艺术中有关车骑出行、田猎娱乐的图像极多，或匹马单乘，或骈骓骖驾，耀武扬威，煊赫过市。这种建基于生活之根的描绘，表征了民间艺术至迟在汉代还尚未被激烈的政治变革所淹没，更没有受到精英话语的压制和排斥。汉画像石艺术将它们作为一种文化现象和一种现实生活，其生动的刻画和逼真的书写反映了民众跟现实生活亲密而本真的联系。汉代嗜酒，民间酒风极盛，人们将饮酒作乐称为“嘉

图 1－17

① 班固：《汉书》卷一一一，中华书局，1962 年版，第 3021 页。

会之好”。除“因人之丧以求酒食”[①]和“舍中有客，提壶行酤”[②]外，郡县还有“乡饮”仪式。在此基础上，民间衍生了一系列制酒饮酒习俗。汉时不仅能用稻谷酿造上尊酒、黍米酿造中尊酒、小米酿造下尊酒，还能用果品花卉酿制葡萄酒、甘庶酒和菊花酒。南阳汉画像石艺术这种在孝道观念基础上对庸常世俗生活的凸显与还原，以及由此而形成的大众日常生活化的艺术倾向，其所特有的“场所影响”和“展示意识”，表明汉画像石艺术的创作和流行主要是在民众共同具有的孝道文化环境中以人们共知的生活事物来进行交流和沟通的。这种鲜明的日常意识，拉近了画像石艺术创作者、使用者与观看者间的距离，使他们互相接纳互相借鉴，互取对方精髓要义以化为自己的新质。同时，日常生活的丰富性、多样性和生动性也促进了南阳画像石艺术创作形态不断走向日常化、生动化和多样化。

也正是这种艺术与生活的契合过程，使得画像石艺术除通过乐舞百戏、饮食起居、车骑出行、田猎弋射、神话传说等内容跟大众在世俗文化的领域进行交流和对话之外，又将敏锐的笔触深入到民众生活的形上层面，并用具体直观的视觉形象去热情地表现民众在特定文化时代所普遍共存的情感心理和思想意识。当汉画像石艺术发展到东汉，由于社会上弥漫着浓重的妖风鬼气，“长生不老”、“羽化升仙”呼声一浪高过一浪，所以这一时期的画像石艺术中，升仙和祥瑞内容已占据了汉画像总数的半壁江山，几乎每墓必有凤、龙、白虎、玄武、神龟、麒麟的图像，表达着活人希望死者能在冥界安乐吉祥、远离殃咎的思想感情。

---

① 桓宽：《盐铁论》，王利器校注，中华书局，1992 年版，第 39 页。

② 王褒：《宣约》，见徐坚等：《初学记》，中华书局，1980 年版，第 117 页。

图 1-18

图 1-19

图 1-20

图 1-18,升仙图。从南阳市七孔桥上发掘出土,拓本为孙文青收藏。

图 1-19,升仙图。画中刻 1 虎,身后刻 1 仙人,手持 3 株树,左刻 1 奔牛。此图从南阳市征集,现藏南阳市汉画馆。

图 1-20,升仙图。从南阳县草店汉画像石墓出土,左刻 1 人张臂作飞腾状,似为引导神仙的方士,中刻 2 兽,右刻仙人和龙,龙回首张望,仙人右手持物递向龙口,欲乘龙飞升。该汉画像石观由南阳市汉画馆收藏。

在一定意义上论之,南阳汉画像石艺术乃汉代孝道文化本质的隐喻形式,是特定时代文化在汉代坟墓艺术上的宣言和告白。

汉画像石艺术通过对日常生活和人们情感世界的近距离观照和趋近认同，在特定孝道文化的背景下，以世俗文化的形式实现了与民众的广泛对话，扩展了文化的时空，对生活和情感直白无误和鲜明可感的具体呈现，使民众在精神上获得抚慰的同时，又直观了自己的现实生活和文化处境，感悟了生活中未曾全部知觉的文化意味。正因为这一张力在艺术与大众交流中的存在，汉画像石葬俗才成为民众追逐的对象而在南阳大地上流行开来。

南阳汉画像石是汉代厚葬大潮中的一朵靓丽浪花，它的产生，蕴涵着丰富的历史因素、政治因素、经济因素、思想因素、生态因素和风俗因素。在它的上面，记录和展呈了汉代南阳政治稳定、经济发达和文化繁荣的真实状貌，折射了有汉一朝的社会风气、信仰习惯和生态特征。作为一种不可多得的文化瑰宝，对于我们研究汉代民间信仰及其生态意识而言，无疑是一批珍贵的实物资料。

南阳出土的汉代画像石及其所承载的民间信仰横跨西汉和东汉两个时代 300 余年，为对南阳表现民间信仰生态意识的汉画像石有一个整体认识，在此有必要根据相关文献对承载早期民间信仰生态意识的南阳汉代画像石墓所在县域的基本情况及相关汉画像石墓发掘报告的刊登情况用图表 1－7 的形式罗列如下：

表1－7　承载民间信仰生态意识的南阳汉代画像石墓所在县域及刊登相关发掘报告报刊一览表

序号	名称	治所	户数	设立年代	文献来源	相关汉画像石墓发掘报告刊登的报刊
1	宛	宛（今南阳市区）	47000	西汉袭秦旧制	《汉书·地理志》卷二八	1. 南阳市七里园汉代石刻墓，《文物》1958.10；2. 南阳市刘洼村汉画像石墓，《中原文物》1991.4；3. 南阳市安居新村汉画像石墓，《考古》2005.8；4. 南阳麒麟岗汉画像石墓（发掘报告待出版）；5. 南阳市第二化工厂三十号汉画像石墓（发掘报告待出版）；6. 河南南阳市发现汉墓，《考古》1966.2；7. 河南南阳西关一座古墓中的汉画像石，《考古》1964.8；8. 南阳发现东汉许阿瞿墓志画像石，《文物》1974.8；9. 南阳市王庄汉画像石墓，《中原文物》1985.3；10. 南阳市独山西坡汉画像石墓，《中原文物》1985.3；11. 南阳市建材实验厂汉画像石墓，《中原文物》1985.3；12. 南阳市第二化工厂二十一号画像石墓发掘简报，《中原文物》1993.1；13. 南阳市药材市场画像石墓发掘简报，《中原文物》1994.1

（续表）

序号	名称	治所	户数	设立年代	文献来源	相关汉画像石墓发掘报告刊登的报刊
						14. 南阳市邢营画像石墓发掘报告,《中原文物》1996.1;15. 河南省南阳市十里铺二号画像石墓,《中原文物》1996.3;16. 河南南阳桑园路东汉画像石墓;《文物》2003.4;17. 河南南阳陈棚汉代彩绘画像石墓,《考古学报》2007.2
2	杜衍	邓州南阳县西南杜衍故城(今卧龙区潦河镇)	3400	高帝七年(前200年)	①《汉书·高惠高后文功臣表》卷一六;②《汉书·外戚恩泽侯表》卷一八;③《汉书·王莽传上》卷九九上;④《水经注·淯水篇》;⑤《括地志》;⑥《太平寰宇记》卷一四二;《大清一统志》卷二一一;⑦《中国历史地图集》等	南阳杨官寺汉画像石墓发掘报告,《考古学报》1963.1
3	西鄂	南阳北五十里处西鄂故城(今卧龙区石桥镇)	15000	春秋时楚邑,西汉置县,东汉袭之	①《水经注·淯水篇》;②《大明统一志》卷三〇;③《中国历史地图集》;④《中国文物地图集·河南分册》 湍水以北,涅水以西	1. 河南南阳石桥汉画像石墓,《考古与文物》1982.1;2. 南阳县王寨汉画像石墓,《中原文物》1982.1;3. 河南南阳英庄汉画像石墓,《中原文物》1983.2;4. 河南南阳县英庄汉画像石墓,《文物》1984.3;5. 河南南阳县蒲山汉墓的发掘,《华夏考古》1991.4;6. 河南省南阳县辛店乡熊营画像石墓,《中原文物》1996.3

（续表）

序号	名称	治所	户数	设立年代	文献来源	相关汉画像石墓发掘报告刊登的报刊
4	安众	故宛县西乡，位于湍水之北，涅水之西，距二水交汇处不远（今邓州市汲滩镇）	23000	武帝元朔四年（前125年）设，居摄元年（6年）灭，东汉建武二年（26年）复设	①《水经注·湍水篇》；②《大清一统志》；③《中国历史地图集》；④《汉书·地理志》卷二八；⑤《汉书·王子侯表》上；⑥《中国文物地图集·河南分册》	河南省邓州市梁寨汉画像石墓，《中原文物》，1996.3
5	棘阳	古谢国（今新野县前高庙乡前张楼村）	2000	高帝七年（前200年），东汉袭之	《汉书·高惠高后文功臣表》卷一六	新野县前高庙村汉画像石墓，《中原文物》1985.3
6	朝阳	朝水下游朝阳故城（今邓州市刁河下游南岸）	5000	高帝七年（前200年），东汉袭之	①《汉书·地理志上》卷二八；②《水经注·淯水篇》；③《中国历史地图集》	邓县长冢店汉画像石墓，《中原文物》1982.1
7	新都	故新野都乡（今唐河县城西南，唐河东岸一带）	8000	成帝永始元年（前16年）	①《汉书·外戚恩泽侯表》；②《后汉书·郡国志四》；③《水经注·沘水篇》；④《大清一统志》；⑤《中国历史地图集》	1. 唐河汉郁平大尹冯君孺人画象石墓，《考古学报》1980.2；2. 唐河县石灰窑村画像石墓，《文物》1982.5；3. 唐河针织厂汉画像石墓，《文物》1973.6；4. 唐河县电厂汉画像石墓，《中原文物》1982.1；5. 唐河县针织厂二号汉画像石墓，《中原文物》1985.3；6. 唐河白庄汉画像石墓，《中原文物》1997.4

（续表）

序号	名称	治所	户数	设立年代	文献来源	相关汉画像石墓发掘报告刊登的报刊
8	博望	博望故城(今方城县博望镇)	1000	武帝元朔六年(前123年)	①《汉书·景武昭宣元成功臣表》;②《汉书·外戚恩泽侯表》;③《中国文物地图集·河南分册》;④《中国历史地图集》	方城党庄汉画像石墓,《中原文物》1986.2
9	堵阳	裕州东六里堵阳故城(今方城县城关)	3000	故秦阳城县,西汉改为堵阳,东汉袭之	①《元和郡县志》卷二一;②《大明一统志》卷三〇;③《读史方舆纪要》卷五一;④《大清一统志》卷二一一;⑤《中国历史地图集》	1、方城东关汉画像石墓,《文物》1980.3;2、方城县城关镇汉画像石墓,《文物》1984.3
10	湖阳	湖阳故城(今唐河县湖阳镇)	2000	古(西)蓼国,春秋楚置县于斯,秦汉沿袭之	①《元和郡县志》卷二一;②《读史方舆纪要》卷五一;③《大清一统志》卷二一一;④《周代南土历史地理与文化》	唐河县湖阳镇汉画像石墓,《中原文物》1985.3
11	平氏	平氏故城(今桐柏县平氏镇)	1000	西汉初年置县,东汉袭之	①《水经注·沘水篇》;②《大明一统志》卷三〇;③《中国历史地图集》	桐柏县安棚汉画像石墓,《中原文物》1996.3

需要说明的是,表中所列的南阳汉代画像石墓仅是解放后文物考古部门发掘出土的部分,并不包括已勘察清楚但限于各种条件尚未出土的部分,更不包括解放前发掘出土现已被博物馆、汉画馆收藏的部分。总体上看,解放后科学发掘出土的部分只是汉画像石收藏中的一小部分。南阳大量的汉画像石被保存在南阳汉画馆、南阳文物研究所和河南博物馆等处。我们的研究将以南阳所有的全部汉画像石为对象,并不仅仅限于解放后的发掘所得。本书的研究对象,仅以汉代南阳郡辖属范围内所出土的画像石为主。

另外,受南阳用画像石装饰墓室这一风习的影响,汉代与南阳毗邻的豫中地区和鄂北地区,也都有建筑汉画像石墓的风习。习惯上,学术界一般都把这些地区出现的汉画像石归并到南阳地区来论述。近年来,在有关汉画像石研究的著述中,我们还发现有的学者视野更加开放,他们在自己的著作中除把南阳毗邻地区的汉画像石归并到南阳地区之外,还把包括豫北、豫东的汉画像石也归并到南阳。这种划分是否有一定道理,我们在某种意义上持保留的态度。

第二章　汉画像石研究的历史和现状

南阳汉代特殊的人文背景使这里的人们特别容易接受那烜赫一时的厚葬风潮。目前除在昔日南阳郡的地盘上科学发掘50余座汉画像石墓之外，文博部门业已搜集到汉代画像石4000余块。考虑到那些仍深藏民间尚未被发现的画像石以及历史上石毁画灭等所造成的文物消失因素，汉代南阳的画像石是相当丰富的。从汉画像石的主体构成来看，上自戚畹豪右、缙绅贵族，下至布衣秀士、巫祝富商，无不是此俗中的主体。他们虽然品流驳杂，但是，在推行汉画厚葬上都有着高度的自觉，“生不极养，死乃崇丧”，[①]用汉画像石将自己以及自己亲人的坟墓装饰得异常的豪华和气派。正是在这些人的带动下，声势浩大的画像墓运动也波及了平民阶层。一般人“子为其父，妇为其夫，争相仿效”，[②]家穷财寡实在雕不起画像为葬者，也要利用前人所遗画像石或画像墓再建、再葬。正是全体民众的这种民俗行为，让汉代南阳的画像石，为我们今天研究早期民间信仰的生态意识提供了一份不可多得的文化宝藏。

一、灵石不言

盛极必衰。经济的发达和文化的繁荣尽管铸造了汉代南阳的辉煌，但它并不一定构成后代兴旺昌盛的历史。也就是这个曾经

---

① 王符:《潜夫论》，上海书店出版社1986年版，第115页。

② 参见清光绪年间《南阳县志》，现藏南阳师范学院图书馆。

一度物阜民丰、给生产力的发展提供过极大帮助的南阳，到了东汉末年，一改往日祥和向上的态势，变得战火连年、鸡犬不宁、民不聊生。建安二十四年(219 年)，曹操堂弟曹仁屠宛，城邑皆毁。加之瘟疫病害肆虐和地方恶绅巧取豪夺，致使大批人口流徙和死亡。《后汉书·王充王符仲长统列传》记载，“宛城人口十不存一”，“名都空而不居，百里绝而无民者不可胜数”。[①] 经过南北朝时期长达 300 多年的兵燹战乱，南阳大地生灵涂炭、土地荒芜。“安史之乱”和五代十国的疯狂屠杀，更使南阳地毁人绝，经济文化濒临崩溃边缘。随着经济中心东移和残酷的宋金之役，昔日泱泱大府的 200 余万民众剩下不足 5000，生产力遭到极大破坏。清代经过康、雍、乾三代有为皇帝的励精图治，南阳尽管也曾出现了短暂的繁荣，但是，清代后期由于京汉铁路的建成，南阳交通四海的重要地位受挫，南阳便渐渐从人们关注的视线中淡出了。以上这些因素，对反映早期民间信仰生态意识画像石的搜集、整理与研究工作，自然带来了很多不利影响。

(一)早期的发现与著录

器物上刻绘图案，在我国民间有着悠久的传统。河南汝州阎寨画有“鹳鱼石斧图”[②]的陶器的出土，说明早在新石器时代人们已经用彩绘来装饰日常器物了。先秦青铜器上广泛地存在着用减底平面浮雕形式刻绘的图像。汉代人出于“不死其亲”，“灵魂升仙”观念，在墓室里刻绘图像“以侍尸柩”、“以歆精灵”，应该说与华夏的这一艺术传统有着极其密切的脉息呼应关系。既然阳间的器物可以用画像来装点美化，那么有着事死如生情结的汉代人，自然也

① 范晔:《后汉书》卷四九，中华书局，1965 年版，第 1649 页。
② 参见《河南省志·文物志》，河南人民出版社，1994 年版，第 100 页。

可以仿效阳间而在墓室中刻绘画像以悯死者。这种谓死如生的做法既可从汉墓的科学发掘中得到佐证，也可从古典文献中找到根据。汉墓的例子首先可举马王堆。马王堆的帛画，既是西汉初期黄老清静无为思潮的反映，也是当地的笃信道家、阴阳思想并以之认识世界的行动写照。长沙乃楚文化腹地，西汉初年黄老思想在此地有着十分广泛的社会基础，道家所倡导“知其雄守其雌”、“知其白守其黑”和“知其荣守其辱”的阴阳辩证哲学早已深入民心。道家的这种矛盾对立统一思想是世界万有稳定发展的基础，人们在绘制覆盖棺柩的帛画时，自然不能跟日常生活中大众的思维方式和行为方式彼此抵牾。因此，在绘制天上、人间、冥府、地下 4 个世界时，诸如奇偶左右这些体现阴阳两极的对立统一思想便成为人们取舍相关题材的基础。画面上“自上而下有日月相对、三立鸟与二立鸟相对、二飞鸟相对、二骑马神兽相对、二飞龙相对、二赤豹相对、二门神相对、二凤凰相对、赤龙青龙相对、三女与二男相对、二赤豹相对、二人面鸟身神相对、两组人物相对（共六人）、二鸱龟相对、二鲸鱼相对、二怪神相对、天神地祇相对的共 17 组对立物”。[①] 在汉代，右为阳，左为阴，奇数为阳，偶数为阴，墓主、天神、地祇往往处于阴阳的中间。人们将这些内容按照道家的观念绘制于墓室，不仅仅是对墓室的装点，它更隐寓了生人对死者在阴间继续像阳间一样以道家思维方式来掌握事物本性的期望和祝愿。再一个例子可举建造于西汉初年的梁孝王墓。梁孝王乃高祖刘邦之孙，汉文帝的次子，景帝胞弟。文帝二年（前 178 年）封为代王，都中都（今山西省平遥县西），文帝四年（前 176 年）徙为淮阳王，都陈（今河南淮阳），文帝十二年（前 168 年）迁为梁王，先后都梁（今河

① 李建毛：《马王堆一号汉墓帛画新解》，《南方文物》1992 年第 3 期。

南开封)和睢阳(今河南商丘)。由于系太后少子,宠爱有加。因此,不仅平时所得的赏赐"不可胜道",而且"入则侍帝同辇,出则同车游猎上林中"。[①] 府库钱财成千上万,珠宝玉器多于京师。在治宫室修东苑的同时,还于睢阳城北50里处的芒砀山中凿山为椁、穿石为藏,为自己和自己家族修建了极其豪华的地宫。郦道元《水经注》卷九载:"山有梁孝王墓。"[②]乐史《太平寰宇记》也载:"梁孝王墓在县北五十里,高四丈,周回一里,砀山南岭山。"[③]墓内所刻画像,至迟在宋代还存在着。宋代永城县主簿马永卿曾有这样的记述:"仆尝与宿州录知邵渡同游。入遂道中有百余步至皇堂,如五间七架屋许大。周回有石门子十许,上镌作内臣宫女状,中有大石柱四,所以悬棺。"[④]平行墓道顶端,置一相向而立的门卫房,两房正中立一石像,该石像"连座高1.42公尺,像高1.2公尺,头戴弁冠,前面刻一小人,露胸,两臂上部有披肩,头围串珠,串珠下挂三小饰,盘足而坐,两手当胸捧一圆形物。"[⑤]由此可见,早在西汉初期,汉墓里已出现了凿刻画像。文献中著录墓室画像的例子可举范晔的《后汉书》。在《后汉书·赵岐传》中,作者这样写道:"(赵岐)曹操时为司空,举以自代。光录勋桓典、少府孔融上书荐之,于是就拜岐为太常。年九十余,建安六年卒。先自为寿藏,图季札、子产、晏婴、叔向四像居宾位,又自画其像居主位,皆为赞颂。"[⑥]作者用肯

---

① 班固:《汉书》卷四七,中华书局,1962年版,第2209页。

② 郦道元:《水经注》卷三五,上海古籍出版社,1990年版,第564页。

③ 乐史:《太平寰宇记》,台湾商务印书馆,1983年版,第155页。

④ 参见《永城县志卷三十八·杂识》,现藏南阳师范学院图书馆。

⑤ 李景聃:《豫东商丘永城调查及造律台黑堌堆曹桥三处小发掘》,《中国考古学报》1947年第2册。

⑥ 范晔:《后汉书》卷四六,中华书局,1965年版,第2124页。

定的语气证述了东汉著名经学家赵岐墓中绘制画像的事实。由于范氏生年距汉代桓、灵之世不远，这种著录具有一定的可信度。

以上这些记述虽然还不能说是严格意义上的研究文字，但谁也不能否认它们所具有的史料价值。

真正对汉画像石进行研究并加以著录的，则是汉代之后的事。其开山鼻祖，当推东晋的戴延之。戴氏在其所著的《西征记》中，详细地记录了汉司隶校尉鲁恭祠堂内所敷设的画像石的情形："焦氏山北数里，有汉司隶校尉鲁恭穿山得白蛇白兔。不葬，更葬山南，凿而得金，故曰金乡山。山形峻峭，冢前有石祠、石庙，四壁皆青石隐起。自书契以来，忠臣、孝子、贞妇、孔子及弟子七十二人形象，像边皆刻石记之，文字分明。"[①]这一记述虽显粗疏，但毕竟开了汉画像石研究之先河，影响极其深远。北魏时期，地理学家郦道元在各地访渎搜渠、留心考索水道变迁和城邑兴废的同时，其深峭的文笔在其不朽巨著《水经注》中也曾频频指向汉画像石。例如，《水经注》卷八这样记述汉代荆州刺史李刚墓室画像："黄水东南流，水南有汉荆州刺史李刚墓。刚字叔毅，山阳高平人，熹平元年卒，见其碑在，石阙、石室三间，椽架高丈余，镂石作椽氏。屋施平天，造方井。侧荷梁柱，四壁隐起，雕刻为君臣官属龟龙鳞凤之文（和）飞禽走兽之像。作制工丽，不甚伤毁。"[②]在记述孝堂山石室画像时，明确地指出了该石室所在的位置："济水又北，迳平阴城西。"注曰："今巫山之上有石室，世谓之孝子堂。"[③]除这些正面记述之外，《水经注》的字里行间也时时载录着汉画像石的讯息。例如，作者在描

---

① 转引自王国维：《水经注校 · 济水》，上海人民出版社，1984 年版，第 31 页。

② 郦道元：《水经注》，上海古籍出版社，1990 年版，第 31 页。

③ 郦道元：《水经注》，上海古籍出版社，1990 年版，第 35 页。

述济水的变迁时,用简单的一句"又东过东缗县北,济水又东迳汉平狄将军扶沟侯淮阳朱鲔冢",[①]顺便交代了朱鲔画像石墓所处的具体方位。《水经注》中对汉画像石所做的记录,虽然看似不经意,带有一定的随意性,但是郦道元的这些发现对后世金石学者搜集、研究画像石带来了很大的便利,为他们的研究工作提供了不可多得的珍贵线索。

郦氏之后,虽然也不断有人涉足汉画像石的搜集、察勘、研究领域,但止宋朝的漫漫500年,终未有人在汉画像石的发现和研究方法的创新上超过郦氏。这中间虽然出现过集时代之大成的晚唐画论家、河东猗氏(今山西临猗)人张彦远,他的《历代名画记》、《书法要录》等著作也尽管对秦汉的绘画精神表现出一种由衷的敬仰,但遗憾的是,一代理论大师的相关评述之于汉画研究而言,却往往乏善可陈。

(二)宋代的著录

宋代是汉画像石研究的繁荣时期。赵宋享祚伊始,尚能注意发展生产力和保护大众利益,但至北宋中期,民族矛盾与社会矛盾日益尖锐。西夏不断蚕食河西地区并积极地推行军事侵犯北宋的政策。在西线战事一日紧似一日的当口,土地兼并又日趋激烈。到仁宋初年,已发展到"势官富姓,占田无限,兼并伪冒,习以成俗,重禁莫能止焉"[②]的地步。土地的高度集中,逼得天下农民和中小地主纷纷破产。再加上多如牛毛的苛捐杂税和徭役,使得不堪忍受的农民和一些州的驻军纷纷向统治集团发起武装斗争事件。北宋统治者所面临的这种危势,逼迫他们去寻找缓和民族矛盾和社

① 郦道元:《水经注》,上海古籍出版社,1990年版,第36页。

② 脱脱:《宋史》,中华书局,1997年版,第4164页。

会矛盾的良方。庆历年间的范仲淹改革和继后的王安石变法，就是这一时期统治者为消除危机所采取的无奈之举。这些号称“新政”的改革措施，虽然因触及官僚地主阶层的特权而惨遭失败了，但是其思想的创新性却在时人的心田里扎下了根，并逐渐在社会上酝酿成了一股汹涌澎湃的疑古思潮。在这种思潮的强力推动之下，此时的学术界也一改唯汉唐是尚的旧风，对汉唐五代诸儒的学说进行重新审视，并对风行于社会的经书和其中不符合时代要求的论点进行了理性的怀疑和大胆的否定。为订正典籍中的谬误和补充典籍中应载而未载的关于国家治乱兴衰大事、重要典章制度及人物生平事迹，学术界已不再像北宋初叶那样奉汉唐诸儒为楷模，更不再视儒家经典为至尊，针对经、史、子、集错讹百出，需要重新考核订证和传世文本皆不可靠的疑古形势，大批学者力倡要对从传世纸质文献之外的其他文献载体给予积极的关注。金石文献由于坚固牢靠、不易损毁更改、学术价值高而成为时人特别注意的一类。金石文献的这一特性不仅可以打消当时人们心中的顾虑，而且“可以证经典之异同，正诸史之谬误，补载籍之缺佚，考文字之变迁”。[①] 由于金石文献具有如此重大和如此权威的作用，所以，北宋中叶以后，皇朝在修造礼乐器时也不纯粹依照东汉时期流传下来的《三礼图》一类的书了，而常常命工匠仿照出土古礼乐器以铸造。例如，宋仁宗景祐年间修“大乐”，胡瑗从废铜烂铁中发现了铸有铭文的宝和钟，便仿其外形制作编钟一架 16 枚。又如，《籀史》载：“皇祐初，仁宗皇帝召宰执观书太清楼，因阅郡国所上三代旧器，命模窾以赐近臣。”再如，皇祐二年（1050 年）秋，仁宗诏太常调习钟律奏御，上认为镈钟、特磬未协音律，于是命太常礼乐官“同依

① 朱剑心：《金石学》，文物出版社，1981 年版，第 4 页。

经典、历代制度，制成律吕度量等法物。”[①]经过多年仿古试制，至皇祐五年(1053 年)，阮逸、胡瑗终将镈钟、特磬、编钟、编磬、晋鼓、三牲牛鼎、羊鼎、豕鼎、鸾刀等铸造完毕。因为乐成时“众器之音尽合钟磬，其声和谐”，故而阮逸和胡瑗还依据铸造过程中的技术要点撰写了《皇祐新乐图记》三卷。所有这些，都对北宋金石学的蓬勃发展产生了重要影响。

据容媛《金石书录目》统计，宋代共有 29 种金石学著作传世。在传世的金石著作中，所见较有代表性的，应首推欧阳修的《集古录》一千卷。欧阳修(1007—1072)，北宋金石学家、文史学家。字永叔，号醉翁，又号六一居士，谥文忠，吉州吉水(今属江西)人，天圣进士，官馆阁校勘，自称“性颛而嗜古”，[②]特别喜爱收搜碑刻及画像榜题等金石文字。每每有所闻见，总要想方设法予以求取。据《欧阳文忠公文集》卷一三六载，天圣四年(1026 年)，其赴京应试途经汉代南阳郡湖阳县故城，于路边见《后汉樊常侍碑》一通，随即下马诵读，苦于无法拓制而久久徘徊碑下，“后三十年，始得而入集录”。[③] 庆历中于滁阳闻听许州临县有《唐张敬因碑》，即“谴人往求之”。[④] 经过数十年的艰苦努力，搜求了大量的碑刻和榜题，并从宋仁宗庆历五年(1045 年)开始，先后用 18 年时间，编辑成《集古

① (南宋)翟耆年:《籀史》一卷，见《文渊阁四库全书》，台湾商务印书馆，1983 年版，第 412 - 1170 页/下。

② 欧阳修:《欧阳文忠公文集》卷一四，四部丛刊初编缩本，上海，商务印书馆，1936 年版，第 101 页。

③ 欧阳修:《欧阳文忠公文集》卷一三六，四部丛刊初编缩本，上海，商务印书馆，1936 年版，第 721 页。

④ 欧阳修:《欧阳文忠公文集》卷一四〇，四部丛刊初编缩本，上海，商务印书馆，1936 年版，第 910 页。

录》一千卷。“盖自庆历乙酉，逮嘉祐壬寅，十有八年，而得千卷。”[1]欧阳修又依据这些篇帙浩繁的金石拓本，对一些内容重新审定考释，写出包括汉代嘉祥武氏祠中武班、武荣两块碑文在内的跋语400余篇与儿子欧阳棐所作《集古录目》合在一处，成《集古录跋尾》十卷。这部著作涉及汉画像石的内容虽然不多，但对后世的汉画像石研究产生了直接的促进作用。

赵明诚（1081—1129），字德父，密州诸城（今属山东）人，少为太学生，历官知湖州军州事，与妻李清照同好金石图书。对其相关情形，李清照曾在《金石录校证》中写道：“（赵明诚）年二十一，在太学作学生。赵、李族寒，素贫俭。每朔望谒告出，质衣取半千钱，步入相国寺，市碑文、果实归，相对展玩咀嚼，自谓葛天氏之民也。后二年，出仕宦，便有饭蔬衣练、穷遐四方绝域、尽天下古文奇字之志。日就月将，渐益堆积。丞相居政府，亲旧或在馆阁，多有亡诗逸史、鲁壁汲冢所未见之书，遂尽力传写，浸觉有味，不能自已。后或见古今名人书画、三代奇器，亦复脱衣市易。”即使后来赵明诚“连守两郡”，薪金有增，但也是“竭其俸入，以事铅椠”。为彝器金石之事，作为大家闺秀、一代词人的李清照常常过着“食去重肉，衣去重采，首无明珠翡翠之饰，室无涂金刺绣之具”[2]的清贫生活。也正是这样的嗜好，使得赵明诚与李清照一生所藏汉代石刻甚富。赵明诚“自少小喜从当世学士大夫访问前代金石刻词，以广异闻。后得欧阳文忠公《集古录》，读而贤之，认为是正讹谬，有功于后学甚大。惜其尚有漏落，又无岁月先后之次，思欲广而成书，以传学

---

① 欧阳修：《欧阳文忠公文集》卷六九，四部丛刊初编缩本，上海，商务印书馆，1936年版，第720页。

② 赵明诚等：《金石录校证》，上海书画出版社，1985年版，第561页。

者。访求藏蓄，凡二十年而后粗备”。[①] 赵氏在其妻清照的帮衬下，仿《集古录》体例，编成《金石录》三十卷，其内容“上自三代，下讫隋唐、五季，内自京师，达于四方遐邦绝域夷狄，所传仓史以来古文奇字、大小二篆、分隶行草之书，钟鼎、簠簋、尊敦、甗鬲、盘杅之铭，词人墨客诗歌，赋颂、碑志、叙记之文章，名卿贤士之功烈行治，至于浮屠、老子之说，凡古物奇器，丰碑巨刻所载，与夫残章断画、磨灭而仅存者，略无遗矣。”[②]《金石录》收赵明诚所写跋尾 502 篇，其中关于武氏祠画像石的资料，较之欧阳修的《集古录》，显得尤为详细。赵氏在文中写道：“右武氏石室画像五卷，武氏有数墓，在今济州任城。墓前有石室，四壁刻古圣贤画像，小字八分书题记姓名，往往为赞其上。文词古雅，字画遒劲可喜，故尽录之，以资博览”。[③] 赵明诚所搜集的汉画像石资料，为学术界提供了新的研究领域和研究材料，对奠定宋代金石学研究的基础和拓展后世金石学的研究空间而言，具有非常重要的意义。

在欧阳修、赵明诚等人的示范带动下，金石学以极快的速度发展着。不仅研究成果成批增加，而且研究方法也较前贤有很大的进步和创新。除著录、考释之外，摹写、评述性著作大量涌现。而在摹写评述方面卓有成效者，当属洪适的《隶释》、《隶续》、《隶纂》等著作。

洪适(1117—1184)，南宋金石学家，字景伯，晚年自称盘洲老人，鄱阳(今江西阳波)人。孝宗时，任司农少卿，累官至同中书门下平章事，兼枢密使，卒谥文惠，喜好收藏金石拓本。著《隶释》二

① 赵明诚等:《金石录校证》，上海书画出版社，1985 年版，第 15 页。
② 赵明诚等:《金石录校证》，上海书画出版社，1985 年版，第 1 页。
③ 赵明诚等:《金石录校证》，上海书画出版社，1985 年版，第 207 页。

十七卷、《隶续》二十一卷、《棣韵》七卷、《淳熙隶释》五十卷、《隶纂》十卷。遗憾的是，以上所列著作除前 2 种仍传世外，后 3 种均已佚不存。在洪适的金石学著作中，他对汉画像石的研究，较之北宋的欧阳修及赵明诚诸人，范围有所增广，体例较为科学。洪适那种先依碑释文，著录全文，后附跋尾，具载论证的著作方法，使人耳目一新，影响深远。《隶释》收集作者亲藏东汉至魏初碑石拓本 189 种，又录《水经注》、《集古录》、《金石录》等著作中汉碑 500 多种。除以跋尾的形式加以考证外，洪适还将汉代隶书碑碣文字逐篇以楷书加以著录。对汉画像石上文字的收录始于洪适的《隶释》。洪适的这部著作，常见的有万历十六年（1588 年）王云鹭刊本、乾隆四十二年（1777 年）汪日秀《隶释》、《隶续》合刊本和同治十年（1871 年）洪氏晦木斋翻刻汪氏附《隶释刊误》本 3 种。《隶续》中不仅收有汉碑，而且还收有画像石和汉阙的图像摹本，碑文和榜题用楷书抄写的同时又加以考证，有关资料显得系统准确，特别有助于汉画像石的研究。例如，在《隶释》中，作者用楷书抄录了武班、武荣、武梁 3 通碑碑文和武氏祠壁画上的画像榜题中的铭文 400 字，在《隶续》中收录了武梁祠大部分画像石的摹本。这些典籍对后世而言都是十分难得的研究资料。

除此之外，北宋科学家、政治家沈括（1031—1095），在晚年闲居润州梦溪园（今江苏镇江东）间，对汉代画像石墓所在位置和汉画像石出土情况等，也投入了很大的关注。凡有见及，无不于《梦溪笔谈》中详加记录。例如，针对朱鲔汉画像石墓，《梦溪笔谈》中就这样写道："济州金乡县发一古冢，乃汉大司徒朱鲔墓，石壁皆刻人物、祭器、乐架之类。"[①]沈括《梦溪笔谈》对于汉画像石资料的记

① 沈括：《梦溪笔谈》，上海书店出版社，2003 年版，第 13 页。

录，对后世汉画像石的调查、搜集、保护和研究工作的开展提供了一定的帮助。

（三）近代的研究

金、元、明三代，由于学风恶实学、轻考证，因而金石学风光不再，渐趋式微，有关汉画像石的记录也不再见于文献典籍。画像石墓和画像石或淤入土中，或暴于旷野，风吹雨打日晒，少人问津。汉画像石的研究资料，几近阙如。兴于魏晋六朝的汉画像石研究脉绪，由此消隐不彰。

进入清季，经过康、雍、乾 3 位有为皇帝一个半世纪的励精图治，国运昌盛，经济繁荣，作为对明代空疏学风的反拨，学界掀起了一股朴学热潮。特别是乾嘉时期，人们为证经典同异，正诸史讹谬和补载籍缺佚，群经古训无不穷搜绝集。金石学因能提供古代流传下来的最有说服力的权威资料而成为清代朴学的重要基石，世上多有嗜金石而成癖者。在这种社会风气的带动下，汉画像石的研究又出现了新的转机。"登梯捶拓须千张，牛腰大卷鲍门读"，对汉画像石的捶拓和研读成为举国上下文坛中的一大胜景。社会各界对于汉画像石的巨大兴趣，使得有关汉画像石的著录、摹刻和考释之书纷纷问世，出现了诸如翁方纲、阮元、毕沅等著名的汉画像石研究专家。

翁方纲（1733—1818），字正三，号覃溪，晚号苏斋，直隶大兴（今属北京）人，官至内阁学士，精鉴赏，经他考证并题跋的汉画像石甚多。据他自己在《复初斋文集》中说："予箧中汉隶拓本，殆将百种，又手自钩摹汉隶人所不易多得者，又数十种。"[①]经过长期的广勘博览、潜心汲古，以亲眼所见之两汉金石编著《两汉金石记》二

① 翁方纲：《复初斋文集》，台北文海出版社，1966 年版，第 678 页。

十二卷，凡耳闻未见实物者皆不入编，翔实可兼，并在该书中拿出卷六至卷十七这样一个较大的篇幅，详考两汉碑铭题字，极有识见。该书自乾隆五十四年(1789 年)秋季在江西南昌锓梓以后，颇得学界赞誉。“剖析毫芒，参以《说文》、《正义》，几欲驾洪文惠而上之”。[①] 其对著名汉碑《张迁碑》的勘定和撰著《汉石经残字考》一书，在学术界也有较高的口碑。翁方纲伴随宦游足迹之于中国汉代石刻所做的著录、整理和研究，对乾嘉年间金石学的昌盛和发展具有十分重要的意义。

有清一朝对深入开展汉画像石研究做出过不可磨灭贡献的另一位学者，当推时任陕西按察使的毕沅。沅字缥蘅，又字秋帆，江苏镇洋(今太仓)人，治学范围较广，由经史而旁及金石、小学、地理等，造诣较深。乾隆三十六年(1771 年)，毕沅受命任陕西按察使，深得乾隆帝宠信。后历任陕甘总督和湖广总督。毕沅仕宦一生，却醉心学术，“铅椠不去手”，特别重视汉画像石等金石文物的收集工作，“宦迹所至，加以搜罗”，然后“钩稽经史，抉择同异，条举而件系之”。毕其一生，写出了《关中胜迹图志》、《中州金石记》、《山左金石记》、《关中金石记》等金石大著。“其所记载，皆其行部所经，或停车驻节，凭吊遗墟，或邮亭候馆，咨询胜躅，而于往圣前哲之制作发明、英风伟烈，尤多致意，以视闭门面壁，断断于断碣残碑之研索者，不可以道里计也。”[②]特别是他的《关中金石记》一书，利用西汉旧都石刻富甲天下的资源优势和在陕西为官的便利条件，几乎将关中搜寻殆尽，搜集了大量的相关文物。经过对断碑、残碣、石

① 王昶、毛庆善:《湖海诗人小传》，台北明文书局，1985 年版，第 115 页。

② 参见毕沅:《关中胜迹图志》，民国二十三年重刻本。

刻、造像进行认真仔细的寻访、修整、保护和证述，为后世留下了多达781件的珍贵资料。

阮元（1764—1849），字伯元，号芸台，江苏仪征人，官秩显赫，仪节雍容，官湖广、两广、云贵总督，体仁阁大学士，先后佐乾隆朝三十二年、嘉庆朝二十五年、道光朝二十九年。倡导朴学，由经籍训诂进入汉代吉金、石刻研究，组织幕府共同修撰了《仪礼石经校勘记》四卷、《华山碑考》四卷、《石画记》五卷、《山左金石志》二十四卷和《两浙金石志》十八卷等著作。这些著作中所录碑碣石刻，数量远较毕沅所著为多。不仅有前人旧本中价值大者，而且还有搜访椎拓而得到的新本。对所收金石，不仅以时代先后为序编排入书，详载各石所在地点，而且还皆"录其原文，附以辨证，记其广修尺寸、字径大小、行数多少，俾读之者了然如指诸掌"。[①] 阮元利用自己社会地位优势组织幕府对石刻所做的广博搜集和精核考证，促进了清代金石学，特别是汉画像石研究在各地区的蓬勃发展。黄易的《小蓬莱阁金石文字》、王懿荣的《汉石存目》、瞿中溶的《汉武梁祠堂石刻画像考》、刘喜海的《金石苑》、王昶的《金石粹编》、田士懿的《山左汉魏六朝贞石目》和冯云鹏、冯云鹓的《金石索》等著作成为这一时期汉画像石研究繁荣昌盛的标志。这些著作广泛地著录考证了嘉祥、济宁、长青、金乡、微山、新泰、曲阜、汶上、邹县、沂水、平邑、费县、鱼台、历城、兖州、潍县、益都、蓬莱、牟平、兰陵等地出土的汉画像石，内容相当浩繁。在此热潮中，《滕县县志》也详录了本县汉画像石的出土情况。此种热闹场景，证明汉画像石研究在有清一朝进入了一个枯木逢春的大发展时期。

---

① 参见钱大昕：《山左金石志序》，见《山左金石志》，台北新文丰出版公司，1982年版，第3页。

此时的南阳，由于经济衰退，知名度后缩，故而斯文扫地，愚多贤少。境外虽然已经热闹异常，但此地汉画领域却冰锅凉灶，波澜不惊，汉代画像石还不被外人所知。虽然长期以来，大批的盗墓活动和其他农田水利建设挖掘出大量的画像石，但不为当地人知且当地人也不愿知，只能流露荒野或与白茅为伴，或被移作他用。民居墙基，房屋石阶，河川桥墩等用画像石砌筑的现象十分普遍。清代以前，历代金石学家笔下对南阳画像石无著录或少著录，更不曾对它实施科学、系统的保护、整理与研究。

灵石无言。

二、自发的探索与叩问

一个民族的文化不仅是一条长流不断的巨川，更是一个内聚性极强的有机整体。一个地方的文化可以暂时落后，也可以被暂时遗忘，但不可能被永远埋没。何况南阳还是这样一个“南敝荆襄，北控汝洛”，昔日有着无限辉煌的盆地。南阳的区位优势，在给它输入开放基因的同时，也使它成为中原一块独特的楚汉文化汇融之地。一旦有新颖的文化种子注入她那丰厚的土壤，便很快能够开放出鲜艳的花朵，进而结出累累硕果。汉画像石的收录、整理和研究就是这样。

(一)20 世纪 20 年代：发轫期

古代金石学家的注意力一直都集中在齐鲁地区，相关著录也称得上是蔚为壮观。特别是黄易、李东琪、李克正、南正炎等人对武氏祠汉画像石的整理和保护，更使武氏祠画像石在社会上名声大振。瞿中溶《汉武梁祠堂画像考》和容庚《汉武氏祠画像图录和考释》，以其精深的考据功夫和细致的描述特色使武氏祠那美轮美奂的画像石再一次吸引了世人惊羡的目光，并对促进南阳汉画像石的发现、整理和研究起到向导和引媒的作用，使身在外地的南阳籍学者认识了家乡那些不受重视、被人随便处置的汉画像石的价值。

在这批为南阳汉画像石走向世界立下汗马功劳学者中，当推南阳籍考古学家董作宾。

董作宾（1895—1963），字彦堂，号平庐，生于南阳市城区内一个不太富裕的店主家庭。6 岁入私塾，11 岁前后随刻字街坊学习刻字手艺，14 岁开始以刻字补贴家用，由此养成了对金石法帖的巨大兴趣。民国四年（1915 年）春，董作宾考取南阳县办师范学校，民国五年（1916 年）毕业，因学业优良，被留校教书。次年，在北京创设中州文献征集处的河南省议会副议长、一代教育家张嘉谋（中孚）回宛省亲，深感董作宾学有根底，器重有加，想请董作宾到省会开封帮助自己从事河南本省乡贤遗著的搜罗刊刻工作。董作宾变卖了家中的店铺，于民国六年（1917 年）春随张嘉谋赴省城开封。先在张家管理书房兼办家务，后入开封育才馆读书，初步接触了甲骨文。民国八年（1919 年）毕业后，经营报纸《新豫日报》。3 年后，即民国十一年（1922 年），董作宾只身来到北京，一面在北京大学旁听语言学家钱玄同的课程，一面于闲暇时间摹印、研究罗振玉的《殷墟书契前编》。民国十二年（1923 年），考入北京大学国学系研究所，学习语言学、考古学、人类学和历史学，同时兼编《民谱周刊》。这一阶段的工作和生活使他对金石学有了一定的了解。民国十三年（1924 年），受北京故宫邀请，和北京大学师生一起参加故宫所藏珍品的分期编目工作。在此项工作中，通过故宫所藏山东武氏祠画像石使董作宾深刻认识到家乡那些充作桥墩、房基、锤布石、石阶的汉画像石的潜在价值。该工作一俟了结，董便与南阳人杨章甫等在南阳城区一带查访汉代画像石,得到了有关南阳汉画像石的第一批拓本。由于董作宾要到福州协和大学任教,汉画像石的搜集工作难以为继,董作宾只好把已获拓本交给回乡纂修南阳县志、时任河南通志馆纂修兼河南博物院院长的张嘉谋。张嘉谋通过董的介绍,了解了汉画像石的价值。民国十六年(1927 年),张嘉谋借携款回宛赈灾之机,也在南阳城内发掘拓制汉画像石及拓片。随着相关文物的增多,张遂借支部分赈灾款,与陈篮斋一起,在南阳古城开展了更大规模的汉画像石整理工作。至民国十七年(1928 年),张嘉谋已搜集到汉画像石 40 余块,锤拓了数十幅汉画像石拓片。张嘉谋回省会开封后,将在南阳搜访的汉画像石拓片转交给时任河南省博物院院长的关百益,关百益据此编纂成《南阳汉画像集》一书,由上海中华书局出版。民国十九年(1930 年)九月,《南阳汉画像集》一书在国内正式公开发行。此书虽然如鲁迅评价的那样,存在着选材不精、价格太贵等缺憾,但毕竟拉开了南阳汉画像石研究的序幕,开创了南阳汉画像石走向世界的新纪元。对于董作宾等人在南阳汉画像石搜集整理上所做的贡献,孙文青曾在《南阳汉画像访拓记》中深情地评述道:“南阳汉画像石不见于著录,民国十二三年间,邑人董彦堂、杨章甫等始有发现,尝以未能一睹其概为憾,但因此开创之功,继其后而发现、搜集和研究汉画像石的学者接踵而至。经过他们之努力,终使久不见经传的南阳汉画像呈现于世人面前。”①

(二)20 世纪 30 年代:发展期

南阳汉画像石拓片在上海中华书局出版后,不光越来越多的

① 孙文青:《南阳汉画像石访拓记》,《金陵大学学报》民国二十三年(1934 年)第 4 卷第 2 期。

人开始加入到南阳汉画像石的搜寻、收集和整理研究的队伍中来，其寻访的范围也由地面逐步地转入地下，大批未经风雨浸蚀的汉画像石从沉睡了两千年的地下走向人间，大量不同品类、不同内容、不同风格的汉画像石资料带着南阳盆地泥土的芳香，走向了海内外学者的案头，受到了他们的高度重视。这是20世纪30年代不同于20世纪20年代的地方。孙文青、鲁迅、滕固、杨廷宾、王正朔和日本学者关野贞、法国学者沙畹等，在南阳汉画像石的搜集、整理、研究方面都做出了重要贡献。

孙文青(1896—1986)，字朴翰，号素庵，河南南阳人，是一位"在南阳汉画像石的发现、收集和整理研究过程中，寻访最勤、著述最多、收藏拓片数量最大"[①]的南阳本籍汉画像石研究家。民国五年(1916年)考入省立五中读书，民国十年(1921年)以优异的成绩考入京师优级师范学堂(北京师范大学前身)，民国十四年(1925年)毕业后回乡任教，民国二十年(1931年)任南阳县教育局局长。是年夏天，白河洪水泛滥，宛城以南河岸坍塌决口多处。大水过去后，距宛城9千米的草店村露出汉代画像石墓一座。南阳驻军师长宋天才以保护文物为名盗取文物三担变卖自肥。因南阳汉画像石刚刚引起文人重视，相关知识尚不普及，惯于争杀逞强的丘八还不知道这些汉代画像的重要价值，草店汉墓的画像石才算躲过宋氏的一劫。次年秋天，当孙文青得知草店汉画像石墓的消息后，便与美术教师郑容重、物理教师吴子千一起，主持了草店汉画像石墓的发掘清理工作，得汉画像石27块，画像石拓片44幅，并将发掘情况写成《南阳草店汉墓画像记》，于民国二十一年(1932年)十月六

---

① 吕风林:《汉画像石与南阳文人》,《人民日报海外版》,2003年3月31日。

日发表在《国闻周报》第10卷第41期上。民国二十二年(1933年),孙文青又先后主持发掘了南阳县石桥镇汉画像石墓和南阳县广阳镇画像石墓,分别得画像石25块和6块。与此同时,孙文青还指派张禹九、王笑山等人于道路、房基、桥涵、猪圈、牛棚等处发现汉画像石274块,制得拓片144幅。孙文青一面组织人力将部分汉画像石搬迁进民众教育馆保存,一面根据所搜集到的南阳汉画像石资料,写作出《南阳汉墓中的星象及斗兽图》一文,于民国二十二年(1933年)九月十六日发表在《科学画报》第1卷上,首次站在汉代民俗、宗教、思想文化的契合点上对南阳汉画像石的内容实施了较为深入系统的研究。民国二十三年(1934年),孙文青赴省城开封工作。在开封寓所,孙文青除写作了《南阳汉画像石访拓记》一文在金陵大学《金陵大学学报》第4卷第2期上发表以外,还对南阳所搜集的汉画像石拓片进行了认真细致的整理,最终编著成《南阳汉画像石汇存》一书,对南阳汉画像石的发现、出土、分布及其内容等做了比较详尽的介绍。该书受到金陵大学中国文化研究所资助,于民国二十六年(1937年)出版发行。孙文青的《南阳汉画像石汇存》一书收录南阳汉画像石拓片145幅,其数量之多,为全国有史以来同类书籍所仅有,标志着汉画像石的搜集整理和研究工作达到了一个新的高度。民国二十六年(1937年),孙文青赴北京研究院历史研究所任助理研究员,民国二十八年(1939年),在中山大学历史语言研究所研究员董作宾的帮助下,孙文青得到中英庚款理事会资助,在南阳盆地内以南阳城关为圆心,开始展开大面积的汉画像石墓和汉画像石的普查工作。在这次汉画像石墓及汉画像石的普查中,发现留存有汉画像石的街巷、村镇、集市65处,访得汉画像石700余块。孙文青在北京寓所编写出《南阳草店汉墓画像集》之后,又对新访得的700余幅汉画像石拓片进行了整理,编成《南阳汉画像石汇存》第二、三、四集初稿。在孙文青的辛勤努力下，南阳汉画像石的数量、品种都得到了极大的丰富。

随着南阳汉画像石的增多，南阳名流郭梓生、姚子昭、王可亭、杨询堂等人屡次向相关部门提出保护建议，并自发组织"文献会"收集、保护汉画像石。时任河南省第六区督察专员公署专员兼保安司令的罗震，鉴于汉画像石的重要价值和群众的呼声，民国二十四年(1935 年)乃筹资于南阳民众教育馆内隙地建造一座单檐廊庑式展室，取名为汉画馆。罗震专员不仅亲笔题写"汉画馆"门额，而且还撰写了《南阳汉画馆创修记》碑文。中国的汉画像石在南阳人的手里第一次走上了博物馆那神圣的殿堂。此门额和石碑现被南阳汉画馆珍藏。

正当南阳盆地寻访汉画像石的工作开展得热火朝天、南阳汉代画像石的声誉日益高涨的时候，远在上海的鲁迅也不失时机地将关注的目光投到了这块藏龙卧虎的宝地。鲁迅在很早以前就开始了我国汉代画像石的搜集整理和研究工作。蔡元培在《记鲁迅先生轶事》中写道："我知道他(按:指鲁迅)对于国画很有兴会，他在北平时已经搜集汉碑图案的拓本。从前记录汉碑的书，注重文字，对于碑上雕刻的花纹，毫不注意。先生特别搜集，已获得数百种。我们见面时，总商量到付印的问题。因印费太昂，终无成议。"①据研究鲁迅的学者统计，从民国四年(1915 年)到民国九年(1920 年)，鲁迅搜集的河南汉画像石拓片(除南阳外)，计有:杂汉画像 4 幅，汉画像残石拓本 1 幅(以上民国四年)。汉画像 10 幅，跋一纸，汉画像残石拓本 2 幅，嵩山石人冠上马字拓片 3 幅、嵩山三阙拓片 11 幅，汉画像石拓片 3 幅，杂汉画像石拓片 4 幅，河南未知名汉残碑拓片 1 幅(以上民国五年)。

① 高叔平:《蔡元培全集》第 6 卷，中华书局，1988 年版，第 172 页。

安阳宝山石刻拓片62种82幅(以上民国六年)。嵩山三阙画像拓片大小34幅(以上民国七年)。嵩山三阙拓片5幅(以上民国九年)。[①]再加上所搜访的山东汉画像石拓片,此时鲁迅手头的藏品已达600幅之多。尽管如此,但鲁迅对其中一些画幅草率的椎拓工艺不太满意,再加上体力和经费上的原因,访求汉画像的事情鲁迅决定暂告一个段落。"收集汉画像事,拟暂作一结束,4年来精神体力,大不如前,且终日劳劳,亦无整理付印之望,所以拟姑置之。"[②]当民国十九年(1930年)十一月十五日鲁迅胞弟周健人给鲁迅送来上海中华书局出版的关百益的《南阳汉画像集》一书时,鲁迅精神为之一振,画面所洋溢的朴野民风和雄大气势,立马吸引了鲁迅的目光。虽然他对关百益所选南阳汉画像石图片不尽满意,觉得凡品多,零星者多,"未必为读者所必需,且亦实无大益。"[③]但对南阳汉画的向往欣喜之情还是极大地唤起了他全面搜求南阳汉画像石拓片的热情。他在给台静农的信中说:"南阳画像,也许见过若干,但很难说,因为购于店头,多不明出处也,倘能得一全份,极望。"[④]并要求台静农代为寻找椎拓南阳汉画像石的人选。台静农和王冶秋经过摸排权衡,最终将这一任务交给了王冶秋北京中法大学附属西山中学同学杨廷宾、王正朔和王正今3人。杨廷宾,南阳县城关人,南阳女子中学美术教师。在得到为鲁迅椎拓南阳汉画像石的消息后,立即从遍布荒野的汉画石中选拓了10幅于民国二十四年(1935年)十一月八日寄给远在山西运城的王冶秋,要他转交鲁迅。鲁迅在收到王冶秋转寄的南阳汉画像石拓片后,给王冶秋的回信这样写道:"野秋兄:十一月八日信并拓片十

① 刘增杰:《鲁迅与河南》,河南人民出版社,1981年版,第109页。

② 鲁迅:《鲁迅全集》(13),人民文学出版社,1981年版,第715页。

③ 鲁迅:《鲁迅全集》(13),人民文学出版社,1981年版,第821页。

④ 杨士俊:《鲁迅关于南阳汉画的九封书信》,《中州今古》1994年第5期。

张,又十四日信并小说稿两篇,均收到。"[①]要求王冶秋转告杨廷宾,要雇用拓工拓,纸用连史纸,并要求王冶秋从商务印书馆分馆取洋30元作为南阳石刻拓费转交杨廷宾。此后,鲁迅又分别于民国二十四年(1935年)十二月二十一日、民国二十五年(1936年)元月二十八日得到杨廷宾寄来的南阳汉画像石拓片65幅、50幅。杨廷宾帮鲁迅椎拓的画像石拓片,根据鲁迅给台静农信中所使用的"纸墨俱佳"等语词来看,鲁迅还是相当满意的。民国二十五年(1936年)春,杨廷宾要到南京中央研究院考古研究所工作,给鲁迅收集南阳汉画像石拓片的工作便由杨托付给了同在南阳教书的王正朔和王正今。二王将拓的49幅拓片在民国二十五年(1936年)四月初由王正今直接寄给了鲁迅。鲁迅日记四月九日这样写道:"得汉画像拓本四十九枚,南阳王正今寄来"。[②] 八月,王正朔又将魏公桥、七孔桥桥墩处水面以上的六十余幅汉画像石拓出,十四日又寄给了鲁迅。鲁迅八月十八日立即给正朔回信,殷切期望待水消后将桥基上剩余石刻拓出。信的内容如下:

正朔先生足下:顷奉到八月十四惠函,谨悉一切。其拓片一包,共六十七张,亦已于同日收到无误。桥基石刻,亦切望于水消后拓出,迟固无妨也。

知关锦念,特此奉闻,并颂时绥不尽。

周玉材　顿首　八月十八日[③]

---

① 鲁迅:《鲁迅全集》(13),人民文学出版社,1981年版,第172页。

② 鲁迅:《鲁迅全集》(13),人民文学出版社,1981年版,第17页。

③ 鲁迅:《鲁迅全集》(13),人民文学出版社,1981年版,第20页。

从鲁迅的日记和回信中可以看出，鲁迅通过这241幅南阳汉代画像已经深深地感受到了蕴涵其间的重要价值。不仅矢口不再提赔钱之类的话题，而且求拓南阳汉画像石的心情一次比一次急切。如果不是病魔夺走了他的生命，可以相信，鲁迅是一定会编印一本集南阳汉画像石之大成、反映南阳汉画像石"全份"的精美图册的。

与全面汇编南阳汉画像石拓片的追求不同，滕固在20世纪30年代，即已将逻辑思维的触角伸入到了专题研究领域。他的《南阳汉画像石刻之历史的及风格的考察》一文，首次用中外雕刻对比的方法深入分析了南阳汉画像石的雕刻技法问题，他说："如孝堂山和武梁祠的刻像，因为其底地磨平，阴勒的线条用得丰富而巧妙，所以尤近于绘画。像南阳石刻都是平浅浮雕而加以粗率劲直的线条阴勒，和绘画实在有相当的距离。所以，我对于中国的石刻画像，也想大别为两种：其一是拟浮雕的，南阳石刻属于这一类。其二是拟绘画的，孝堂山武梁祠的产品属于这一类。"[①]可谓鞭辟入里，深中肯綮。

(三)20世纪40年代：低谷期

抗日战争爆发后，风雨如晦，波谲云诡，全国大部分地方因遭受日本鬼子铁蹄的践踏而成为沦陷区。陇海铁路中断，京汉铁路受阻，全国的经济、文化濒临崩溃的边缘，汉画像石的研究几乎被迫中断。南阳由于特殊的地理环境阻挡了日寇的入侵而获暂时偏安，沪、宁、汉等地商品只有通过安徽省界首抵达南阳，然后才能分销到川、陕、甘、青等省。关内的货物也只有经过南阳然后走水、陆

---

① 滕固：《南阳汉画石刻之历史的及风格的考察》，参见《张菊生先生七十生日纪念论文集》，商务印书馆，民国二十六年版，第35页。

路才能进入江南地区。抗战使南阳复又成了全国货物流转的集散地。加之河南的省政府机关、高等院校和一些富商大贾、难民都奔涌而来，一时间南阳的经济、文化出现了畸形的发展和繁荣。然而，好景不长，民国三十四年(1945年)三月，日本侵略军占领南阳，烧杀抢劫，无恶不作，狼烟四起。商业萧条，斤盐斗麦，饥民遍地。随着先前移入的政府机关，高等院校、富商、难民纷纷逃离，南阳的经济、文化事业，特别是汉画像石的研究工作复又进入了冰冷的寒夜。

但是也应看到，汉画研究区别于其他事业的独特之处，不是像一般事业那样只要大造声势、兴师动众、千军万马、浩浩荡荡，就能实现目标，而是以人为本，要有一批耐得住寂寞和艰辛的人才，特别是一流的人才。这个时期孙文青已由北京回到故乡，任南阳县志馆副馆长。孙文青通过结识南阳驻军143师师长黄樵松的方式，获得了该师拓展路基、修筑防御工事中出土的大批汉代画像石。这些新收集的南阳汉画像石及其拓片，经孙文青整理编成《南阳汉画像石汇存》第五辑初稿，并同《南阳草店汉墓画像集》一并由南阳雨湘图书馆出版。对南阳汉画像石的痴爱构成了孙文青生命的全部。所以，南阳汉画像石能在全国汉画像石研究的特别困难时期弄出点声响，结出一点成果，实在是“良有以也”。

南阳汉画像石以它的天生丽质吸引了一大批才俊的注目，在南阳汉画像石的研究领域，可谓是名士如林，大家济济。他们身上那种浓郁的“志于道成于仁”的人文情怀，使他们能够不讲条件和代价，自觉地钟情于这些艺术瑰宝。南阳画像石能够遇到这批学术精英，实在是幸运之至。这批学术精英卓有成效的辛勤工作，为20世纪50年代以后南阳汉画像石研究黄金时代的到来奠定了坚实的基础。

三、科学开发与研究阶段：重笔浓抹，五彩缤纷

20 世纪 50 年代，南阳汉画像石的研究整理工作遇到了千载难逢的机会，科研工作者的工作热情极度高涨，研究成果如雨后春笋般地涌现。“这些论著无论是内容考证，还是艺术分析，均达到了前所未有的高度和深度。特别是一批青年学者加入了研究队伍，为汉画的研究注入了活力。他们不仅从考古学、历史学的角度进行研究，而且向礼制、文学、美学、艺术、体育和科技等诸方面拓展。一批专职研究的教授的加盟，标志着汉画研究作为现代学科在完成了它漫长悠久的历程之后最终真正走向成熟。”[①]此说虽然立足于全国“宏观”，但也适合南阳这一“微观”。

（一）研究基地的建立

民国二十四年（1935 年），在南阳名流的不懈努力下，南阳出土的汉画像石借南阳民众教育馆暂时得以栖身。新中国成立后，随着大规模的农田基本建设如火如荼地开展，南阳发现的汉画像石数量成倍增长。民国二十四年（1935 年）所建的单檐廊庑式汉画馆已经远远不能满足保存、展览的需要。1956 年 12 月，中华人民共和国文化部副部长田汉来南阳视察工作，在考察了南阳汉画像石的实际情况之后，找到时任河南省人民政府省长的吴芝圃，提出“保护汉画”的建议，并建议另选新址再建一座较大规模的汉画馆。中共河南省委和省人民政府对田汉的建议十分重视，在拨出专款修建新馆的同时，还将有汉画像石的桥墩予以改造重建。时任中国科学院院长的郭沫若为南阳汉画馆亲笔题写了馆名。

① 陈江风：《汉画研究的历史回顾》，《周口师范学院学报》，2006 年第 1 期。

后来，随着文物普查工作的深入开展，南阳汉画馆所发掘、寻求来的汉画像石堆积如山。天文、百戏、角抵、社会生活、历史故事、神话传说、谶纬迷信、建筑、榜题、图案十个大类，样样俱全，其中国家一级品就占到119块。历史真的为南阳建立汉画像石研究基地提供了一次万世不遇的机会，南阳人也充分地利用了这一机会。南阳汉画馆在3次改建的基础上，1999年在南阳市西郊卧龙岗之龙首处，建成了目前我国规模最大，集珍藏、陈列、保护和研究为一体的汉画艺术博物馆。

一个藏品单一的博物馆，尤其是身处经济文化和交通暂时还落后于全国兄弟省市的偏远地区的博物馆，它所拥有的声望资源和经济资源都是极其有限的，和汉画像石研究基地所必备的条件之间存在着巨大的反差和矛盾。要想成为省内一流、国内领先、国际闻名的研究基地，特色和优势是所需千万个因素中至关重要的因素。如何凸显自己的特色和优势，是决定汉画像石研究基地建设成败的关键。据统计，至20世纪末，南阳汉画馆已科学发掘汉画像石墓50余座，是全国收藏汉画像石墓资料文献最集中的馆舍。无论是汉画像石的出土数量、种类，还是汉画像石的凿刻历史，都远远多于和早于全国其他地区。为此，南阳汉画研究同人利用20世纪后期科学研究大文化环境建设方兴未艾、新兴学科和边缘学科大量涌现的有利条件及国外汉画考古学、汉画图像学、汉画社会学、汉画民俗学、汉画地理学、汉画民族学、汉画文化人类学等学科理论和研究方法相继传入国内的大好时机，联络河南省文物研究所、河南省群众艺术馆、高等院校、洛阳博物馆等单位于1981年10月成立了旨在有计划地组织开展学术活动、交流研究情报、汇编研究成果、推动学术研究发展的河南汉画研究组。在成立大会上，与会专家认为，两汉400余年的历史奠定了我国封建社会的基础,科学文化出现了空前的繁荣,对汉民族文化的形成产生了深远的影响。河南,特别是南阳,是汉文化的中心区域,汉画像石墓和汉画像石特别丰富,它们在美术史、音乐史、民俗史、教育史、考古史上都具有重要地位。有必要对之实施专门研究。① 经过汉画研究组的引导协调和组织相关研究,不仅打开了局面,而且取得了可喜的成绩。2006 年 10 月,中国汉画学会画像石分会落户南阳,时间已经充分证明了当年的定位是正确的定位,是具有远见卓识的定位。为使南阳汉画像石尽快为世人所知,也为了科学地发掘、复原南阳的汉画像石墓和陈列那些反映宗教、神话、天文、乐舞、车骑、田猎、民间信仰的画像石,1985 年 11 月,借南阳汉画馆建馆 50 周年暨鲁迅搜集南阳汉画像石拓片 50 周年之机,文物出版社、河南省文化厅等单位联合在南阳召开了汉代画像石学术研讨会。来自全国的 90 余名代表出席了会议,文化部向大会发来了贺信,鲁迅之子周海婴出席了会议。大会就南阳汉画像石的有关学术问题展开了热烈讨论,一致认为,南阳是西汉全国五大都市之一,又是东汉光武帝刘秀的故乡,达官贵戚、富商豪强云集,他们用汉画像石的形式表现了当时的社会生活,是一部形象的汉代社会史,其所蕴涵的丰富的优秀传统文化资源是属于全人类的财富,应当公之于社会。② 继此次研讨会之后,汉画学会又先后在嘉祥、商丘、乐山、徐州召开了 4 次学术研讨会,极大地推动了汉画像石研究工作的发展,受到了社会各界的欢迎和赞扬。1991 年 11 月,由中国体育博物馆和河南省体育文史编辑室举办的“全国汉代画像石与古

① 本刊通讯员:《河南汉画研究组成立》,《中原文物》1982 年第 1 期。

② 艾延丁:《1985 年在南阳召开汉代画像石学术讨论会》,《史学月刊》1986 年第 2 期。

代体育”学术研讨会在南阳举行，代表们围绕画像石中拳斗、兽斗、射箭、舞蹈、田猎、技击、角力、扛鼎、马术、蹴鞠、投壶、六博、技巧、斗兽等内容进行了广泛深入的研讨，并对南阳汉画像石贮藏之多，涉及朝代之多、内容之丰富表示惊叹。专家学者一致表示，研讨会在南阳召开，大开了眼界，学术上收获很大。这次会议将汉画像石与早期聚落的体育活动联系在一起，拓展了汉画像石研究的领域。[①] 1993 年 10 月，在南阳召开了汉画像石国际学术研讨会。这是一次全球化语境下分布于世界各地的学者，用新理论、新方法研究汉画像石的盛会。南阳汉画像石研究的声誉由此奠定，汉画像石研究基地的地位由此确立。在庆祝南阳汉画馆 60 华诞和 70 华诞之时，来自全国各地的汉画像石研究专家齐集南阳，举行了相应的纪念大会暨学术研讨会，分别就南阳汉画像石的深入研究、开发、利用等问题进行了专题研究。中国汉画学会、德国慕尼黑大学、法国巴黎大学及北京大学等都发来了贺信。2006 年 10 月，由中国汉画学会举办的中国汉画学会第十届年会在南阳举行，近百名汉画像石学者从宗教学、社会学、民俗学等角度对汉画像石进行了探讨和争鸣，就汉画像石的深入研究问题提出了建议。这些学术会议的召开，带动了南阳乃至全国汉画的研究，促进了全国汉画学科的建设。这些会议上所提出的一些重要问题，在当时都是直接关于该学科发展的关键问题。汉画像石学者在会议及各大报刊上所进行的相关讨论，将南阳汉画像石基地建设搞得有声有色，凝聚了一大批汉画像石研究的精英人物，出版了一大批汉画像石方面的著作。《汉代画像石》、《南阳汉代画像石》、《汉代画像石研

---

① 张培彦、葛廷贵：《全国首届“汉画与古代体育”学术研讨会在南阳召开》，《河南体坛》1992 年第 2 期。

究》、《南阳汉代画像石刻》、《南阳汉代画像石刻(续编)》、《南阳汉画像石研究》、《南阳汉画像石》、《南阳汉代墓门画艺术》、《南阳汉代天文画像石研究》和《南阳汉画像石精粹》等,在学术界产生了一定的影响。

(二)南阳汉画像石之于全国相关研究的价值

南阳汉画像石以其悠长的时间跨度和分期明显的雕刻技法为我国汉画像石的分期研究提供了参照,南阳汉画像石的发掘、收集、整理和研究无疑是中国汉画研究史上的一桩最值得欣喜、最值得纪念的事件。

南阳汉画像石的出土,首先使我们看到了汉代武帝至三国时期民风民俗、社会生活的全貌。从刚开始的名不见经传,到20世纪80年代后撑起中国汉画界的半壁江山,皆得力于南阳汉画像石的数量多、内容全、时间跨度大。在南阳汉画像石收集的早期阶段,学术界对于汉画像石的分期一般是持早、晚两期说的。早期从西汉昭帝元凤年间到东汉章帝时期,晚期从东汉和帝时期到献帝时期。[①] 即使到了20世纪90年代,全国汉画像石墓及其画像石出土数量已有相当大程度的增加,但对汉画像石的分期仍持早、中、晚三期的观点。[②] 随着南阳汉画像石墓科学发掘工作的不断深入和记年画像石的陆续出土,以上观点便不攻自破。中国汉代画像石4个阶段的划分方法得到国内外学术界的广泛认同。

第一个阶段为西汉中期,该阶段为南阳也是中国汉画像石葬俗的肇端期、发轫期。代表性墓葬有:南阳市唐河县湖阳镇汉画像

---

① 李发林:《略谈汉画像石的雕刻技法及其分期》,《考古》1965年第4期。

② 周到、王晓:《汉画——河南汉代画像研究》,中州古籍出版社,1996年版。

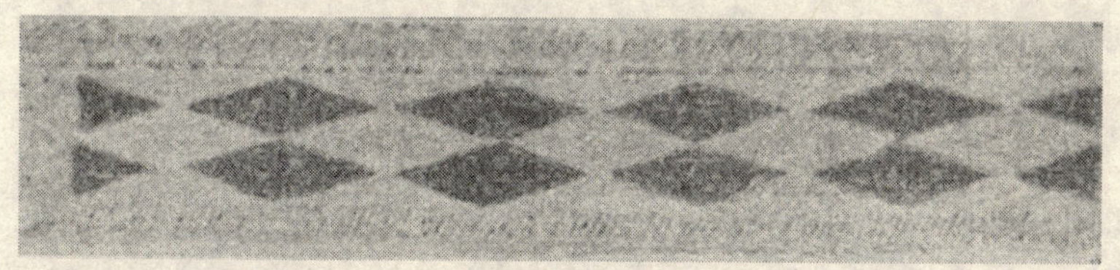

图 2-1

石墓①、南阳县赵寨砖瓦厂汉画像石墓②、南阳市唐河县石灰窑村汉画像石墓③和南阳县辛店乡熊营汉画像石墓④等。此期墓葬建造的年代上限约在昭帝前后,下限约在宣帝年间。由于用汉画像石装饰墓室的风习刚刚兴起,因而此期的汉画像石存在有以下特点:第一,画像在墓中石材上所占比例较低,大约在四分之一左右。例如,南阳市唐河县石灰窑村汉画像石墓共用大型石材 20 块,其中盖顶石 9 块,门框 3 块,门扉 2 块,封门石板 2 块,墓壁 4 块,但只有 5 块石上刻有画像。南阳县赵寨砖瓦厂汉画像石墓用石材较多,前堂、前大门、前堂左右二壁与南北二侧室盖顶石均为纯石结构,但仅在 8 扇门扉和 5 个门柱上刻有画像,其余均为素石。第二,画像多刻在墓门正面,石材反面和墓室内一般不刻画像。即便如此,此一时期的画像内容也较为简单,主要为装饰性菱形纹和建筑图案等。如图 2-1、图 2-2、图 2-3、图 2-4。

① 相关发掘报告参见《中原文物》1985 年第 3 期。
② 相关发掘报告参见《中原文物》1982 年第 1 期。
③ 相关发掘报告参见《文物》1982 年第 5 期。
④ 相关发掘报告参见《中原文物》1996 年第 3 期。

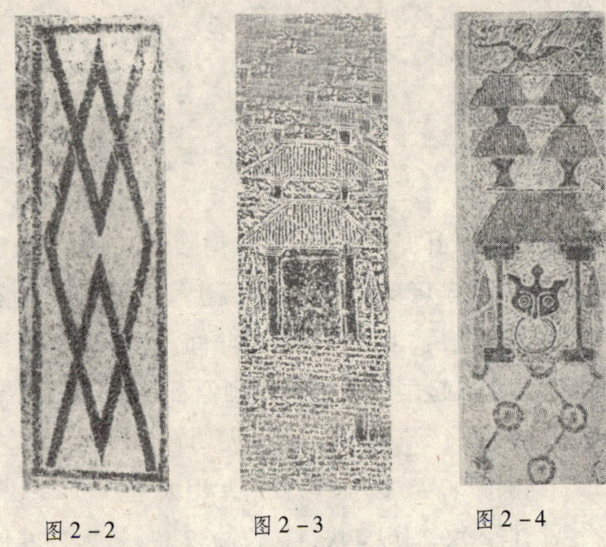

图 2－2　　图 2－3　　图 2－4

南阳县赵寨砖瓦厂汉画像石墓的门扉和门柱上刻的均为楼阁画像和菱形套环图案，门扉上也是以楼阁建筑和铺首衔环图像做装饰。南阳辛店乡熊营汉画像石墓为宣帝年间所建，由于时间较晚，汉画像所占整个墓室用石的比例有所上升，但画像主要分布于大门门楣、门扉、门柱的正面，石材反面和墓室内基本没有雕刻画像，仍然不同程度地体现着早期汉画像石墓的主要特征。

第二个阶段为西汉晚期到新莽年间。这一阶段属于南阳汉画像石葬俗的发展期，墓葬数量较前一阶段为多，代表性的墓葬有南阳市刘洼村汉画像石墓①、南阳市唐河县电厂汉画像石墓②、南阳市唐河县汉郁平大尹冯君孺人画像石墓③、南阳市唐河县白庄汉画像

① 相关发掘报告参见《中原文物》1991 年第 3 期。

② 相关发掘报告参见《中原文物》1982 年第 1 期。

③ 相关发掘报告参见《考古学报》1980 年第 2 期。

石墓[①]、南阳市方城县城关镇汉画像石墓[②]、南阳市唐河县针织厂二号汉画像石墓[③]、南阳县英庄汉画像石墓[④]、南阳市安居新村汉画像石墓[⑤]、南阳中建七局机械厂汉画像石墓[⑥]、南阳蒲山二号汉画像石墓[⑦]、南阳陈棚汉代彩绘画像石墓[⑧]等十余座。此阶段在刻绘上呈现出以下特点：第一，画像数量明显增加，石材利用率提高，石材正反两面均刻绘画像的现象增多。例如唐河汉郁平大尹冯君孺人画像石墓中室北门门柱的南、北二面分别刻有执笏、白虎铺首衔环画像。南阳中建七局机械厂汉画像石墓中门南柱正面和背面分别刻有执盾门吏和执棒门吏等，如图2－5、图2－6。第二，墓门正面仍是刻绘画像的重要位置，但是，已经不是唯一的位置，在后室门柱、墓室内也开始刻凿画像。如南阳市唐河县电厂汉画像石墓，门楣上刻车骑出行图，东门两扇门扉刻朱雀铺首衔环、白虎铺首衔环，前室刻二龙交尾、伏羲女娲等画像，主室内则刻有应龙、虎、鹿等画像。南阳市方城县城关镇汉画像石

图2－5

图2－6

① 相关发掘报告参见《中原文物》1997年第4期。
② 相关发掘报告参见《文物》1984年第3期。
③ 相关发掘报告参见《中原文物》1985年第3期。
④ 相关发掘报告参见《文物》1984年第3期。
⑤ 相关发掘报告参见《考古》2005年第8期。
⑥ 相关发掘报告参见《中原文物》1997年第4期。
⑦ 相关发掘报告参见《中原文物》1997年第4期。
⑧ 相关发掘报告参见《考古学报》2007年第2期。

墓的门楣门扉上刻绘有羽人、飞龙、白虎铺首衔环、仙鹤、朱雀铺首衔环等画像，墓前室则刻绘着执棨戟门吏、执钺门吏、执盾门吏和蹶张等画像。第三，画像内容除早期的菱形纹、连弧纹及阁楼建筑之外，历史故事、车骑出行、乐舞百戏等已占据较多空间，表现儒、道二家教义的画像也开始大量出现。例如，在南阳市唐河针织厂二号汉画像石墓中就刻有升仙图、重明鸟图、逐疫辟邪图等。在南阳县英庄汉画像石墓中刻有伏羲女娲图、斗鸡图、星相图等。画面所展呈的晓喻主题较之第一阶段大为明朗。图2－7、图2－8，乐舞百戏图像和历史故事“西门豹治邺”画像。图2－9，女娲像。女娲为道教三皇之一。图2－10，重明鸟、方相氏、龙。该图由3部分组成，上为重明鸟，中刻方相氏，下刻体如蜥蜴的龙。该龙生2角，张口，作爬行状。这些画像石均从上述相关墓葬中征集，现收藏于南阳市汉画馆。

第三个阶段为东汉的早中期。此一阶段为南阳汉画像石的成熟期、鼎盛期。墓葬数量最多，出土汉画像石最丰富、品类也最齐

图2－7

图2－8

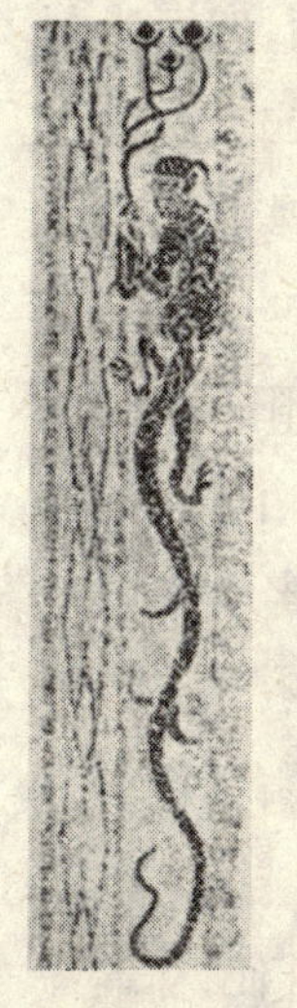
图 2 – 9

图 2 – 10

全，反映民间信仰生态意识的画面最生动、最典型。代表性的墓葬有：南阳杨官寺汉画像石墓[①]、南阳市唐河县针织厂汉画像石墓[②]、南阳英庄汉画像石墓[③]、南阳军帐营汉画像石墓[④]、南阳石桥汉画像石墓[⑤]、南阳王寨汉画像石墓[⑥]、邓县长冢店汉画像石墓[⑦]、南阳市方城县东关汉画像石墓[⑧]、南阳蒲山汉画像石墓[⑨]、南阳市桑园路汉画像石墓[⑩]、南阳环城乡汉画像石墓[⑪]、当阳市郑家大坡（汉代时为南阳郡管辖）汉画像石墓[⑫]、襄城茨沟（汉代时为南阳郡管辖）汉画像石墓[⑬]等。此阶段所建造的墓室均为砖石混合结构，石料主要用于墓室内的骨架和通道之处，如墓门、过梁、立柱、主室门、耳室门或侧室门、门槛、主室隔墙等。一般来说，凡是有石料的地方，

① 相关发掘报告参见《考古学报》1963 年第 1 期。
② 相关发掘报告参见《文物》1973 年第 6 期。
③ 相关发掘报告参见《中原文物》1983 年第 2 期。
④ 相关发掘报告参见《考古与文物》1982 年第 1 期。
⑤ 相关发掘报告参见《考古与文物》1982 年第 1 期。
⑥ 相关发掘报告参见《中原文物》1982 年第 1 期。
⑦ 相关发掘报告参见《中原文物》1982 年第 1 期。
⑧ 相关发掘报告参见《文物》1980 年第 3 期。
⑨ 相关发掘报告参见《华夏考古》1991 年第 4 期。
⑩ 相关发掘报告参见《文物》2003 年第 4 期。
⑪ 相关发掘报告参见《考古》1966 年第 2 期。
⑫ 相关发掘报告参见《考古》1999 年第 1 期。
⑬ 相关发掘报告参见《考古学报》1964 年第 1 期。

均刻凿有画像,石料的刻绘率相当高。一石二面、三面、四面皆刻有画像的现象极其普遍。例如南阳英庄汉画像石墓共出土画像石15块,而画像就多达20幅。墓门中柱的正面、背面和墓北门两扉正面、背面均刻有画像。南阳军帐营汉画像石墓共出土石材12块,除铺地的3块外,其余9块正、背面都刻有画像。南阳石桥汉画像石墓前石梁三面和墓门中柱四面均刻有画像。此时由于正处刘秀中兴汉室之季,也是皇朝统治集团中显赫人物苦心经营南阳大有起色、各种关系盘根错节时期,因此,以往汉画像中的历史故事、建筑图案逐渐退隐,而代之以大量的车骑出行、宴饮乐舞图像。另外,又因为刘秀迷信图谶,"宣布图谶于天下"①,南阳遂成为图谶盛行之区,所以此时表现道家长生不老、阴阳和合、羽化升仙、祥瑞辟邪思想的画像内容很是普遍。天相星图也为数不少,反映佛教生态思想的图像也有出现。图2-11,表示升仙。画面左刻一龙颈回首,张口曳尾,奔走于祥云瑞气之中,龙后一仙人乘虎尾随。画右刻三人骑马追赶。在汉代民俗中,龙、虎皆为神兽,具有导引和乘载升仙功能。图2-12,升仙场面。画面由4个形象构成。画左为一仙人,左起第二为龙,左起第三为异兽,画右为一熊。龙一边飞

图2-11

① 范晔:《后汉书》卷一下,中华书局,1965年版,第84页。

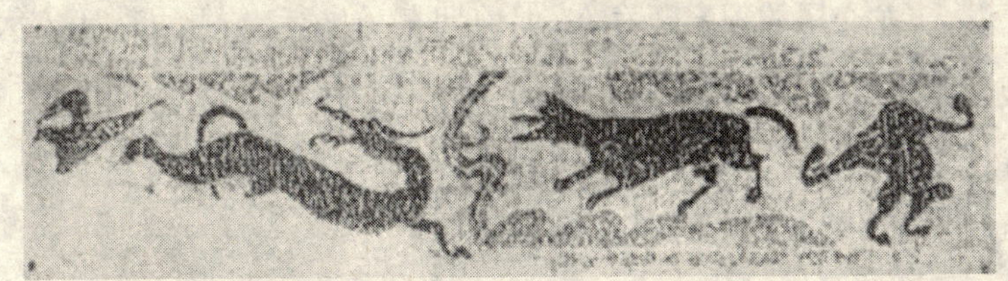

图 2－12

腾一边回首,似在招呼身后的仙人。画下刻山峦,画中饰云气。此图像石从南阳县征集,现收藏于南阳市汉画馆。

第四阶段为东汉晚期。该阶段乃画像石的衰落期,发掘的汉画像石不仅数量明显减少,而且构图也出现了格式化倾向。代表性的墓葬有:南阳市邓州梁寨汉画像石墓①、南阳市桐柏安棚汉画像石墓②、南阳市方城党庄汉画像石墓③、南阳市新野前高庙村汉画像石墓④、南阳西关汉画像石墓⑤、南阳十里铺画像石墓⑥、南阳市第二化工厂二十一号画像石墓⑦、南阳市邢营画像石墓⑧、南阳市十里铺二号画像石墓⑨、随县(汉代属南阳郡管辖)唐镇汉画像石墓⑩、南阳许阿瞿汉画像石墓⑪等。此一阶段所建筑的画像石墓中相对来讲刻凿图像较少,带有宗教寓意的符号较普遍。尽管二龙

① 相关发掘报告参见《中原文物》1996 年第 3 期。
② 相关发掘报告参见《中原文物》1996 年第 3 期。
③ 相关发掘报告参见《中原文物》1986 年第 2 期。
④ 相关发掘报告参见《中原文物》1985 年第 3 期。
⑤ 相关发掘报告参见《考古》1964 年第 8 期。
⑥ 相关发掘报告参见《文物》1974 年第 8 期。
⑦ 相关发掘报告参见《中原文物》1993 年第 1 期。
⑧ 相关发掘报告参见《中原文物》1996 年第 1 期。
⑨ 相关发掘报告参见《中原文物》1996 年第 3 期。
⑩ 相关发掘报告参见《考古》1966 年第 2 期。
⑪ 相关发掘报告参见《文物》1974 年第 8 期。

穿璧、二龙交尾的图案还存在,但前期车马出行、乐舞百戏等宏大的画像场面已不复存在。墓门上虽然仍刻有白虎、朱雀和铺首衔环,但是墓中已出现了象征佛主诞生的莲籽和莲花图案,表明佛教信仰在东汉末年已传入南阳盆地并对民众的思想行为产生了支配作用。除此之外,反映辟邪、祥瑞信仰的汉画像石仍比较常见。

南阳汉画像石对雕刻技法各阶段特征展呈的系统性、清晰性和完整性也为全国汉画像石的分期研究提供了有价值的参照。第一阶段主要采用阴线和凹面阴线的形式在石上刻绘图案。第二阶段主要采用浅浮雕的形式来刻绘图案,画像的轮廓线被凿成凹槽,刀凿痕迹较为明显。第三阶段主要采用横竖纹衬底浅浮雕的形式来刻凿图像,画面中的空白地带常以云气纹或垂帐纹为饰,画面显得饱满。画像细部用阴线刻出,形象比较突出。第四个阶段主要采用浅浮雕和横竖纹衬底浅浮雕的方式来刻凿图像,但图像的浮凸程度已较前期远为逊色,形象也因而显得呆板。由于南阳汉画像石上所存在的这些优秀质素,其受到世人的重视和艳羡便自当在情理之中。

(三)南阳汉画像石的研究现状和存在的问题

南阳汉画像石虽然为世人所知的历史较短,但对它的研究业已显现出良好的发展势头,近年来迅速增加的学术积淀促使南阳汉画像石研究群体从宗教学、历史学、民俗学、哲学、考古学、民族学、音乐学等学科互融一体的角度对南阳汉画像石实施更加深入的研究以获得更加重大的突破。南阳汉代画像石的研究问题,已不仅仅是属于南阳人或中国人自己的问题,它早已跨越国界而成为包括中国学术界在内的全世界学术界共同关心的问题。

日本长广敏雄的《南阳の画像石》一书,除详细地介绍南阳地理风貌、民风民情和南阳汉画像石的发现情况之外,还从南阳丰富的汉画贮藏中挑选47幅典型画面,利用类型学、图像学、艺术学、文献学等学科的有关理论知识对其思想内容和艺术风格进行了深入的考阐[1]。他的《汉代画像の研究》[2]和土居淑子的《古代中国の画像石》,[3]都结合汉代文化、民俗和官吏制度对南阳有关图像进行了深入的考证。日本迹见学园女子大学教授西林昭一对南阳市唐河县郁平大尹冯君孺人画像石墓出土的汉画像题记和建宁三年(170年)许阿瞿画像石墓志进行了深入的考证,并揭示了汉代民众创作汉画时所依据的艺术原则和汉画流变过程中所形成的理论传统[4]。美国学者史肖研(Hsio -yen -shih)的《东汉至六朝的画像风格》一文以形式分析学派的理论为基础,把时空因素作为评判汉画像石的重要标准,认为南阳汉画像石早期以时间和空间二度方式来表现孤立的人物和情节,并在此基础上产生了本地的图像系统和一种较为放松的艺术风格。南阳汉画像石对山东、陕北、四川等地的汉画像石艺术风格提供了蓝本,使他们在石头上凿刻绘画时特别重视对客观世界的生动描绘[5]。

南阳目前封藏、收藏的汉画像石4000余块,由于发现的时间较晚,损坏的程度较低,这为我们研究汉画像石突破资料限制提供了极大的便利。由于汉画像石一般体量较大,移动和传播极其不便,外地学者据以研究的资料大多凭借拓片、照片和摹本,但由于

---

① 参见日本京都大学人文科学研究所1969年报告。

② 参见长广敏雄:《汉代画像の研究》,中央公论美术出版,1965年版。

③ 参见土居淑子:《古代中国の画像石》,同朋舍出版,1986年版。

④ 参见《不手非止》1981年第5号和1984年《大东文化大学创立60周年纪念中国学论集》。

⑤ H. Y. Shih,"Early Pictorial Style" From the Later Han to the Six Dynasties. Ph. D dissertaing, Bryn Mawr College.

拓工手艺高低的不同、摹本临摹者认知能力和主观判断能力的限制和汉画像石自身模糊不清的原因,导致拓片、照片和摹本常常与汉画原像存在着差异,同一幅汉画像在不同的拓工、临摹者手中甚至会出现很大的差异,这无疑会影响研究成果的准确性和科学性。南阳为汉画像石的集中地区,此葬俗在汉代南阳历时最长,汉画数量最多,内容丰富,品类众多,可以弥补上述方面的不足。这为考古学家年代材质方面的考据、历史学家社会文化背景与思想观念方面的研究、民俗学家民俗事项方面的探索和美术理论家图像本身意义方面的评判提供了得天独厚的条件。多学科聚焦下的南阳汉画像石,使学术界在一些重要的学术问题上取得了共识。

南阳汉画像石题材极其丰富,几乎涉及了社会生活的各个方面。在南阳汉画像石的分类问题上,日本土居淑子将其分为七类:第一类为具有故事情节的画像;第二类为有关祭祀礼仪的画像;第三类为有关天象和自然现象的画像;第四类为有关仙人及神怪的画像;第五类为有关社会生活的画像;第六类为空想动物画像;第七类为各种用于装饰的图像[①]。王建中在他研究南阳汉画像石的专著《汉代画像石通论》中,将南阳画像石的内容分为生产、生活、故事、神话、天文、符瑞、图案七大类。[②] 这些分类虽然角度不同,但都是符合南阳汉画像石实际的。

作为汉代人思想观念的反映,南阳汉画像石深刻表现了当时人们的思想意识,儒、释、道思想是南阳汉画像石所表现的基本内容和重要题材。无论是反映儒家思想的讲经、忠孝、祥瑞图像,还是反映道家(教)思想的升仙、辟邪图像和反映释家的六牙白象、莲

① 土居淑子:《古代中国の画像石》,同朋舍出版,1986 年版。
② 王建中:《汉代画像石通论》,紫禁城出版社,2001 年版。

花莲籽图像，在南阳汉画像石中都有极其丰富的表现。对此，《汉画中儒道佛思想初探》[①]、《南阳汉画像的河伯图试析》[②]、《南阳汉画像石中的神话与天文》[③]、《从南阳汉画看汉代崇尚名节之风》[④]、《从南阳汉画看汉代的等级制度》[⑤]等对于汉代民间宗教和国家宗教之于民间汉画像石葬俗的深刻影响都作了深入的论析。

南阳汉画像石作为展呈汉代民俗的有效载体，生动形象地记录了流布于汉代南阳郡中的节俗、食俗、礼俗、婚俗等。《河南南阳画像中的民俗初探》[⑥]对南阳汉画像石所反映的拥彗拜谒之俗、为辟邪而在门扉上画神荼郁垒像之俗、饮宴中陈伎佐餐之俗以及汉代流行的葬俗等进行了全面系统的研究。《浅析汉画中的酒文化》[⑦]、《试论汉画中的饮食文化》[⑧]等对汉代南阳民间酿酒、酤酒及饮酒时所用投壶、六博、猜拳等酒令风习作了梳理。对汉代民间的饮食生活，特别是主、副食的构成搭配、加工方法和烹饪技艺等作了钩稽。《从汉画试析汉代的丧葬礼俗》[⑨]、《试论南阳汉代画像中的田猎活动》[⑩]、《南阳汉画中的“伏羲女娲”考》[⑪]等研究了汉代南阳郡的丧俗、娱俗和婚俗。

---

① 参见《中原文物》1996 年增刊。

② 参见《中原文物》1986 年第 1 期。

③ 参见《郑州大学学报》1978 年第 4 期。

④ 参见韩玉祥:《汉画学术论文集》，河南美术出版社 1996 年版。

⑤ 参见《南都学坛》1993 年第 1 期。

⑥ 参见《南都学坛》2001 年第 1 期。

⑦ 参见《南都学坛》2000 年第 3 期。

⑧ 参见《南都学坛》1997 年第 5 期。

⑨ 参见韩玉祥:《汉画学论文集》，河南美术出版社，1996 年版。

⑩ 参见南阳汉代画像石学术讨论会办公室:《汉代画像石研究》，文物出版社，1987 年版。

⑪ 参见《南都学坛》1988 年第 2 期。

南阳汉画像石是汉代贵族豪门奢侈生活的写照，是对人间幸福的模仿和对歌舞升平生活的向往。因此，在南阳汉画像石中，雕刻了为数众多的乐舞百戏画像。《从南阳石刻画像看汉代的乐舞百戏》[①]、《南阳汉代画像石刻中的音乐艺术》[②]、《南阳汉画中的楚舞蹈艺术》[③]、《漫谈南阳汉画像中的舞蹈》[④]等对汉代南阳的乐器种类、舞蹈种类、乐队构成、艺术特征、文化源渊等进行了精细的梳理和深入的分析。

除此之外，《南阳汉画中的角抵戏》[⑤]、《南阳汉画像中搏击图浅析》[⑥]、《河南汉代体育活动》[⑦]、《略谈南阳汉画中的棒形工具——兼谈执棒者的身份》[⑧]、《河南汉画中的建筑图像》[⑨]、《南阳汉代画像石刻美学风格初探》[⑩]、《从南阳汉画看汉代民族关系》[⑪]、《试论南阳汉画中"胡人"特征及相关问题》[⑫]等对南阳汉画像石所蕴涵的汉代政治、经济、体育、建筑、文学、美学、民族关系等均作了深入的研究，提出了颇有启发意义的见解。

历史学家翦伯赞说："我认为除了古人的遗物以外，再没有一种史料比绘画雕刻更能反映出历史上的社会之具体的形象。"汉画

① 参见《河南戏剧》1983年第4期。
② 参见《南都学坛》1992年第4期。
③ 参见《南都学坛》1987年第6期。
④ 参见《舞蹈》1978年第6期。
⑤ 参见《郑州大学学报》1979年第2期。
⑥ 参见《中原文物》1983年特刊。
⑦ 参见《南都学坛》1998年第4期。
⑧ 参见《中原文物》1983年特刊。
⑨ 参见《中原文物》1983年特刊。
⑩ 参见《中原文物》1983年特刊。
⑪ 参见韩玉祥：《汉画学术文集》，河南美术出版社，1996年版。
⑫ 参见《中原文物》1996年增刊。

像石因为“是一种最具体、最真确的史料”，所以，“几乎可以成为一种绣像的汉代史”[1]。先哲时贤在南阳汉画像石这一文化瑰宝的研究上虽然用情甚殷，相关成果也尽管层出叠见，但是，正如本书导论中所说，南阳汉画像石中民间信仰的生态意识还是一个新的研究领域，现有研究成果大多偏重于汉画像石本身的考察，对于深隐南阳汉画像石背后具有重要价值的早期民间信仰及其所蕴涵的生态意识还没有来得及进行专门系统的钩稽、整理与研究，更没有在如何有效利用和传承发展传统文化层面对这些资源中的优秀内容进行全面、深入的阐发。而对于这方面内容进行系统科学的梳理与归纳，不仅可以为当前学术界的相关研究提供大量翔实可靠的原始资料，而且可以为当下培养审美的人、克服日益严重的生态危机和严重的心理失衡、构建和谐社会提供有益借鉴。为此，面对如此浑厚的学术积淀和如此令人惊羡的文物贮备量，我们有责任、有义务站在学术建设和弘扬民族传统精神的高度对之实施科学的探索。我们只有在这一层面作出成绩，才能无愧于时代、无愧于早年对南阳汉画像石研究做出过重要贡献的先驱。

① 翦伯赞：《秦汉史》，北京大学出版社，1983 年版，第 215 页。

第三章　汉画像石中民间信仰生态意识形成的原因

民间信仰是民众中自发产生的关于神灵崇拜观念、行为习惯和相应的仪式制度。它广泛传播于大众之中(某些特定历史时期在上层统治阶级中亦相当流行),是一种无一定规范的教义、仪式、布道场所,无严格组织形式和森严约束力的民间宗教[①]。它没有明确的传人、不更多地强调自我修行,它的思想基础主要是万物有灵论,信仰的对象较为庞杂。正是出于这样的原因,南阳汉画像石中反映民间信仰的图像种类极其丰富,有立足于大自然崇拜与信仰而对日、月、星、云、雾、雷、雨、电、风诸神所作的表现,有立足于动植物信仰而对虎、象、龟、熊、牛、羊、树、草等所作的刻画,有立足于图腾、祖灵信仰而对龙、凤和先祖所作的描绘,还有立足于民间儒、道、佛信仰而对真人、圣人、祥瑞、佛像等形象和相关义理所作的展示。南阳汉画像石中民间信仰的出现和发展,与历史时期的社会经济、宗教信仰和文化背景有着极其密切的关系。

汉代人对墓室设计装饰的初衷,乃出于这样两个方面的考虑,即:既要使死去的亲人在地下安乐宁静、飞天升仙,又要护佑后代在阳间消灾去厄、纳祥避凶和富贵昌隆。然而,由于社会生产力发展水平、思想认识程度的限制,民众的生活和命运无时无刻不处在天灾人祸的极度威胁之中。为摆脱这种威胁,人们除把左右自己

---

① 徐心希:《闽台民间信仰的功利主义特点探论》,《福建师范大学学报》1996 年第 2 期。

生活和命运的力量看成天意，通过创造各种能带来福音的神灵、鬼灵和精灵来沟通上天，虔诚地乞求上天的宽恕和恩赐之外，还在思维互渗律的支配下，在墓室刻绘代表神灵、鬼灵和精灵的种种事物，希望通过与这些图像朝夕相处和亲密接触，交感互渗，以实现安宅生财、修道升仙、消灾祈福的诉求。"通过对客观事物的模仿，自己就能施影响于模仿的对象，如果对某人接触的事物施加影响，就能达到影响某人的目的。"[①]因为用汉画的形式古人自以为能够给人们带来好处，所以，刊刻民间信仰的画像石在有汉一朝也随之兴盛起来。丧葬的这种功利性、世俗性不仅使画像石上所展呈的民间信仰充分显现出鲜明的功利性、世俗性特质，而且在汉代特殊的社会背景下，由于敬畏天意心理的存在，古人在石上刻绘表现民间信仰的画像时，无论是想象的触发、题材的选择，还是审美意识的孕育、审美意境的营造、审美体验的把握，都不可避免地带着一股浓重的生态味道。

一、社会经济方面的原因

尽管汉画像石作为一种民间艺术创造，从表面上看，"是与悲观主义完全绝缘的"，尽管汉画像石在反映民间信仰时似乎充盈着一股"战胜一切的他们敌对的力量"，[②]且像中国民俗审美一样，"透出刚健、清新、自强不息、自救自乐的气息"，[③]但是，也应看到，在这种乐观向上、积极进取的背后，潜隐着对命运多舛、祸福无常

① 列维·布留尔：《原始思维》，商务印书馆，1981年版，第102页。

② 高尔基：《论文学》，人民出版社，1978年版，第35页。

③ 高天星、葛操：《民俗审美心理意识与文化精神》，《民俗研究》1995年第4期。

的极度焦虑和对灾害肆虐、治乱轮换的深深担忧。人们对命运、财富、平安的虔诚祝福和期望中弥漫着无限的痛苦和无奈。汉代画像石中民间信仰所显现的忧患色彩和生态意识,与汉代的社会生活和经济生活之间有着极强的脉息呼应关系。

(一)发达的社会经济为南阳汉代灾害的滋生埋下了伏笔

大量的历史事实业已证明,当一个地区的工、农业人口大量增加,工、农业生产活动没有节制地开展,以至于超过了该地区土地的承受能力,破坏了该地区的生态环境时,自然灾害便会接二连三地发生。南阳盆地在汉代受到各种自然灾害的频繁攻击,在某种程度上说,跟历史时期人口急剧增加、工农业发展水平较高有关。或者说,就是发达的农业经济和工业经济为灾害在南阳盆地内的漫延和肆虐提供了条件。

南阳盆地便利的交通、富饶的物产和适宜的气候,不仅使这一地区早在春秋战国时期就赢得了"钟灵毓秀"的"南北孔道"和"贵地"的美称,而且也成了历朝历代豪杰列强腑中觊觎的肥肉。作为一块兵家恶争的宝地,往往在经过一番血与火的猛烈洗礼之后,新王朝一俟建立,为不使"人不称地"而让肥沃土地撂荒的现象发生,便总是鼓励人们积极地生育。汉代的王朝也是这样。虽然楚汉争霸致使南阳在秦末汉初人口损耗严重,但鉴于南阳商业繁盛、经济发达这一优越的基础条件,西汉政权建立伊始,吕忿等侯王便实行减租倡生的抚民政策,民众得以休养生息,人口因此而迅速回升。值召信臣为南阳太守时,百姓慕名而归,户口更是倍增。据文献记载,到平帝元始二年(2 年)时,南阳郡人口总数已逾百万,分别占当时全国和河南人口总数的 3.26%、15.38%,居长江流域之首,为全国 15 个百万人以上的大郡之一。东汉光武帝掀起了汉家中兴的大幕,南阳一夜之间成为全国政治、经济、文化的中心,不仅皇亲贵戚纷至，而且商贾豪猾云集，其所带来的大量依附民使得南阳境内人口急速增加，至永和五年（140 年），人口已超过两百万，分别占全国、河南省人口总数的 4.3% 和 24.6%，居全国各大郡人口之首，是南阳汉代历史时期人口增长的最高峰。除此之外，各历史时期向南阳移民也是促使此地人口大量增加的重要原因。秦昭王二十七年（前 280 年），“错攻楚，赦罪人迁之南阳”。[①] 秦王政二十二年（前 225 年），“迁孔氏南阳”。[②] 是年，又“迁不轨之民于南阳”。[③] 接着又分迁六国十二万户富豪于南阳、咸阳等地。光武帝刘秀在位期间（建武至建武中元年间，即 25－56 年），将居住在今浙江南部的东瓯和福建之闽越等地约十万人迁往江淮流域的南阳和山西境内的河东地区从事农业生产。随着人口的增长，加在南阳盆地上的负担越来越重。为满足这些人口的衣食住行之需，只好以毁林坏草的方式大肆辟田。南阳的生态就在砍伐垦殖的过程中逐渐变得脆弱起来。正如经济史学家傅筑夫所指出的那样：“在汉代，疆域是扩大了，人口也增多了，‘土地小狭民人众’的矛盾并没有缓和，并且在土地私有制度下，土地占有是不可能按人口平均的，于是便有大量的无地农民纷纷去向大自然要土地，因而开发的范围日益扩大，开发的进度日益加速，而生态平衡的被破坏也就日益加甚。这种恶性循环，就成为东周以后的二千多年以来，灾害频仍、饥馑荐臻的主要原因。”[④]南阳郡的新野县原本是南阳盆地下沉过程中形成的一块湖泊，湖泊的四周草肥林密，六畜兴旺。湖泊中生

① 司马迁：《史记》卷五，中华书局，1959 年版，第 213 页。

② 班固：《汉书》卷九一，中华书局，1962 年版，第 3691 页。

③ 司马迁：《史记》卷一二九，中华书局，1959 年版，第 3269 页。

④ 傅筑夫：《中国经济史论丛》（续集），人民出版社，1988 年版，第 82－83 页。

长着大量的藻类、裸子植物和动物。至武帝年间,此处还生长着一种被武帝命名为“天马”的战马。后来,随着人口的不断增殖,乱砍滥伐现象越发严重,以致人进湖退,昔日林草之饶不仅不复存在,而且气候也逐渐变冷,降水也慢慢变少,湖水不断下降,至新莽年间刘秀在宛卖谷时,新野原先那广袤的湖泊已不见踪影,只留下了沘(今唐河)、淯(今白河)、湍(今湍河)、朝(今刁河)等几条为数不多、水流不大的沟河。新野也因此而成了一块一马平川的陆地。新野作为数亿年前加里东和海西构造运动作用而形成的湖泊,其湖底沉积着大量的腐殖质和有机质,相当肥沃,对其进行农业开发尽管能获得较高的产量,但就其所处的纬度和南阳大陆季风性气候的特点而言,辉煌的后面接踵而来的便是各种灾害的疯狂肆虐。汉代南阳的这种因农业开发而破坏生态的情形,正像恩格斯对古代波斯、美索不达米亚和希腊当年所做傻事的分析那样:“美索不达米亚、希腊、小亚细亚以及其他各地的居民,为了想得到耕地,把森林都砍完了,但是他们梦想不到,这些地方今天竟因此成为荒芜不毛之地,因为他们使这些地方失去了森林,也失去积聚和贮存水分的中心。”[①]南阳郡众多的人口对土地的极度占有,用农作物代替自然植被的直接结果,虽然没有像古代波斯、美索不达米和希腊那样,让盆地变成“荒芜不毛之地”,但气候越来越趋于恶化却是成了于史有证的不争问题,使生于此地的子民一而再、再而三地遭受水、旱、虫、震等灾害的残酷打击。

南阳汉代发达的工业生产也是导致生态恶化的重要诱因。南阳汉代工业主要是冶炼业,而冶炼业对木材的消耗是惊人的。综

---

① 恩格斯:《自然辩证法》,人民出版社,1971 年版,第 158 页。

合河南省博物馆等单位撰著的《河南汉代冶铁技术初探》[①]、郑州市博物馆撰著的《郑州古荥镇汉代冶铁遗址发掘简报》[②]和《中国冶金史》编写组撰著的《从古荥遗址看汉代生铁冶炼技术》[③]等文的研究可知,每冶炼1吨生铁需木炭约7吨,一座炼铁炉若日产生铁0.5吨,那么需木炭3.5吨。若按木材的出炭率为80%计,那么日需木材4吨左右,按每方木材重0.5吨计算,每日需木材8立方米,一年则约为2900立方米。按每亩林取木材10立方米计算,一座炼铁炉一年就要消耗掉近300亩的山林。一座炼铁炉对山林的毁坏就如此巨大,南阳境内所有冶炼工场加在一起定然万分惊人。大炼钢铁致使斩伐林木无有禁时,生态环境恶化,各种自然灾害便不能不由此而滋生。

(二)战火奔突不息是灾害横行的直接诱因

战争对生态的破坏主要表现在对林木植物等植被的毁灭而导致的生态失衡上。发生在汉代的战争,规模较大、持续时间较长、破坏程度较烈。具有代表性的战争,一般指两次农民战争和东汉末年的军阀割据战争。这些战争都对南阳脆弱的生态产生过重创,这已成为学界共识。除这些全局性的、对国计民生产生致命打击的战争之外,南阳因其特殊的地理位置和政治文化背景,两汉之间,据有关史志记载,其境内发生的局部战争,就多达155次。例如:武帝天汉二年(前99年),爆发梅免、百政领导的农民和奴婢暴乱,"大群至数千人"。[④]孺子婴居摄元年(6年),安众侯刘崇反叛王莽,举兵攻打宛城。新莽地皇三年(22年),南阳郡舂陵乡人汉宗

---

① 参见《考古学报》,1978年第1期。

② 参见《文物》,1978年第2期。

③ 参见《文物》,1978年第2期。

④ 班固:《汉书》卷九〇,中华书局,1962年版,第3662页。

室刘秀兄弟组建舂陵军，于宛起兵反抗王莽统治，与王莽前队大夫甄阜、属正梁丘战于小长安（今南阳瓦店镇）。新莽地皇四年（23年）新市军、平林军、下江军伙同舂陵军，与王莽军战于沘水。更始二年（24年），樊崇、逄安的赤眉军攻打、焚烧宛城。光武帝建武二年（26年），大司马吴汉扰掠南阳，八月，破虏将军邓奉与之展开激战，大败之；十一月，刘秀遣廷尉、岑彭为征南大将军讨伐邓奉，屡为邓奉所败；建武三年（27年）三月，刘秀率军亲征，鏖战月余，大败邓奉。灵帝中平元年（184年）三月，张曼成率黄巾军攻打宛城，战火漫延八个多月，至十一月，宛城失陷，黄巾军败退西鄂县（今南阳石桥镇）精山一带，被汉军围攻，以阵亡万余人的代价宣告谋反失败。中平三年（186年）江夏赵慈反叛，进犯南阳，南阳太守羊续伙同荆州刺史王敏共击之，获首五千余级，慈败。献帝初平元年（190年），中郎将窃居南阳，与董卓在宛地发生恶战。献帝建安二年（197年）二月，张绣与曹操战于宛城，杀操长子曹昂、侄曹安民及大将典韦。献帝建安三年（198年）五月，曹操与张绣、刘表联军战于南阳安众（今南阳市西南），大败张、刘联军。献帝建安六年（201年），刘备屯兵新野，刘表与曹将夏侯惇、于禁在博望交战，刘备火烧博望，曹军因陷于火海而惨败。献帝建安十三年（208年）九月，曹操血洗新野，并占领新野。献帝建安二十三年（218年）十月，汉宛城守将侯音率吏民反，遭曹操侄曹仁围攻，次年正月，曹仁破宛，杀侯音，屠宛城。由于战争在短时间内对生态造成了极大的破坏，所以最易引发自然灾害。不仅如此，这种危害在战争停息后的很长一段时间内还在延续着，往往具有很强的持久性。俗话说，两军交战，粮草先行。无论发生在南阳什么地方的战争，从有关史书典籍的相关记载来看，都是以大量的林木粮草消耗为基础的。因为大队人马果腹充饥需要大量粮草，制造工具和构筑亭塞需要砍伐大批木材，对垒的两军需要以大量的木材土石建筑营堑。战火漫延之处，往往土枯林焦。这些都会对南阳战区内的植被产生直接摧残。战争一俟爆发，动辄数十、数百、数千、数万、数百万人死于锋镝之下，雁雀为之不飞，河水为之不流，极大地损耗了社会生产的劳动力，使广大田地不能得到及时的侍弄，失衡的生态不能得到及时的修补和匡扶。土壤由于失去了植被的保护，涵养水分的能力大为降低，有雨则涝，无雨则旱，自然加大了灾害发生的频率，加重了灾害的程度。除此之外，大灾之后必有大疫，疫情流行更使民众苦不堪言，损失之大，涉及人员之多，实难用文字细书。

（三）自然灾害的表现

此伏彼起的兵燹战乱在对人类文明带来毁灭性打击的同时，对生态资源也往往造成致命性创伤。急剧飙升的人口数量和人们对于土地、林泽资源所实施的无节制掠夺性开发，使天时的润泽和山川的恩惠很快化为乌有。汉代南阳的自然渐渐变得脆弱不堪，调节生态和遏制灾害发生的能力大为降低，自然灾害在南阳盆地蔓延不息。据统计，灾患之作，已达400余次，几乎等于每年必灾。“寒气错时，当温而寒”、“盛夏多寒”、“湖沼淤涸”、“覆沙飞扬”等表现灾异的词句充滞于前后汉书及其所引《古今注》的字里行间，令人触目惊心。自然灾害的频繁发生，给人们的生产生活带来了极其不利的影响，对人们的生命财产带来了切肤之痛。

南阳汉时的自然灾害主要由以下几种类型构成：

水旱灾害。南阳汉代生态环境遭到破坏所产生的恶果首先从水旱灾害的多发上表现出来。在某种意义上说，汉代南阳豪猾大姓都倾力兴修陂池等水利工程的本身即意味着水旱灾害的严重性。史籍所记较典型的南阳水旱灾害见表3－1、表3－2：

表3-1 汉代南阳水灾一览表

灾害所在的王朝	灾害发生的年代	史籍中对灾象的描述	文献出处
高后	三年(前85年)夏	汉水溢,流民四千余家	《汉书》卷三
	八年(前180年)夏	汉水溢,南阳流民万余家,饥民载道	《汉书》卷二七
文帝	(后元)三年(前161年)秋	大雨,汉水出,坏民室八千余所,杀三百余人	《汉书》卷二七
景帝	六年(前151年)十二月	霖雨	《汉书》卷五
	(中元)五年(前145年)夏	天下大潦	《史记》卷一一
武帝	建元三年(前138年)春	河水溢	《汉书》卷六
	元狩三年(前120年)秋	有水灾	《汉书》卷六
	元鼎年间	河久溢,岁数不登	《史记》卷一二
昭帝	天凤三年(前78年)秋	水灾	《汉书》卷七
光武	建武六年(30年)九月	大雨连日,苗稼更生,鼠巢树上	《后汉书》卷一三
	建武七年(31年)夏	雨水	《后汉书》卷一
	建武八年(32年)秋	大水	《后汉书》卷一
	建武二十三年(47年)夏	疾雨,溺死数千人	《后汉书》卷八六
	建武三十一年(55年)五月	大水	《后汉书》卷一
	建武三十五年(59年)五月	大水	《后汉书》卷一
章帝	建初五年(80年)秋	大水	《后汉书》卷一八
和帝	永元三年(90年)夏	久雨	《后汉书》卷一八
	永元七年(95年)秋	大水,漂杀人民,伤五谷	《后汉书》卷一一
	永元十三年(101年)秋	雨水,淫雨伤稼	《后汉书》卷四
	永元十四年(102年)秋	雨水,淫雨伤稼	《后汉书》卷四

（续表）

灾害所在的王朝	灾害发生的年代	史籍中对灾象的描述	文献出处
安帝	延光三年（124年）秋	大水，流杀民人，伤苗稼	《后汉书》卷一八
桓帝	元嘉二年（152年）秋	有水	《后汉书》卷一八
	永寿元年（155年）六月	南阳大水	《后汉书》卷八二
灵帝	中平六年（189年）夏	霖雨八十余日	《后汉书》卷一八
献帝	初平三年（192年）春	连雨六十余日	《后汉书》卷六六
	初平四年（193年）六月	大雨	《后汉书》卷九
	建安二年（197年）秋	汉水溢，害民人	《后汉书》卷九
	建安十八年（213年）夏	大雨水	《后汉书》卷九
	建安十九年（214年）夏	雨水	《后汉书》卷九
	建安二十四年（219年）八月	汉水溢，平地水数丈	《三国志》卷一

表3－2　汉代南阳旱灾一览表

灾害所在的王朝	灾害发生的年代	史籍中对灾象的描述	文献出处
惠帝	二年（前193年）夏	旱	《汉书》卷二
	五年（前190年）夏	大旱	《汉书》卷二七
文帝	三年（前177年）秋	旱	《汉书》卷二七
	六年（前174年）四月	旱	《汉书》卷四
	九年（前171年）春	大旱	《汉书》卷四
	（后元）六年（前158年）春	大旱	《史记》卷十
景帝	二年（前148年）秋	大旱	《汉书》卷五
	（中元）三年（前147年）夏秋	大旱	《汉书》卷五
	（后元）二年（前142年）夏	大旱	《史记》卷一一

(续表)

灾害所在的王朝	灾害发生的年代	史籍中对灾象的描述	文献出处
武帝	建元四年(前137年)六月	旱	《汉书》卷六
	元光六年(前129年)夏	大旱	《汉书》卷六
	元光七年(前128年)夏	大旱	《汉书》卷六
	元朔五年(前124年)春	大旱	《汉书》卷六
	元狩三年(前120年)夏	大旱	《汉书》卷二七
	无封元年(前110年)春	旱	《史记》卷一一
	元封二年(前109年)夏	旱	《史记》卷一一
	元封四年(前107年)夏	大旱,民多渴死	《汉书》卷六
	元封六年(前105年)秋	大旱	《汉书》卷六
	天汉元年(前100年)夏	大旱	《汉书》卷二七
	天汉三年(前98年)夏	大旱	《汉书》卷二七
	太始二年(前95年)秋	旱	《汉书》卷六
	征和元年(前92年)夏	大旱	《汉书》卷二七
昭帝	始元六年(前81年)夏	大旱	《汉书》卷七
	元凤五年(前76年)夏	大旱	《汉书》卷七
宣帝	本始三年(前71年)五月	大旱	《汉书》卷八
	神爵元年(前61年)秋	大旱	《汉书》卷二七
元帝	初元三年(前46年)夏	旱	《汉书》卷九
成帝	建始二年(前31年)夏	大旱	《汉书》卷十
	河平元年(前28年)三月	旱,伤麦	《汉书》卷二六
	鸿嘉三年(前18年)四月	大旱	《汉书》卷十
	永始三年(前14年)夏	大旱	《汉书》卷二七
	永始四年(前13年)夏	大旱	《汉书》卷二七
哀帝	建平四年(前3年)春	大旱	《汉书》卷一一
平帝	元始二年(2年)四月	大旱,民流亡	《汉书》卷一二
[新]王莽	天凤五年(18年)	连年久旱	《汉书》卷九九
	地皇三年(22年)	大旱	《新野县志》卷二

（续表）

灾害所在的王朝	灾害发生的年代	史籍中对灾象的描述	文献出处
光武帝	建武五年(29年)四月	旱	《后汉书》卷一
	建武六年(30年)六月	旱	《后汉书》卷一三
	建武九年(33年)春	旱	《后汉书》卷一三
	建武十二年(36年)五月	旱	《后汉书》卷一三
	建武十八年(42年)五月	旱	《后汉书》卷一
	建武二十一年(45年)六月	旱	《后汉书》卷一三
明帝	永平元年(58年)五月	旱	《后汉书》卷一三
	永平三年(60年)夏	旱	《后汉书》卷四一
	永平八年(65年)冬	旱	《后汉书》卷一三
	永平十一年(68年)八月	旱	《后汉书》卷一三
	永平十五年(72年)八月	旱	《后汉书》卷一三
	永平十八年(75年)三月	旱	《后汉书》卷一三
章帝	建初元年(76年)全年	大旱	《后汉书》卷二九
	建初二年(77年)夏	大旱	《后汉书》卷十
	建初四年(79年)夏	旱	《后汉书》卷一三
	建初五年(80年)二月	久旱伤麦	《后汉书》卷三
	元和元年(84年)春	旱	《后汉书》卷一三
	元和二年(85年)全年	旱	《后汉书》卷四六
和帝	永元四年(92年)四月	旱	《后汉书》卷四
	永元六年(94年)夏	旱	《后汉书》卷七七
	永元九年(97年)六月	旱	《后汉书》卷四
	永元十六年(104年)七月	旱	《后汉书》卷四
安帝	永初二年(108年)五月	旱	《后汉书》卷五
	永初四年(110年)全年	旱	《后汉书》卷一三
	永初五年(111年)全年	旱	《后汉书》卷一三
	永初六年(112年)五月	旱	《后汉书》卷五
	永初七年(113年)五月	旱	《后汉书》卷五

（续表）

灾害所在的王朝	灾害发生的年代	史籍中对灾象的描述	文献出处
顺帝	永建二年(127年)三月	旱	《后汉书》卷六
	永建三年(128年)六月	大旱	《后汉书》卷六
	阳嘉二年(133年)六月	旱	《后汉书》卷六
	阳嘉三年(134年)二月－五月	久旱，五谷伤	《后汉书》卷六
	阳嘉四年(135年)二月	冬春连旱	《后汉书》卷六
冲帝	永嘉元年(145年)四月	春夏连旱	《后汉书》卷六
桓帝	延熹元年(158年)六月	旱	《后汉书》卷七
	延熹三年(160年)全年	久旱	《后汉书》卷五
四灵帝	熹平五年(176年)四月	旱	《后汉书》卷一三
	熹平六年(177年)四月	大旱	《后汉书》卷八
	光和五年(182年)四月	旱	《后汉书》卷八
	光和六年(183年)四月	大旱	《后汉书》卷八
献帝	初平四年间	旱势炎盛	《后汉书》卷七三
	兴平二年(195年)四月	大旱	《后汉书》卷九
	建安二年(197年)全年	天旱岁荒	《后汉书》卷七五
	建安三年(198年)全年	旱	《三国志》卷七
	建安五年(200年)以前	旱	《三国志》卷一六
	建安十九年(214年)四月	旱	《后汉书》卷九

从上列表格中可以看出，南阳地区的水旱灾害一般多发生在春、夏、秋三季，而这三个季节正是南阳大地上农作物的生长和收获季节，灾害的大小、多少对于自给自足的小农经济的丰歉而言有着重要的决定意义，任何人都不会漠不关心。虽然在落后的生产力条件下，人还不能用行为对天气实施有效影响，但是出于生存的考虑，仍然要想尽一切办法，包括使用民俗信仰的方法，来减少灾害发生的次数。汉画像石所呈现的民间信仰生态意识，可以说就

是在这种背景下孳乳而成的。

地震。地震是一种波及范围较广、破坏性极大的灾害。伴随着地震而来的山崩地裂和地下水涌突，不仅给山林植被和民众生产生活带来毁灭性的打击，更重要的还对人的生存构成严重威胁。每次地震都将可能伴随有人员伤亡的悲剧发生。由于其破坏性能极强且防不胜防，所以历来被视作自然灾害中最具毁灭力的灾难。

南阳位于华北、西南强地震带与中南弱地震带之间，控震构造由北西西—南东东向大断裂组成，形成时代约在前寒武纪时期。分布在南阳的控震构造均以高角度逆断层或平推逆断层为其特征，具有压性、压扭性力学性质。发震构造形成于中生带、新生代时期，一般与控震构造直交或斜交而形成发震区。发震构造以高角度的正断层、平推正断层为特征，具有张性、张扭性力学性质。与控震构造相反，受压力的影响，呈现挤压状态。构造盆地也是重要的发震构造，常和控震构造共生于一体。受此影响，在南阳形成了震源浅、烈度大、地震活动弱的地震特点。由于史官的注意力多投放在京师，因此西汉时期史籍中有关南阳的地震资料比较稀缺。到了东汉，史书中有关南阳的地震资料才稍微丰富和详细一些。

汉代南阳的地震情况在史书典籍上的记载共有9次。这9次分别为：建武二十二年（46年）九月地震、元初六年（119年）二月地震、建光元年（121年）十一月地震、延光元年（122年）七月地震、延光二年（123年）十二月地震、延光三年（124年）五月地震、延光四年（125年）十一月地震、建和三年（149年）九月地震、元嘉元年（151年）十一月地震等。可以推断，汉代400余年的历史中所发生的地震次数绝对不止9次。典籍所记远远没有反映出南阳汉代地震资料的全貌。反过来说，作为远离京师的郡国，其地震灾害能被史官载入史册，也足以说明灾害的严重程度和影响程度，哪怕只有

9 次。据《中国历史地震图集》统计，这 9 次地震中，除东汉延光二年(123 年)十二月的地震大于等于 5 级外，其他 8 次均在 5.5 级以上。[①] 特别是东汉建武二十二年(46 年)九月的地震，震级高达 6.5，震中烈度达到Ⅷ，属于汉代不多见的强震之一。《后汉书 · 五行志》曾这样记述道："东汉建武二十二年九月戊辰郡国四十二地震，南阳尤甚，地裂压杀人。诏令南阳勿输当年田租刍稿，赐郡中居人压死者棺钱，人三千。其口赋逋税而庐宅尤破坏者，勿收责。"[②]元初六年(119 年)二月的地震，其震级也大于或等于 6.5。据《后汉书 · 五行志》载，在地震的破坏下，"或地坼裂，涌水，坏败城郭、民室居，压人"。[③] 虽然没有写出具体的"杀人"数字，但依据同时期同等级别的外地地震，如惠帝二年正月临洮 6 ~7 级地震压死 400 余家，高后二年正月武都 6 ~7 级地震压死 760 人，本始四年四月诸城、昌乐 7 级地震死 6000 余人等的死人情况来判断，南阳民众在这 9 次地震中，其生命财产的损失估计不会太小。

疾疫。疾疫是汉代重大的自然灾害，大疫多，疫程长，对国计民生带来了沉重的灾难。西汉时期史载的大疫即已高达 13 次，[④] 而东汉从建武元年(25 年)到延康一年(220 年)，195 年的时间发生的大疫，据《中国医史年表》统计，更是高达 26 次。[⑤] 特别是安帝以后的 100 年间，疾疫更为猖獗，大疫发生的次数居然占到了整个

---

① 参见国家地震局地球物理研究所、复旦大学中国历史地理研究所：《中国历史地震图集》，中国地图出版社，1990 年版。

② 范晔：《后汉书》卷一〇六，中华书局，1965 年版，第 3327 页。

③ 范晔：《后汉书》卷一〇六，中华书局，1965 年版，第 3329 页。

④ 陈业新：《灾害与两汉社会的研究》，上海人民出版社，2004 年版，第 372 页。

⑤ 参见郭霭春：《中国医史年表》，黑龙江人民出版社，1984 年版，第 15 页。

东汉疾疫总数的五分之四①。疾疫在南阳的大面积流行,严重威胁着民众的身心健康和生命安全。对此,《史记》、《汉书》、《后汉书》等文献典籍均有着翔实的记载。“大疾疫,死者且半”、“疾疫死者以万数”、“阖门而绝”、“民大疫死”、“饥寒疾疫,夭不终命”、“或阖门而殪,或覆族而丧”等文句不绝于书。用词虽然非常简略,但仍令人不寒而栗。身罹其难的南阳医圣张仲景,更在他的《伤寒杂病论》一书的序言中,以极其低沉的笔调记述了张门在汉末疾疫大流行中所遭遇的灾难:“余宗族素多,向余二百,建安纪元以来,犹未十稔,其死者三分之二,伤寒十居其七。”②疾疫过处,“家家有僵尸之痛,室室有号泣之哀”③,其情其景,惨不忍睹。面对疫魔肆无忌惮的暴虐行径和建安七子中陈琳、徐幹、应玚、刘桢先后被疾疫毙命,王粲也跟随南逃避疫的人群离开了中原,其《七哀诗》真实地记录了当时的惨象:“西京乱无象,豺虎方遭患。复弃中国去,委身适荆蛮。亲戚对我悲,朋友相追攀。出门无所见,白骨蔽中原。路有饥妇人,抱子弃草间。顾闻号注声,挥涕独不还。未知身死处,何能两相完?驱马弃之去,不忍听此言。南登灞桥岸,回首望长安。晤彼泉下人,喟然摧心肝。”反映了汉末疾疫所造成的背井离乡无奈之悲。“不同种类的自然灾害是相互关联的,一种自然灾害常常导致另一些灾害。”④汉代的疾疫流行,与此时的生态环境恶化有着

① 参见林富士:《疾病终结者——中国早期的道教医学》,台北三民书局,2001年版,第11页。

② 张仲景:《伤寒杂病论》第1册,中华书局,1991年版,第2页。

③ 曹植:《说疫气》,参见《全上古三代秦汉魏晋六朝文·全三国文》卷一八,中华书局,1985年版,第1152页。

④ 陈兴民:《自然灾害链式特征探论》,《西南师范大学学报》1998年第2期。

极其密切的关系。曹植在其《说疫气》中写道："此乃阴阳失位，寒暑错时，是故生疫。"①而何休在《春秋公羊传注疏》中也认为疾疫暴发是"邪乱之气所生"。② 均明确地指出了产生疾疫现象的自然生态原因。由于汉季，特别是东汉，南阳一直都处在战乱和工农业发展的交替砥砺之中，自然生态不断恶化，气候异常，水旱灾害频仍，死亡率极高的各种疾疫极易伴随其他灾害而发生。一旦发生疫灾，便会以极快的速度向全郡蔓延。面对疾疫所带来的可怕记忆，束手无策的民众只能用奉祀厉鬼的方式来攘灾却患，这在某种意义上推动了民间鬼神信仰的发展，为汉代民间信仰及其生态意识进入汉画像石的表现视域提供了理论和生活基础。

图 3－1，逐疫升仙图。该画像石 1983 年 3 月从南阳市唐河县针织二厂汉画像石墓出土，刻绘于墓门门楣。图 3－2，逐疫图。该

图 3－1

图 3－2

① 曹植：《说疫气》，参见《全上古三代秦汉魏晋六朝文 · 全三国文》卷一八，中华书局，1985 年版，第 1154 页。

② 何休：《春秋公羊传注疏》，见《十三经注疏》，中华书局，1980 年版，第 2017 页。

画像石1966年3月从南阳县军帐营汉画像石墓发掘出土、刻绘于前室右门楣背面。

雹灾、风灾、霜灾、虫灾等在汉代的南阳也极为猖狂，对农业生产、人畜性命、经济建设等都构成了严重威胁，给民生带来了无法用语言形容的苦难。有这些灾害存在，欲望家殷国安，诚不易也。

民以饮食为天，以福寿为地，对丰穰吉祥的需求和渴盼成为他们生命中的重要内容和终极目标，他们因为极不情愿在饥饿线和死亡线上痛苦地挣扎，为使生存吉祥如意、富于诗意，人们在不断调整自身与环境关系的同时，通过在石上虔诚地刻制各种符号和图案的方式，以隐喻某种观念，实现"天人交感"，获得神灵保护。这样做的本身即是一种生态思想的显现。

西汉经学家刘向在他的《说苑校正》中，讲有一则关于思念殷切而绘图的故事。说的是画工敬君，"善画。齐王起九重台，召敬君画之。敬君久不得归，思其妻，乃画妻对之"[①]。画工敬君因思妻心切，以画妻容貌聊以自慰。在某种程度上讲，南阳汉画像中所反映的生态意识，也是饱受苦难折磨的汉代人面对灾异的肆行时，渴望风调雨顺、欢乐祥和的心理写照。

二、文化、美术方面的原因

民间信仰虽然具有较强的保守性特征，一种信仰能够流存数十年、数百年甚至数千年。但是，它也不是跟社会完全绝缘和一成不变的。社会文化的任何一个转换，或者一种新的信仰品种产生，民间信仰也会迎合社会文化和社会生活发展与转换的需要而去改

---

① 刘向:《说苑校正》，中华书局，1987年版，第70页。

变、丰富自己,并把它及时地向社会的各个领域渗透。南阳汉画像石是一种服务于民间丧葬风俗的“民间艺术”,[①]跟时代风尚和民间信仰的联系极其紧密,它能够很快地将民间信仰内容的变化发展从中反映出来。西汉中期以后主流文化的转型和佛教信仰的传入,不仅直接催生了富有时代个性特征的汉画像石艺术世界中的新内容,而且汉代新儒家和佛门的世界观和生态旨趣,对汉画像石中民间信仰的生态意识也产生了深刻的影响。民间信仰也叫民俗信仰,是民间艺术题材的渊薮,民间信仰内容的更新和变异,必然促进汉画像石这一“民间艺术”表现内容的新变。

(一)汉代文化转型对汉画像石中民间信仰生态意识的影响

武帝朝是汉画像石中反映民间信仰生态意识的关键时期。董仲舒提出“罢黜百家,独尊儒术”的策议之后,在公孙弘的积极推动下,打通了“儒术”与“文法吏事”之间的壁垒,儒生走进了官府,实现了早先孔子孜孜以求的“学而优则仕”的理想。随着儒生入仕数量的增加,不仅促进了汉王朝官僚队伍吏员身份结构的改变,而且也促使儒学正式由民间走向圣坛,成为光彩夺目的官学。为加强儒生在统治集团中的地位,公孙弘等一边向武帝建言设置博士弟子,为儒生的进一步升迁创造条件,一边在汉武帝的支持下,抬出先秦儒门的遗老,引进道家、阴阳家诸家的尊神,在大一统、君权神授、三纲五常的基础上建构神圣化的儒学新体系。由于这种“务为治者”之举极合武帝口味,因此,政治化的新儒学和以董仲舒、公孙弘为代表的新儒家,甚得得武帝欢心。投桃报李,武帝不仅于元朔五年(前124年)采纳公孙弘建议设置博士弟子50人,并诏告文官主要从儒生中选拔,为学而仕开辟了康庄大道,而且对新儒家极度

① 顾森:《秦汉绘画史》,人民美术出版社,2000年版,第6页。

信任,温情有加,对他们的犯颜直谏时时给以热情的激励。例如,公孙弘在任丞相期间,因其性诈心毒而颇遭左右幸臣的谗毁,但武帝从不为谗言所动,“益厚遇之”,①仍旧重用不疑。当淮南王刘安、衡山王刘赐兄弟谋反,公孙弘自虑“奉职不称”②而流露退意时,武帝还动之以情,晓之以理,好言抚慰,苦苦挽留。董仲舒把灾害频仍归罪于天子教化不行,并面刺天子不施德政和痛斥权幸胡作非为,皇帝也未曾轻易就怪罪于他。皇帝的信任和宽纵给了汉代新儒家莫大的鼓舞,更激发了他们大倡和深化儒家思想的主观能动性。这些人殚精竭虑,各展其能,以附庸政治的姿态积极地注经立说,一时给人以旌旗蔽空、人欢马叫、兵精将勇的感觉,成为文化史上少见的一大景观。公孙弘和董仲舒可称得上是对先秦儒学体系改造得最深入、让儒学跟政治缠结得最紧密、并对当时社会政治和人的思想影响最深远的学者。如果说公孙弘完成了儒学的世俗化和实务化改造。那么,董仲舒作为一代儒宗,其对儒学所实施的神学化改造,可谓是对汉代新儒学的又一大贡献。董仲舒尽管一生官没做好,但作为“纯儒”,他在学术上所取得这一卓越成就,使他成为儒学发展史上少有的几位大师之一的同时,也对民风民俗产生了深刻的影响。从近处说,他的思想为南阳汉画像石表现生态思想提供了理论依据和文化背景。汉代民众以画像石的形式呈载灾异谴告,为民间美术史上的一大亮丽景观。

在先秦旧儒家的理论视域中,只见人不见天是它的显在特点。旧儒在政治上认为人主是民众的代表,只能“主倡而臣和,主先而臣随”。在伦理上讲究三纲五常,在文化上强调六经,并要求努力

---

① 班固:《汉书》卷五八,中华书局,1962 年版,第 2619 页。

② 班固:《汉书》卷五八,中华书局,1962 年版,第 2621 页。

学习其中的繁文缛礼。认为只有如此,才能够真正行仁德之政。先秦旧儒学不讲神异之事,不带任何宗教色彩。畏天,但不认为天会发号施令。孟子就曾经说过“天不言”的话。董仲舒将先秦儒学的仁义道德与阴阳家的阴阳五行学说实现对接,不仅在扑朔迷离的阴阳五行学说中为儒家的仁义道德找到了神学根据,而且还成功地阐发了天人之间的关系,构建的“天人感应”神学目的论成了“君权神授”说的有力佐证。在董仲舒的论说中,天有至高无上的权威,神通广大。天子受命于天,其将兴也,则美祥层出;其将亡焉,则妖异叠现。董仲舒的全部学说都是围绕天人之间的感应关系来论述的。在他的笔下,天是世界的本原,派生着宇宙中的一切。“天者,万物之祖,万物非天不生。”①“天执其道为万物主。”②天跟人极为亲近,有血缘关系,天是“人之曾祖父”。③由于“人之为人,本于天”④,所以,“天人一也”。⑤也正是这个原因,“惟有人独能偶天地。人有三百六十节,偶天之数也;形体骨肉,偶地之厚也;上有耳目聪明,日月之象也;体有空窍理脉,川谷之象也;心有哀乐喜怒,神气之类也;观人之体,一何高物之甚,而类于天也。物旁折取天之阴阳以生活耳,而人乃烂然有其文理,是古凡物之形,莫不伏从旁折天地而行,人独题直立端尚正当之,是故所取天地少者旁折之,所取天地多者正当之,此见人之绝于物而参天地。是故人之身,首坌而员,象天容也;发象星辰也;耳目戾戾,象日月也;鼻口呼吸,象风气也;胸中达知,象神明也;腹胞实虚,象百物也;百物

① 董仲舒:《春秋繁露》,中华书局,1992年版,第15页。
② 董仲舒:《春秋繁露》,中华书局,1992年版,第70页。
③ 董仲舒:《春秋繁露》,中华书局,1992年版,第35页。
④ 董仲舒:《春秋繁露》,中华书局,1992年版,第41页。
⑤ 董仲舒:《春秋繁露》,中华书局,1992年版,第121页。

者最近地，故要以下地下。天地之象，以要为带。颈以上者，精神尊严，明天类之状也；颈而下者，丰厚卑辱，土壤之比也；足布而方，地形之象也。是故礼带置绅，必直其颈，以别心也。带以上者，尽为阳；带而下者，尽为阴，各其分。阳，天气也；阴，地气也。故阴阳之动使，人足病喉痹起，则地气上为云雨，而象亦应之也。天地之符，阴阳之副，常设于身。身犹天也，数与之相参，故命与之相连也。”[①]人有喜怒之气，天像人一样亦有喜怒之气。由于“物以类应”，天人同类，故能同类相动，“美事召美类，恶事召恶类，类之相应而起之，如马鸣则马应之，牛鸣则牛应之”。[②] 天下民众，特别是天子，其一举一动都在上天的视野之内。若人不循天理，滥施淫威，残害生灵，导致阴阳失调，将使上天恼怒，出灾异以示警告。所谓：“人道悖于下，效验见于天。”“和气应于有德，妖异生于失政。”刘辅云：“臣闻天之所与，必先赐以符瑞，天之所违，必先降以灾变，此神明之应征，自然之占验也。”[③]董仲舒亦说：“凡灾异之本，尽生于国家之失。国家之失，乃始萌芽，而天出灾害以谴告之。谴告之而不知变，乃见怪异以惊骇之。惊骇之尚不知畏恐，其殃咎乃至。”[④]《汉书·楚元王传第六》中记载刘向的话说：“和气致祥，乖气致异，祥多者其国安，异众者其国危，天地之常经，古今之通义也。”[⑤]不同的过失用不同的灾异予以谴告，“凡异灾之发，各象过失，以类告人”。[⑥] 面对灾异谴告，如果态度虔敬，痛改前非，尚有转

① 董仲舒:《春秋繁露》,中华书局,1992 年版,第 69 页。
② 董仲舒:《春秋繁露》,中华书局,1992 年版,第 115 页。
③ 班固:《汉书》卷七七,中华书局,1962 年版,第 3251 页。
④ 董仲舒:《春秋繁露》,上海古籍出版社,1986 年版,第 80 页。
⑤ 班固:《汉书》卷三六 ,中华书局,1962 年版,第 1941 页。
⑥ 班固:《汉书》卷八五,中华书局,1962 年版,第 3444 页。

危为安之希望。如果执迷不悟,一意孤行,殃罚将从天而降,给其造成灭顶之灾。"能应之以德,则异咎消亡,不能应之以善,则祸败至。"[①]"畏惧敬致,则祸消福降;忽然简易,则咎罚不除。"[②]

神秘的"天人感应"说赋予灾异谴告以极高的权威,成为人们思维中的一种定式,像私塾先生手中的教鞭一样时时敲击着人们的灵魂。在这种灾异谴告思潮的影响下,上至皇帝,下至平民,人人谈灾异色变,不愿遇到灾异。国家如若真的不幸遇到了灾异,作为一国之君,往往在自责罪己的同时还会主动邀约群臣百官指责时弊,面刺自己的过失。《后汉书》收录诸帝诏书凡 251 篇,涉及灾异的共 97 篇,几乎篇篇都有因灾异而帝自恐慌、愧疚的内容。例如,建武二十年(44 年)七月癸亥晦,日有食,光武帝不仅"避正殿,寝兵,不听事五日",而且还诏曰:"吾德薄致灾,谪见日月,战栗恐惧,夫何言哉。"[③]建武二十二年(46 年)九月戊辰,地震裂,光武帝诏曰:"而今震裂,咎在君上。鬼神不顺无德,灾殃将及吏人,朕甚惧焉。"[④]永平五年(62 年)九月壬申,彗星东出,日有蚀之,明帝制诏曰:"朕奉承祖业,无有善政。日月薄蚀,彗孛见天,水旱不节,稼穑不成,人无宿储,下生愁垫。虽夙夜勤思,而智能不逮。昔楚庄无灾,以致戒惧。鲁哀祸大,天不降谴。今之动变,傥傥可救。有司勉思厥职,以匡无德。"[⑤]永元七年(95 年)四月辛亥,日食,和帝于诏中自责曰:"元首不明,化流无良,政失于民,谪见于天。"[⑥]元初二年(115 年)一月,旱、蝗灾齐至,甲

① 班固:《汉书》卷六〇,中华书局,1962 年版,第 2671 页。
② 班固:《汉书》卷八五,中华书局,1962 年版,第 3450 页。
③ 范晔:《后汉书》卷一下,中华书局,1965 年版,第 52 页。
④ 范晔:《后汉书》卷一下,中华书局,1965 年版,第 74 页。
⑤ 范晔:《后汉书》卷二,中华书局,1965 年版,第 106 页。
⑥ 范晔:《后汉书》卷四,中华书局,1965 年版,第 180 页。

戌,安帝诏曰:“朝廷不明,遮事厥中,灾异不息,忧心悼惧。”[①]阳嘉三年(134年)春夏连旱,五月戊戌,顺帝在诏中自责道:“朕秉事不明,政失厥道,天地谴怒,大变仍见。”[②]建和三年(149年)五月乙亥,日食,桓帝诏曰:“盖闻天生蒸民,不能相理,为之立君,使司牧之。君得道于下,则休祥著乎上。庶事失其序,则咎徵见乎象。”[③]为表达自己虔敬之心,皇帝总是鼓励儒生、百官代天行道,为天立言,敞开心扉,痛揭时弊。上引光武帝建武二十年(44年)七月癸亥诏书中,除光武的自责惊惧外,还明确诏告:“百僚各上封事,无有所讳。其上书者,不得言圣。”[④]明帝永平五年(62年)九月壬申诏中也有“其言事者,靡有所讳”[⑤]的告诫。由于有皇帝的宽纵,以灾异言政治与社会成为汉代经学的重要特征。儒生百官们常常肆无忌惮,口无遮拦,借灾异之象痛陈为政所失,痛击权幸胡作非为。说到激情难抑之处,还往往当着皇帝之面说出诸如不改朝换姓无以遏制灾异谴告发生之类大逆不道的话。特别是元、成二朝,灾异之繁古今罕有,“异姓受命”,同姓“再受命”之呼声此伏彼起,不绝于耳。例如,刘向在《谏起延陵疏》中说:“王者必通三统,明天命所授者博,非独一姓。”[⑥]指出若皇帝不能正视灾异,改弦易辙,就会像三代末期一样出现天命转移现象。对于儒生百官的激烈言辞,汉代诸帝不仅不责备、不埋怨,更不治罪,除视为忠言采纳之外,许多儒生还时常因为自己的去恶进善之言切中政弊被皇帝目为贤能而得到擢用。赵翼《廿二史劄记·汉儒言灾异》

① 范晔:《后汉书》卷五,中华书局,1965年版,第222页。

② 范晔:《后汉书》卷六,中华书局,1965年版,第264页。

③ 范晔:《后汉书》卷七,中华书局,1965年版,第293页。

④ 范晔:《后汉书》卷一下,中华书局,1965年版,第52页。

⑤ 范晔:《后汉书》卷二,中华书局,1965年版,第106页。

⑥ 班固:《汉书》卷三六,中华书局,1962年版,第1950页。

云:"成帝以灾异用翟方进言,逐出宠臣张放于外,赐萧望之爵,征用周堪为谏丈夫,又因何武言,擢用辛庆忌。哀帝因灾异用鲍宣言,召用彭宣、孔光、何武,而罢孙宠,息夫躬等。"①刘向曾集上古以来历春秋六国至秦汉符瑞灾异之记,推迹行事,连传祸福,著其占验,比类相从,成《洪范五行传论》一书。刘歆亦步乃父后尘,写作《灾异五行传》以阐扬灾异。皇帝以灾异谴告治国,儒生靠灾异谴告腾达,上行下效,朝阁民间,无不靡然相从。在灾异谴告之风的强劲吹拂下,灾异谴告及去灾妙术走进汉画像石的表现范围便成为必然,西汉中期文化转型和新儒家的相关学说也为汉画像石的这一艺术表现提供了天道依据,助长了灾异思潮在汉画像石中的泛滥。

汉代新儒家的哲学思想对民间风伯、雨师、雷公、北斗、星相等信仰生态意识的形成和强化也产生了深刻影响。

(二)佛教文化的传入

在汉代频繁的自然灾害和接连不断的社会动乱的蹂躏下,民众变得脆弱敏感、消极悲观。民不聊生、生灵涂炭的生活现实与人生、生命、命运强烈欲求之间的巨大错位不能不使他们把自己的一切都看成全部大苦。生活的险恶,儒学的任何入世说教已经无法勾起心田间半点回应的热情。民众在严酷的现实面前不得不低下高贵的头颅,现实人生失败透顶。这种心理状态为接纳佛教的进入预留了空间,因为"佛教是对人生苦难思索后屈服于这种苦难的宗教,它的基本理念是对现世人生的否定"。② 佛教的核心教义就是普度受苦的众生告别现世到天国享受幸福,并断言:"佛性人人具有,成佛人人可

① 赵翼:《廿二史劄记》,中华书局,1963 年版,第 20 页。

② 张晓凌:《中国佛教艺术审美特质的形成及转换》,《安徽师范大学学报》1988 年第 1 期。

能。”因此，佛教的天国理想和佛教普度众生、轮回转世、因果报应和功德转让等思想对于身处苦境的汉代民众而言，无疑是一根协助自己逃离苦海、实现真正解脱的救命稻草。由于这些理论素为讲究修齐治平，内圣外至的儒家所缺乏，所以，当佛教作为一种外来文化，沿着丝绸之路和海路抵达与南阳比邻的皇城洛阳，跟汉代中土儒道文化经历一番短暂的冲突、依附、融摄过程之后，便很快在朝野站稳了脚跟，为汉代社会所接纳。汉代佛教的影响，尤其以长江中下游地区为大。楚王刘英和笮融在彭城、丹阳活动的相关情形已有史实典籍记载为证。除此之外，在近年来江苏、湖北、安徽、湖南、河南南阳等地的考古发掘中，出土的铜镜上业已出现了深受佛教艺术影响的“一佛二胁侍”和护法狮子之类的构图造型。在洛阳出土的永元五年银壳画像镜中，背饰为端坐于莲台之上的佛佗。在南阳东汉早期画像石墓中，不仅有表现佛教本生故事的画像，而且还有象征圣洁、吉祥的莲花纹饰。由这些出土文献可以看出，佛教信仰已经深深地触进了民众的日常生活之中。

应该肯定，佛教艺术在汉画像石中出现，不会是为艺术而艺术，是出于弘扬佛法和救世济民的需要。当人们制作或看到这种生动的图像时，就会体悟到佛教的生态精神、生态伦理思想的价值内核，体悟到佛门“缘起性空”生命观、“万物一体”整体观和“众生平等”平等观所蕴涵的不可违逆的强大力量。

（三）美术方面的原因

在汉代自给自足的小农经济环境中，民间美术具有自作、自用的性质。作为自家使用的装饰品，它虽然源于民众的物质生活需要，但更是民众精神需求的产物。民间美术与民间信仰有着难以分割的联系，其艺术造型和构图内容受民间信仰的影响很大。人们需要民间美术作为载体来承载那些有关纳福祈祥、镇恶辟邪、保护生命方面的内容。人们看重的是再现的对象而非再现的本身，核心问题是表述信仰内容而非表现艺术。民众精神需求的实用性和功利性，直接奠定了民间美术的实用性和功利性。这是民间美术发展到汉代的一个最为显著的特征。汉画像石艺术作为民间美术中的一个类别，自然具有这样的特征。

社会存在决定社会意识。汉代所流行的民间信仰是在灾害肆虐条件下人们期盼平安、渴望吉祥和希望风调雨顺的心理反映，即"要解决的是家人的平安、身体的健康、事业的顺利等等实际问题"。[①] 民间信仰中的各种神祉，是一方水土的守护者，只要供养得力，就会利济社会，对人的关怀可期。汉画像石作为这种心理企求的外化形式，在某种意义上说是墓主想通过信仰中鬼神内容的刻画来安顿死者灵魂，并通过死者来保佑生人。蒋英炬对此有过比较精辟的论述。他说："若对这种'坟墓艺术'或为死者丧葬服务的功能艺术的实质追根求源，它的终极结果还是为生人的。"[②]汉画像石艺术在这里充当的只是一种手段或符号，一种表达乞求神灵保佑，实现和谐吉祥的手段或符号。

在汉代，民间工匠在刻绘画像石时已经开始注意突出信仰的识别特征，使画像所刻绘的内容能够被人们轻松地理解，从而很快进入相关教化的想象空间。而这种识别特征的刻绘技法，往往有着一种固定的格套，例如，在表述有关西王母的信仰时，要么在一个妇人的头上刻一枚"胜"纹，要么让一个妇人靠左侧面端坐，中间一背生羽毛的仙人手执仙草相向，右面刻着玉兔捣药的图案。又

---

① 葛兆光：《认识中国民间信仰的真实图景》，《寻根》1996 年第 5 期。

② 蒋英炬：《关于汉画像产生背景与艺术功能的思考》，《考古》1998 年第 11 期。

如,在表现雷公的信仰时,总是让3只翼虎牵引着一辆“云气车”飞驰而来,车上树一建鼓,鼓上端饰有华盖和飘带,车乘2人,前为驭者,后为“雷公”。古人认为天上的雷声就是雷公击天鼓而发出的声音,汉画中刻绘雷公内容有企求风调雨顺的用意。再如表现风雨在行灾的过程时,即在画面上部刻3种人合力牵引一辆“五星车”,乘车的尊者为天帝,画面下部刻4种人,皆抱罐向下倒水,即雨师正泼水行雨。画右一巨人,赤身跪地,张口吹气,此神人即能吹气成风的风伯。南阳所出的图像均采用了这样一种识别特征。画面虽然简单,但能够实现一个信仰的完整表达。汉代民间美术技法的这种发展,为汉画像石以物质文本的形式表述民间信仰及其生态内容提供了极其便捷的途径。

鲁迅在《拟播布美术意见书》中指出:“美术可以表现文化,凡有美术,皆是以征表一时及一族之思维,故亦即国魂之现象;若精神递变,美术辄从之以转移。此诸品物,长留人世,故虽武功文教,与时间同其灰灭,而赖有美术之保存,卑在方来,有所考见。他若盛典侅事,胜地人名,亦往往以美之力,得以永住。”①汉画像石作为民间美术,在功利性的促使下,其艺术追求较之汉代以前发生了深刻的变化,总是跟随着民众的精神需求和信仰内容的变化而变化。这既是汉画像石的特征,也是民间美术发展到汉代所显现的特征。毋庸置疑,正是汉画像石这种艺术特征,使民间信仰及其所蕴涵的生态意识得以形象化、具体化,抽象的说教因有形象的依托而变得可触可视。汉画像石对民间信仰及其生态意识的反映,既是对社会现实生活的把握和认识,又是对于相关信仰及其所蕴涵生态意

① 鲁迅:《拟播布美术意见书》,见《鲁迅全集》(9),人民文学出版社,1981年版,第170页。

识的凸显和强化。由于人们都是生活在同一种信仰的环境中，当观者面对特定的、凝结着墓主内在情感心灵的汉画作品时，一般都能获得相同的思想感情。“当我们受到一个刺激，就会由这个刺激引起我们对别的刺激的映象。”①因此，汉画像石艺术对于民间信仰及其生态意识的流布而言，具有十分重要的作用。

三、民间宗教原因

南阳汉画像石葬俗肇始于汉武帝年间，西汉后期至东汉中期为其发展期，东汉末年为其衰落期。在这样漫长的历史过程中，民间宗教的结构发生了重大变化，一是外来佛教入主中土，面临着一个被国人认可的问题；二是汉初形成的黄老之学被主流文化排斥出了社会文化的中心，与民间流传的神仙方术思想相融合，演变为黄老道，进而在东汉末年转化为早期道教；三是董仲舒主持下的儒家思想宗教化努力并惨遭失败。这些文化背景的存在，都对南阳的汉画像石葬俗中相关信仰的生态意识展现产生着重要影响。或者说，南阳汉画像石中民间信仰生态意识的出现正是对汉代民间信仰在特定历史条件下其生态伦理内容的外化。

（一）汉画像石中的民间信仰内容

汉画像石作为一种文化现象，它的信仰内容不能完全脱离汉代特殊的宗教文化环境。宗教和民间信仰二者之间虽然存在着本质的差别，两个概念都有着各自特定的内涵，但是，宗教和民间信仰之间又确实存在着极其密切的关系。南阳业已出土的汉画像石印证了这样一个道理：民间信仰能帮助宗教扩大其影响，而同一时

① 吴仁宏：《社会心理学》，中国社会科学出版社，2003 年版，第 80 页。

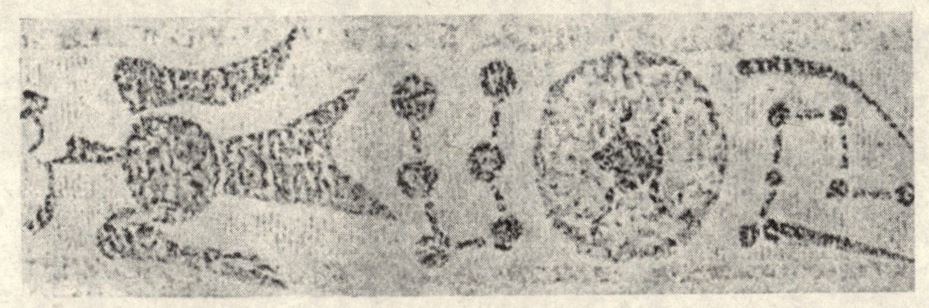

图 3－3

间层面的宗教则能为民间信仰提供新的内容。

宗教发展到汉代,其性质已发生了重大变化,国家宗教和民间宗教二元并存的格局为天人感应这一国家宗教神学思想在民间的传播提供了可能。在汉代人的信仰观念中,天不仅是一种客观存在,而且还是宇宙的最高统帅和孳乳万物的鼻祖。《春秋繁露·郊义》云:"天者,百神之居也,王者之所尊也。"①《春秋繁露·顺命》又云:"天者,万物之祖。"②由于万物乃天之所生,故而天与人之间便有一种亲密的血缘关系。这种关系引发了民间信仰和民间宗教对人与天关系的关注,以及关于"天人之学"的探索。图 3－3、图 3－4、图 3－5、图 3－6,为南阳汉画像石墓中常见的星相图。图 3－3,1973 年 3 月从南阳县王寨汉画像石墓发掘出土,刻绘于过梁处。图 3－4,1965 年 11 月从南阳县英庄汉画像石墓发掘出土,刻绘于前室盖顶石上。图 3－5,从南阳县民间

图 3－4

① 董仲舒:《春秋繁露》,中华书局,1992 年版,第 105 页。

② 董仲舒:《春秋繁露》,中华书局,1992 年版,第 96 页。

图 3－5

图 3－6

征集所得，现收藏于南阳市汉画馆。图3－6，1994年4月从南阳县高庙汉画像石墓发掘出土，刻绘于中室盖顶石上。有关天文的画像石，是南阳汉画像石的一大特色。除刻绘相关画像之外，汉代在理论上对天人关系也作了深入探索。例如，董仲舒就用“天次之序”的原理来解释和探索中国的社会结构问题。他在《春秋繁露·基义》中这样写道：“凡物必有合。合，必有上，必有下；必有左，必有右；必有前，必有后；必有表，必有里。有美必有恶，有顺必有逆，有喜必有怒，有寒必有暑，有昼必有夜，此皆其合也。”[①]人类社会像天地万物一样运转着，社会生活不仅体现着自然的发展变化，而且还受自然发展变化的制约。人世间事物都能做到“合”，则意味着社会生活各方面一切正常。反之，则意味着人事出现了问题。在此基础上，以天的终极实在为基轴，汉代民间信仰中还确立了以“人副天数”为特色的自然观。《春秋繁露·人副天数》云：“天以终岁之数，成人之身，故小节三百六十六，副日数也；大节十二分，副月数也；内有五藏，副五行数也；外有四肢，副四时数也；乍视乍瞑，副昼夜也；乍刚乍柔，副冬夏也；乍哀乍乐，副阴阳

① 董仲舒：《春秋繁露》，中华书局，1992年版，第70页。

也；心有计虑，副度数也；行有伦理，副天地也；此皆暗肤着身，与人俱生，比而偶之弇合，于其可数也，副数，不可数者，皆当同而副天一者。”[①]在这种“天人感应”政治神学的影响下，不仅顺应天命，遵天行事成为人们刻绘汉画的行为准则，而且道德原则与自然规律相一致及天人的谐调、统一的观念也成了汉画像石中民间信仰蕴涵生态意识的重要来源。

图3－7，日、月、星俱全。画面左边刻金乌，右刻一月轮，月轮内刻蟾蜍，月轮两侧各刻星5颗。这是一幅表现日、月、星同时发放光辉的图像，代表着人与自然和谐，汉代人认为它是吉祥的象征。此图征集于南阳县，现藏南阳市汉画馆。图3－8，日、月、星俱全，画像中间刻金乌，金乌内刻月轮，月轮内刻有蟾蜍。月轮左侧刻相连3星，汉代人认为日、月同现，代表天地谐调，是祥瑞的象征。此画像石征集于南阳县，现收藏于南阳市汉画馆。

图3－7

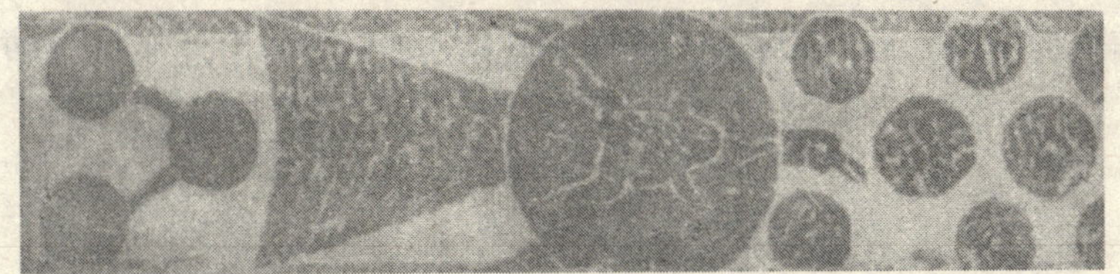

图3－8

① 董仲舒：《春秋繁露》，中华书局，1992年版，第62页。

西汉末年哀、平之际所兴起的谶纬思潮，在汉代画像石所反映的民间信仰中也有着生动的表现。谶是巫师或方士制作的一种隐语或预言，作为凶吉的符验或征兆，又名"符谶"、"符命"、"图谶"。纬相对经而言，是方士化的儒生编集起来附会儒家经典的各种著作。谶、纬名称虽异，但本质相同。顾颉刚说："这两种在名称上好像不同，其实内容并没有什么大的分别。实在说来，不过谶是先起之名，纬是后起的罢了。"[①]二者均是经学宗教化后的产物。谶纬大体以古代河图、洛书的神话传说和董仲舒的天人感应说为理论根据，把自然界中的一些现象神秘化，看作社会安危的决定原因，有一定的生态思想因素。王莽和光武帝刘秀都曾以谶纬作为自己改制和中兴的依据。此一思潮在东汉达到炽盛。由于南阳的特殊地位，这里的图谶信仰更是热得烫手。谶纬信仰的主要内容主要有五：第一，天是人格神，最高神，民间称为"天帝"；第二，社稷之神；第三，五岳四渎河海山川之神；第四，风伯雨师及诸星晨之神；第五，其他杂神。[②] 在这庞杂的信仰体系中，阴阳五行是联络各神的红线。"方面虽广，性质却简单。"作者都是抓住了阴阳五行的系统来说的[③]。对于阴阳五行系统的生态质素，先哲时贤均有深入的解析。汉代司马谈在《论六家要旨》中说："夫阴阳四时、八位、十二度、二十四节各有教令，顺之者昌，逆之者不死则亡，未必然也，故曰'使人拘而多畏'。夫春生夏长，秋收冬藏，此天道之大经也，弗顺则无以为天下纲纪，故曰四时之大顺，不可

① 顾颉刚：《秦汉的方士与儒生》，群众出版社，1955 年版，第 127 页。

② 参见钟肇鹏：《谶纬论略》，辽宁教育出版社，1991 年版，第 193 - 198 页。

③ 参见顾颉刚：《汉代学术史略》，东方出版社，1996 年版，第 7 页。

失也。”[①]司马谈的话说明生态中心论是保护人类幸福生存的关键。刘文英也认为这种独特的阴阳五行理论依据阴阳消长和五行运转说明天地自然生动变化的机制，通过一年四时、十二月、二十四节气清理出一个有序化的生态系列，是制定人事活动时必须遵循的生态律令。这种观念以顺应阴阳五行为其生态理想，具体通过“序四时大顺”来实现。[②] 在这个意义上说，南阳汉画像石中的图谶内容，自然包含有顺合阴阳、燮理阴阳的生态智慧。

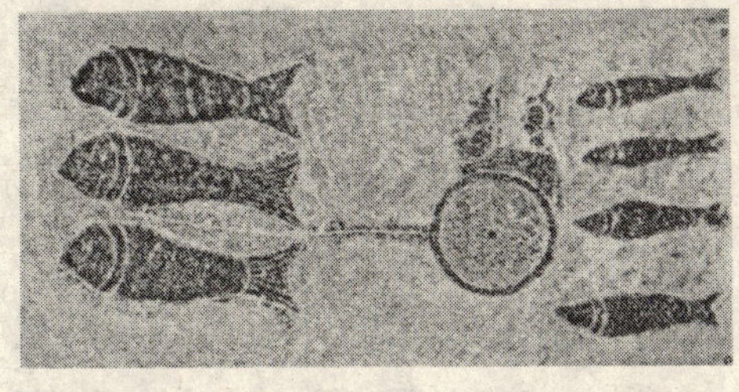
图 3－9

图 3－10

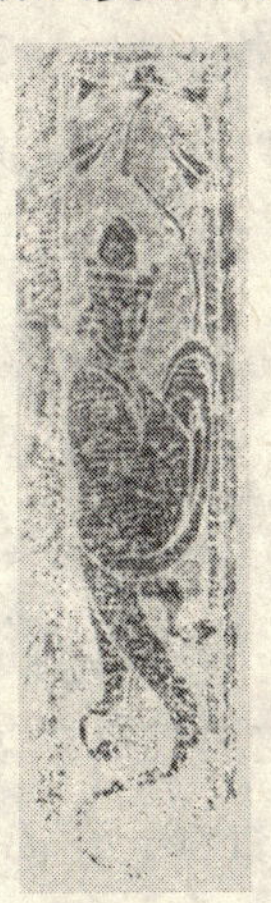
图 3－11

图3－9，河伯出行。河伯为黄河之神。长期以来，黄河为害严重，人们用敬河伯的形式来媚化此神，以期河伯能够安澜使天下少受损失。此图从南阳县民间征集，现收藏于南阳市汉画馆。图3－10，女娲。该画像石 1986 年 6 月从南阳蒲山一号汉画像石墓发掘出土。女娲为社稷神之一，手执华盖，刻绘在主室西门柱正面。图 3－11，伏羲。该画像石与图 3－10 同处一墓，为主室东门柱

① 参见司马谈：《论六家要旨》，见《先秦道家思想讲稿》，久忠实业有限公司，1992 年版，第 10 页。又见司马迁《史记》卷一三〇，中华书局，1959 年版，第 3289 页。

② 刘文英：《阴阳家的生态观念及其历史地位》，《文史哲》2005 年第 1 期。

正面画像。伏羲亦为社稷神之一。

自汉武帝“黜黄老、刑名百家”而“独尊儒术”之后，黄老之学及其“无为而治”的治国之策因被从国家宗教的体系中剥离开来，而不得不在民间寻求生存的土壤。因为黄老之学中原本就有极其丰富的神秘思想，又因为黄老之学的队伍中许多人本来就是神仙方士，所以，黄老之学被逐出主流文化而边缘化之后，便向宗教方向发展。它先在武帝后期演变为黄老道，又在东汉顺帝年间演变为道教。在这一演变过程中，黄帝、老子等先圣偶像以及重生、养生、人格完善等修行技法及其哲学思想，对民众产生了极大影响。现在从南阳汉画像石所反映以上内容的丰富程度上，亦不难看出它们在汉代民间的影响之大。

方仙道信仰乃有汉一朝民间炽盛的神仙思想与阴阳家等相关思想合流相融之后的产物。在方士的鼓吹下，方仙道信仰的热潮一浪高过一浪。其中的西王母、东王公信仰及其生存图式，在汉代民间具有很大的影响，南阳汉画像石中有着极其丰富的表现。到东汉时期与黄老相合，归入黄老道一脉。其对神仙思想的阐扬和“不可胜数”的信徒，为道教的产生提供了直接而坚实的基础。

鉴于汉代南阳灾疫肆虐的客观现实，驱鬼逐疫信仰在汉代也具有广泛的群众基础。南阳汉画像石中这种信仰的表现形式主要为傩戏。关于傩戏这种民间信仰的仪式，鲁惟一在他的《剑桥中国秦汉文化史》中有过这样的表述：“为标志着一年开始的不同日子作出复杂的安排包括‘傩’（盛大的驱魔仪式），这在后汉尤其可以得到证明。这项仪式包括一项象征性的摹拟活动，其中 120 名青年表演舞蹈，同时一个‘方相氏’身穿熊皮，手执武器领头去驱除宫中的恶魔。漫长而多样的仪式包括念咒语，内容是 12 个神灵被宣布驱除了 10 种邪恶的势力或瘟病；不同的记载对这一每年举行仪式的细节的叙述各不相同。”[①]《后汉书·礼仪志》中也说：“谯周《论语注》曰：‘傩却之也。’《汉旧仪》曰：‘颛顼氏有三子，生而亡去为疫鬼。一居江水，是为虎；一居若水，是为罔两蜮鬼。一居人宫室区隅，善惊人小儿。’《月令章句》曰：‘日行北方之宿，北方大阴，恐为所抑，故命有司大傩，所以扶阳抑阴也。’”[②]南阳汉画像石在表现这一内容时，虽然比较简单、原始，但是跟当时的信仰环境有着直接的联系，其实质是对人们生存环境的重视。

（二）各种信仰在汉代的生存方式和特点

董仲舒的罢黜百家、独尊儒术运动和儒学宗教化努力虽然成功地为刘汉皇朝提供了有效的统治思想，但这种纯行儒术、士重师传的单一格局也严重地限制了大众的精神需要。当宗教化的儒学在褪却了斑驳华彩、惨遭失败，其所提供的思想和教条成为价值荒芜的童山，不能贯通万家、弥纶群言和统一民族的精神时，很多人，包括统治者在内，便会将灵魂从名教中撤出而悄悄地安放于日益悦服人心的民间宗教神龛以避弊自救，信任它，维护它。“好黄老之术”[③]的窦太后借口将鼓吹儒学的御史大夫赵绾和郎中令王臧系狱是出这个原因；武帝热情不减地行封禅、慕神仙和建筑承露盘接天水以谋求长生是出于这个原因；宣、成二帝爱好神仙，在道家的虚幻之境中几乎失去判断人生祸福的理智是出于这个原因；王莽崇鬼敬神达到令人难以置信的程度，是出于这个原因；两汉强大的民间信仰潜流一直奔涌不息和贵族豪右墓室雕刻大量表现各种民间宗教信仰的画像更是出于这样的原因。这种社会风貌和文化精

① 鲁惟一：《剑桥中国秦汉文化史》，中国社会科学出版社，1992 年版，第 713 页。

② 范晔：《后汉书》卷九五，中华书局，1965 年版，第 3128 页。

③ 司马迁：《史记》卷八五，中华书局，1959 年版，第 3117 页。

神说明,罢黜百家独尊儒术之举不仅未能将六艺之科、孔子之术以外的信仰像董仲舒在给汉武帝举贤良对策中所设想的那样“绝”掉,而且还因对宗教信仰实施人为化的限制在民间直接导致儒家思想合法性的危机。

个人的艺术趣味难以独立于宗教信仰之外,民间信仰的盎然生机和充盈的活力使得贵族豪门的墓室的装饰上也云集了大量早期道教教义、故事和传说。朝廷对早期道教虽然大行封杀,例如甘忠可、夏贺良、李寻、解光等先后被成帝、哀帝等以“反道惑众”、“乱政罔上”的罪名治狱流放,东汉善方术的赵炳也遭官府“收杀”[①]但是,从昭宣帝到献帝长达300余年,各时期,尤其是成、哀、桓、灵对道教打击最烈时期南阳各地均有道教画像出土来看,道教活动并未从民间完全停止。

当一些智者觉得儒学不足于牢笼天地、博极古今时,他们便会为了个人宗教情绪的宣泄,而自动进入民间宗教那深广多面的精神资源中求仁择善以慰藉心田。严遵,成帝时著名学者,“专精大《易》,耽于《老》《庄》”,[②]首开巫术与道家学说二位一体的先河。在他的影响带动下,修黄老、通经纬、明经术和习图谶成为当时的一大社会风气。此风所及,社会为之风移俗易,隐而不仕专务黄老者代不乏人。杨厚原为朝廷侍中,退隐后,“归家遂修黄老”;大将军梁冀秉权,“自退之”而修黄老,授门徒三千;张道陵于巴郡江州任上挂印而去龙虎山筑坛炼丹,后入鹤鸣山学道,造作符书以佐民度厄过灾,颇得乡里信任。冯颢为顺桓年间越嶲太守,“修黄老,恬然终日”。至于折豫、杨宣等道门才俊,也均是当时有名的退隐大

① 范晔:《后汉书》卷八二下,中华书局,1965年版,第2741页。
② 刘琳:《华阳国志校注》,巴蜀书社,1984年版,第321页。

家，其事迹《华阳国志》和《后汉书》中都有记载。除此之外，东汉著名哲学家王充也以道家思想为依据，旁征博引，著作《论衡》30卷，以旌旗蔽空之势，将董仲舒的神学目的论击得锋崩刃碎。即使在汉王朝对早期道教实行严酷打击期间，五斗米道和太平道被官府称为米贼、蛾贼，其信仰纲领《太平清领书》被诬为"妖妄不经"[①]邪说，政教合一深得賨人"敬信"的张鲁政权也被曹操讥为"妖妄之国"[②]而横遭杀戮时期，象征西王母的胜纹和反映道教修仙的炼丹图像和符篆在汉画像石墓中仍大量存在。道教内容在汉画中出没游弋，说明即使在官府极力打压的险恶环境中，道教并没有绝迹，道教信仰和活动不仅仍然存在，而且在人们心目中仍然具有崇高的地位，不少人宁肯挂印弃官，也不肯放弃道教信仰。

佛教作为一种外来文化，它的出家弃亲、剃发毁容、绝妻失嗣等都跟汉代所彰显的儒家伦理纲常产生着尖锐的对立。所以，佛教自传入后，虽然也曾得到过桓帝刘志、楚王刘英等人的崇拜，但由于佛教"好大不经，奇谲无已"[③]，与正统思想要求严重不合，故而一直未能得到主流文化的认同。恪守孔子不语怪力乱神遗教且严守夏夷关防的文人士大夫对它更是不屑一顾。"俊士之所规，儒林之讨论，未闻修佛道以为贵，自损容以为上。""世人学士，多讥毁之。"[④]在官府的态度上，对佛教在中国的独立发展也相应地制定了一系列的限制措施。"汉人皆不得出家。"[⑤]尽管佛教的般若学与佛性论能帮人解脱和超越，佛教的四谛法尽管对世人的悲怨苦难也

① 范晔：《后汉书》卷三〇下，中华书局，1965年版，第1084页。
② 陈寿：《三国志》卷一四，中华书局，1974年版，第445页。
③ 范晔：《后汉书》卷八八，中华书局，1965年版，第2932页。
④ 僧佑：《弘明集》，上海书店出版社，1989年版，第18页。
⑤ 慧皎：《高僧传》，中华书局，1992年版，第63页。

倾注了极大的关爱，佛教的施无畏印也尽管对汉代那些生活在水深火热之中的民众能够带来精神上的安乐和无畏，然而，作为一种民间信仰，由于这一时期的佛教信奉者的激情里还挟裹一定的浩茫和慌张，缺乏那种勇往直前的自信与乐观，步履多少显得有些踉跄，所以，佛教画像在汉墓中与仙道合脉丛见，反映了当时人们在特定的文化背景下，为了宣泄和表现个人的心绪、期待、想象而不肯放弃宗教信仰，机智开展信仰活动的事实。

宗教高压不改变人们信仰的内容，只改变信仰的方式。当主流宗教以外的宗教信仰受到打击、限制之时，非组织化宗教个体为降低风险就常常使用既合规又违规和既不合规又不违规的方式来搭建自己的信仰世界。例如，当佛教传入中土之后，尽管有安息僧侣安世高、天竺僧人竺朔和大月氏僧徒支娄迦谶等不远千山万水陆续前来译经弘法，但由于儒道二教的诋毁攻讦所带来的种种限制，致使其传布导达精功和扩大善法影响所必需的译事、法事无法正常开展。《高僧传》云："大法初传，未有归信，蕴其深解，无所宣述。"[①]这种局面和业已边缘化的道教加在一起，颇令一些与道释冥契暗合之人感到不适。他们虽然出于自身的需要与道释辨察会通而不愿自拔，但是，早期道教与官府对抗的巨大风险和早期佛教所承受的巨大压力使一些人不愿成为众矢之的，更不愿为追求某种信仰而牺牲性命。于是，人们便会依据西汉中期以后社会上神仙方术流行的实际，让释家跟这些信仰处于同一个运作系统，蹈迹承响，沐浴在黄老仙道、偶像崇拜荣光里，借鉴神仙方术等的生存方法，检点行迹，积储经验，以一种既合规又违规和既不合规又不违规的方式演绎学理，传道布法，跟主流宗教进行着机智的竞争。具

① 慧皎:《高僧传》，中华书局，1992 年版，第 72 页。

体而言,汉代古人的这种介于合法与非法之间、没有明确合法地位的宗教行为,一般表现为这样几种类型:

第一,贵族豪门言行不一的违规活动。早期佛教、道教在汉代的流布过程中虽然招致了来自四面八方种种的责难,朝廷也曾颁布过相关的禁绝措施,但是,贵族豪门在府第宫阙绘制佛像或设立佛堂,因不涉及出家剃发绝嗣问题,虽有传播佛教信仰的实质却也不能说是一种非法活动。明帝就在南宫清凉台及开阳城门绘制过佛像。据唐张彦远《历代名画记》记载,明帝命绘的佛像,至唐代"亦有存者,可见矣"。又据《后汉书》记载,楚王英在明帝求法后不仅"信其术",而且"晚节更喜黄老,学为浮屠斋戒祭祀"。桓帝时,为设华盖事祠浮屠、老子,"悉毁诸房祀"。古代文献所反映的这种信仰行为,在出土汉画中也得到了充分的印证。这一时期汉画中刻绘的西王母和东王公以及佛教中的菩萨图像等图像,实际包含了一定的宗教性东西。贵族豪门还无视正统宗教思想的存在而图画正统宗教所拒斥的宗教图像。比如,泰一神原是楚地宗教信仰中的至尊大神,在汉代遭到儒教的强烈排斥。但由于刘汉统治集团跟楚文化有千丝万缕的亲密关系,贵族官僚阶层的心间对于这一充满强烈方术色彩的神祇信仰一直都未曾产生过动摇。特别是武帝为长寿升仙在谬忌等人谀词媚语的惑下重建泰一之祀且被成、哀诸帝效尤之后,泰一更被尊为汉代宗教中的至上神,地位远远高于五帝,受到人们的顶礼膜拜,不仅西汉中晚期流行的阴阳、数术、兵占之类的书籍皆以泰一命名,如《泰一阴阳》、《泰一杂子十五家方》和《泰一兵法》等,而且宫廷、墓室壁画和汉画像石中也有大量奉祠泰一的画像。可以肯定的是,皇室豪门的这种行为无论是从情理还是从规则上看,都是与当时儒家大一统的宗教观念格格不入的。也正是他们的这种宗教情绪宣泄,使汉画像石才带上了斑斓的光彩。

第二,汉代晚期,灾疫肆虐,民不聊生,原始道教所倡导的灾异论与终末说甚嚣尘上,不仅成为发动民众起来造反的理论武器,而且道教中那些富有救世能力的教主黄帝和老子,也成了民间重要的崇祠对象。汉朝皇帝出于和起事者争夺通天神权以威厌民众造反气势政治考虑,病急乱投医,不仅有祠老子、任用道士的荒唐之举,而且还在匆忙中模仿义军首领自称"将军"的做法而自命"将军"。灵帝就曾迫于起义凶焰,一方面于中平五年(188年)自称"无上将军","耀兵于平乐观",举行道教宗教仪式,另一方面又接受道士思想,试图征用道士,希望道士能在皇帝跟民间争夺道教神权与控制权的斗争中为皇帝出力。汉代诸皇帝在人心浮动、群情不安之际,对道教高士所采取的默许、纵容和重用行为极大地抬高了早期道教的地位,使得朝廷内外和贵族豪门中出现一大批死心踏地的铁杆信徒,把道教视为危机丛生时局中最具安身立命效能的信仰资源。早期道教内容在东汉后期画像石墓室中层出不穷的大肆造作,即是这种历史情景的映照。

第三,以民俗形式行宗教之实是汉代文化背景下信仰受到限制和打击之后宗教不合规又不违规、既合规又违规的另一种存在形式。早期道教从为国家和社会带来太平出发而创设的灾异解除灾异学说虽然遭到了官府的否弃,其代表人物尽管也先后罹遇了不同的人生灾难,但是,这些学说的影响并未从社会中完全消失,而是以潜流的形式在民间秘密地绵延发展着,特别是到东汉后期与当时社会上的危机说、更命说合流之后,各种传言便不胫而走。虽然从表面上看,这些传言不具有严格意义上的宗教性质,但据相关文献记载,它对现实生活中的直接干预和冲击却是不可忽视的。例如在汉代流行的西王母传言中,人们都是把西王母当作具有克服天灾人祸能力的吉神来对待的，在汉代人意识深处，觉得只要有西王母在，就意味着能够化险为夷、度厄消灾。西王母作为一个具有除疫疠定生死神通的吉神和福神，理所当然地成了兵荒马乱、生灵涂炭残酷生存环境中人们心理深处极大的安慰。这些此伏彼起、有关西王母的所谓"讹言"、"妖言"、"流言"，和于墓室刻绘西王母图像的做法虽然纯粹是一种民俗活动，但很多人从中获得了宗教情绪的宣泄和宗教心理的满足。

卡西尔说："符号化的思维和符号化的行为是人生活中最富有代表性的特征，并且人类文化的全部发展依赖于这些条件。"①汉画是古人结合自己的民俗信仰、民俗生活用符号创造的一个象征世界，它隐喻着具体的思想感情。由于汉皇朝对于宗教的限制打击和官僚贵族的积极参与，虽然使汉代的宗教活动变得种类繁多、头绪斑杂，但从古人所留存在汉画中的情感世界来看，非组织化个体的这些宗教行为说明加强宗教管制很难说就能切实有效地降低人们的宗教信仰行为的发生。在正统宗教打压限制的缝隙中，非组织化个体以其不合规又不违规或既合规又违规的策略跟主流宗教进行着针锋相对的明争和暗斗。要深入系统地把握汉画像石中民间信仰生态意识的整体状貌，实不能忽视非组织化个体的宗教行为及其运作智慧这一重要因素。

宗教需求是其精神需求的重要组成部分，不能长期压抑或得不到满足。教团与官府的斗争越惨烈，官府对宗教管制得越严苛，非组织化个体宗教行为的潜流奔涌得就越凶猛。因为越是在这个时候，人们的精神格外焦虑，怨气就格外多，对官府的说教就格外

---

①　恩斯特·卡西尔：《语言与神话》，生活·读书·新知三联书店，1988年版，第13页。

反感。面对官府的严刑峻法，虽然有种种政治暗潮在祸害、削弱着早期民间信仰的运作程度和积储逻辑，但它天赋的理性精神仍使道教不放弃业已承担的信仰表达和警示时政的重任，推动着世人在民间信仰的阐释系统中追溯民间信仰的思维模式和知识谱系的文化渊源，并以与民间信仰相融合的视界，精刻汉画来揭示和表达中国民间信仰生态意识那丰富多层的哲理内涵。纳祥避凶为准的，主流教化为折中，依据自身所处情景选择符合自己期待和需求的图像。这种与主流文化不太一致的选择和诠释，是民众在特定的情景下信仰动机、祈求、期望、想象等心潮的表达，更是社会发展本身天赋质性的必然。

从现在发掘的汉画墓葬来看，墓室的装饰内容是驳杂斑斓的，既有自然崇拜、祖先崇拜等原始宗教的内容，也有早期道教、佛教等学理性内容，更有传统的方术性宗教的内容。这些内容杂糅一团同处一墓，虽然因视点宽泛、意旨深赅给我们今天的科学界定和学术研究带来了许多困难，但有一点却是毋庸置疑的，那就是汉代非组织化宗教群体是巨大的，心针是绵密的，他们所需求的信仰品类也是极为繁富的，反映了埋藏于非组织化个体内心深处的那种根深蒂固的信仰观念和对相关义理不自觉的持久认同。

（三）民间信仰中的生态伦理思想

民间信仰有极强的功利性，只要对人生有用，能给生产生活带来好处和实惠，便不管那些神格、族属和神灵谱系为何，都可在同一个屋宇内供奉，更可在同一座墓室中刻绘。一旦了解了某个神对自己的生活可能产生什么好的效用，不管神灵之间的差异以及在各种信仰中的意义，民众立马就会对其加以膜拜。南阳汉代多灾多难的自然环境和靠天吃饭的生存模式，使生活在这里的人们对那些具有防灾消祸功能的宗教或学说极度信服和尊重。功利性促成了汉代南阳盆地民间信仰的宽容性。儒、佛、道之间之所以能够在南阳汉画像石中实现相互浸润和有机统一，根本原因就在于人们觉得这些信仰所蕴涵的生态伦理对自己的衣丰食足和邪避祥纳有着实际的作用。

民间信仰产生于人类跟自然打交道的过程之中。中国人与自然和谐相处、互济互生的文化传统决定了民间信仰不会对自然、社会视而不见、漠不关心；民间也不会撇开自然界的生态环境与社会条件而去单纯的谈论、信从什么信仰。正是这样的原因，南阳汉画像石中所展呈的民间信仰，无不蕴涵有十分丰富的生态意识。

南阳汉画像石中民间信仰生态意识的显著特点，就是要人与自然万物之间建立一种“内外合一”、“物我合一”、“天人合一”式的价值关系。这一特点，若放到汉代宗教文化的背景上，其实很好理解，因为无论是道家、还是早期佛教、早期道教，都强调生态是一个整体，人是其中的一员，是德性主体，与天、地、万物平起平坐，只有亲近、爱护自然万物的义务，而没有控制、奴役自然万物的特权。例如，老子提出“人法地，地法天，天法道，道法自然”。[1] 和“道大、天大、地大、人亦大”[2]的观点，就是将人与天地自然同等看待的表现。在这个问题上，早期道教也认为宇宙乃一有序之有机整体，其间所存万物皆为道（气）所化生，人也不例其外。因此，各物只有和谐相处，“天人一体”，[3]遵道而行，宇宙万物方能保持旺盛的生命活力。如若万物中有一物乖违大道，就会破坏宇宙和谐，毁坏宇宙的

① 王卡点校：《老子道德经河上公章句》，中华书局，1993 年版，第 102－103 页。

② 王卡点校：《老子道德经河上公章句》，中华书局，1993 年版，第 102 页。

③ 王明：《太平经合校》，中华书局，1960 年版，第 16 页。

可持续发展系统，人们就要在自然界的“小谏”、“中谏”、“大谏”中罹遇这样那样的灾难。在“天地神统”所营造的系统中，人因为具有判别善恶的智慧，因此，人除了自觉遵守“大顺之道”以外，还要帮助天地生养“万二千物”，维护生态秩序，保护万物共生共在的生态环境。人因有高超的思维能力而具有主体性，但这种主体性不是提倡“自我意识”和“自我权力”那样的主体性，而是一种关爱周边一切生灵的德性主体。老子不仅强调“天网恢恢”[①]的生态整体观，要求把自然生态看成一个有机的整体，而且还倡导“知常曰明”的生态爱护观，认为“至虚极，守静笃，万物并作，吾以观其复。夫物芸芸，各复归其根。归根曰静。是谓复命。复命曰常。知常曰明。不知常，妄作，凶。知常容。容乃公。公乃王。王乃天。天乃道。道乃久。没身不殆”。[②] 在老子看来，大自然“万物并作”，只有“知常”，按规律办事，不“妄作”，才能生生不息，保持自然界的可持续发展。庄子提倡“物我同一”、“处物自然”，[③]认为只要做到这一点，就能够“阴阳和静，鬼神不扰，四时得节，万物不伤，群生不夭”。[④] 亦即实现了“至德之世”。早期佛教的教义中也蕴涵有极其丰富的生态思想，认为天地众生由因缘和合而成，因而众生之中，不管有性与否，理应地位平等，所有生命都应受到珍视。除了主张人与世界万有平等之外，还明确提出诸恶莫作，众善奉行，自净其意的观点，强调应将慈悲施于众生，施物、施财、施爱心、施功

① 王卡点校:《老子道德经河上公章句》，中华书局，1993 年版，第 283 页。

② 王卡点校:《老子道德经河上公章句》，中华书局，1993 年版，第 62 - 64 页。

③ 陈鼓应:《庄子今注今译》，中华书局，1983 年版，第 15 页。

④ 陈鼓应:《庄子今注今译》，中华书局，1983 年版，第 210 页。

德，达到人与人、人与社会、人与万物之间的和谐共生。

汉代民间信仰的生态思想是南阳汉画像石生态意识形成的基础，成为汉代南阳民众在冥府构建幸福生存图式的理论依据。

第四章　汉画像石的阴阳本原与生态和合意识

南阳汉画像石是我国文化宝库中的璀璨明珠，作为自然灾害频仍历史时期的墓葬装饰艺术，它蕴涵着极为丰富和极为宝贵的生态意识。谐合阴阳自然、万物循环、自觉看护地球以及由此而衍生的一系列审美观念，如生命本色美、万物共生和谐美、自由宁静美等，称得上是一笔极富生态文化含量的精神财富。这种精神财富对于当前克服日益严重的生态危机，建设美好家园而言，不仅具有重要的理论、学术价值，而且还具有重要的实践价值。

一、南阳汉画像石的生态和合旨趣

南阳在刘汉皇朝践祚的四百余年间，发达的政治、经济、哲学和科技尽管在我国古代史册上也曾留下了重笔浓抹的锦绣华章，但是，此伏彼起的天灾人祸也是南阳民众心中难以愈合的创伤。自然灾害的频繁发生，在给人们的生产生活带来不利影响、生命财产带来切肤之痛的同时，有着灵感思维特质的古人，其生态意识也在对自然环境的依赖和对风调雨顺的期盼中逐渐觉醒，使他们更迫切于跟自然环境和宇宙万有建立一种和谐、协调、相互依存的关系。南阳汉画像石所具有的生态质性就是汉代的南阳人在人与自然一体文化心理促使和作用下，以诗意的情怀去体悟自然环境的结果。

南阳汉画像石的生态和合旨趣表现在以下三个方面：

首先,谐和阴阳意识。中国传统生态哲学认为,阴阳的相反相成和相辅相成是自然界中万事万物化育的根本原因,阴阳的对立统一与和谐平衡是人类享受生活欢愉的重要基础。阴阳作为人类的生命本原,人只能与自然节律相合相谐而不能相克相胜。人作为阴阳的直接化育之果,与阴阳一体共生,其生存发展难以离开阴阳这一母体。人的愿望和福祉只有在与阴阳相合相谐中才能实现。人的这种"类本质根性"已深入南阳乃至中国人的骨髓,在画像内容的设计及画像位置的设置上,总是体现出一种对阴阳的依附性、谐和性。南阳汉画像石中的天象图就形象生动地表征了这种阴阳应象。考汉画像石中的星象图,其显著特征便是尾宿总和月亮共处一石并同时出现在女性墓葬中,而男性墓中则常刻大明、神虎。月亮为阴,大明为阳,"大明生于东,月生于西,此阴阳之分,夫妇之位也"。[①] 尾宿近心宿,代表女性,《史记正义》曰:"星近心第一星为后,次二星妃,次三星嫔,末二星妾"[②],"在朝喻后妃,在野指主妇。"[③]《风俗通》有"虎者阳物,百兽之长也"的判断。由于虎为阳物,与太阳同属,故刻绘有阳乌与神虎的画像石常被置于男性的墓室中。

南阳市唐河针织厂汉画像石墓位于唐河县城南关外针织厂内,1972 年 6－7 月间文物部门对之实施了发掘[④]。该汉画像石墓为纯石结构,用特制的石料 130 块,墓室平面呈回字形,墓门东向,

① 孙希旦:《礼记集解》,中华书局,1989 年版,第 25 页。

② 张衍田:《史记正义佚文辑校》,北京大学出版社,1985 年版,第 30 页。

③ 陈江风:《汉画与民俗》,吉林美术出版社,2002 年版,第 115 页。

④ 周到、李京华:《唐河针织厂汉画像石墓的发掘》,《文物》1973 年第 6 期。

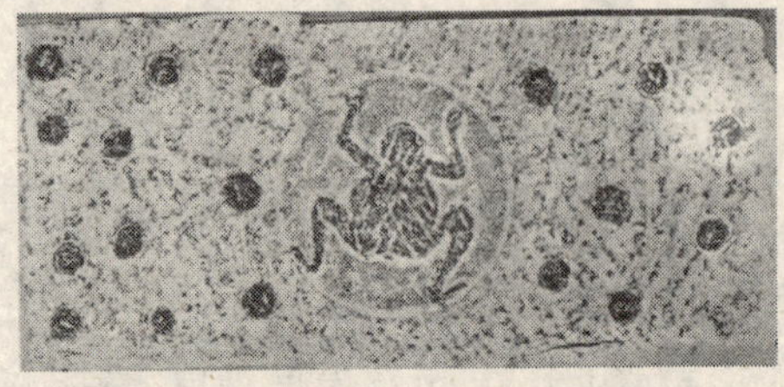
图 4－1

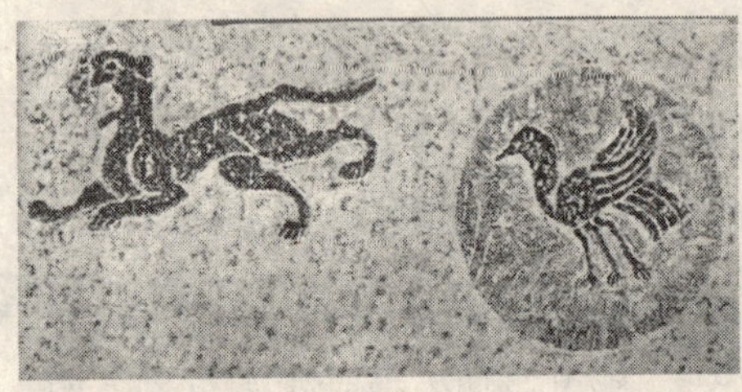
图 4－2

方向 105°。整座墓室由墓门、前室、南北两主室、南北两侧室和后室组成。该汉画像石墓系夫妇合葬墓，女墓室顶刻绘有月亮尾宿，见图 4－1。男墓室顶刻绘有阳乌神虎，见图 4－2。南阳市唐河县针织厂汉画像石墓南北主室顶部画像的形制，当是与阴阳相谐的佳品。沿着这条道路发展下来的汉画像及其创造活动，不仅在与自然环境相契合的领域充满激情地畅想着诗意的地下生活，而且在文化心理认同的基础上轻松地步入了以具体、常见的视角感受图案来直接隐喻阴阳文化性结构的天地。"柿蒂纹"是全国各地汉画像石中常见的图案，泸州市大驿坝 1 号墓、南溪县长顺坡 3 号墓、江安县桂花村 1 号墓、绥德穹窿墓、嘉祥象山墓等都出土有这种图案。"柿缔纹"用连线沿中心点将空间一分为四，每根线的末段都由尖角指向无限的远方。据汉画像石图像志研究，这是一种阴阳象征符号，尖角所指，表示阴阳的无穷和无极。老子说："道生一，一生二，二生三，三生万物。"[①]当泸州 9 号墓画像的竖轴和横轴沿着一个中心将空间分为 4 部分，并且每个方向顶端的尖角又有 4 个表示方位的尖角指向远方的柿蒂纹出土

① 王卡点校：《老子道德经河上公章句》，中华书局，1993 年版，第 188 页。

时，就形象地表征了“道”这种创造万物的方式。这种立足一点向外扩展图式的大量出土，即说明阴阳作为世界观和宇宙观的核心，已经渗透到古人情感心理的方方面面，从而在汉画像石的创作中自觉地体现某种同阴阳更为直观、广泛的联系。

图 4－3

古人认为，春夏为阳，秋冬为阴，音乐为阳，礼仪为阴。因此，春夏祭祀时为利养阳，一般舞乐齐备；而秋冬祭祀时为利养阴，常常无舞无乐。《礼记·郊特牲》曰：“飨禘有乐，而食尝无乐，阴阳之义也”①，说的即是此理。察究汉画像石艺术，不难发现，墓凡建于秋冬之季者，一般无乐舞场面。墓若建于春夏季节，一般则有乐舞场面；例如南阳市唐河冯孺久墓建于“天凤五年十月”②，见图 4－3，题铭上刻着：“郁平大尹冯君孺人始建国，天凤五年十月十柒日癸巳葬，千岁不发”字样。该汉画像石墓位于南阳市唐河县湖阳镇辛店村，1978 年 2 月文物部门对之实施了科学发掘。该墓为砖石结构，方向 95°，平面图为长方形。整座墓室由墓门、南车库、北车库、中大门、中室、南主室、北主室、南阁室、北阁室、西阁室等组成，该墓共出土各类汉画像石 45 幅，其中图案类 39 幅、文字题记 6 幅。图案类画像分别为二龙穿璧、白虎铺首衔环、朱雀铺首

① 陈成国点校：《周礼·仪礼·礼记》，岳麓书社，2006 年版，第 324 页。

② 南阳地区文物队、南阳博物馆：《唐河汉郁平大尹冯君孺人画像石墓》，《考古学报》1980 年第 2 期。

衔环、执笏、执循羽人、二龙交尾、脚张、四首人面虎身兽、应龙、鱼、谒拜、熊、兽斗、门阙、厅堂、人物、驯虎、骑象等，分别位于门楣、门柱、门扉墓室四壁等处，未见乐舞内容。河南襄城（汉代归南阳郡辖）茨沟汉画像石墓建于“永建七年正月十四日”，[①]该墓位于襄城县城南9000米处文化河的岸边，方向273°，1963年4月河南省文物部门对之进行了科学发掘。该墓由7个墓室组成，这7个墓室分别为前室、左前室、右前室、中室、左耳室、右耳室、后室等，相当于阳宅的3进院落。7个墓室的内壁均由白粉粉刷，在中室右耳室门口朱书隶体字“永建七年正月十四日造，砖工张伯和”字样。画像石共出土5块，分别设置在前室门楣、左前室门楣、中室门楣、后室藻井、后室门楣等处，内容分别为两龙交尾、翼虎、熊、鱼、鹿、象、蟾蜍、人物等，也未见到乐舞内容。这种情形，在南阳以外的汉画像石墓中亦能见到。例如：徽宿县胡元壬墓，建于“建宁四年二月”，墓碑左侧即刻舞乐百戏图，一女抚琴，一女吹箫，一女翘袖折腰随节而舞。绥德县四十里铺画像石墓建于“永元四年五月”，楣石正中刻画3女7男10人。3女中一人抚琴，二人长裙拖地婀娜起舞。7男分别执便面、吹笙、杂耍、倒立、起舞、跽坐而舞、投壶。而建于秋冬季的山东苍山墓（元嘉元年八月）、山西离石孙显安墓（建宁四年十二月）、山东莒南东兰墩墓（元和二年十二月），尽管都出土了不少画像石，但乐舞画面难觅踪影。所有这些事实，都已在生态文化的价值取向上，以鲜明的形象或符号标榜强化着民众之于阴阳的趋近和认同。阴阳是自然万物衍孕的母本，人来自于自然，在人的生命历程中不应强调人与自然的对立和分裂，它们是阴阳系统

① 河南省文化局文物工作队：《河南襄城茨沟汉画像石墓》，《考古学报》1964年第1期。

中不可分割的两个重要元素，二者的和合亲善是生态系统充满活力的基础。汉画像石艺术这种与生态本原相一致的文化性存在，在为墓主及其亲人的各种幸福欲求提供心理保障的同时，自身也获得了理辩气厚、义深意远的审美能力。

其次，万物循环理念。由于人与世界万有皆由阴阳化育，因此，尽管它们各有其种属，"不形相禅"，但仍然"始卒若环"。[①] 在这一环链中，虽然人类作为万物之灵，具有其他动植物所没有的功能和智慧，但是，在生态哲学看来，由于它们属于同一个生命本原，因此人与万物均为生物链上的一环，地位同等，在参与生物环链的物质循环时与其他生物享有相同的权利待遇而不应特殊。汉画像石艺术最重要的生态理论价值，便是将人与世界万有一道纳入了生物链的循环，通过对从生命到生命的无穷物质循环过程的展呈，着意突显了人生态本性中跟万事万物既异又同、须臾相连的一面。画像石显示，由于人类的辛勤劳作和大自然的慷慨赠与，鲜嫩的植物和甘醇的果实育肥了人、鹿、鸟、马、牛等高级动物和一般动物，这些动物则被更加凶猛的食肉动物如虎、豹、狼、鹰等所吃掉，而虎豹狼鹰却又在席卷大地的狩猎狂潮中被烹饪成美味佳肴进入人的肠胃。在1994年3月南阳市邢营村出土的"耕耘"画像石上，可以看到这个完美的过程。见图4－4。该墓位于南阳市卧龙区七里园乡邢营村南一废弃的砖瓦窑场

图4－4

① 陈鼓应:《庄子今注今译》，中华书局，1983年版，第240页。

里，其东4000米为白河。此地在20世纪50年代多有汉画像石墓出土，为南阳汉画像石墓的集中分布区之一。该墓为砖石混作，东北西南向，由墓道、墓门、通道、前室、东西主室等组成，出土画像石25块，刻绘画像33幅，画像石主要用在前室门楣、东西立柱、前室中立柱、东立柱、东主室门楣、副门楣、西主室门楣、副门楣、主室中立柱、主室南柱、墓室顶部等处。该画像出土时被学者专家命名为"耕耘乐舞百戏"，画分3层，下层右刻农夫田间锄禾场面，最右为一农妇，梳髻着长襦，左肩掮锄，柄端系一饭罐，锄端挂一竹篮，呈担浆送食之状。夏秋季节，为节约下地路途往返所损耗的时间，南阳民间多有将饭食送往田间地头供劳动者食用之俗。其前为庄稼地，长满禾苗。田间一农夫，头戴尖顶冠，上身赤裸，正在锄耘。地旁有一鹿，食草之中因受惊吓而作奔逃之状。画面中间立一猛虎，张口扑向一人。画左刻一青龙，回首惊恐地望着老虎噬人的场面。中层刻绘猛虎食兽场面。猛虎立于画面中央，正与前后两兽撕杀，右兽俯首弓背，长尾夹于两腿之间，露出畏怯之态。虎左之兽似熊，已成惊弓之鸟，向山丘方向逃亡。最上层刻乐舞百戏图案。中部偏左为一女伎，其左手撑地，右手持一盘碗，正做着单臂倒立的动作。女伎右置一鼓，鼓旁一戴峨冠的男伎跽坐，正执桴击鼓。鼓右有4位乐人，盘坐吹乐伴奏。四人中左起第一人吹埙，其余三人吹排箫。倒立女伎之后，画面漫漶，似可见一女伎的婀娜身段与所跳的长袖舞蹈。上层画面的左边，有二人，似正弄丸杂耍。[①] 整幅画面表现了自然生态链的动人景象。人的这种环链生态本性，除《东观汉记 · 世祖光武帝纪》有所记载外，其后的古籍也多有描述。

---

① 南阳市文物工作队：《南阳市邢营画像石墓发掘报告》，《中原文物》1996年第1期。

例如,陈寿《三国志·魏书·高柔传》和裴松之注《魏名臣奏》所载录之高柔故事中,高柔对于禾苗、鹿、狐、狼、虎诸方面关系的分析,即是关于生物链的早期认识。古人对于生态环链性认识得如此深刻,是汉画像石艺术形象地表现它的基础。汉画像石艺术表达了一种与历史记载完全一致的美学语汇。另外,从阴阳出发,汉画像石艺术显然是把宇宙分为日月星辰的天上世界、神禽瑞兽的仙人世界、山川生物的人间世界和魑魅魍魉的冥府世界4个部分来表现的。这4个世界在人的想象中不仅被统一在一个大的图式中,而且它们各得其所,各有分工,相互联系,相互作用,构成了一个有机完整的宇宙空间。这种设计,其实已经包含了生态学中相关的生态环链思想。汉画像石生态环链智慧说明,各种生物只占生命环链的一节,大家虽然彼此相异,却又相互联系着,共生共荣,只有共同维护生命环链,大家才能够幸福生存。人类只有从生态环链性的角度来界定自己的本性,把自己的权利欲望严格限制在所处环链的范围之内,"无为而为"、"自然而然",与世界万有保持密切的关系,才能使自己的思想和行动闪烁出科学的亮花,才能跟生态存在论哲学的"普遍共生"、"内在价值"观念相契合,人也才真正具有人性。

再次,看护世界的觉悟。人虽然跟世界万物具有相同性而处于生物链的某一环,但是,人之所以为人而异于他物者,还在于人与世界万物相比存在着相异性。理性是构成人与其他动物相区别的显著特征。也正是理性成分的羼入,使人能够判断出自己和动物的行为是否会对生态环链的良好循产生不良影响,从而自行修正或实施必要的干预。"看护地球"①是人类生态本性的重要体现。

---

① 余谋昌:《生态伦理学》,首都师范大学出版社,1999年版,第136页。

在汉画像石艺术中,古人不仅通过丰富的想象在努力构画着自己美好的生存,而且还凭借自己的理性自觉对自然施行着维护的功能。汉代虎狼之患严重,已威胁到人类的日常生活。《后汉书·张法滕冯度杨列传第二十八》载,法雄任南阳太守期间,“多虎狼之暴,前太守赏募张捕,反为所害者甚众”。[①]《后汉书·循吏列传第六十六·童恢》载,“民尝为虎所害”。[②]《后汉书·宋均传》载,宋均任九江太守,“郡多虎暴,数为民患”。王充《论衡·遭虎》写道:“虎时入邑行于民间。”[③]《后汉书·五行志一》记载灵帝建宁中,“群狼数十头入晋阳南城门啮人”,[④]顺帝阳嘉元年十月中,“望都蒲阴狼杀童儿九十七人”。[⑤]《后汉书·儒林列传第六十九上·刘昆》有“崤、黾驿道多虎灾,行旅不通”[⑥]的记载。王先谦《汉书补注》亦载秦汉时期武关至南阳古道上有“虎灾”危害。因虎狼为害甚巨,为除虎狼之患,不仅朝廷多有赏募张捕之令出,而且民间亦出现了弓弩虎狼之业。《华阳图志·巴志》即有“板楯七姓以射白虎为业,立功先汉”[⑦]的记载。虎狼之害,汉画亦有大量刻录。唐河针织厂出土的画像石中,就有一幅表现群虎啮杀活人的场面,如图4-5。该图位于南主室南壁右上方,画像中刻二虎,右边之虎肩生双翼。二虎之间刻熊1只,3兽低首正在啃食伏于地上的人。此般景况,可与《后汉书·周黄徐姜申屠列传第四十三》中南阳冯良“为

---

① 范晔:《后汉书》卷三八,中华书局,1965年版,第1278页。

② 范晔:《后汉书》卷七六,中华书局,1965年版,第2485页。

③ 陈清蒲点校:《论衡》,岳麓书社,2006年版,第211页。

④ 范晔:《后汉书》卷一〇三,中华书局,1965年版,第3286页。

⑤ 范晔:《后汉书》卷一〇三,中华书局,1965年版,第3285页。

⑥ 范晔:《后汉书》卷七九上,中华书局,1965年版,第3120页。

⑦ 任乃强:《华阳图志校补图注》,上海古籍出版社,1987年版,第105页。

图4－5

虎狼所害”[1]相印证。对于虎狼这种只顾自己口腹之欲而不关心其他生命存在的嚣张行径，汉画像石资料中除大量表现人与虎狼拼争的场面外，往往还见到人类主动猎杀虎狼的内容。南阳其英庄汉画像石墓出土的“骑射田猎”[2]画像石上，一队车骑正浩浩荡荡地前行，队伍后面突然窜出一只恶虎，当恶虎竖尾张口扑向惊马时，二骑士引弓怒射，另一骑士则从后面予以围剿，如图4－6。南阳市七孔桥出土的“巡游田猎”，[3]汉画像石上，二尊者乘坐于两辆马车之中，车前有7人骑马先导，车后有8位骑马随从。一只猛虎突然跃出，行走在巡游队伍最后边的两驺从拽弓搭箭向疯狂扑来

图4－6

① 范晔:《后汉书》卷五三，中华书局，1965年版，第1743页。

② 闪修山、王儒林、李陈广:《南阳汉画像石》，河南美术出版社，1989年版，第44页。

③ 王建中、闪修山:《南阳两汉画像石》，文物出版社，1990年版，第128页。

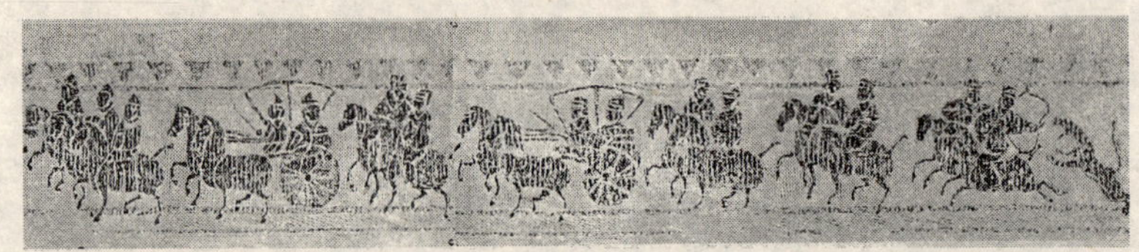

图 4－7

图 4－8

的恶虎急射。如图4－7。[①] 山东滕县西户口汉墓和南阳县草店汉墓[②]出土的画像石中，皆有大量发弩射虎的画面。南阳县草店汉画像石墓出土的这幅画像，位于墓门楣石正面，如图 4－8。图刻一骑手，一猎人，骑手张弓射箭，猎人手持长矛，二人合力围猎一猛虎。图左刻两只猎犬在穷追一獐。生物圈中每种生物都应享有生存、繁衍和体现自身的权利，但这种权利必须以尊重其他物种的权利为前提。作为人类要以自己的智慧约束其他动物的越轨行往，维护所有生命生存的环境。“尧之时十日并出，焦禾稼，杀草木”，以致民无所食。南阳、山东“射日”画像石的出土，便是对这种破坏生态行径的制止，是人类“参赞化育”生态本性本质内涵的纵深开拓，反映了人类维护世界上所有生命正常生存的宽广胸襟。后羿射日是流传于春秋、战国、秦汉时期的一则神话，后羿射日的原因是出

① 山东省博物馆，山东省文物考古研究所：《山东汉画像石选集》，齐鲁书社，1982 年版，第 120 页。

② 王建中、闪修山：《南阳两汉画像石》，文物出版社，1990 年版，第 29 页。

于羲和所生的10个太阳惹了祸。在过去,他们10个太阳是轮流值班的,因此人们在天空中只能看到1个太阳,其他的9个太阳都在扶桑树下玩耍。不知为什么,顽皮的10个太阳竟然一齐出来了,结果把大地烤焦,庄稼枯死了,人也活不下去了。当时的部落首领是尧,尧便派了最善射的后羿用弓箭射下了9个太阳,只留下了1

图4-9 图4-10 图4-11

个还挂在天上,恢复了原来的气候。[①] 如图4-9、图4-10、图4-11。"射日"故事在《山海经》、《楚辞》、《淮南子》等古典文献中都有记载。这3幅射日图分别征集于南阳县、南阳市区、邓县。前两幅现藏南阳市汉画馆,第3幅为孙文青收藏。图中刻扶桑树,上栖阳乌。树下后羿身着长袍,弯腰仰面拉弓,正在射日。

① 参见张道一:《汉画故事》,重庆大学出版社,2006年版,第192页。

二、汉画像石的生态和合特征

汉画像石的民间艺术属性使它与主流文化不存在太多的内在一致性，民众对于阴阳观念的理解及其共同要求，使汉画像石艺术的创造者不可能将石上作画仅仅当作抒发一己情思的自由行为。它是在一种特定的民俗文化环境中受某种文化利益的驱使而创造的一种特定“审美形象”，一种用于民众精神交流沟通的文化载体。社会文化形态及其价值利益走向要求和规定汉画像石艺术及其创造过程必须观照、体念和表达民众和合阴阳自然的文化立场。汉画像石作为最直接体达人们动机的艺术样式，在对社会群体文化利益认同的过程中，自己的审美观也被塑造成型。对于阴阳、自然的亲和和肯定，构成了汉画像石艺术的古典生态存在论审美观。

真实的本色美。从生态本性出发，汉画像石艺术将存在与具体的存在者看成是一个有机统一的生态整体，通过存在者使存在走向台前。人与自然一体共生，阴阳和合化育万物的“存在”成为人的“类本质根性”。画像石艺术通过对人“类本质根性”的解蔽来显现自然生态系统本然状态的“存在”。在汉画像石艺术中，表现阴阳和合的图像甚多，而且常常出现在墓室的醒目之处。南阳汉画像石墓中一般用男女相拥、抚摩接吻、伏羲女娲、羲和常羲、日月合璧、虎啖龙津等含蓄抽象的图像来表示阴阳和合，这可能与地方风俗文化有关。如图4－12、图4－13、图4－14。相对于南阳的保守，外地在表现这一主题时则显得较为大胆。发掘报告显示，赤裸裸的两性相合图为数不少。山东

图4－12

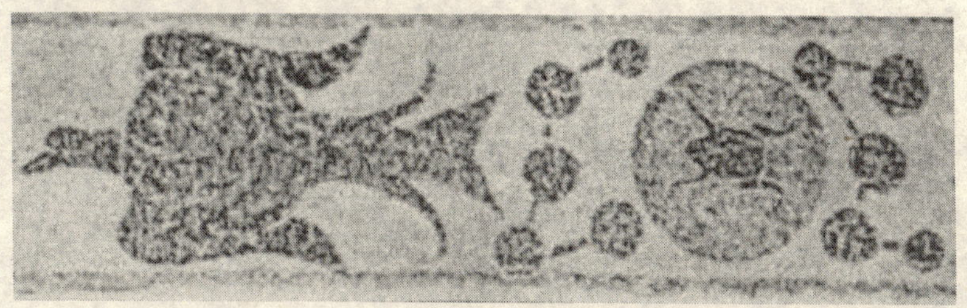

图 4－13

平阴孟庄东汉画像石墓前室西侧立柱自上而下刻两幅画像，上为男女交媾场景；下为男女相互搂抱正在交媾的内容。徐州贾汪汉墓出土的交媾图上，一对男女正欲死欲仙忙于交媾，另一男子手执自己硕大坚挺的生殖器在旁边热切等待。陕西绥德出土的画像石上，男箕坐于地，女跨股而交。这些合体相交的画像构建了一个阴阳二元和合的生态模型，它是自然生态系统的本然状态，体现了自然和人的"生"之生态本性。阴阳相合形态作为"生"的组成要素，属于在场的、现象界的存在者，古人试图借以表达不在场的、现象背后的"存在"，即生命之道。马王堆出土帛书《养生方》、《杂疗方》、《胎产书》认为，男女交媾秘戏，不仅可使女子怀孕，延续香火，更重要的是可以吸取女子阴精，以鼓动男子阳精不干涸，达到还精补脑的目的。这些图像配置在墓室之中，既不是一种占有，更不是一种认知，而是一种既超然物外又触景生情进而对生之道进行观察体味的审美态度。人与阴阳自然之间是一种存在感应和体验的关系。此外，南阳盆地沃野膏腴千里的优越环境，也是汉画像石艺术实现生态本真美努力的又一个基本因素。地理环境的优

图 4－14

图 4 – 15

图 4 – 16

越，在养成“好稼穑，务本业”民风民俗的同时，生活的富足舒适也使社会滋长了纵情享乐的风气，“入则耽于妇人而不反，出则驰于田猎而不还”。[①] 在这样的社会背景之下，汉画像石中以田猎、出行、宴乐为题材的画像极多。图4 – 15为田猎图。该图为南阳市郊王庄汉画像石墓出土。该画像石墓位于独山南麓的台地上，由墓门、前室、主室组成。该图被刻绘在主室门楣背面。图像的寓意是在层峦叠嶂的山林间田猎。左一人头戴平顶冠，右手提长戟，左手牵一恶犬，追逐一只苍慌逃遁的奔鹿。鹿下刻伏兔一只，右边一人单腿跪地，弯弓射奔鹿。图右一人乘马注视着这场血腥的围猎搏杀。图 4 – 16 为出行图。该图征集于南阳市唐河县湖阳镇。图右刻轺车 2 辆，车前有 2 人，一人骑马，一人荷戟步行，表现了汉代贵族的风仪。现藏南阳市汉画馆。图 4 – 17 为宴乐图。此图从南阳

---

① 严可均:《全上古三代秦汉三国六朝文 · 全后汉文》卷八十八，中华书局，1958 年版，第 105 页。

图 4－17

市区征集，现藏南阳市汉画馆。画面上部左刻1人，跽坐，右为鼓舞。下刻1案，案上有大鱼1条，头尾的大部分都伸出了盘外，另有耳杯2只、3只肥鸭与其他食物。案的一端整齐地摆放着8只馒头。斗鸡走狗，乐舞搏戏，弹琴击筑，香车美食，墓主以饱含激情的笔墨尽情地表现着欢宴和冶游的热烈场面，体达出一种对于感性快乐不加掩饰的沉醉、向往和赞赏。正是在这种描绘中，自然的价值因人的活动而得到彰显。海德格尔说："艺术就是自行置入作品的真理"。[①] 汉画像石艺术所揭示和呈现的，尽管是日常身受的生态环境和生活过程，但却是人本性的自然流露。失却这些内容，汉画的生态本真审美观便无从谈起。图 4－18，斗鸡图。

同与禽兽居，族与万物并的和谐美。中国传统美学重视天地神人诸界和谐，主张人与自然相依相扶。《易·乾卦·文言》基于人与自然相通共感的生命体验，要求人"与天地合其德，与日月合

图 4－18

① 海德格尔：《林中路》，时代文化出版企业有限公司，1994 年版，第 21 页。

其明,与四时合其序"。[①] 儒家"致中和",强调人与世界万有亲善,并把这种亲善当做与天地同生命节律的基础。孟子就认为,只有"尽心知性以知天",才能"上下与天地同流"。道家认为人是自然的有机组成部分,天地之体即为人之体,自然之性即为人之性。老子提出了"万物齐一",庄子则追求"以天合天"。在道家看来,万物都是平等的,人类不是万物的主宰,不存在人类高于自然之说,人只有在自组织、自调节、自演化的体验中能动地与宇宙精神相合为一,方能实现物我同一,获得心灵和肉体的真正自由。这些思想包含着深刻的存在论生态意识,对于汉代人设计制作画像石时穿越认识论思维模式,从生态存在论视域表现人与人、人与社会、人与自然之间共生共存关系奠定了理论基础。这样,不仅日月星汉、山川草木、花鸟虫鱼、仙界凡间均被理所当然地纳入到了汉画艺术的题材范畴,而且在汉画像石艺术中,世界万有在交往中实现了彻底的平等和自由,整个汉画王国进入了浑融一体的和谐境界。南阳汉画像石墓出土的大量人、虎、龙、狮、象、马等共处的画像石和虎躯人首、龙(蛇)躯人首画像石,都无不提示了世间众生相依相存浑融一体的道理。如图4-19A、图4-19B、图4-19C、图4-20。人兽共居一处共合一体是说事物都不强调自性。在生态哲学看来,世间的人与动物虽然在外表上存在着差别,但从本质上讲它们都

图4-19A

图4-19B

① 《周易》,见《十三经注疏》,中华书局1980年版,第127页。

图 4－19C

具有共同的本质和价值。一些动物可能面目狰狞性情凶残，如虎、狮、狼等；一些动物也可能体态娇好性情温驯，如龙、凤、猿等，但它们在地位待遇上平起平坐，没有轩轾优劣之分。汉画像石的审美形式深刻地指向了这一本体价值。例如南阳梁寨汉画像石墓、枣庄贺窑村朱作纪墓、芗他君祠堂、曲阜徐家村墓的汉画题记中，多刻有祝愿墓主及墓中虎、牛、马、羊、鱼等动物都常食天仓食物的祝辞。最为突出的，要数泗水县南陈村画像石题记，不仅祝愿人、马、龙、虎等皆食大仓，而且还希望它们跟人一样，“长生久寿，不复老”。此类言辞还见于安丘县王封和肥城县北大留画像题记。汉代人这种与生俱来的生态本性使汉画像石艺术成功穿越人类中心主义而实现了人与各种怪禽异兽在画面上的和谐共处。不仅如此，汉画像石中的人和动物都还具有体悟自己和他人平等的智慧，这种智慧体现在人和食肉猛兽在与弱小动物相处时都能自动收敛与生俱来的嗜杀之性，知道“同乐”和相互“与乐”。在汉画像石中，除了大量人兽共处同乐的内容外，人与各

图 4－20

图 4－21

种动物一起竞技娱众的图像也较多见。图 4－21 为人兽戏搏图,该图出土于唐河针织厂汉画像石墓,被刻绘在门阙内。画中上部中央刻一人,正挥动双臂与 2 只猛虎戏搏,画面下部右刻 2 人,其中一人赤臂上举,似在斗虎,另一人以马步站姿迎虎。虎从左至右,张口向二人咆哮。人与各种野兽搏斗,是汉代特有的一种娱俗,当时叫做“大校猎”。《汉书·成帝本征》记载有长杨宫表演“大校猎”的盛况。开展人与兽斗的目的,一为量人技能,二为予人欢乐。山东汉画晚出,此类场面更为壮观。1954 年山东沂南北寨村出土的乐舞百戏画像石,50 余人与禽兽同台演出,龙、凤、豹、鱼等动物多达十余种。演出形式除飞丸跳剑、都卢寻橦、掷倒、根挂、腹旋、高索外,还有戏马、戏龙、戏豹、戏鱼等。其场面之热烈祥和,规模之宏大壮观,即是人间亦为少见,是万物平等和谐相处的典型例证。如此规格、如此内容之画像石,亦可见于成都羊子山东汉乐舞百戏画像石。汉画像石所表现出来的众生平等生命观,意在说明:人与自然万物同道同造共在,互为标志,相互依持,它们各有存在的价值,惟有尊重他们生存的权利,使每一个因子各得其所,和平共处,方才是一幅理想的生态社会图景。汉画像石对于这一理念的阐扬,对于现今反对人类中心论,消除生态危机,创造人类“审美的生存”,具有重要的启发意义。

自由宁静的生态理想美。南阳汉画像石产生于西汉中期至东汉末期,在这样一个历史时期中,由于“罢黜百家,独尊儒术”文化政治的推行,官吏的选拔、察举和辟征等,都要严格遵循儒家的道德标准，以至于仕进的路径趋于单一，致使一些富人贵族干仕无门。同时，西汉后期阶级矛盾和统治阶级内部矛盾交织的历史使东汉统治者怵目惊心，豪强地主的强大势力也是统治者心中一块久抹不去的心病。在历史教训和现实需求的共同作用下，光武、明、章等帝都致力于中央集权的完备和封建专制统治的强化，不仅对众多功臣大肆实施封侯封地，但在政治上却不给以实职实权，并剥夺他们的兵权；而且不许外戚干预政事，不给他们尊贵的地位，不让他们蓄养羽翼。在地方政权方面，光武帝大肆并县和废除内郡地方兵力，使吏职减去了十分之九。这样，虽然得以维护了统治，但因此而导致的宦海险恶之冲击波，不能不使贵族士大夫对于仕途和世事产生一些别样认识。政治参与的忧惧体验所带来的心灰意冷，迫使一些人走上了"朝隐"或"退隐"的道路。可以认为，汉画像石的所有画面都体现着墓主的思想，我们从墓主将希望寄托在和谐自由的天国而非通常的现世和君恩之上，即可看出这些汉代贵族富门对于所处时代的深深失望。汉画像石艺术带有强烈的意识形态性质，在全国出土的画像石中，刊刻皇恩或忠君思想的画像石不曾见到一块，而表现羽化升仙内容的画像石却蔚为大观。在羽化升仙过程中充当架起天地和神人之间桥梁工具的神禽异兽，不仅有龙、凤、鹿、虎，还有天马、飞廉和仙鹤。龙图腾崇拜，原本早在汉代前就已出现，但到了汉代，具有了驾乘升仙的意蕴。人乘于龙背，仙人引路，猛兽开道，自由的升仙观念凭借苍龙的飞腾品性得到了充分的体现。鹿温驯敏捷，古人认为它常伴仙人左右，是人实现自由愿望的瑞物。南阳出土的"仙人乘鹿"画像石上，人神情悠闲自得地乘坐于鹿背，于云气升腾中飞行在升仙的路途上。从图像上看，前1仙人面向后，手执仙草与后边的仙人相呼应。后边的仙人已经飞离鹿背，正跨步驾云追赶前边的仙人。见图

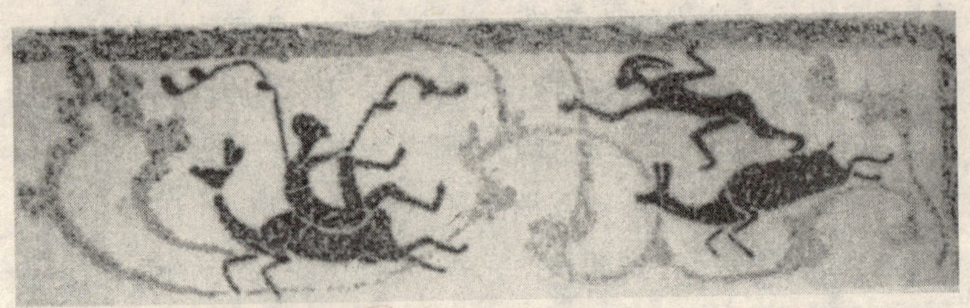

图 4－22

4－22。虎乃御凶食鬼的百兽之王，在古人眼里，它是最能助人升仙的吉兽。南阳市郊王庄汉画像石墓出土的“虎车”画像石上，三虎并驾一车，风驰电掣般拖着二人向仙境进发。天马、飞廉都是古人眼里难得的驾乘升仙工具，在南阳各地均有大量出土。这些画像石都充满了升仙的喜悦和欢乐，人和动物无不处于飘逸自由的洒脱状态，具有了自由飞升的意义。人在这种特定的艺术场景中所达到的自由和大和，其实就是人自由本质的闪现。在这里汉画像石艺术实际已将人与天、地、神诗意交通的审美理想跟人的生态本性联系了起来。由于汉家政治日益窳败，僭凌横姿、社会动荡所造成的人命危浅，使人们对平安宁静十分渴盼。不过，在忧谗畏祸失意的心境中，他们认为宁静惟有在远离现实的墓冢中才能实现。张衡《冢赋》就表达了这种“幽墓”幻想。为防外界侵扰，所以墓门画中较多刻画了铺首、神荼、郁垒、青龙、白虎等具有御凶辟恶、击魍食魅性能的镇墓兽形象，目的是让这些狞厉丑恶的形象产生一种执搏挫锐的威慑力，镇压墓外妖邪，令飞尸流凶不敢妄集，从而佑护死者在其阴宅不受疫鬼祸害，永享地下审美的、本真的生存方式。这种把天、地、神、人的和谐自由视作人之本质而发抒蕴藉、造意无穷的艺术画像，其实已经阐述了人的生态本性，表现了古人对生态理想美的不懈追求。

三、生态和合意识的现代价值

当今的世界，生态环境的恶化已成为一个全球性的问题，水土流失、土地沙化、大气污染、气候变异等给人类的生理和心理带来了巨大的创痛。在自然的惩罚面前，生态伦理理论创新的呼声日益高涨，在传统"以人为本"的人文精神框架中纳入并提高自然的地位已成为全球性思潮。然而，也正是在这一世界性的人文思潮中，一些借口社会的可持续发展和人类长远美好生存而明显带有反人类色彩的论调也甚嚣尘上。它们无视人类的生态本性以及与自然的有机联系，从物质主义角度机械静止地看待人类与天地自然的关系，偏激地认为人类除了威胁和毁坏生态平衡之外别无他能，不具有改变自己生存方式的智慧与意志。西方深层生态学把人类看成一种侵噬地球生命机能的细菌。生态整体主义更是绝对地否定人类吃喝穿用等基本的生存权利。这些理论之所以为世人所诟病，其根本原因就是这些倡导者忽略了"生态自我"，漠视了"以人为本"的传统观念，其理论并没有从深层揭示人与自然之间所蕴藏的本质内涵。汉画像石艺术是汉代人实践活动留下的花纹、符号，尽管这些花纹或符号中所包含的人本思想，较之"万物有灵"的石器时代和多神信仰的青铜时代都为之强烈，①但是，建立在人的生态本性之上的人本思想是在人与阴阳自然的和谐统一中形成的人文思想，是物我合一的德性"人本"。汉画像石的艺术世界，是具有德性人本的古人，在对社会关系、宇宙秩序理解和掌握的基础上，按照"天地相通"、"天人合一"理念创造的另一个人文世界。

---

① 俞伟超：《先秦两汉美术考古材料中所见世界观的变化》，《庆祝苏秉琦考古五十五年论文集》，文物出版社，1989 年版，第 36 页。

它不仅上配天下顺地，而且德及飞鸟、水虫、草木，每一种符号或图像都具有超验的价值观念隐喻其中。因此，对于我们构建科学的生态社会和进行符合时代需要的理论创新而言，具有一定的启发作用。

第一，以公正平等的价值公理对待人和世界万有的生存发展权利。天人之间的密切关系使得世间万有的节律周期具有高度的相似性。这种相似性促使古代的哲学流派，无论道家还是儒家，都重视人与世界万有之间的和谐协调。人类和世界万有在宇宙间只具有相对生存发展的权利而不具有绝对权利，都不能将自己看作生态的中心。有害于生物环链之间其他存在物生存质量的权利都要受到削弱和限制。民胞物与，万物为民众的伴侣，同为阴阳所生，尽管它们是人类生存发展的条件和基础，人有谋取之资格，但也不能贪淫放纵，任意妄为，采之无度。道家提出少私寡欲、崇俭抑奢，儒家则在强调自觉克制贪欲的基础上，从生态伦理出发，更明确提出了“与天地合其德”、“与四时合其序”的主张，要求给自然万物以生长的时间。孔子在《大戴礼记·曾子事父母》中说：“伐一木，杀一兽，不以其时，非孝也。”《淮南子》在综合前人学说的基础上，根据时令节气的演化规律和生物生长发育特点提出了顺天意、尊时序、以时禁发的要求。画像石艺术虽然据摭广博，内容繁富，涉及了社会生活的方方面面，但是，若将它们放置在一起作通观考察，很容易发现汉代人在用汉画进行墓室装饰时对于题材的审慎态度。这种审慎中蕴涵着极深的生态观念。直觉上最为明晰的，要数那些带有丧葬时间题记的汉画像。尽管这些记载的文字不是很多，但为认识汉代公正平等生态公理提供了可靠依据。中国传统固有的生态关怀理念认为春主生，夏主长，秋主收，冬主藏，汉画像石艺术也充分体现了这种思想倾向，表现出对于自然生命节律的尊重。汉画像石艺术发展到西汉晚期以后，车骑出行、乐舞百戏、田猎宴飨、弋射捕渔等表示欲望的内容逐渐增多，但有趣的是，由于春夏正值动植物的孕育生长期，于该节令建筑的汉画墓中，尽管舞乐百戏、跳丸角抵等画像内容层出不穷，但搏兽、田猎、弋射、罟渔等伐杀生命的内容却绝少出现在相关题材的组合中。这种情况在南阳以外的汉画像石墓中也有表现，例如，安徽宿县褚兰墓出土的墓志显示为建宁四年二月[①]，在出土的32块画像石中，尽管乐舞、拜谒、出行、祥瑞等图案应有尽有，唯独不见常见的田猎弋射内容。陕西绥德县四十里铺画像石墓建于永元四年五月[②]，画像石内容组合与褚兰墓大同小异。山东嘉祥墓、山东微山两城墓均有相同情形。即便如此，也应该看到，虽然人类在春夏二季具有保护生物环链上其他存在物生命的义务，但是人类在秋冬季同样具有享用动物肉体或从动植物身上获得愉快和满足的权利。《月令》规定在秋冬季节不仅可命网罟始渔以取池泉之赋，而且可田猎禽兽以获山林薮泽。山东苍山汉画像石墓建于元嘉元年八月，画像石内容除宴饮、出行、搏兽、田猎之外，还生动形象地描绘了众人捕鱼的热烈场面[③]。山东嘉祥宋山汉画墓建造于永寿三年十二月，有画像31石，弩射、捕兽的画面甚为抢眼[④]。山东莒县东莞孙熹墓建于光和元年八月，1号石的第二、三层雕刻狩猎图。图中一狗正在扑兔，

① 王步毅：《安徽宿县褚兰汉画像石墓》，《考古学报》1993年第4期。

② 榆林地区文管会、绥德县博物馆：《陕西绥德县四十里铺画像石墓调查简报》，《考古与文物》2002年第3期。

③ 山东省博物馆，苍山县文化馆：《山东苍山元嘉元年画像石墓》，《考古》1975年第2期。

④ 济宁地区文物组、嘉祥县文管所：《山东嘉祥宋山1980年出土的汉画像石》，《文物》1982年第5期。

一人荷筚而行；一野猪立于树下，一人张弓欲射，另一人则持矛痛刺。第五层为射虎、叉鱼图像[①]。由此可见这种观念是相当普遍的。毫无疑问，汉画像石艺术的生态思想在客观上体现了一种古朴的生物环链中的平等理论，即著名生态学者阿伦·奈斯所说的“原则上的生物圈平等主义”。[②] 这些画像形象地说明，生物环链中的所有存在者，各自都有相应的权利和义务，相辅相成。包括人类在内的所有存在者都不应该依据自己的智能优势将其他生命视做奴仆，更不应该不受限度地一味实施占有和征服，在行使生存权力时也要铭记权力的限度，不能肆无忌惮地破坏生态秩序。

第二，诗意的环境是人类诗意生存的基础。人的存在不能脱离自然环境，所以古人特别重视阴宅在自然中的地位。西汉《天历包元太平经》云：“葬者，本先人之丘陵居处也，名为初置根种。宅，地也，魂神复当得还养其子孙，善地则魂神还养也，恶地则鬼神还为害也”[③]，把墓室构造和室内装饰与天道自然的圆融一致当做安身立命的根本。古人为使其先人“根种”置于善地，以利其后世吉祥昌盛，家声远播，解除逝者的注讼，护佑生人免遭殃咎愁苦，强调画像内容跟阴阳、环境的交汇调和。老子说：“万物负阴而抱阳，冲气以为和”。[④] 汉画像石墓葬中除用一些图像象征阴阳和合、于墓门雕刻图案镇凶辟邪，不让野鬼妖祟入侵，实现墓室环境的安宁祥和之外，还刻画山川草木、鸟兽虫鱼，并着意突出其盎然生机、无穷妙趣，试图以此佳境给死者带来一种与自然万物融洽浑合的快乐，

---

① 刘云涛：《山东莒县东莞出土汉画像石》，《文物》2005 年第 3 期。

② 雷毅：《深层生态学研究》，清华大学出版社，2001 年版，第 51 页。

③ 王明：《太平经合校》，中华书局，1960 年版，第 182 页。

④ 王卡点校：《老子道德经河上公章句》，中华书局，1993 年版，第 188 页。

即与自然同一的“天乐”。这类图像在汉代画像石墓中的大量出现，既是汉画像石艺术生态本性使然，也是由重视人类生存权实现向重视居住环境权延伸的体现。汉画像石这种偿愿于冥世，把环境作为人类“诗意地栖居”[①]的必要条件予以确认，并在与阴阳及周围环境相统一的背景中追求诗性栖息的艺术实践，无疑扩大和丰富了“以人为本”传统理念的文化内涵。肯定环境的价值，在客观上也促使人们对环境进行维护和改善。汉画像石的这一追求，启示我们在强调人类的生存发展权利的时候，也要对环境投以应有的注意。

第三，爱应由爱亲人向爱万物跨越。汉画像石的创作因出于古人对死去亲人的孝敬和关爱而充溢着强烈的仁爱精神。汉画像石不仅特别关爱人世间的各种飞禽走兽、异花奇木，而且强调人与自然万物的相依相扶，讲求“天地万物一体之仁”，自觉地把慈爱、悲悯的情怀施予其他物种。它在客观效果上已突破了“以人为本”的“爱从亲始”的限制而将仁爱扩大到自然界的一切生命。在汉画像石中，禽兽图像是其中的重要内容，常常被刻绘在门楣、门扉等重要位置。南阳现在已整理造册的各类汉画像石图版，总计1435幅，禽兽图像就达1137幅。这种情况，跟全国的汉画像石大致相同。中国汉画像石全集编委会主编的《中国画像石全集》7卷共收录图版4689幅，禽兽图像就占到3375幅。顾森编的《中国汉画图典》共收录图版2745幅，禽兽图像也占到2223幅。通过这些浩繁的图像，特别是通过古人对于动物与人、动物与神、动物与动物伦理关系的处理和表现，可以使我们领略蕴涵其间的那种关爱人间万物的思想情愫。“徒手搏兽”是汉画像石中的重要题材，内容繁

① 海德格尔：《荷尔德林诗的阐释》，商务印书馆，2000年版，第221页。

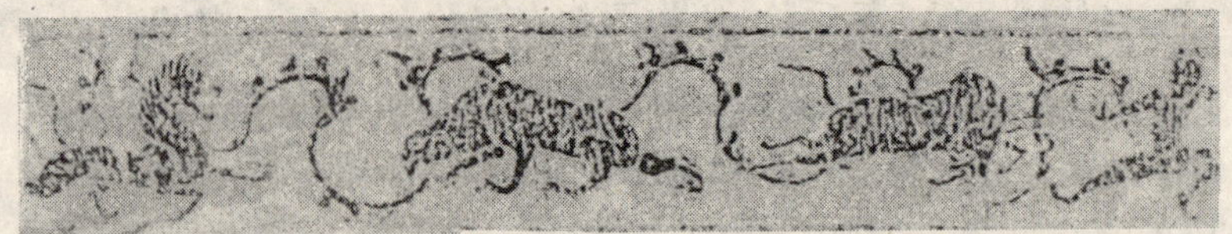
图 4－23A

图 4－23B

图 4－23C

图 4－23D

富,形制厚重,既有搏牛,又有搏虎、搏狮。图 4－23 为搏牛图,一共 4 幅。在第一幅搏牛图即图 4－23A 中,一人赤裸上身,短袴挽袖,与牛徒手相搏。牛后肢腾起弓颈猛抵。牛后刻二野兽,一只似狮,另一只似豹。整个场面以云气相绕,给人以神秘之感。此图出土于南阳市五中汉画像石墓。在第二幅搏牛图即图 4－23B 中,威猛如虎的武士,右手推掌,左手上举齐耳,下蹲马步,拉开了与蛮牛大战的姿势。牛在溃逃时回首而视,眼露恐慌。此图征集于南阳市区民间。现藏南阳市汉画馆。第三幅搏牛图即图 4－23C,为二虎背熊腰的莽汉跟牛相斗,牛被斗败的情景。此图征集于南阳民间,现存南阳市汉画馆。第四幅搏牛图即图 4－23D，征集于南阳县，现存南阳市汉画馆。图中左部刻一人作后弓步，赤手与二恶牛相搏。牛耸肩翘尾，向此人又冲又抵。图 4－24 为搏虎图。此图征集于南阳县，现存放于南阳市汉画馆。图左刻一猛虎，有翼，长尾上卷，昂颈张口，图右刻一人弓步，展臂与猛虎相斗。整个画面饰以云气。图 4－25 为搏狮图。一共 2 幅，第一幅图即图4－25A，为孙文青从南阳南水坝上所拓并收藏，表现一人与怒狮相斗的情景。第二幅图即图 4－25B，图中刻一人，仰面，跨步挥臂，右手与一牛相斗，牛弓首怒目，以角前抵。此人左手上举，手右一狮，后肢腾空，

图 4－24

图 4－25A

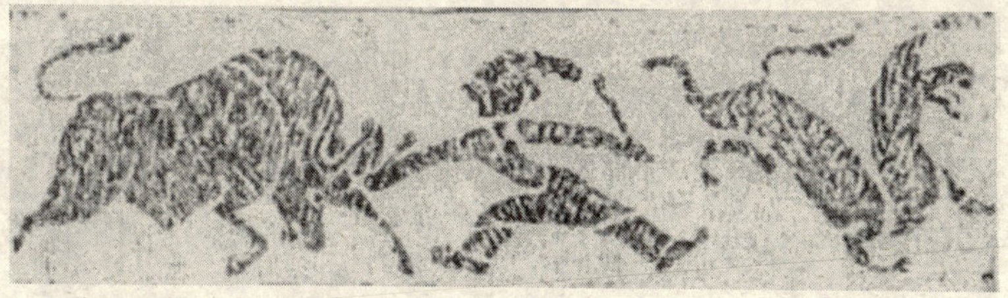

图 4－25B

离人而去,此图似是表现雄狮刚被此人斗败落荒而逃的情景。该画像从南阳市五中汉画像石墓出土,现存放于南阳市汉画馆。这类画像石淋漓尽致地表现了人类在自然生命面前不因自己的进化而强调自身的优越感和在自然中的中心地位,更不因狩猎工具性能的提高而自持自傲。尽管《论语·述而》载有孔子不与那些徒手搏虎的人为伍的话,也尽管司马相如《上林赋》和扬雄《羽猎赋》都明确表示反对徒手搏兽这样的冒险举动,进入汉季以后,这种徒手搏兽场景于人们的现实生活中也尽管已经很少发生,但是,在汉画像石中仍然大量出现。这不能不反映出当时人们在现实层面和想象层面不着意凭借外力征服、占有自然界生灵的态度。这既是人与万物平等共处、和谐依存的基本前提,也是人类在大自然中进行地位自我保持、获得人生欢乐的基本准则。此外,与万物同在的理念使汉画像石艺术在坚持将平安生存当做最高利益的同时,更看重对于他人他物特别是弱者遇到困难时给予必要的帮助。当这种帮助与个人利益发生冲突时,“体物而不遗”,不惜牺牲自己利益。这种关爱他物和弱者的悲悯情怀在汉画中有着充分的表现。汉画像石这种慈爱精神和悲悯情怀,对于人类的可持续发展和抚慰人类因工业文明的畸形发展而导致的焦虑忧闷心情具有重要意义。“人类的发展不应威胁自然的整体性和其他物种的生存,人们应该像样地对待所有生物,保护它们免受摧残,避免折磨和不必要的屠杀。”[1]爱人类、爱动物、爱自然的情怀,既是灵魂栖息的温馨港湾,也是社会可持续发展的基础。

从生态本性出发,汉画像石将人类跟自然看作一体,认为它们无时不处在有机和谐亲善的关系中,世界万有都是人类愉情悦性

---

① 余谋昌:《生态伦理学》,首都师范大学出版社,1999 年版,第 146 页。

的对象。这种认识包含着强烈的生态意识。汉画像石艺术所隐含的“普遍共生”、“生物环链”、“生态价值”、“仁爱情怀”等生态美学问题，也蕴涵有极其深刻的当代内涵。在审美层面上，若对汉画的这些文化资源进行合乎当前实际的改造和转换，对于生态文明建设和促进传统文化的伟大复兴来说，意义不仅显得重大，而且显得深远。

第五章　汉画像石中类宗教所蕴涵的生态理念

民间宗教和汉画葬俗是人类社会发展到一定阶段的产物，是社会意识这支藤蔓上结出的两只瓜，共同的生长基因造成了二者之间的有机联系，"它们都建立在有鬼神的灵魂观基础之上，都是一种崇拜意识，具有相通的情感，类同的规范，以及自然属性和社会属性"。[①] 缘于这样的缘由，汉画葬俗便具有了很强的宗教性。这种宗教性对汉画像石的深刻影响，便直接体现为相关宗教内容的生动呈现。尽管在汉朝时期，中国的宗教因为不够完美、发达，宗教本身缺乏系统具体的信仰对象、仪式方法、教团组织和伦理戒律，在社会文化中的地位不是太高，对社会生活的支配力度也不是太强，真正意义上的宗教在西汉末年佛教传入后才算真正产生，但是，由于我国民间有强烈而持久的自然崇拜、图腾崇拜、生殖崇拜、天神崇拜和祖先崇拜等原始宗教信仰的存在，所以，在佛教传入和道教产生之前，社会生活中仍然生存着一种实用性很强的类宗教。这些功利色彩极为鲜明的类宗教，在民众的日常生活中同样起着与后天人为宗教相似或相同的作用。

从业已出土的汉画像石来看，汉代的这种类宗教，主要表现为从原先国家宗教里分化而来的方士文化内容。这些内容在汉画像石中的大量出现，与民众相信它能招祥避灾、带来富贵的观念有关。把南阳汉画像石中那些纳入类宗教的膜拜体系并在其中履行

---

① 韩国河:《论秦汉魏晋时期丧葬礼俗的宗教性》,《中州学刊》1997 年第 3 期。

一定职能的画像作为研究对象，考察它们与历史史实、风俗世情、乡村政治的关系，并探析这些因素与汉画像石生态理念互动的途径、形式、过程和程度，是南阳汉画像石与早期民间信仰生态意识研究中的一个不能回避的重要内容。

一、巫术

巫术，产生于原始社会前期，相信依靠超自然力能够对客体施加影响或实施控制，并认为会行巫术的巫觋具备这种超自然的能力。在汉代特殊的文化背景下，虽然佛教已经传入，国家宗教儒教也在积极地创设，但巫术仍没有退出历史舞台。即使到汉代末年，本土宗教道教正式诞生了，巫术仍然混杂在这些宗教中间，在民间广泛地流行。由于巫觋身怀法术且能代人祷告，因此，在刘汉一朝，巫觋颇受社会各界的爱戴和敬仰。人们为了达到祈福禳灾的目的，纷纷匮产尽财以乞怜于巫觋，整个社会弥漫着一股浓重的巫祝氛围。作为原始信仰的遗绪，可以认为，南阳汉画像石对这些流传在汉代民间的巫术所做的生动记录和形象展呈，是其特定社会条件下民众价值理想的形象化与具象化，每一幅画像的背后都有着深邃的风土观念和自然生态背景。

（一）汉代昌盛的尚巫风习

巫，古代指能以舞降神并替人求福却灾的人。《国语·楚下》云："在男曰觋，在女曰巫。"又云："家为巫史。"注："巫主接神，史次位序。"[①]集古文经学训诂之大成的东汉汝南召陵人（今河南郾陵）许慎，在他的《说文解字》中也说："巫，祝也。女能事无形，以舞

① （春秋）左丘明撰、徐元浩集解：《国语集解》，上海中华书局民国十九年版，第224页。

降神者也。"[1]东汉经学家何休，在系统阐发《春秋》中的"微言大义"时，其用"巫者事鬼神祷解，以治病请福者也"等语，更将古代巫的作用解释得极为清楚明白。[2] 在殷商时代，因巫觋是国君跟上天鬼神沟通的媒介并垄断着祝、占、卜、筮这些对政治、经济活动而言具有极其重要作用的业务，因此，巫觋在商代地位较高。不仅国王的言行带有很强的巫性，许多朝臣本身也都是名闻一方的巫者。到了周代，其地位虽较之前代有所下降，但《周礼·春官·司巫》仍把司巫列为中士，并归在司祝范畴：觋掌望祀，望衍，授号，旁招以茅。"冬堂赠，无方无算，春招弭，以除疾病，王吊，则与祝前。"巫掌岁时祓除、衅浴，"旱暵则舞雩，若王后吊，则与祝前。凡邦之大灾，歌哭而请。"[3]职责范围愈发明晰。秦朝虽然门衰祚薄，但高度的中央集权制迫使巫觋不得不变成政治的附庸而为君主的祷祀效力。进入汉代，由于汉代统治阶层思想深处浓郁的荆楚文化情结，使得天下鬼神气氛十分浓烈。上至皇帝，下至百姓，其意识深处在相信神鬼无时无处不在的同时，对楚地源远流长的巫术文化也情有独钟，觉得国家和个人若要抵达所期盼的目标，必须假借于巫术的帮助。正因为如此，有汉一朝，"大畅巫风"，[4]巫术及巫受到社会各界的普遍重视。

高祖刘邦素喜术数，即位伊始，不仅迫不急待地吸纳巫觋参与郊、社、庙等国家祭祀，而且还在长安设置古巫之神并指定巫觋在

---

① 转引自段玉裁：《说文解字注》，上海古籍出版社，1988 年版，第 201 页下。

② 何休：《春秋公羊注疏》，见《十三经注疏》，中华书局，1980 年版，第 2032 页。

③ 陈戍国点校：《周礼·仪礼·礼记》，岳麓书社，2006 年版，第 57 页。

④ 鲁迅：《中国小说史略》，齐鲁书社 1997 年版，第 215 页。

特定时间、地点代自己祷祀。《史记》对此作了详细的记载,《史记·封禅书》云:“后四岁,天下已定,诏御史,令丰谨治枌榆社,常以四时春以羊彘祠之。令祝官立蚩尤之祠于长安。长安置祠祝官、女巫。其梁巫,祠天、地、天社、天水、房中、堂上之属。晋巫,祠五帝、东君、云中君、司命、巫社、巫祠、族人、先炊之属。秦巫,祠社主、巫保、族累之属。荆巫,祠堂下、巫先、司命、施糜之属。九天巫,祠九天,皆以岁时祠宫中。其河巫祠河于临晋,而南山巫祠南山秦中。秦中者,二世皇帝。各有时日”[①]。有高祖看重,巫觋身价倍增,其术自然大行其道。文帝对巫术更是深信不疑,除巫师新垣平以“望气得幸”之外,另据《汉书·郊祀志》记载,文帝还相信巫者所行的“人主延寿”、“日却复中”的巫术,听从巫者所言,把自己坐朝的第十七个年头更易为后元元年。[②] 汉武帝受其家庭的影响,在对巫术的痴迷上,与其祖相较,则有过之而无不及。

据《史记·外戚世家第十九》记载,武帝之外祖母名叫臧儿,不仅出身微贱,而且还先后嫁过王、田二夫,并给王田二家分别生过王信、田胜二子和武帝生母王太后姊妹二人。因臧儿醉恋于巫术,于是便请一位名叫神君的女巫为自己的两个女儿施富贵之术,在听信女巫的胡言乱语之后,不顾大女儿已经在金姓夫家生儿育女的事实,硬是将她唤回,并将大女儿跟自己那个待字闺中的二女儿一起全部献给景帝刘启为妃。王家女儿因为给景帝生了3女1男,因此而深得景帝的宠爱。后王家女儿的儿子刘彻登基为皇,王家女儿也顺理成章地做了皇后。臧儿深感自己女儿当上皇后全是女巫施术的结果,在对巫者佩服得五体投地的同时,还把这名给自己

---

① 司马迁:《史记》卷二八,中华书局,1959年版,第1378－1379页。

② 班固:《汉书》卷二五上,中华书局,1962年版,第1214页。

及其女儿带来富贵的女巫引荐给业已当了皇帝的外孙。武帝在这种厚巫的环境中长大,耳闻目染,自然对巫者及其巫术有着一种别样的感情。因此,当外祖母将这个唤作神君的女巫介绍过来后,武帝不仅尊崇有加,“厚礼之”,而且还将她安置在上林苑的蹄氏观,随时接受此巫的耳提面命。

武帝既有此好,天下巫者便如苍穹中的流星,接连不断地在皇帝人生的天幕上刻划着或浓或淡、或长或短的弧线。

自高祖开国至武帝承继大统,六十余年的休养生息使朝政渐趋晏然,富足殷实的生活也使益事巫术成为可能。因此,凡于得福祛厄、阴翊皇度、延永国祚有用的巫术,武帝始终兴趣盎然、不吝其资。是时,李少君以祠灶、谷道、却老见武帝,因“祠灶皆可致物,致物而丹沙可化黄金,黄金成以为饮食器则益寿”,并“善为巧发奇中”,所以,被武帝视为致福却老的“好方”而“尊之”。[①]“物”,严师古注为“鬼物”,“致物”指李少君能驱使鬼物。“善为巧发奇中”,指李少君所说之事皆能在事实的验证中被证明是真实的。可见李少君的法力之大。李少君凭借自己使物不死之能,颇得皇帝及诸侯信任。即使后天因病而死,武帝仍认为不是死了,而是“化去”,特派方士黄锤史宽舒“受其方”。丝毫不怀疑李少君所作所为的真实性。

王夫人甚得武帝宠爱,有子,封为齐王。适逢夫人新亡,武帝思念不已,“齐人少翁以鬼神方见上”,言能致其神。乃夜张灯烛,设帷帐,陈酒肉,少翁以法术致化出王夫人及灶鬼之貌,并让武帝在帷中与之相望。武帝大喜过望,遂“拜少翁为文成将军,赏赐甚

---

① 班固:《汉书》卷二五上,中华书局,1962 年版,第 1216 页。

多,以客礼礼之"。[1] 后因其法渐衰招神不至,造作帛书塞入牛腹"饭牛",被武帝识破而遭诛戮。

诛文成将军少翁的第二年,武帝于鼎湖染恙,百医请遍,仍不见好转。"病而鬼下之",游水人发根推荐使用上郡巫者擅长的降服鬼神的法术来为武帝治病,"上召置祠之甘泉",及病愈,武帝大喜,与该巫会于甘泉宫,后又将该巫安置在宫中。不仅"张羽旗,设供具",以礼此巫,而且还"使人受书其言"。"其事祕,世莫知也"[2],不让外人知晓,放于密箧独自珍藏。

武帝既诛少翁,但又惜其方不尽而悔其早死。康王后闻此,为"自媚于上",乃通过其弟乐成侯丁义将正帮她以法术靥镇他姬子的栾大引荐给了武帝。当武帝得知栾大与少翁同师,"大悦"。当听到栾大自诩具有"黄金可成,而河决可塞,不死之药可得,仙人可致"的异能和看到栾大能使小方斗棋于棋局上自相触击时,兴奋地惊呼:"子诚能修其方,我何爱乎。"于是,武帝不仅答应栾大所提"贵其使者,令人亲属,以客礼待之,勿卑,使各佩其信印"条件,以卫长公主妻之,而且还先后封他为五利将军、天士将军、地士将军,大通将军、天道将军和乐通侯,并斥车马帷幄器物以充其家。武帝对栾大"处之不疑",致使栾大"爵位重累,贵震天下"[3]。

除却病消厄之外,武帝还把巫术用到了军事斗争上。据《汉书·郊祀志》载,太初元年,"西伐大宛,蝗大起,丁夫人、洛阳虞初等以方祠诅匈奴、大宛"。在跟南越的交战中,武帝命人用牡荆画幡,作成灵旗以指伐国。既灭南越,当听说"越人俗信鬼,而其祠皆

---

① 司马迁:《史记》卷二八,中华书局,1959 年版,第 1387 页。
② 司马迁:《史记》卷一二,中华书局,1959 年版,第 459 页。
③ 司马迁:《史记》卷一二,中华书局,1959 年版,第 462 页。

见鬼,数有效"的话之后,又下达了"越巫立越祝祠,安台无坛,亦祠天神上帝百鬼,而以鸡卜"[①]的诏令。同类型巫术的运用,还可见于学术界广泛引举的武帝朝中的两次巫蛊之祸。第一次发生在元光五年(前130年),由武帝陈皇后引发,受诛者多达300人。第二次发生在征和元年(前192年),由朱安世和江充引发,死者高达数万。通过罗列在此的史实,巫术思想对武帝影响的深刻程度便可窥见一斑。

汉代男性皇帝一共25位,计西汉13位,东汉12位。在西汉的13位男性皇帝中,根据相关文献可知,至少有10个皇帝都有豢养男宠的积习。籍孺、闳孺分别与高祖刘邦和惠帝刘盈"同卧起"。[②]文帝的男宠名叫邓通,二人如胶似漆,形影不离。周仁因"溺绔"而得景帝宠幸。景帝于后宫秘戏,"仁常在旁",也就是经常被邀参与。[③] 武帝是个具有雄才大略的有为皇帝,在汉代的皇帝中,最有才干,豢养的"爱幸"也最多,据统计,总共多达5个。例如士人韩嫣,在武帝为胶东王时,因与武帝学书相爱。当武帝被立为太子,武帝"愈益亲嫣"。待武帝即位,嫣"益尊贵",不仅官至上大夫,而且"常与上卧起"。[④] 宣帝刘询与中郎将张彭祖的关系也极为密切,"出常参乘,号为爱幸"。[⑤] 巫术从西汉发展到东汉时,由于国家祀典发生了改变,国家的郊、社、宗庙大祭和各地的小祭也分别由太常、太守、令、长掌握,所以,巫从国家的祭礼活动中被逐斥了出去而流落进了民间。与此相对应,东汉时期的文献典籍之于皇帝豢

① 班固:《汉书》卷二五下,中华书局,1962年版,第1245-1246页。
② 司马迁:《史记》卷一二五,中华书局,1959年版,第3191页。
③ 司马迁:《史记》卷一二五,中华书局,1959年版,第3191页。
④ 司马迁:《史记》卷一二五,中华书局,1959年版,第3194页。
⑤ 班固:《汉书》卷九三,中华书局,1962年版,第3721页。

养男宠的记载也较之西汉少多了。因此从这一层面推断，西汉皇帝的这些断袖之癖所占比例这么高，史书记载这么详尽，很可能与当时流行的某种巫术风潮有关。

同皇帝相比，汉代的后宫及其他贵族对巫术的偏爱也毫不逊色。据学者对《史记》、《汉书》、《后汉书》统计，为巫蛊祝诅他人或皇上的，就有景帝妃栗姬、武帝陈皇后、成帝许皇后姊平刚夫人谒、丞相公孙贺及其子公孙敬声。被怀疑进行巫蛊活动的则有戾太子、阳石公主、诸邑公主、长平侯卫伉、成帝许皇后及中山冯太后等。[①] 由于巫者跟后宫及其他贵族间具有如此紧密的联系，因此，王侯将相豢养巫人成风，巫者自由往来于宫中和官邸，便成了汉朝社会中特有的一大胜景，贵族阶层听任巫流将自己玩弄于掌股之中。

风俗乃民众社会生活中世代传承、相沿而成的风尚、习俗，是物质传统、道德传统、精神传统和信仰传统的总和。它的形成和发展，除地理环境的因素外，旧风遗俗、经济方式、政治文化等无不对它施加着重要影响。由于皇帝、后妃和贵族阶层身份地位的特殊影响，其崇巫尚鬼的行为必然对民间巫风的炽盛产生着直接的推动作用。虽然到了东汉，在国家祭礼活动中剥夺了巫流所掌控的祠祭特权，巫及巫术在主流文化层面遭到了排斥和限制，但是，汉代社会中的芸芸众生们，面对使他们生息繁衍，更使他们畏惧的自然，面对使他们立足，更使他们身心疲惫的社会，无不感到自身的微弱与无奈。他们只有仰仗着在他们心目中惟一能为他们沟通另一个世界的巫与巫术，去乞得一点庇护，讨得一点福禄，以支撑其

---

① 参见马新：《论两汉民间的巫与巫术》，《文史哲》2001 年第 3 期。

自身的脆弱。[①] 也正是这个原因，巫及其所裹携的巫术，在汉代民间，一直都有着十分广阔的活动空间。尚巫之风，弥漫于长城内外，大江南北。“街巷有巫，闾里有祝。”[②]对于巫者在社会生活中的活跃状况，我们通过东汉哲学家桓谭《新论》中所引“伏习象神，巧者不过司者之门”这一汉代民谚即可窥豹一斑。

在古人的意识中，鬼神具有招祥却厄之能，若能在起功、移徙、丧葬、行作、入官、嫁娶之时奉祀鬼神，便能得到鬼神的护佑而纳富消灾。贾谊云：“人心以为鬼神能与利害，是故具牺牲，俎豆，药盛，齐戒而祭鬼神，欲以佐成福。”[③]而巫者的作用，在于交通鬼神，能在人神之间搭建交流的桥梁。所以，民间多行崇信巫鬼之俗。这种风俗的存在，导致了巫者活动的频繁。同时又由于巫者的特殊功能，也使得世人对其产生了敬畏心理。对巫者所索，总是倾其所有，不敢拒逆。“是以财尽于鬼神，产匮于祭祀。”[④]巫者以法力赋敛取酬而发家致富，诱使人们积极加入巫者阵营。《盐铁论·散不足》载：“今世俗饰伪行诈，为民巫祝，以取厘谢，坚额健舌，或以成业致富，故惮事之人，释本相学。”[⑤]范晔在《后汉书·王符传》中也有类似的记载，他写道：“《诗》刺‘不绩其麻，女也婆娑’。今多不修中馈，休其蚕织，而起学巫祝，鼓舞事神，以欺诬细民，荧惑百姓妻女。羸弱疾病之家，怀忧愦愦，易为恐惧。致使奔走便时，去离正宅，崎岖路侧，风寒所伤，奸人所利，盗贼所中。益祸益祟，以致重者不可胜数。或弃医药，更往事

---

① 参见马新：《论两汉民间的巫与巫术》，《文史哲》2001 年第 3 期。

② 桓宽：《盐铁论》，王利器校注，中华书局，1992 年版，第 30 页。

③ 贾谊：《贾长河集》一卷，明娄东张氏刊本《汉魏六朝百三名家集》，善化兰田张氏重刊本，第 115 页。

④ 桓宽：《盐铁论》，王利器校注，中华书局，1992 年版，第 25 页。

⑤ 桓宽：《盐铁论》，王利器校注，中华书局，1992 年版，第 45 页。

神，故至于死亡，而不知巫所欺误。乃反恨事巫之晚，此妖妄之甚者也。”[①]人们为逐利而学巫，为惧被祟而信巫，这些文献从另一个侧面反映了汉代巫风兴盛的深层原因。

南阳属楚，素有敬巫鬼重淫祀之俗，深信不吝祭祀能够得福纳祥。《风俗通》云：“南阳阴子方积恩好施，喜祀鬼，腊日晨炊，而鬼神见，再拜受神，时有黄羊，因以祀之。其孙识，执金吾，封原鹿侯。兴冲尉，胴阳侯。家凡二侯，牧守数十。其后子孙常以腊日祀鬼以羊”[②]。阴氏乃南阳豪门，其对以黄羊祀神的后果不仅早有预料，而且还真得到了兑现。南朝宋顺阳人（今南阳市淅川县）范晔用生花妙笔，对这件事作了生动形象的描述。阴氏在以黄羊祀鬼神后，“常言‘我子孙必将强大’”，自是以后，“暴至巨富，田有七百余顷，舆马仆隶，比于邦君”。[③] 阴氏事鬼得福一事，能够由汉流传到南北朝，可见影响之大、之深，也可见当时民心所向。因此，范晔又接着写道：“汉世异术之士甚众，虽云不经，而亦有不可诬。”[④]这种观点虽然出自范晔之口，但深刻反映了古代民众的心声，是世人心态的真实写照。有了如此的心理基础和群众基础，面对能够消灾祛病、改变命运的巫术，自然会出现趋之若鹜的热闹景观。

（二）汉画像石中的巫术文化

卢卡奇在他的《审美特性》中指出，巫术是基于这样一种观念，“即由于人们创造了支配现实的形象，人们就能实际地支配现实，它是一种幻想的技术，用以弥补实际技术的不足，相当于生产的低级阶段，主体对外部世界只有不完全的了解，因此，以事先施行的

① 范晔：《后汉书》卷四九，中华书局，1965年版，第1634页。

② 应劭：《风俗通义》，中华书局，1981年版，第15页。

③ 范晔：《后汉书》卷二三，中华书局，1965年版，第1133页。

④ 范晔：《后汉书》卷二八下，中华书局，1965年版，第2740页。

祭仪作为实际活动获得成果的原因”。[①] 汉代发达的巫术文化，为古代的社会生活增添了绚丽多彩的内容。作为一种实用性、目的性极强的信仰方式，它所特有的神偶、替身、道具，在南阳汉画像石中也有着生动而形象的表现。从考古发掘的出土情况来看，南阳汉画像石中有关生态方面的巫术信仰基本表现为这样两种类型：

第一种为模仿巫术。巫术建基于人类对自然观察中所形成的经验，它对于各种自然现象的联想是主观的和象征性的，相信“同类相生”和“果必同因”，认为通过刻绘生活中巫术仪式的图形或以画像的形式复制神偶图像，就能实现自己驱疫求吉的愿望，达到风调雨顺这一企盼已久的目的。

表现模仿巫术的最典型汉画，当属史籍中记载不多的建鼓舞。描绘建鼓舞的画像石在南阳出土较多，从汉画像石墓的发掘报告来看，几乎每墓必具。这种现象说明，在汉代南阳民间，巫者的这种鼓舞娱神方式相当普及。鼓起源于殷商时期，由牛革和桐木制成。《史记·龟策列传第六十八》有“杀牛取革，被郑之桐”之语，可与安阳殷西北岗 1217 号商代墓中出土的木腔蟒皮鼓相对证。[②] 建鼓在春秋战国时期已经用于召集、发令和娱乐等场合。《仪礼·大射》中所说的“建鼓在阼阶西”[③]即指此鼓。当历史发展到汉代，建鼓仍然被人们使用着。《淮南子·兵略》中有“建鼓不出库，诸侯莫不慑凌沮胆其处”[④]之语，《汉书·何并传》亦有“拔刀剥其建鼓”[⑤]

---

① 卢卡奇：《审美特性》，中国社会科学出版社，1986 年版，第 65 页。

② 周到：《汉画与戏曲文物》，中州古籍出版社，1992 年版，第 95 页。

③ 陈成国：《周礼·仪礼·礼记》，岳麓书社，2006 年版，第 158 页。

④ （汉）淮南王刘安编，刘文典集解：《淮南鸿烈集解》，中华书局，1989 年版，第 113 页。

⑤ 班固：《汉书》卷七七，中华书局，1962 年版，第 2819 页。

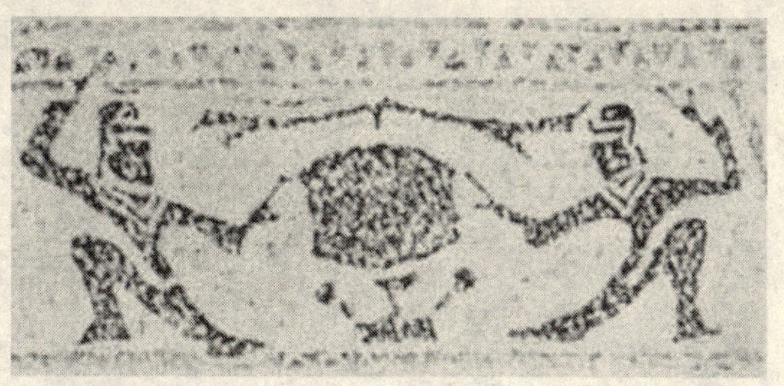
图 5－1

图 5－2

图 5－3

图 5－4

等语。南阳汉画像石墓中出土的建鼓画像，形制较之其他地区为大，一般是一根直杆插在鼓的跗足之上，再洞穿鼓的腰部，鼓面横向固定而树之，以便于舞者击打。直杆顶端用华盖装饰，鼓腔上端饰以羽葆。当两人执桴敲击鼓面时，流苏合拍飞舞，华丽无比。如图 5－1、图 5－2。这两幅鼓舞画像分别征集于南阳市和南阳县。建鼓的跗足造型奇特，有牢固实用的山形、方形，如图 5－3，半球形，如图 5－4，还有瑞兽形，如图 5－5、图 5－6，山字形，如图 5－7 等。除单独的建鼓舞画面之外，在另外一些刻

图 5 – 5

图 5 – 6

图 5 – 7

图 5 – 8

画鼓舞的画像石上，与其相配的，还有鼗、排箫、埙、腰鼓和鼙鼓之类的小鼓，如图 5 – 8。围绕建鼓作舞的，2 人或多人不等，画面中楚地长袖舞较多见，如图 5 – 9。

鼓舞画像作为南阳汉画像石中的重要内容，是汉代特有的巫术文化在丧葬习俗中的体现。舞蹈是巫者娱神降鬼的重要手段，许慎《说文解字》在说到"巫，祝也，女能事无形，以舞降神者"之后，又说："像人两袖舞形。"[①]郑玄《诗谱》亦云："古代之巫，实以歌舞为职。"[②]许、

① 转引自段玉裁：《说文解字注》，上海古籍出版社，1988 年版，第 201 页下。

② 郑玄：《诗谱》，见《十三经注疏》，中华书局，1980 年版，第 99 页。

郑二人皆为汉代经学名家，博通经籍，他们都在说到巫的工作情形时强调了歌舞

图5-9

内容，这是与汉画像石上的有关刻画相吻合的。但是，仅有歌舞还不够，要使神鬼愉悦而心甘情愿地听从调遣，还需要学会击鼓奏乐。王符《潜夫论》说："学巫祝，鼓舞祀神。"[①]《汉书·郊祀志》也说："民间祠有鼓舞乐。"[②]并且"军中常有齐巫鼓舞祠城阳景阳，以求福助"。[③] 正是这样的原因，鼓舞成了汉代民间祈雨巫术中不可或缺的内容。鼓舞内容在画像石中的大量存在，与汉代南阳的气候特征有着必然联系，是汉代民间祭祀鬼神祈雨仪式的反映，包含着极其丰富的生态内涵。对于这个问题，我们将在本文后面详细论述。

古代巫者认为，通过模仿可实现想要实现的事，以求得福利。汉画中刻绘的羿射日的巫术即属此例。羿射日的原因，正如本书第四章所论述的那样，乃在于"尧之时，十日并出，焦稼禾，杀草木，而民无所食"。[④] 于是，《山海经·海内经》中说："帝俊赐羿彤弓素

① 王符:《潜夫论》，上海书店出版社，1986年版，第71页。

② 班固:《汉书》卷二五上，中华书局，1962年版，第1232页。

③ 范晔:《后汉书》卷一一，中华书局，1965年版，第4798页。

④ （汉）淮南王刘安编，刘文典集解:《淮南鸿烈集解》，中华书局，1989年版，第110页。

矰，以扶下国”，羿开始射日除患，“去恤下地之百艰。”[①]羿所用的“彤弓素矰”，是具有神力的弓箭，面对十日齐出所造成的大地焦、庄稼枯惨象，羿演出了一场悲壮的巫术驱日活动。羿成功地射杀了九个太阳，只留一个还挂在天上，恢复了往常的气候生态。

南阳汉代农业发达，农作物需要水分滋润，方能增产。每遇干旱，民间盛行男女交合的祈雨仪式。在古人的意识中，雨水乃天气地气交合的产物，天为阳，为父；地为阴，为母。《管子·五行》云：“以天为父以地为母”。[②] 天气地气的交合，即是阴阳的交合。交合即交媾，所以，雨水的产生即是阴阳两性交媾的结果。古人认为，在天地之中实施男女交媾，可以对天地产生影响，诱使其交合，从而降下雨水，解除旱灾。这种两性交合的祈雨巫术，南阳汉画像石中刻绘得较多。只是时至汉代，儒家正统礼仪对民众的生活产生了深刻的影响，性巫术祈雨方式也在儒家礼仪的规范下发生了质的变化。表现在汉画像石中，便是构图显得比较含蓄。学界通常将之命名为“秘戏”。男女相拥，以表示阴阳相交。这样一来，既能为社会所容，也能得到官府

图 5－10

① 袁珂校注：《山海经校注》，上海古籍出版社，1980 年版，第 25 页。

② 黎祥凤：《管子校注》，中华书局，2004 年版，第 33 页。

图 5－11

图 5－12

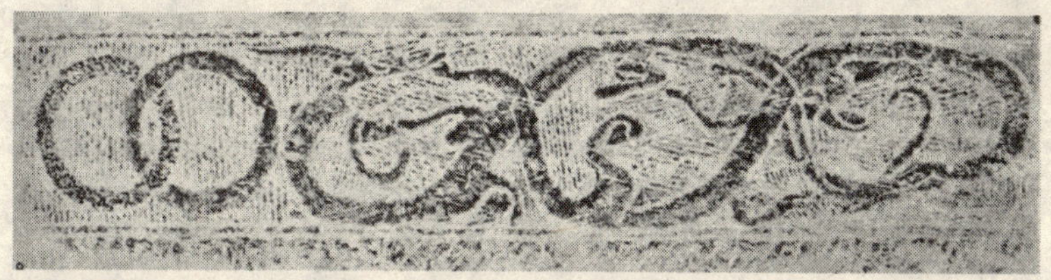
图 5－13

图 5－14

的提倡。而在一些边远地区，以性为巫术的求雨方法仍保留着原始状貌，例如：四川省德阳县黄许镇和四川省新都县汉画像石墓出土的汉画像砖上则显得质朴率直，基本是用写实的手法表现了男女野外交合的情景。汉画像石中所刻画的交尾伏羲女娲、交尾龙、相吻兽等图案，是这种性巫术的变型。如图 5－10、图 5－11、图 5－12、

图5－13、图5－14、图5－15、图5－16。

图5－15

模仿巫术属于象征律，据《左传·宣公三年》载，昔日夏禹"铸鼎像物"，将各方神怪以图像的形式铸于鼎上，厌镇鬼魅，使民众入山林川泽"不逢不若，螭魅罔两，莫能逢之"。[①] 汉代南阳先民跟古人一样，不仅认为汉画像石上所刻绘的图像是实实在在的东西，而且深信只要刻绘成像，便等于接通了原型的脉息，原型所具有的功能就可以发挥效力，冥冥之中就会按照活人的意图支配自然的进程并保佑人们实现生态和谐。

玄武，乃龟蛇合体之谓。《后汉书·朱景王杜马刘傅坚马列传第十二》李贤注云："玄武，北方之神，龟蛇合体。"[②]玄武喻生殖，南阳汉画像石中所刻极其丰富，表达了古人繁衍后代的愿望。《说文解字》云："龟，天地之性，广肩无雄。鱼鳖之类，以它（蛇）为雄。"[③]《博物志》说得更明白："大要龟鼍之类无雄，与蛇通气则

图5－16

① 杨伯峻注：《春秋左传注》，中华书局，1981年版，第201页。

② 范晔：《后汉书》卷二二，中华书局，1965年版，第744页。

③ 转引自段玉裁：《说文解字注》，上海古籍出版社，1988年版，第275页。

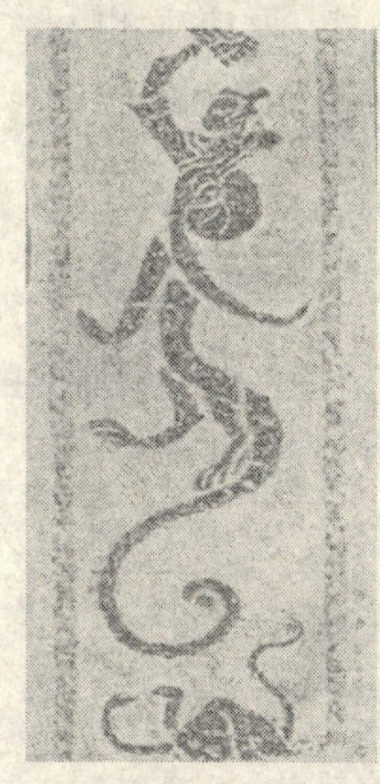

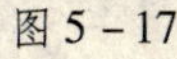

图 5－17

图 5－18

孕。"[①]除此之外，玄武在汉代还有辟邪的功能，有利于维护生存环境。此类画像在汉画像石墓中出现，反映了古代求嗣、安宅习俗中所包含的巫术成分。如图 5－17。该画像 1972 年 6 月由南阳市唐河县针织厂汉画像石墓发掘出土，女娲与玄武同居一石，位于北主室北侧柱正面。女娲人首蛇躯，玄武居画面下部。图 5－18，玄武画像，1982 年从南阳县十里铺汉画像石墓出土，位于墓室盖顶石上。

应龙为有翼的龙。龙五百年生角为角龙，千五百年生翼为应龙，有引水之能。相传人间江河为应龙尾巴划地而成。汉代以前就有用土作应龙祈雨的风习。例如，甲骨卜辞中有"其乍(作)龙于凡田，又(有)雨"之语。[②]《山海经·大荒东经》亦载："旱而为应龙之状，乃得大雨。"[③]此巫俗由三代一直传到汉代，《淮南子·说林》云："旱则修土龙。"[④]《淮南子·地形训》亦云："土龙致雨。"[⑤]除土

① 范宁校注：《博物志校证》，中华书局，1980 年版，第 71 页。

② 郭沫若：《甲骨文合集》，中华书局，1979 年版，第 29990 页。

③ 袁珂校注：《山海经校注》，上海古籍出版社，1980 年版，第 359 页。

④ (汉)淮南王刘安编、刘文典集解：《淮南鸿烈集解》，中华书局，1989 年版，第 155 页。

⑤ (汉)淮南王刘安编、刘文典集解：《淮南鸿烈集解》，中华书局，1989 年版，第 141 页。

图 5 – 19

图 5 – 20

图 5 – 21

龙外，画应龙也可致雨。应龙图像是南阳汉画像石中出现得最多的图像之一，几乎每座画像石墓中都有一幅或数幅出土。现在南阳已经出土此类画像石的总数量为全国之最，是山东、徐州出土量的数倍，是陕北、四川等地的数十倍。据分类统计，这些图像集中于西汉晚期到东汉末期近 250 年的时间段中，基本上与巫术离开主流文化隐入民间的过程相一致。图 5 – 19，应龙画像。该画像 1982 年从南阳县十里铺汉画像石墓发掘出土，刻绘在南壁中柱北侧。图 5 – 20，应龙画像，1983 年 3 月从南阳县英庄汉画像石墓发掘出土，该画像在墓中位于前室中部过梁东侧。图 5 – 21，应龙画像，1972 年 6 月从南阳市唐河县针织厂汉画像石墓发掘出土，刻绘在墓南主室北壁。

汉代董仲舒的交感理论和天人三策极受汉武帝赏识，他以三年不窥园的专注精神所总结的具有感气之效的理阴阳技法更是深入人心。民间都愿意用董子的“闭诸阴，纵诸阳”或“闭诸阳，纵诸阴”的方法越过干冷的冬季而让春天的温暖较早地到来。于是，民

图 5－22

间出现了出牛送寒的风俗。在南阳画像石墓的发掘过程中，我们发现对这种风俗进行图绘的有趣现象：凡是葬于冬季腊月的墓葬，多有出牛送寒的画像。如图5－22。该画像 1983 年 4 月从南阳县英庄汉画像石墓发掘出土，位于西主室门楣背面。图中 1 人右手执鞭，左手挽缰，作牵牛出栏状。因为依据董子的学说，腊月为丑，牛亦为丑，将丑牛牵拴于户外，能收取驱阴助阳的感气之效，可以让温暖的春天代替冬天的寒冷。此一行为虽然名义上不能归之为巫术，但确又具备巫术的要义，堪称两汉之间注入民间巫术文化渊薮中的又一股新鲜血液。

南阳汉画像石中还有很多巫者形象，多手执牛角作狂呼奔跑形态。如南阳县王寨东汉早期汉画像石墓出土的所谓山神海灵图，刻绘于墓门北门楣，长 1.82 米，宽 0.4 米，就是这样一幅图像。如图 5－23。① 原发掘报告称："画像右边 1 人，手执形似牛角的一物奔走，其后的飞廉作回首之状。"由陶思炎《牙角文化探幽》②和吴汝祚《牛角形陶角号》③等研究文章可知，牛角不仅是巫者头上的

① 参见南阳市博物馆：《南阳县王寨汉画像石墓》，《中原文物》1982 年第 1 期。

② 参见陶思炎：《牙角文化探幽》，《民间文学论坛》1991 年第 6 期。

③ 参见吴汝祚：《牛角形陶角号》，《文物天地》1993 年第 4 期。

图 5-23

装饰和使用的法器,而且还是民间调理阴阳、治病疗疾的巫药。

第二种为反抗巫术。在南阳汉画像石中,这种巫术主要用来驱疫。因此,它是一种驱赶恶鬼、瘟疫、灾难的巫术。这种巫术常凭借某些有驱鬼逐疫功能的动物或物件去抵制所反感的鬼怪。此类巫术起源较早,史前时期即已在生产、建筑、治病中广泛运用。到了秦汉之际,发展为护身符、辟邪物、装饰品等。汉画像石刻绘相关图像用以装点墓室,即是在这种文化基础上发展起来的信仰。

在南阳汉画像石中,最常用的驱疫手段,便是以凶御凶,用凶猛的神怪,刻绘在墓门、门楣等显眼处,以期使它将能带来疫情的恶鬼及时地打走。从业已科学发掘的汉画墓葬来看,有百兽之王称谓的白虎刻绘得最多。虎生五百年为白虎,是古代共认的凶神。《协记辨方书》引《人元秘枢经》云:"白虎者,岁中凶神也。"[①]《后汉书·礼仪中》李贤注:"虎者阳物,百兽之长,能击鸷性食魑魅者也。"[②]由于有此性能,"飞尸、流凶,安敢妄集,犹主人猛勇,奸客不敢窥也"。[③] 汉代民众常将白虎画于门上,"冀以御凶"。[④] 铺首由舜时的饕餮演变而来,同样具有抵御魑魅的效能。所以,在南阳汉

① (清)允禄:《协记辨方书》,广益书局,民国十五年版,第 36 页。

② 范晔:《后汉书》卷九五,中华书局,1965 年版,第 3128 页。

③ 王充撰、陈蒲清点校:《论衡》,岳麓书社,2006 年版,第 205 页。

④ 应劭撰、王利器校注:《风俗通义》,中华书局,1981 年版,第 54 页。

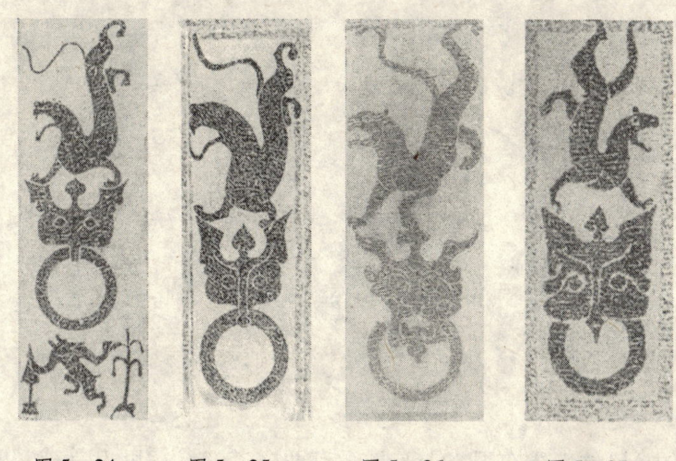

图 5－24　　图 5－25　　图 5－26　　图 5－27

画像石中，白虎作为逐疫辟邪的凶兽，除啃食鬼魅的图像置于墓内之外，还与铺首衔环一起，被刻绘在墓门门扉上。如图 5－24。该画像 1972 年 3 月从南阳石桥汉画像石墓发掘出土，刻绘在墓门门扉正面。图 5－25，铺首衔环画像，1973 年 6 月从南阳市唐河县电厂汉画像石墓发掘出土，位于西墓门门扉正面。图 5－26，铺首衔环画像，1986 年 6 月从南阳蒲山一号汉画像石墓发掘出土，刻绘在墓门门扉正面。在汉画像石墓中，许多白虎、铺首衔环图像往往以对称的形式刻绘在墓门的两扇门扉上。如图 5－27、图 5－28，1973 年 5 月从南阳市邓州长冢店汉画像石墓发掘出土。图 5－29、图 5－30，1983 年 2 月从唐河县湖阳镇汉画像石墓中发掘出土。

穷奇，即翼虎，恶兽名，其效用与白虎相同，南阳汉画像石中多有刻绘，如图 5－31。该画像 1972 年 6 月从南阳唐河县针织厂汉画像石墓发掘出土，刻于墓葬南主室北壁西门楣。图 5－32，为鲁迅当年收藏的南阳汉画拓片。

鬼神具有两面性，即鬼是神，神亦是鬼。王景林说："在古人的

图 5 – 28

图 5 – 29

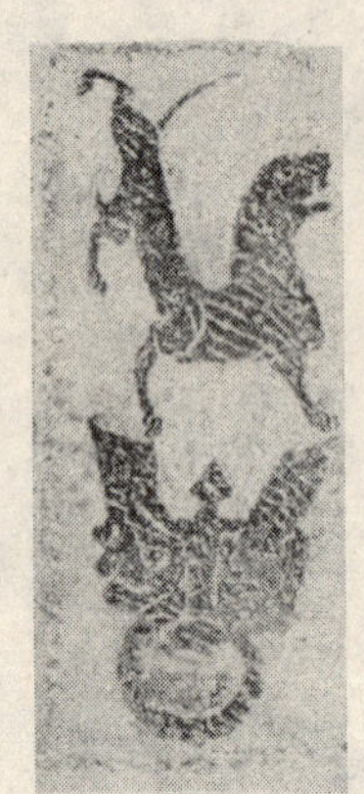
图 5 – 30

观念中,鬼的性质在根本上与神没有两样,就是说:鬼也是神。"①牛由于在农业生产中发挥了重要的作用,因此牛被尊奉为神,受到古人的顶礼膜拜。但是,牛还有水怪疫魔的另一面。据《事物纪原》中所录《成都记》一文可知,李冰为蜀郡守时,有牛形之蛟暴虐于水,致使蜀地百姓病水至苦。牛还传播瘟疫,让人畜染疾。这种认识,直到现在民间还在流传。例如,壮乡民间就认为牛魔是耕牛患

图 5 – 31

① 王景林:《鬼神的魔力——汉民族的鬼神信仰》,生活 · 读书 · 新知三联书店,1992 年版,第 105 页。

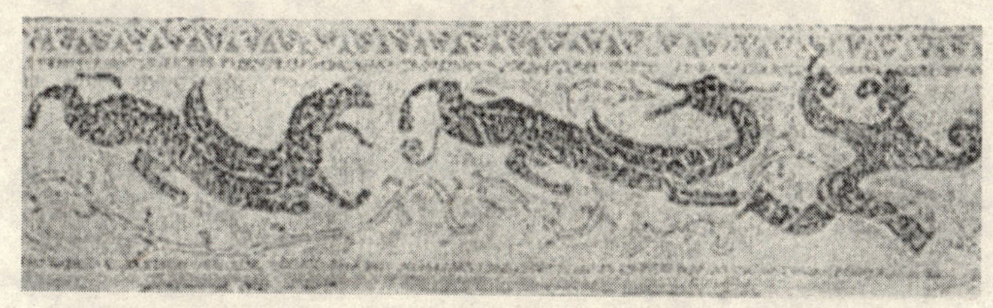

图 5 - 32

疾发瘟的祸首，每年春节都举行棒棒灯舞会、舞后烧牛首面具的仪式，表示除掉了牛魔。[①] 正是牛神自身的双重特点，因此，在南阳汉画像石中，牛的刻绘便出现了这样的情形：斗牛，如图 5 - 33，逐牛，如图 5 - 34。两种情形均表示御凶、驱疫。

桃茢、犀等画像也是汉代人常用的影响天气自然的巫术形式，汉画像石中均有丰富的表现。

汉画像石中对民间巫术的刻绘源于人对想象的联系。在生产力落后，人们不能化解灾异且无力跟疫害对抗的情况下，认为模仿和感应就能消除生活中的不如意。这是南阳汉画像石中民间信仰的一大特征，也是中国传统文化的一大特征。

（三）巫术信仰的生态内涵

尼古拉斯·沃尔斯托夫在《艺术与宗教》中指出："哪里存在机缘因素，因而在希望和恐惧之间动摇不定的情绪广为传播，哪里就有巫术。"[②] 南阳汉画像石中的巫术图像是当时社会条件下民

图 5 - 33

① 周凯模：《禳祛乐舞与傩祭》，《民间文化论坛》1991 年第 2 期。

② 尼古拉斯·沃尔斯托夫：《艺术与宗教》，工人出版社，1988 年版，第 55 页。

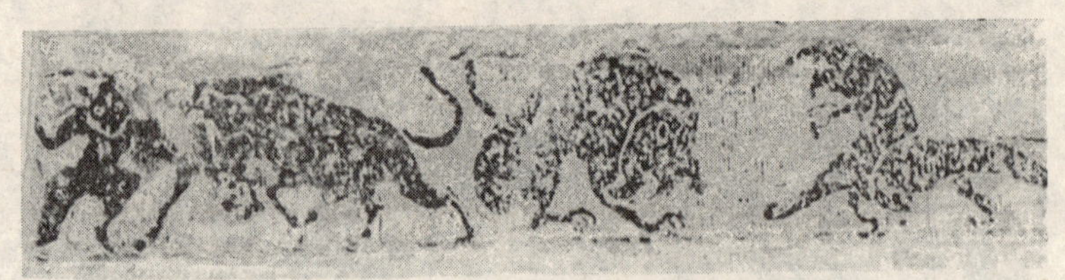

图 5－34

众恐惧与希望情绪的具体反映。旱灾、涝灾和疫灾使汉代南阳的生态系统遭受了严重破坏，给民众的生产生活带来了极大威胁。因此，它的抗旱、止涝和祛祓疫鬼三大主题，始终贯穿着汉代南阳民众的生态环境规则，它从整体上考虑和研究人类生存发展与一切外部条件之间相互作用的规律，并在此基础上通过相关巫术的实施，使人、自然、社会三者之间达到较好的互生互惠状态。对南阳汉画像石中巫术生态内涵进行系统科学的钩稽、梳理和归纳，具有十分重要的意义。

安居乐业乃中国民众的最高理想之一。在人们的意识中，只有安定地生活，才能愉快地从事相关职业。《后汉书·仲长统传》云："安居乐业，长养子孙，天下晏然。"[①]居住安宁环境的价值追求使得汉代南阳人特别重视阴宅辟邪和打鬼，相关巫术成了南阳汉画像石重要的表现内容，这是汉画像石墓中刻绘巫术的一个重要原因。

对玄武具有厌胜辟邪效能的认识，虽然起于春秋战国时期，但在当时仅是作为军队列阵的保护神使用的。《礼记·曲礼上》云："行，前朱雀而后玄武，左青龙而右白虎；招摇在上，急缮其怒；进退

① 范晔：《后汉书》卷四九，中华书局，1965 年版，第 1674 页。

有度，左右有局，各司其局”[1]说的即是这个意思。到了汉代时期，玄武信仰得到进一步发展，成为民间信仰的重要对象，并被附会进了祥瑞升仙的内容。据《史记·龟策列传》云，龟不仅“知天之道，明于上古”，“明于阴阳，审于刑德”，而且“先知利害，察于祸福，以言而当，以战而胜”。[2] 因此，有着强大的克鬼辟邪作用。作为汉代世人心目中的祥瑞之物，画像石、铜镜、画像砖、瓦当之上常刻绘玄武的图像以用来避凶驱妖。在南阳汉画像石墓中，玄武常与白虎、朱雀并排而被置于墓门门扉之处，驱妖辟邪之义十分明显。古人的这些努力，显然都是出于对生存环境良好生态的渴望。

人们之所以选中玄武作为自己墓室里的装饰，还与玄武具有引人升入仙境的灵性有关。玄武为神灵，“降于天上”。[3] 所以，孙作云说：“玄武是人们升天（按：升仙）时所伴随之物。”[4]仙境也叫仙界，乃景色优美、超绝凡尘的地方，生态环境十分宜人，从《楚辞·远游》“召玄武而奔属”和《楚辞·九怀》“玄武步兮水母”等文句来看，楚地人们在死后都有凭玄武升入仙境的冀望。除在上文所引山神海灵图中就刻有玄武的形象外，[5]南阳麒麟岗西汉画像石墓的中柱上也刻绘了一幅乘玄武升仙的图像。[6] 应该说，刻玄武升仙于墓室，表达了民众步入仙境的理想。

与玄武作用相似的，还有桃茢。桃茢，也是汉代人常在墓门横

---

① 陈戍国校注：《周礼·仪礼·礼记》，岳麓书社，2006年版，第245页。

② 司马迁：《史记》卷一二八，中华书局，1959年版，第3230页。

③ 司马迁：《史记》卷一二八，中华书局，1959年版，第3231页。

④ 孙作云：《长沙马王堆一号汉墓出土画幡考释》，《考古》1973年第1期。

⑤ 南阳市博物馆：《南阳县王寨汉画像石墓》，《中原文物》1982年第1期。

⑥ 《南阳发现罕见汉画像石墓》，《中国文物报》1988年7月29日。

梁或立柱上刻绘的辟邪图像。茢，外形似帚，桃，指茢的柄由桃木制成。《左传 · 襄公二十九年》孔颖达疏曰："茢是帚，桃木为棒也。"[①]桃茢是汉代民间丧葬礼仪中常用的辟邪工具。《周礼 · 夏宫 · 戎右》"赞牛耳桃茢"条下，汉代著名经学家郑玄注曰："桃，鬼所畏也。茢，苕帚，所以打不祥。"《太平御览》引《岁典术》曰："桃者，五木之精也，故压伏邪气者也。桃之精生在鬼门，制百鬼。"汉代人们在墓中置桃茢画像，目的在于杜绝邪气恶鬼的侵扰，以保持宁静的环境。南阳汉画像石墓中出土的此类图像较多，反映出这种观念的普及程度。图 5 – 35，系南阳县石桥汉画像石墓出土。[②] 图 5 – 36，系南阳县十里铺汉画像石墓出土。[③] 图 5 – 37，系南阳市王庄汉画像石墓出土。[④] 图 5 – 38，系南阳市唐河县电厂汉画像石墓出土。[⑤] 图5 – 39，系南阳市邓县长冢店汉画像石墓出土[⑥]。

面对赤地千里的亢旱，生活在传统农业社会中的民众的内心深处，总是充斥着一股无以排解的焦虑和恐惧。为了影响和控制环境，也为了安抚自我，巫的活动及其巫术便成了解除旱情的重要手段。《周礼 · 士昏礼》云："国有大灾，则帅巫而造巫恒。"[⑦]汉代

---

① 杨伯峻注：《春秋左传注》，中华书局，1981 年版，第 211 页。

② 南阳博物馆：《河南南阳石桥汉画像石墓》，《考古与文物》1982 年第 1 期。

③ 南阳地区文物工作队、南阳县文化馆：《河南南阳县十里铺画像石墓》，《文物》1986 年第 4 期。

④ 南阳市博物馆：《南阳市王庄汉画像石墓》，《中原文物》1985 年第 3 期。

⑤ 《南阳汉画像石》编委会：《唐河县电厂汉画像石墓》，《中原文物》1982 年第 1 期。

⑥ 《南阳汉画像石》编委会：《邓县长冢店汉画像石墓》，《中原文物》1982 年第 1 期。

⑦ 陈戍国点校：《周礼 · 仪礼 · 礼记》，岳麓书社，2006 年版，第 121 页。

图 5－35

图 5－36

图 5－37

图 5－38

特殊的文化背景，促使性巫术祈雨成为人们广泛使用的除旱方法。南阳汉画像石以浩繁的篇幅，以形象的文笔记录了汉代民间性巫术祈雨这一人类的早期经验。

正如上文所说，汉代民间所流行的性巫术求雨来源于天地之气交合成雨的观念。在古人看来，万物为天地之气交合而化生，雨自然也不例外。因此，在专门罗列秦汉以前社会中各种礼仪的著作《大戴礼》中，即有“天地之气和即雨”的论断。这种观念，一直穿越汉唐而流传到清朝。我们今天从清圣祖命张英所辑《渊鉴类函》中仍可见到“雨者，天地之施也”的文句。这种观念之根深蒂固，由此可见一斑。

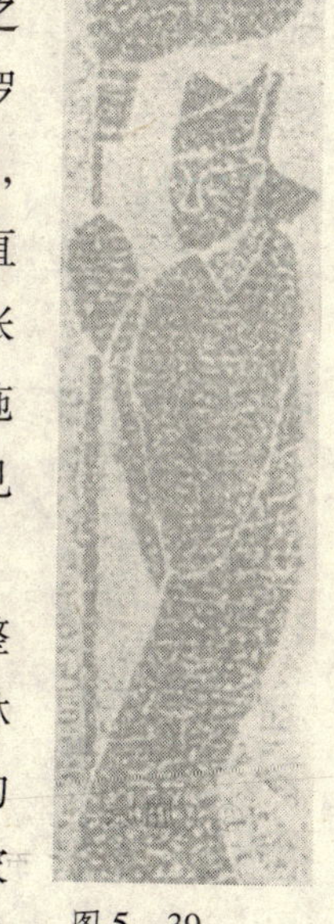
图 5－39

性巫术祈雨之俗在春秋我国时期即已风行整个华夏大地。燕地的祖、齐地的社稷、宋地的桑林和楚地的云梦等，均是当时行施男女交合祈雨的宗教场所，名声极大。春秋战国之际著名思想家墨子在代表他主要思想的《明鬼》一文中，曾这样写道:“燕之有祖,当齐之有社稷,宋之有桑林,楚之有云梦也。此男女之所属而观也。”[①]在这几个男女通淫祈雨之所中,尤以“桑林”的影响为最大。从现存的文献来看,当为先秦民间最喜使用的巫术祈雨场所。《诗经·鄘风·定之方中》有卫文公令百官桑林恣情纵性以求雨的描写:“降观于桑,卜云其吉,终焉允臧。灵雨既零,命彼倌人。星言夙驾,说于桑田。匪直也人,秉心塞渊,騋牝三千。”[②]桑林交合与天降甘霖关系极其密切,在《楚辞·天问》中,屈原对大禹途中娶涂山女并与之通夫妇之道于台桑之地的行为深感不解,发出了“禹之力献功,降省下四方土,焉得彼涂山女而通于台桑”的疑问。“台桑”,按汉代儒生王逸的注解,应为社台旁的桑林,社台临近桑林的目的,在于方便举办男女交合的巫术仪式。“通夫妇之道于台桑之地”,[③]屈原的疑问虽然表现出他对这种行为的不解,但是也揭示了远古男女交合祈雨巫俗的存在。如果说以上文献对于男女于桑林交合祈雨的仪式记述得还比较委婉的话,那么,在《吕氏春秋·顺民》中,相关巫俗则显得直露晓畅:“天大旱,五年不收,汤以身祷于桑林。”汤之所以“以身祷于桑林”,高诱云,因其“能兴云作雨也”。[④]

到了汉代,一代儒宗董仲舒站在自己“理阴阳”理论的基础上,每逢祈雨,明确要求“动阴以起阴”,以“开阴”来引诱属于阴性的雨水。他在《春秋繁露·求雨》中说,求雨时,“令吏召夫妇皆偶处”,

---

① 吴毓江校注:《墨子校注》,中华书局,1993年版,第11页。

② (宋)朱熹:《诗经集传》,中华书局,1962年版,第45页。

③ 屈原等撰、王逸章句、洪兴祖补注:《楚辞补注》,上海古籍出版社,1983年版,第105页。

④ 吕不韦撰、高诱注:《吕氏春秋》,上海书店出版社,1986年版,第10页。

一直到雨下为止。[①] 模仿男女(夫妻)之间翻云覆雨的行为,并将之刻绘于画像石上,让其与天地化合之能互相感发,从而达到祈雨的目的。这是构成汉代多旱的南阳“秘戏”图像卓荦大观的哲学基础。南阳汉画像石中秘戏图像在服务祈雨意念时所绽放的那种“含而通之,缘而求之,伍其比,偶其类”的理性光芒,深蕴着弗雷泽“顺势巫术”的神韵。

南阳汉画像石中的巫术符号,传达着汉代社会中人们向往良好生态环境的思想感情,他们在用顺势巫术的方法厌镇旱魔的同时,面对肆无忌惮的水患,则采用刻绘对象形状、模仿对象行为以引发感应的巫术,对暴虐的水灾实施控制。

每当遇到淫雨霏霏,河满沟平,田间村庄,一片汪洋之时,汉时常用以鼓攻社的巫术来止雨。王充《论衡·顺鼓篇》云:“《春秋》之义:大水,鼓用牲于社。说者曰:‘鼓者,攻之也。’或曰:‘胁之。’胁则攻矣。阴胜,攻社以救之。”[②]南阳汉代陈列击鼓图像的画像石墓,最早的为新莽年间南阳唐河县郁平大尹冯君孺人画像石墓,击鼓图在南阁室南壁与兽斗图、方相氏图置在一起,反映止雨的巫术意义相当明显,如图5-40。[③] 之后出土的击鼓图,从考古发掘来看,大多都由

图5-40

---

① 董仲舒:《春秋繁露》,中华书局,1992年版,第36页。

② (汉)王充撰、陈蒲清点校:《论衡》,岳麓书社,2006年版,第202页。

③ 南阳地区文物队、南阳博物馆:《唐河郁平大尹冯君孺人画像石墓》,《考古学报》1980年第2期。

室内移到了墓门门楣，更加醒目，可能与此一时期南阳水灾频繁的自然现象有关。对于击鼓攻社以止雨的巫术属性，《后汉书·礼仪志中》有过这样详尽的交代："反拘朱索萦社，伐朱鼓。"李贤注曰："社，太阴也。朱，火色也。丝，离属。天子伐鼓于社，责群阴也。诸侯用币于社，请上公也。伐鼓于朝，退自攻也。此圣人之厌胜之法也。"[①]明确指出了以鼓攻社乃巫术中的"厌胜之法"。

在南阳汉画像石中，独角兽的形象十分丰富。这种体形壮硕如牛、额头长有犀利独角的动物形象，在鲁迅所搜集的二百余幅南阳汉画像石拓片中占有很大比重。《鲁迅藏汉画像（一）》一书是鲁迅生前收录南阳汉画像石拓片的专集，其中的独角兽画像拓片已达到18幅之多。[②] 鲁迅所藏汉代独角兽画像拓片系解放前南阳存量的一部或全部。若再加上解放后考古发掘所得，据我们统计，其总数量已高达45幅，为全国此类画像石数量之冠。在这些独角兽画像中，不仅有二独角兽互相戏斗的图像，也有独角兽与熊、虎、龙等神异动物相组合的画像。图5-41，原石发现于南阳市区七孔桥上，拓片为鲁迅所收藏。图5-42，1994年3月从南阳市十里铺二

图5-41

① 范晔：《后汉书》卷九五，中华书局，1965年版，第3117页。

② 参见北京鲁迅博物馆、上海鲁迅纪念馆：《鲁迅藏汉画像（一）》，上海人民出版社，1986年版。

图 5 – 42

图 5 – 43

号汉画像石墓中发掘出土，刻绘于中室门槛石正面。图 5 – 43，虎与独角兽相斗，原石出于南阳县衡山乡草店汉画像石墓，拓片为鲁迅生前所收藏。此类独角神兽，据学者考证，就是神话传说中獬豸形象，其原型动物就是秦汉时期活动在荆楚之地的独角犀。[①] 獬豸和独角犀都是古代民众心目中的神兽，汉杨孚《异物志》云："北荒之中有兽，名獬豸，一角，性别曲直。见人斗，触不直者。闻人争，咋不正者。"[②]獬豸具有辨忠奸、识善恶的神奇功能，而独角犀则喜热好水，常在水中游弋出没，具有辟水镇妖的功能。唐代刘洵《岭表录异》云："此犀行于海，水为之开。"[③]同时代稍后的欧阳询等人

① 转引自牛天伟：《鲁迅藏南阳汉画像中的独角神兽考》，《鲁迅研究月刊》2005 年第 8 期。

② 参见长孙无忌：《隋书》，中华书局，1985 年版，第 198 页。

③ 转引自牛天伟：《鲁迅藏南阳汉画像中的独角神兽考》，《鲁迅研究月刊》2005 年第 8 期。

在编辑类书《艺文类聚》时，所征引的《蜀王本记》中也有这样的文句："江水为害，蜀守李冰作石犀五枚，以压水精。"[①]在汉画像石墓中，独角兽图像一般是被放置在墓门入口处的门槛或被刻绘在墓门门扉上的，并且有时是与驱鬼逐疫仪式大傩中的方相氏形象组合在一起的。由此观之，其承担辟鬼驱邪、消除水灾、护佑墓主人永享良好生态的巫术宗教意义便相当明显了。

汉画像石中巫术观念是在生产力低下，自然灾害在民众面前有施不尽的淫威，给民生造成极大的困难，人们无法控制自然界从而达到生产生活安全的情况下而产生的。人们希望利用巫术这种超现实的力量来影响自然界，为自己博得一个好的生态环境。在古人看来，画像石上的画像蕴寓着原型的灵魂，"肖像就是原型"，[②]用这些对自然灾害具有厌胜作用的实物的画像来战胜妖魔鬼怪和旱涝灾害。墓室作为古人特殊的宗教场所和神灵聚集之地，人们把阳间所举行的巫术仪式刻在石头上固定下来，期望它能成为沟通人神关系的媒介，"长宜子孙"，源源不断地为活人带来吉祥，一如既往地护佑着活人。这些趋利避害内容在汉画像石上的广泛存在，反映了人们对美好生态的追求。

二、方相氏

方相氏亦叫方相，是古代用以驱疫避邪的神像。《周礼·夏官·方相氏》云："掌蒙熊皮，黄金四目，玄衣朱裳，执戈扬盾，帅百隶而时难，以索室驱疫。大丧，先柩；及墓，入圹，以戈击四隅，驱方

---

① 欧阳询：《艺文类聚》，上海古籍出版社，1982 年版，第 300 页。

② 列维·布留尔：《原始思维》，商务印书馆，1981 年版，第 73 页。

良。”[①]方相氏信仰具有广泛的社会基础,墓中汉画像石上所刻的方相氏不仅具有驱赶邪鬼的寓义,而且还带着面具,主持逐疫禳灾的大傩的仪式。这种建基于自身生存利益之上的方相氏信仰,根本目的是为了减少疫鬼侵扰所带来的危害,趋福避祸,增加生活的安全系数,使精神得到一种安慰。在物质力量和精神力量处于相对较低水平的汉代,这种信仰既反映了人们解释人与自然关系的世界观,也体现了人们诠释人死之后人跟冥界百鬼、阳间民众关系的人生观。神秘面纱的背后,折射出一定的生态意识。

（一）汉画像石中的方相氏

方相氏画像为全国汉代画像石中的重要表现内容,经科学发掘,目前出土较多,而这其中又尤以南阳最为丰富。在南阳汉画像石中,方相氏多以张牙舞爪的熊形象出现。这种现象与南阳古属楚地,熊为楚族图腾有关。如图5－44。此汉画像石征集于南阳市唐河县,左刻1龙,飞腾回首,中间刻方相氏,右刻1虎。此图表示驱邪避疫。

楚族之先祖为颛顼帝高阳氏,为有熊氏黄帝之后,《史记·楚世家》云:“高阳者,黄帝之孙,昌意之子也。”[②]熊图腾在楚族先祖

图5－44

① 陈戍国点校:《周礼·仪礼·礼记》,岳麓书社,2006年版,第70页。

② 司马迁:《史记》卷一,中华书局,1959年版,第12页。

心目有着很高的地位，深信它能够给自己带来吉祥和好运。因此，楚王的名号上大多都要冠以熊字。“荆楚自穴熊至考烈王熊元止，共四十六主，以熊为名的有二十九主，前后绵延千余年，这绝不是偶然的。”①强烈的图腾意识，不仅使楚人在面对死亡时，也要以腹裹熊肉为命奔黄泉的先决条件，《左传》载有楚成王战败吃熊掌赴死的故事，而且在与楚人同宗的夏人那里，也有祖先化熊的传说。颛顼帝既是楚人的祖先，同时也是夏人的祖先。《史记 · 夏本纪》云：“夏禹，名曰文命。禹之父曰鲧，鲧之父曰帝颛顼，颛顼之父曰昌意，昌意之父曰黄帝。禹者，黄帝之玄孙而帝颛顼之孙也。”②从《周礼》来看，方相氏这一司傩之官的“掌”也要蒙以熊皮，显然具有楚族的旧俗遗风。

图 5-45

到了汉代，方相氏的形象虽然还是黄金四目、玄衣朱裳、执戈扬盾，但所蒙的熊皮已不再仅限于“掌”，而是扩展到了全身。《后汉书 · 礼仪志》云：“方相氏黄金四目，蒙熊皮，玄衣朱裳，执戈扬盾。”③作为一种信仰，民间的所谓方相氏一般都是由人佩带面具装扮而成的熊模样。

图 5-46

综观南阳汉画像石中的方相氏形貌特征，一般具有如下 3 种类型：

① 何光岳：《荆楚的来源及其迁移》，《求索》1981 年第 4 期。

② 司马迁：《史记》卷二，中华书局，1959 年版，第 49 页。

③ 范晔：《后汉书》卷九五，中华书局，1965 年版，第 3127 页。

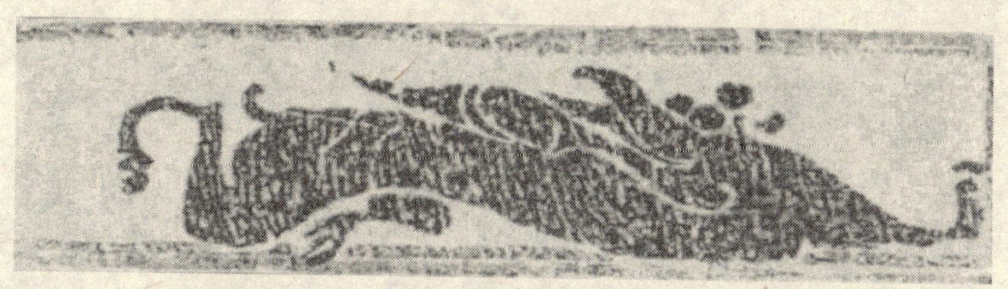

图 5-47

第一,熊皮蒙盖全身,外形酷以熊罴(罴,熊的一种)。

例如,1992 年 12 月发掘的南阳蒲山二号汉画像石墓,主室过梁西部刻绘一幅直立的熊,就颇具古典文献中方相士形象的特征。[①] 如图5-45。

在南阳县十里铺汉画像石墓中,1982 年 4 月中旬,考古工作者从后室北壁上发掘出土了编号分别为 43 和 46 的两幅熊的图像。原发掘报告是这样交代的:"第 43 幅在西柱北侧,刻一方相。""第 46 幅在东柱西侧,似为方相"。[②] 如图5-46、图 5-47。

在南阳蒲山一号汉画像石墓中,1986 年 6 月南阳地区文物研究所的考古工作人员从主室中门柱南面发掘到一幅立熊图像。"图中刻一直立的熊,张牙舞爪。墓门上刻此图,意为驱疫避邪"[③]。如图 5-48。

图 5-48

第二,面目狰狞,凶残猖狂,作撕咬搏击状。

① 参见南阳市文物研究所:《河南南阳蒲山二号汉画像石墓》,《中原文物》1997 年第 4 期。

② 参见南阳地区文物工作队、南阳县文化馆:《河南南阳县十里铺画像石墓》,《文物》1986 年第 4 期。

③ 参见南阳地区文物研究所:《河南南阳县蒲山汉墓的发掘》,《华夏考古》1991 年第 4 期。

图 5 -49

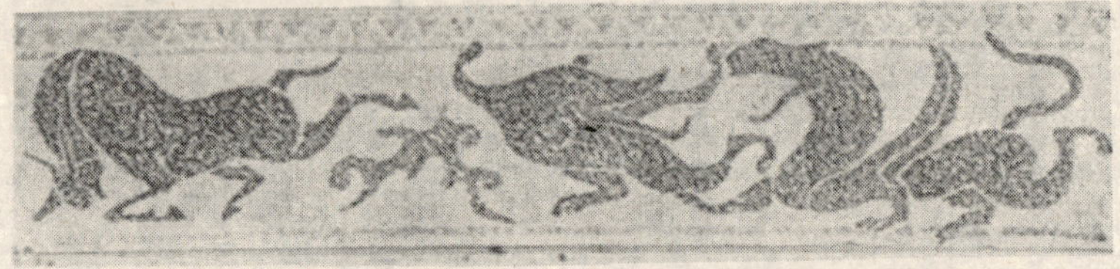

图 5 -50

图 5 -51

如图 5 -49，熊居于龙、虎之间，前肢大张，引吭长啸，形象狠毒，虎、狮惊惧地后退不前。此图像 1978 年 3 月从南阳市唐河汉郁平大尹冯君孺人画像石墓发掘出土，刻绘于南阁西壁。牛、熊、穷奇 3 动物同居的画像，如图 5 -50，征集于南阳县。画左刻一牛，作冲击状，中刻一熊，奔腾中回顾穷奇。穷奇振肢奋爪，翘翼昂尾，状貌獠戾。图 5 -51，1994 年 5 月从南阳市邢营汉画像石墓一号墓中出土，刻绘在西主室门楣石上。

第三，执钺。有关汉方相氏执钺的记载，除上文所引《后汉书·礼仪志》之外，汉代著名作家、南阳人张衡在他的《东京赋》中也有“方相氏秉钺”的描述。这种民俗信仰，南阳汉画像石中有着极其生动逼真的反映。图 5 -52，1992 年 12 月从南阳蒲山二号汉画像石墓发掘出土,刻绘于东墓门门扉背面。图5－53,1996年5月从南阳市妇幼保健院再用汉画像石墓发掘出土,刻于墓道西壁立柱背面。

图5－52

图5－53

在方相氏图像的构图设计中,我们看到,汉代人将方相氏的形象,要么设计得粗壮高大,独占整幅画面,成为着意强调的重点和中心;要么设计得动感十足,力量澎湃,所向披靡。代表灾异的怪兽在与方相氏的对阵中节节败退,显出疲惫之态。这种构图形式,显示了古代人这样的宗教情感:形象高大的“立熊”和威力无穷的斗熊,代表了瑞兽法力的强大无边。也正是基于此种强大,方相氏的避凶驱邪的佑护作用才能显现出来。世俗凡人也只有在像他这样的神祉的拱卫和引领中,也才能真正实践着吉祥所带来的生命永恒,也才能真正获得安乐美满的生活。

南阳汉画像石中方相氏出现的位置,大多都在门柱上部、门扉正面和门楣正面等处。这些都是邪祟容易侵入的地方,汉代人深信鬼神,将方相氏刻在这些地方意在表明,俟邪恶一来便会遭到方相氏的有力的抵抗。邪祟进不了墓门,死者的墓室便会宁静吉祥、无灾无恙。

(二)傩舞中的方相氏

傩为远古时期腊月驱疫逐鬼的仪式。兴于殷商,成于东周,在我国有着久远的历史。“其礼创自一个名叫甲微的人,殷人兴盛起来,后代将这个礼俗沿袭下来”。[1] 林河认为它距今有7000~9000年的历史。[2] 进入汉代,这种驱疫逐鬼活动日趋复杂,不仅有傩祭、傩戏,而且还有傩舞。人们用这种形式来驱阴导阳,除疫逐灾。由于汉代灾疫肆虐,民不聊生,所以行傩之风甚盛,派场极大。汉代廉品的《大傩赋》用铺派扬厉的笔调对此作了生动的描述:“于吉日之上戊,将大蜡于腊烝,先兹日之酋久,宿洁净以清澄,乃班有司,聚众大傩。天子坐华,殿临朱轩。凭玉几,席文旃,率百隶之侲子,众鼓噪于宫垣。弦桃刺棘,弓矢斯张,赭鞭朱朴击不祥,彤戈丹斧芟夷凶殃。投妖匿于洛裔,辽绝限于飞梁。”[3]南阳作家张衡的《东京赋》也写道:“侲子万童,丹首玄制。”注云:“卫士千人在端门外,五营千骑士在卫士外,为三部,更送至洛水,凡三辈,逐鬼投洛水中。”[4]傩祭在汉代,每年季春、仲秋、冬至各举办一次,共3次。刘锡诚说:“傩祭每年要举行三次,且规模很大,肃穆隆重。季春举行的傩祭,为的是‘以毕春气’;仲秋举行的傩祭,‘以达秋气’;季冬之日举行的傩祭,‘以送寒气’。”[5]方相氏是驱灾逐疫傩仪中的重要角色。由人装扮成熊形,率领一群同样由人装扮的十二神兽打鬼除疫。《后汉书·礼仪志》云:“于是中黄门倡,侲子和,曰:甲作食凶,胇胃食虎,雄伯食魅,腾简食不祥,揽诸食咎,伯奇食梦,强梁,祖明共食磔死寄生,委随食观,错断食巨,穷奇、腾根共食蛊。凡使十二神追恶凶,赫女躯,拉女手,节解女肉,抽女肺肠。女不急去,后者为粮。因作方相与十二兽儛。嚾呼,周遍前后省三过,持炬

---

① 刘锡诚:《傩仪象征新解》,《民族艺术》2002年第1期。
② 林河:《古傩寻踪》,湖南美术出版社,1997年版,第162页。
③ 费振刚:《全汉赋》,北京大学出版社,1993年版,第305页。
④ 费振刚:《全汉赋》,北京大学出版社,1993年版,第76页。
⑤ 刘锡诚:《傩仪象征新解》,《民族艺术》2002年第1期。

火，送疫出端门。”①

范晔为南朝宋史学家，去汉代不远，且家居顺阳（即今南阳市淅川县东南），其《后汉书》对汉时所行大傩礼仪的记述应当是真实可信的。

在南阳汉画像石中，这种大傩逐疫仪式也有着丰富而生动的表现。画像中方相氏的形象大凡都是身蒙熊皮、带领十二神兽驱疫的装扮，极具范晔在《后汉书》中所描绘的大傩仪式特征，尤其以南阳县王寨汉画像石墓、南阳市邓县长家店汉画像石墓和南阳陈棚汉代彩绘画像石墓等出土的相关画像最为典型。现结合发掘报告，将有关方相氏驱疫的内容介绍如下：

南阳县王寨汉画像石墓为东汉早期墓，距汉代西鄂城遗址1500米。1973年3月，王寨村农民搞农田基本建设时被发现。该墓呈丁字形，墓门由南北二门构成，其上各有一石门楣。该墓西向，方向260°，由前室、两主室和两侧室组成。发掘前虽曾遭破坏，但受损轻微，墓室各部分保存还算完好，画像石尚未受到破坏，位置也未被挪动。表现方相氏驱疫辟邪的图像刻绘在墓南门石门楣背面。“画像下部刻饰群山，画中一熊两臂平伸，回首呼叫，作追逐之状；其后刻绘‘穷奇’驰逐而来，曲颈奋角作怒触之状；画右刻一夔，仓皇逃遁。《山海经·西山经》郭璞注‘穷奇’曰：‘穷奇之兽，厥形甚丑，驰逐妖邪莫不奔走，是以一名曰神狗’”。② 见图5－54。

南阳市邓县长家店汉画像石墓为东汉中期墓，发掘于1973年5月，墓门东向，方向125°，构造与南阳县王寨汉画像石墓基本相同，平面图呈丁字形，由墓门、前室、2主室、4侧室构成。2主室呈

① 范晔：《后汉书》卷九五，中华书局，1965年版，第3128页。

② 南阳博物馆：《南阳县王寨汉画像石墓》，《中原文物》1982年第1期。

图 5－54

长方形，东西方向并列，各安装石门扉两扇，门扉上部有石门楣 2 根。墓门由石门楣、槛石和 2 扇石门扉、2 根立柱构成。该墓共出土方相氏驱疫避邪画像 2 幅，1 幅位于墓门石门楣上，1 幅位于 2 主室石门楣上。在墓门石门楣上，"画像左右各刻一兕，作曲颈猛抵状，中间一熊，张臂力排二兕。熊的形态与洛阳卜千秋墓后壁所画的怪兽一样，如'方相氏'。刻方相氏于门户，以御凶邪。"①如图 5－55。另 1 幅被刻绘在南北主室门共用的石门楣上。"画像由两块门楣构成，画像中部有一小熊应是方相氏，方相人立，两臂前推作纵虎之状。猛虎正张口扑食一个仰面跌倒的怪兽。前面有一夔龙，头生一角，惊顾回首。它又有一怪兽，勾头夹尾蹲坐于地，旁边有虎，张口欲噬食怪兽。虎右一兽，猫面虎身，头生双角。后又有

图 5－55

① 《南阳汉画像石》编委会：《邓县长冢店汉画像石墓》，《中原文物》1982 年第 1 期。

图 5－56

一兽，形体似马而头生一角，应是可以辟火的神兽矔疏”。[1] 夔龙，按《辞源》的解释，为致风雨的怪兽，此画像如此构图，具有十分清晰的避灾含义。数十年的风雨浸蚀，原画像的两端已漫漶不清。现在刊出的只是原画像的中间部分。如图 5－56。

南阳县英庄汉画像石墓出土的驱疫逐魔画像，为英庄村民 1965 年 11 月掘土时所得。该墓为新莽时期墓葬，墓门东向，方向为 93°，平面图为长方形，由南北 2 墓门、前室、南北 2 主室构成。驱疫逐魔的方相氏画像刻绘于南墓门的石门楣上。“画左刻一怪兽，由颈垂首；其右有一虎身牛尾的神兽，昂首扬蹄，奔腾向前，张口欲吞噬怪兽；画右一人呼喊奔走。这幅画像与南阳县王寨画像石墓门楣及石桥画像石墓门楣的画像相似。古人认为，不仅在生人的住宅中有魔邪，而且在死人的墓圹里也有魔邪。《周礼》云：‘方相氏，大丧先柩，及墓入圹，以戈击四隅，殴方良。’郑玄曰：‘方相，放悲也，可畏怖之貌。圹，穿地中也。方良，罔两也。’”[2]在这篇发掘报告中，考古工作者将该图像与王寨和石桥两地汉画像石墓石门楣上所刻图像归为一类，明确地指出了它们是跟“方相氏”或

① 《南阳汉画像石》编委会：《邓县长冢店汉画像石墓》，《中原文物》1982 年第 1 期。

② 南阳博物馆：《河南南阳英庄汉画像石墓》，《文物》1984 年第 3 期。

图 5－57

图 5－58

“傩祭”有关的典型画像。如图 5－57。

上文提到的石桥汉代画像石墓位于南阳市北 25000 米处的汉代西鄂县地盘上(今南阳县石桥镇),该墓东向,方向为 85°。虽在早年被盗掘过,但墓室结构和墓内画像石刻保存完好。此墓的 2 个墓门、主室门和耳室门的柱石、门楣、门槛、门扉、横梁等用石料制成,画像均刻绘在这些石质构件上,有些石材的正反面都雕绘了画像。被认为是方相氏逐鬼驱疫的那幅画像就刻绘在墓门南门楣的正面。“左边一兽长颈直伸,蹲坐于地,右边一兽昂首扬蹄,作奔驰状。两兽通体着土黄色,并用黑色在兽身绘出豹纹。两兽前后各饰以缭绕的云气。右立一人,似戴面具,作斗兽姿态。此人衣涂土黄色,领口和襟沿用两条宽 1 厘米的黑线作装饰”。[1] 如图 5－58。

除此之外,2001 年 11 月发掘的南阳陈棚汉代彩绘画像石墓也

① 南阳博物馆:《河南南阳石桥汉画像石墓》,《考古与文物》1982 年第 1 期。

出土了相似的画像。[1]如图5－59。

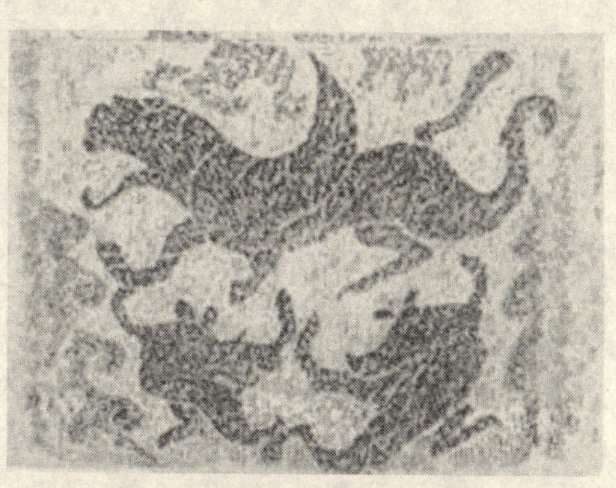

图5－59

方相氏与傩祭有着密切的关系，驱疫逐魔在汉代具有很强的现实针对性。由于方相氏信仰的普遍性和汉墓采用方相氏打鬼图像的普及性，所以，在南阳汉代画像石中，方相氏的形象陈陈相因，已经呈现出图案化和格套化的倾向，体现出民间信仰的一般特征。此种风俗在南阳汉代墓葬中广泛存在，是古代南阳民众在恶化了的生态环境面前寻求保护心理的折射。作为一种心理慰藉方式，深刻地反映了汉代南阳民众在特定历史时期所具有的价值观、生态观和宗教观。

（三）方相氏的生态意蕴

方相氏图像是在汉代“文化精神定格”和生态环境的共同作用下而产生的。丰富多彩的方相氏画像，是汉代中原大地期盼诗意生态的心声，它同步记录了汉代民众那蕴藏心间的美妙幻想，体现了民众在跟自然抗争时骨子里特有的敬畏心态。

以黄河流域为轴心的中原地区，千百年来，尽管有着广袤肥沃的土地、纵横交错的河流和极其丰富的食物，但是，由于生产力的落后和频繁的旱涝疫灾，致使人们对于生存环境和生存状态一直都怀着一种无以排解的警惧之情，生存以及如何生存成为民众意

① 蒋宏杰、赫玉建、刘小兵、鞠辉：《河南南阳陈棚汉代彩绘画像石墓》，《考古学报》2007年第2期。

识中的重要问题，使他们自觉地与社会环境、自然环境建立起了广泛深刻的情感联系。汉代，尤其是东汉末年，社会动荡、政治混乱和防不胜防的天灾人祸形成了民众长生渴求与生命短暂之间的巨大反差，给人们的生存信念和生存价值带来了沉重的打击。在这种打击下，人们对脆弱的生命毫无信心。东汉五言古诗《古诗十九首》中对于此种心境有着深刻的描述：

人生天地间，忽如远行客。

——《青青陵上柏》

人生寄一世，奄忽若飙尘。

——《今日良宴会》

人生非金石，岂能长寿考。

——《回车驾言迈》

浩浩阴阳移，年命如朝露。
人生忽如寄，寿无金石固。

——《驱车上东门》[1]

为了完善生存环境，除却险恶环境给心头抹上的阴影，汉代的南阳人作出了积极的探索和不懈的努力。方相氏等巫术手段的运用，是人们在当时条件下跟恶劣环境所做的锲而不舍的抗争。但是，也应看到，即使是这样的抗争，在强大的自然力和超自然力面前，也仅是采用顺势巫术的方式对那些破坏人类美好生存的事物实施厴镇，基本没有先入为主或自以为是地使用彻底销毁等过激

① 隋树森：《古诗十九首集释》，中华书局，1955年版，第15页，第28页，第76页，第110页。

强硬的手段，目的只是驱逐，并不是彻底消灭，体现出古代南阳人对自然界中一切存在的尊重，体现了人类固有的善良品性。这种针对强大恐怖的自然力所表现出来的善良品性，是人与大自然和谐相处的前提，表现了古人自我忍让的悲壮精神和之于生态建设的深刻体验。这与同时期古希腊雕塑所表现的价值取向形成了鲜明对比。

古人在汉画像石墓中雕刻这些巫术的根本目的，是为了护佑死者的灵魂规避人间的灾害而平安升仙。在古人的心目中，认为一旦刻绘了这些东西，这些东西便会不遗余力地发挥效用。这是汉代人的集体表象，带有极强的情感色彩。这种情感色彩，并不是凭空而生出来的，在我们看来，它与传统哲学中鲜明的“厚生”这种深层生态旨趣分不开。

方相氏信仰体现着很强的厚生意识。天地之大德曰生，“生的问题是中国哲学的核心问题，体现了中国哲学的根本精神。无论道家还是儒家，都没有例外。我们完全可以说，中国哲学就是生的哲学”。[①] 南阳汉画石中的方相氏所开展的一切活动，都是紧紧围绕着生的问题而展开的。

熊是瑞兽，《穆天子传》云：“春山，百兽所聚也。爰有豹熊罴，瑞兽也。”[②]熊代表着吉祥，《诗经·小雅·斯干》中有：“吉梦维何？维熊维罴”的句子。[③] 汉代民间常将器物足部制成熊形，称为熊足。正因为如此，扮成熊形的方相氏驱邪逐疫，让邪妖瘟疫远离阴宅而不妄集祟人，保障民众生命财产免受损毁，并使其时运亨通、天遂

① 蒙培元：《为什么说中国哲学是深层生态学》，《新视野》2002 年第 6 期。

② 参见《太平御览》卷九八〇，中华书局，1960 年版，第 321 页。

③ 孔丘等撰：《四书五经》，线装书局，2007 年版，第 247 页。

人愿，这本身即是厚生的表现。此外，方相氏在给人带来祥瑞和安慰的同时，其厚生意识还包括能满足人们对于家脉绵延万年不绝的渴望。熊形神兽在汉画像石墓中的大量出现，是古老的祈求生活吉祥和生命繁衍旺盛这一传统观念在汉代墓葬文化上延续的反映。这种建基于厚生理念之上的吉祥和“旺生”的含义，按李立的分析，一共有两个方面的内容，一方面体现为驱避邪恶奸佞，另一方面则反映在生命转化、永恒的神性上。①

方相氏信仰的厚生意蕴从纵深层次上来看，还涉及了人与自然之间关系的和谐上。因为方相氏画于墓室以避开邪祟，可以使人在没有鬼怪妖异干扰的理想环境中，经常和天地处于亲和状态，阴阳调和，安居乐业。除此之外，方相氏的旺生内涵还给人们带来了美好的希望和精神安慰。通过古人在墓中刻绘方相氏这种神画的这一行为可以清楚地看出，汉代民众用具体的方相氏的形象来感知、隐喻自然事物和表达自己的情感体验时，根本没有将自己从自然中抽离出来，而是将自身与自然紧紧地联结在一起，从和谐与共、天人合一和有利于万物生存发展的高度来处理人与自然的关系。这种文化精神，值得我们珍视。

三、西王母

西王母信仰是流布于汉代民间的重要信仰之一。西王母的“西”，是指西王母原为西方貘族敬奉的山神的意思。朱芳圃《中国古代神话与史实·西王母考》说她具有长生不死的神性，“莫知其

① 对于这个问题，李立已有深入的研究。限于篇幅，此处引其大概意思。详细内容可参见李立：《汉墓神画研究——神话与神话艺术精神的考察与分析》，上海古籍出版社，2004 年版，第 116－121 页。

始,莫知其终”。[1]“王”为尊称、敬称,比喻其博大、高尚。《说文解字》云:“三划而连其中谓之王。三者,天地人也。而参通之者,王也。”[2]《尔雅·释亲》云:“父之考为王父,父之妣为王母。”[3]王母,即祖母,含有敬仰之意。《尔雅义疏》云:“祖父母而曰王者。王,大也,君也,尊上之称。”[4]由于西王母是崇高、神圣、仁爱的象征,所以,当南阳乃至中原的生态环境发生恶变,民众心焦意烦时,人们总是首先想到了西王母,把西王母当成精神上的靠山。西王母成了民众心目中虔诚膜拜的对象。

(一)古典文献对于西王母与乡村关系的描述

《山海经》的18篇作品为战国到西汉初年之间所作。内容主要为民间传说中的地理知识,包括山川、道里、民族、风俗、物产、药物、祭祀、巫医等,保存了不少远古神话传说方面的文献资料,其中有关西王母的记载甚多,为目前学界共认的最早文献。在《山海经》的众多记载中,西王母身上充满了神秘色彩。如:

又西三百五十里,曰玉山,是西王母所居也。西王母其状如人,豹尾虎齿而善啸,蓬发戴胜,是司天之厉及五残。

——《山海经·西山经》[5]

西王母,梯几而戴胜杖,其南有三青鸟,为西王母取

① 朱芳圃:《中国古代神话与史实》,中州古籍出版社,1982年版,第155页。

② 转引自段玉裁:《说明解字注》,上海古籍出版社,1988年版,第9页。

③ 郝懿行:《尔雅义疏》,中国书店,1982年版,第30页。

④ 郝懿行:《尔雅义疏》,中国书店,1982年版,第30页。

⑤ 袁珂校注:《山海经校注》,上海古籍出版社1980年版,第35页。

食。在昆仑虚北。

——《山海经·海内北经》[①]

西海之南,流沙之滨,赤水之后,黑水之前,有大山,名曰昆仑之丘。有一神人面虎身,有文有尾,皆白处之。其下有弱水之渊环之,其外有炎火之山,投物辄然。有人,戴胜,虎齿,有豹尾,穴处,名曰西王母。此山万物尽有。

——《山海经·大荒西经》[②]

《淮南子·地形训》中有“西王母在流沙之滨”的记载。[③]

《穆天子传》为晋代从汲郡战国时魏王墓中发现的先秦古书,共6卷,文辞优美质朴,其对西王母的描绘,与以上文献典籍相较,显得生动而又形象,西王母的神态气质跃然纸上,颇有历史小说的韵味。

穆天子西征过程中于癸亥至于西王母之邦,“吉日甲子,天子宾于西王母,乃执玄圭白璧,以见西王母。好献锦组百纯,□组三百纯,西王母再拜受之。□乙丑,天子觞西王母于瑶池之上。西王母为天子谣曰:‘白云在天,丘陵自出。道里悠远,山川间之。将子无死,尚能复来。’天子答之曰:‘予归东土,和洽诸夏。万民平均,吾顾见汝。比及三年,将复而野。’西王母又为天子吟曰:‘徂彼西土,爰居其野。虎豹为群,于鹊与处。嘉命不迁,我惟帝女。彼何世民,又将去子。吹笙鼓簧,中心翱翔。世民之子,惟天之望。’天

① 袁珂校注:《山海经校注》,上海古籍出版社1980年版,第72页。

② 袁珂校注:《山海经校注》,上海古籍出版社1980年版,第41页。

③ (汉)淮南王刘安编、刘文典集解:《淮南鸿烈集解》,中华书局,1989年版,第115页。

子遂驱升于弇山，乃纪其迹于弇山之右而树之槐，眉曰：‘西王母之山’。”①

在汉代赋家司马相如的笔下，西王母的形象中已包含有生态的神韵：

“西望昆仑之轧沕洸忽兮，直径驰乎三危。排阊阖而入帝宫兮，载玉女而与之归。舒阆风而摇集兮，亢乌腾而一止。低回阴山翔以纡曲兮，吾乃今目睹西王母鹤然而白首。载胜而穴处兮，亦幸有三足乌为之使。必长生若此而不死兮，虽济万世不足以喜。”②三足乌为古代太阳神话中居于太阳内的神鸟，它的职责是伴随在西王母身边为西王母取食。传说东北有地日之草，西南有春生之草，此二草皆不死之草，三足乌曾数次下地啄食此草，固而不死。三足乌与西王母一样，均有不死神性。

作为一种民间信仰，汉画像石中的西王母形象跟相关文献典籍的记载是一致的。汉画像石中多刻有三足乌陪伴西五母的图像。南阳县英庄汉画像石墓出土了一块三足乌陪伴西王母身旁的画像石，如图 5－60 所示。画面中西王母戴胜正面端坐于悬圃之上，其左右两侧各刻一人手持仙草侍立，右侧侍立之人上方有一三足乌，乌喙与西王母相对。画

图 5－60

① 《穆天子传》，《文渊阁四库全书》，台北商务印书馆，1983 年版，第 1001－3574 页/上。

② 司马迁：《史记》卷一一七，中华书局，1959 年版，第 3060 页。

面的左上角刻一人首蛇躯之神。为西王母取食的三足乌也叫三青鸟，上引《山海经 · 海内北经》所云“西王母梯几而戴胜，其南有三青鸟，为西王母取食”即指此。徐州汉画像石中有一幅三青鸟为西王母取食的图像。画面上一鸟口衔一物立于西王母的居住的楼阁之下等待进献西王母。① 郑州出土的汉代画像砖中也有这样的内容，张秀清在《郑州又发现一批汉画像砖》一文中这样写道：“画像中间饰以古钱百乳纹图案，上下排列整齐、连续。羲和主日与西王母（居于）同幅画面。左侧有一女子，高髻长裙，腰细如束，袖手侧立，三足乌站其袖手之上，鸟喙与人口相对，背后有高山树木。女子应为羲和主日，三足乌代表太阳。画面右侧，西王母戴胜，坐于昆仑山巅，其右有玉兔杵臼，其左有青鸟翱翔，其下有九尾狐。玉兔为西王母制造长生不老之药，九尾狐是西王母的使者。”②

玉兔是古人心目中专做不死药的神兽，而西王母又是专管不死药的神仙，因此，在汉代的民间信仰中，西王母常常与捣药玉兔互相联系在一起。作为汉代西王母信仰载体的汉画像石，捣药玉兔往往成了西王母画像中不可或缺的构图因素。如图 5 – 61 所示。这幅西王母画像石征集于南阳市茹楼段庄，画面左刻西王母侧身端坐，头戴胜，长裙曳地，画面中部刻一肩生羽翼手持仙草的仙人，画面右侧刻一捣制长生不老药的玉兔。③ 制造不死药和掌管不死药这一联系密切的工作将西王母和玉兔二者紧紧地黏合在了一起。

从以上的文献记载和出土文物来看，在西王母身上，有两大特

① 武利华：《徐州汉代画像石》，江苏美术出版社，1985 年版，第 201 页。

② 张秀清：《郑州又发现一批汉画像砖》，《中原文物》1985 年第 2 期。

③ 朱天伟、崔庆明：《南阳汉画石又有新发现》，《中国文物报》1991 年 9 月 22 日。

图 5-61

点，一是她的仙性，二是她自身所蕴涵的生态性。这两大特点在汉代的丧葬风俗中表现得相当突出。

这种情形，与汉代特有的信仰结构有关。

方士神仙信仰在先秦的民间就有着极其雄厚的群众基础，《汉书·艺文志》云："右神仙十家，二百五卷。神仙者，所以保性之真，而游求于其外者也。聊以荡意平心，同死生之域，而无怵惕于胸中。"虽然"非圣王之所以教也"，"然而或者专以为务，则诞欺怪迂之文弥以益多"。[①] 进入秦代以后，齐人上奏先得始皇信用，而后又与阴阳家思想杂糅形成方仙道信仰。《史记·封神书》详尽地记述了这一过程，其云："自齐威、宣之时，驺子之徒论著终始五德之运，及秦帝而齐人奏之，故始皇采用之。而宋毋忌、正伯侨、充尚、羡门高最后，皆燕人。为方仙道，形解销化，依于鬼神之事。驺衍以阴阳主运显于诸侯，而燕齐海上之方士传其术不能通，然则怪迂阿谀苟合之徒自此兴，不可胜数也。"[②]"不可胜数"的方士集团如碗水覆沙般向民间生活的各个方面积极地渗透着，方仙道信仰也因此而成为当时人们的重要信仰之一。进入汉代以后，方仙道信仰由

① 班固：《汉书》卷三〇，中华书局，1962 年版，第 1779－1780 页。

② 司马迁：《史记》卷二八，中华书局，1959 年版，第 1368－1369 页。

于受到了上自皇室下至平民普遍的崇信，其阵营变得越发庞大。《史记·孝武本纪》记载武帝东巡海上时，仅齐人之上疏言神怪奇方者就“以万数”，[①]同时又受栾大被拜五利将军、佩六印、贵震天下效应的驱使，全国能神能仙者不计其数。“海上燕齐之间莫不搤捥而自言有禁方，能神仙矣。”[②]东汉时，方仙道吸纳黄老之学，重生修性，顺合民心民意，受到举国上下的欢迎，发展迅猛，最后与黄老道合流，成为早期道教产生的前奏。

黄老之学在汉初兴盛一时，至董仲舒“罢黜百家，独尊儒术”后被排挤出了主流文化中心，无奈地在民间默默地生存，到东汉时期演变成黄老道，奉黄帝、老子为偶像，讲求重生和养生。在东汉灾疫频仍、民不聊生的险恶环境中，黄老道的哲学思想深得贵族及平民的认同与欢迎。楚王英对黄老情有独钟。《后汉书·光武十王传》云：“英少时好游侠，交通宾客，晚节更喜黄老，学为浮屠斋戒祭祀。八年，诏令天下死罪皆入缣赎。英遣郎中令奉黄缣白纨三十匹诣国相曰：‘托在蕃辅，过恶累积，欢喜大恩，奉送缣帛，以赎愆罪。’国相以闻。诏报曰：‘楚王诵黄老之微言，尚浮屠之仁祠，絜斋三月，与神为誓，何嫌何疑，当有悔吝？其还赎，以助伊蒲塞桑门之盛馔。’因以班示诸国中傅。英后遂大交通方士，作金龟玉鹤，刻文字以为符瑞。”[③]《后汉书·循吏传》又云：“延熹中，桓帝事黄老道，悉毁诸房祀。”[④]由此可见，黄老道信仰在东汉一朝的地位是很高的。与此相对应，那些宣扬重生养性思想的神仙，如汉画像石中反复刻绘的西王母等，也便因此而走进了早期道教的神仙序列，接受

① 司马迁：《史记》卷一二，中华书局，1959 年版，第 474 页。

② 司马迁：《史记》卷二八，中华书局，1959 年版，第 1391 页。

③ 范晔：《后汉书》卷四二，中华书局，1965 年版，第 1428 – 1429 页。

④ 范晔：《后汉书》卷六七，中华书局，1965 年版，第 2470 页。

着民众五体投地的祭拜。由于该信仰甚合官民口味，所以，自上而下，人们对西王母尊崇有加，官府甚至还明文规定了各地官祭西王母的具体要求。“祭西王母石室皆有所，二千石、令、长奉祀。”[①]以便于借此“神灵之征”，“以祐我帝室，以安我大宗，以绍我后嗣，以继我汉功。”[②]东汉中期，西王母成为女仙之主，位居早期道教文献《太上老子中经》所列55位神仙中的第4位。稍后，位次又有所提前。

西王母滋养着天上人间的三界十方，其形象在民众心目中显得十分尊贵而圣洁。西汉哀帝年间的大面积旱灾更强化了民众心中的这方面意识，西王母的消灾去厄的法力为民众提供了重要的精神依托，得到全社会的皈依，从而酿成了一场声势浩大的“传西王母筹”运动。对此，《汉书·元后传》云：“哀帝之代，世传行诏筹，为西王母共具之详，当为历代母，昭然著明。”[③]东汉和、安二帝之后，皇纲渐颓，天步艰难，国统濒绝，灾疫肆虐于九州，群阉毒流于四海，黎庶涂炭，帝窘国沦。此一内外交困的危局，据汪小洋研究，正是汉画像石墓里西王母图像出现最多的时期。其中的原因，汪小洋认为：“至上神（按：指西王母）是全知全能的，能够关心和庇护她的崇拜者，能够关心和庇护他们的历史和现实处境。”[④]结合南阳汉画像石墓中西王母的图像来看，此说应该说是颇有见地的，深刻地揭示和反映了汉代特殊文化背景下西王母信仰的规律和生态本质。

---

① 李昉：《太平御览》，中华书局，1960年版，第72页。

② 班固：《汉书》卷八四，中华书局，1962年版，第3432页。

③ 班固：《汉书》卷九八，中华书局，1962年版，第4033页。

④ 汪小洋：《汉画像石中西王母中心的形成与宗教意义》，《南方文物》2004年第3期。

（二）汉画像石中西王母的神性风采

汉代作为民间信仰对象的西王母，记载她的最早文献虽然发生在西汉哀帝建平年间，但是，作为南阳汉画像石墓中石刻画像的形象，从目前业已发掘出土的资料来看，则在东汉时期。这一时期，因为民间宗教较为发达，所以，不论是西王母形象的本身，还是跟西王母相配的灵禽瑞兽、侍者仙人，一般都具有很强的代表性，包含着同类题材所蕴涵的普遍意义，其思想内涵极为丰富，能够以一当十，以少呈多，有着很强的表现力。具体来说，南阳汉画像石中西王母的形象具有如下几个特点：

首先，构图简洁，主题鲜明。南阳汉画像石中的西王母形象一般都被刻绘在画面中的中心位置，且所占面积较大。与之相配的侍奉仙人、灵禽神兽等所占面积较小，且处于画面的次要位置。在次要人物的衬托下，主人的神性更显豁，形象更高大。主、从角色定位较准确，形象比较鲜明。如南阳县英庄画像石墓出土的西王母画像石中，西王母端坐于画像正中，形象刻得较大，两边手持仙草侍立的仙人则较小，突出了作品的主题。这一点迥异于山东、四川、徐州等地的同类画像。从山东、四川、徐州等地的西王母画像来看，刻绘内容较多，尽管工匠也在着意突出西王母，但由于内容太多，且平均使用力量，无疑挤占了有限的空间，西王母的形象不够突出。例如，山东微山县两城乡出土的西王母画像石，西王母坐于山形座上，云气萦绕于背后，左右各有一人首蛇躯之仙持便面侍奉，蛇之尾部在西王母座下相互缠绕。画面又刻绘了 3 只鸟，1 只立于西王母顶部，另外两只分别立于画面下部的左右两侧，并且尾部都与蛇尾连接着。画面内容过于丰富，西王母图像显得不够疏朗。在山东沂南汉画像石墓出土的西王母画像石上，西王母所坐的山形座竟占到整个画面的一半以上。毫无疑问，这些做法都或多或少地伤害了画像所要强调的主旨。

写意。南阳的西王母形象，线条简略，通过勾勒人物及其陪衬物的大致轮廓来表达意向，结构比例不是太严格，没有细部的刻意描绘，显形于外，意居其中，虽然不如山东、徐州等地的工整细致，但是，西王母与侍奉仙人、灵禽异兽组合一直都是南阳汉画像石中西王母图像的常见形式。西王母居于画面中心，鸾歌凤舞，羽人翔飞，神仙往来，灵芝丛生，瑞兽群处。图中的人物、祥云、嘉树、灵禽、瑞兽等也基本上都是按照现实生活中的实际形态来描绘的。庄严肃穆，历历在目，具有很强的宗教逼真感。

图 5－62

悬圃。悬圃，传说为昆仑山顶，因有金台五所，玉楼十二为神仙住所，故也泛指仙境，是西王母所居之地，也作县圃、玄圃。南阳出土的西王母汉画像石中，西王母一般都安坐于悬圃之上。如图 5－62 所示。

该画像石征集于南阳市熊营，画面上刻绘一乘鹿仙人，其下刻一凤凰，东王公、西王母相向跽坐于豆形悬圃之上，下刻奋力捣药的玉兔。山东、徐州、四川等地出土的西王母汉画像中，西王母要么坐于山形坐床，要么坐于龙虎座上。山东西王母所坐的山形坐床由人首蛇躯的仙人交缠之尾部来承托。四川西王母画像中一般都有龙虎座、梯几、华盖 3 大件作为神像西王母的陪衬。龙虎座为西王母形象的重要组成部分，系西王母所坐之物，四川出土的绝大部分都刻有龙虎座。[1] 梯几为西南地区西王母画像中西王母的所凭之几。华盖为西王母头上的装饰。这些要素在南阳出土的西王母汉画像石上均不曾见到过,这一情形的出现尽管可能与某种民俗信仰有关,但就生态意识而言,外地的西王母画像均不及南阳的西王母图像突出、集中。

南阳汉画像石中西王母画像不论跟全国其他地区的同类题材存在着多大的不同,但有一点是可以肯定的,那就是古人承认西王母的存在,并希望借助西王母来解决灾害问题、社会问题和人自身的问题。刻绘西王母画像是他们解决这些矛盾和问题的一种方法。有学者认为,人类借宗教向神灵寻求帮助,其思想基础是承认神灵的存在。宗教不仅相信神灵的存在,认为是神灵在主宰世界上的一切,而且告诉人们,要得到这一切,必须向神灵乞求。从这个意义上说,宗教就是人和神的关系。[2] 神产生于崇拜,在汉代特殊的生态背景下,汉画像石墓中所刻绘的西王母神像,不仅折射了汉代人们跟类宗教之间的关系,而且作为一种全知全能的精神偶像,西王母还是能给世人灵魂带来无限慰藉的文化符号。

(三)西王母画像所蕴涵的生态意识

西王母在东汉后期进入道教神仙谱系,称作元始天尊,高居道教三清尊神的首位,为女仙之宗。即便如此,并不等于说西王母信仰至此才有了道教内涵。结合道教的发展史可知,道教是在吸收汉代方仙道和黄老道信仰的基础上产生的,道教中的许多内容,例

---

① 据李淞《论汉代艺术中的西王母图像》一书统计,四川地区截至目前大约出土西王母汉画像 60 幅,其中 51 例为龙虎座。周静《汉晋时期西南地区有关西王母神话考古资料的类型及其特点》统计,西南地区出土西王母画像 51 幅,有 48 幅上刻的是龙虎座。

② 李申:《论宗教的本质》,《哲学研究》1997 年第 3 期。

如西王母信仰,原本就是方仙道和黄老道的重要信仰,在道教体系正式形成之前就已经有了相当成熟的表现。西王母所涵泳的重生养性思想是在已经普遍流行之后才被后天的早期道教吸纳而成为其思想体系中的重要内容的。这从现已发掘出土的汉画像石墓中西王母及其陪侍祥禽瑞兽朱雀、玉兔、蟾蜍、玄武等象征长生修仙的图像极其丰富上面即可以得到证明。西王母信仰中重生养性以求长生的思想精髓深受道家生态观念的影响。

生乃天地之大仁大德。在道门看来,所谓慈心善性,就是要衍生长养,载育万物。因此,道门主张"常行慈心,愍济一切,放生度厄。"[①]把生命当作大道赋予的权利,任何人都应效法天地之大德,以重生养性的情怀来尊重生命。生态是一个充满生机的庞大系统,而人又是这种生态系统的主体,所以,西王母便带领玉兔从昆仑山巅的寿木上采摘神果捣制成不死之药以度人长生成仙。宋代郭茂倩所编《乐府诗集》卷三四《相和歌辞·董逃行》中有:"采取神药若木端,白兔长跪捣药虾蟆丸,奉上陛下一玉柈,服此药可得神仙。"[②]这些采自民间的歌谣,反映了当时的社会信仰。西王母这种助人长寿、维护生态盎然生机的行为深受汉代水深火热之中的民众赞扬,影响甚广。《淮南子·览冥训》云:"羿请不死之药于西王母,姮娥窃之以奔月。"[③]南阳汉代的张衡,作为东汉一朝著名的文学家,他的《灵宪》,从与阴阳生态的密切联系中反映了当时人们心目中的西王母不死药的神奇功效:"悬象着明,莫大乎日月。其径当天周七百三十六分之

---

① 《道藏》第3册,文物出版社,上海古籍出版社,天津古籍出版社,1986年版,第393页。

② 郭茂倩:《乐府诗集》卷三四,中华书局,1979年版,第255页。

③ (汉)淮南王刘安编、刘文典集解:《淮南鸿烈集解》,中华书局,1989年版,第205页。

一，地广二百四十二分之一。日者，阳精之宗。积而成鸟，象鸟而有三趾。阳之类，其数奇。月者，阴精之宗。积而成兽，象兔。阴之类，其数耦。其后有冯焉者。羿请不死之药于西王母，姮娥窃之以奔月。将往，枚筮之于有黄，有黄占之曰：'吉。翩翩归妹，独将西行，逢天晦芒，毋惊毋恐，后其大昌。'姮娥遂托身于月，是为蟾蠩。"[①]人们相信，姮娥升入生态极其优越的仙境，是服了西王母不死药的瑞应。仙境是人与人、人与自然、人与社会之间高度融洽的极乐世界，人们都渴望升入仙境。姮娥就是现在所说的嫦娥。所以，南阳汉画像石中表现嫦娥奔月的画像石特别多。1963 年 3 月于南阳西关发掘的东汉画像石墓中，墓室外甬道的盖顶石上，就刻绘了表现姮娥奔月过程的图像。[②] 在图像的左边，刻内含蟾蜍的月亮，右刻一人身蛇尾的嫦娥向月作奔腾状，周围星宿云气相簇拥。如图 5－63 所示。1965 年 11 月，南阳县英庄汉画像石墓前室盖顶处，也刻绘有嫦娥奔月图。如图 5－64 所示。画像左边刻绘满月，月下有云团，其右刻嫦娥，人首蛇身，仰面，即将奔入月中。右刻一人与嫦娥相对，拱手拜谒，后有一双头兽。南阳的这幅嫦娥奔月画像石与长沙马王堆一号汉墓出土的嫦娥奔月帛画极其相似。[③] 另外，在南阳蒲山一号画像石墓的前室盖顶石上和南阳市妇幼保健院汉画像石墓中，先后于 1986 年 6 月和 1996 年 5 月也各出土了一块嫦娥奔月的画像，如图 5－65、图 5－66 所示。从南阳画像石上嫦娥那长长的蛇尾上可以看出，嫦娥在汉代南阳人的眼里还是一幅神仙的模样，并没有将她人格化而去仙还真为人。

---

① 严可均：《全上古三代秦汉三国六朝文·全后汉文》，中华书局，1958 年版，第 375 页。

② 王儒林：《河南南阳西关一座古墓中的汉画像石》，《考古》1964 年第 8 期。

③ 南阳博物馆：《河南南阳英庄汉画像石墓》，《中原文物》1983 年第 2 期。

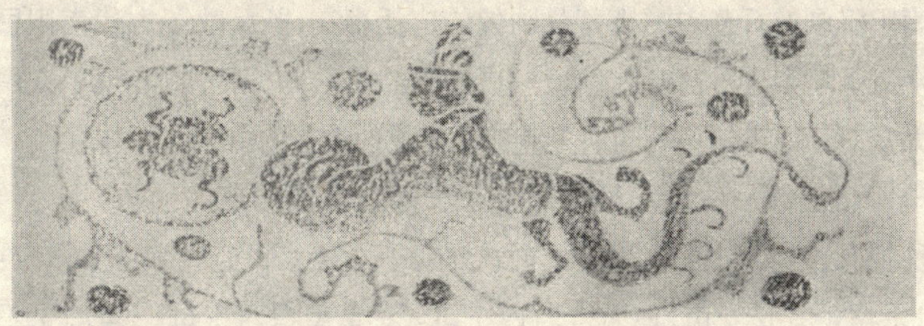

图 5－63

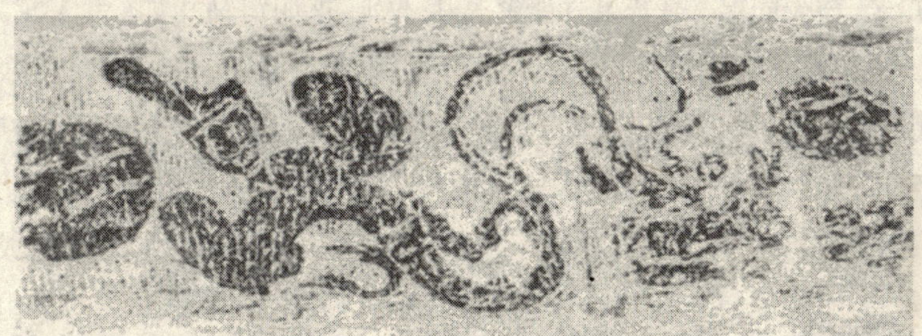

图 5－64

图 5－65

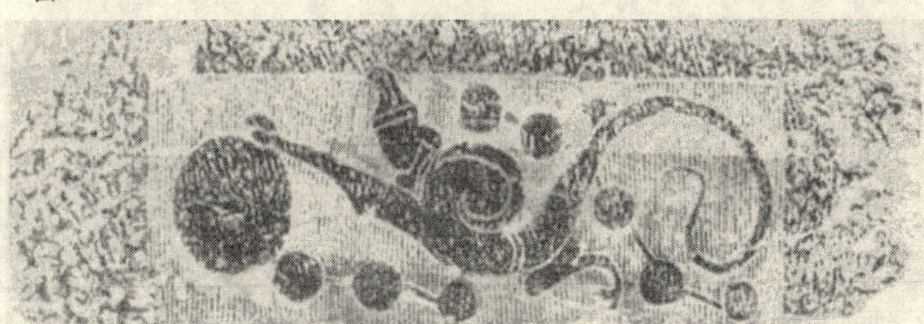

图 5－66

南阳汉画像石墓中嫦娥奔月画像的广泛存在，既反映了古代南阳民众对嫦娥奔进月宫升入仙境一事的强烈渴盼和仰慕，也表现了人民大众对于西王母不死药所具有的长生成仙效能的由衷认同与赞许。

西王母是一位能给人们带来长寿之福的仁慈之仙，它作为一种观念，已经深深地埋进了时人的心间。《太平经·师策文》云："乐莫乐乎长安市，使人寿若西王母。"①希望像西王母一样，"生不知老，与天同保。"②若果真能够长生不死，正如司马相如《大人赋》所说，"虽济万世不足以喜。"一切都引不起兴致了。扬雄的《甘泉赋》，汪洋恣肆，对西王母的长寿表现出极大兴趣："风竦竦而扶辖兮，蛮凤纷其御蕤。梁弱水之濿濴，蹑不周之逶蛇。想西王母欣然而上寿兮，屏玉女而却伏妃。"③这些描绘虽然带有一定的夸饰成分，但不能说与当时社会中盛行的西王母长寿信仰毫无关系。由于悬圃为不死之境，盛产不死树，食其实乃寿，故而南阳的汉画像石又将悬圃当作西王母的坐床。

汉代南阳人在西王母画像上所表现的长生理想，说到底是由汉代南阳典型的生态环境所决定的。没有生态险恶所造成的生命短促，便无所谓的长生希冀。在朝不保夕的命运流程中，长生是当时人们所追求的最高理想和最高价值。西王母是帮助人们实现长生不死愿望的精神支柱和指路明灯。长生不死是流传于南阳乃至全国民间的重要思潮，体现着人们在特定的自然环境中对于人生价值的深刻认识。正如雅斯贝尔斯所说："人就是精神，而人之为人的环境，就是一种精神的处境。"④对西王母长生内涵的凸显，来

---

① 王明：《太平经合校》，中华书局，1960 年版，第 215 页。

② 焦延寿：《焦氏易林》，中华书局，1985 年版，第 31 页。

③ 班固：《汉书》卷八七，中华书局，1962 年版，第 3531 页。

④ 转引自鲁枢元：《文艺生态学》，陕西人民出版社，2000 年版，第 147 页。

源于汉代自然生态对南阳这一特定区域中人们思想观念的影响。

西王母信仰在着意延长寿命、引导升仙以抚慰人们精神生态的同时，其生态意识的另一方面，还表现在这一信仰还对民众避灾纳祥愿望和消灾祛祸愿望的关注上。

朱志荣指出："在人类的发展历程中，自然生态是人类最基本的生存环境；社会生态是人类在能动地改造自然生态过程中与社会的和谐发展；而人的精神生态则是在自然生态和社会生态的基础上，经过人自身的能动努力，去感染和启迪人的心灵世界，比如意向、信仰、审美、爱情、玄思等"。[①] 随着汉代民众对于自然环境改造力度的加大和社会文化发达程度的提高；生态环境的失衡态势越来越严重。在不断恶化失衡的生态环境面前，汉代南阳人的心田间产生了浓郁的焦虑情绪，由此而对平衡和谐的生态产生了一种强列向往。西王母画像的大量出现，固然是特定历史条件和人口锐减情态下民众渴望健康长寿心理的折射，有平衡社会生态的初衷，但是，应该看到，汉画像石中所表现的西王母信仰并不仅仅止于这一层面。除去长生主题外，西王母作为古时民众精神生态中不可或缺的至上神，还有关注民间百姓生活并护佑他们不遭凶殃祸害和赐予他们风调雨顺之福的另一面。

由前引《山海经》文献可知，西王母乃"司天之厉及五残"之神。"厉"、"五残"均是星宿名，"按厉及五残，皆星名也。"[②]依清代郝懿行的注释，"厉"即灾。"《月令》云：'季春之月，命国傩。'郑注云：'此月之中，日行厉昴，昴有大陵积尸之气，气佚则厉鬼随之出

① 朱志荣：《生态环境与审美主体的造就》，《精神生态通讯》2003 年第 3 期。

② 郝懿行：《山海经笺疏》，巴蜀书社，1985 年版，第 15 页。

行。'"[1]古人所说的天,有现代语境中"自然"的意思,"天之厉"即为自然灾害。徐干《中论·历数》中就有"阴阳调和,灾厉不作"的文句。五残,按《史记·天官书》的解释,为凶杀之象,它说:"五残一名五锋,出正东东方之分野。状类辰星,去地可六七丈。见则五分毁败之征,大臣诛亡之象。"[2]西王母主刑杀,故又司此也。毫无疑问,西王母是一位职掌灾害刑杀、令人恐惧的死亡之神。再加上虎齿豹尾的凶相,自然令人不寒而栗。然而,人间的事物往往具有相反相承的特性,灾祸与平安,幸福与痛苦,既截然对立,又相辅相成,二者之间并非存在着不可逾越的鸿沟。在古人的意识中,西王母既然能主刑杀并可致人灾戾和痛苦,当然也能不动用刑杀而给人带来幸福与平安,只要敬畏她而不惹恼她即可实现。"这从逻辑上讲,原也是顺理成章的事。"[3]这是民间信仰受中国传统文化以和谐为基本运作法则影响的结果。因此,西王母这一神格在拥有致人长生不死的功能之外,还拥有了赐福救灾的功能。另外,西王母为月精,且所司之厉昴为西方宿,属阴,主水,在汉代人看来能行云布雨,西王母也便相应地具有了降雨救灾的职能。正是出于这样的原因,人们把西王母当作精神依靠,觉得只要与西王母为伴,便百邪不侵,吉祥如意,同时也不会有干旱焦稼之虞。西王母也因此而有了巨大的影响。

《易林》为汉时焦赣(字延寿)所撰,共16卷,此书以卦为目,一卦推演为64卦,故全书凡4096卦,也就是4096篇目。每卦下有韵文繇辞。焦氏易林中的繇辞,大多为散布民间的4言谣谚,历来为

---

① 郝懿行:《山海经笺疏》,巴蜀书社,1985年版,第15页。
② 司马迁:《史记》卷二七,中华书局,1959年版,第1333页。
③ 袁珂:《中国神话通论》,巴蜀书社,1993年版,第45页。

术数说易者占验吉凶时所宗。在该书的繇辞中,多有言及西王母赐福降祥、保护生态环境的内容,如:

> 患解忧除,王母相予,与喜俱来,使我安居。(蒙之巽)
>
> 孔鬈牵须,虽拘无忧,王母善祷,祸不成灾。(讼之需)
>
> 戴尧扶禹,松乔彭祖,西遇王母,道路夷易,无取难者。(讼之家人,师之离,损之离)
>
> 金牙铁齿,西王母子,无有祸殃,候舍陟道,别来不久。(小畜之大有)
>
> 驾龙骑虎,周遍天下,为神人使,西见王母,不忧危殆。(临之履)①

这些内容既有对自然、社会的认识,也有对生产、生活经验的总结,传达出民众对健康长寿、消灾免祸等幸福图景的祈望,西王母在民众的这些世俗企求中也俨然成了人生祥和安乐的象征。将之刻绘于墓室,反映了民众向往优美生态环境的思想感情,它的实质是民众生态意识的一种艺术表现。

西王母的形象不仅在严重干旱的汉代显得异常高大,走进南阳民间墓葬的画像石中成为民众极度崇敬的对象,而且作为一种民间信仰,更穿越汉唐,走过明清,一直流传到至今。这种信仰是古代民众在特定的生态条件下为满足心理安全需要和发展需要而创造与传承的一种民俗事象,其植根民众精神生活之深是其他宗教所根本无法比拟的。

---

① 焦延寿:《焦氏易林》,中华书局,1985 年版,第 39、72、83、90、99 页。

第六章　汉画像石中早期佛教的生态智慧

尽管从汉代墓葬中出土的画像石不是纯粹的佛教绘画，但它蕴涵有丰富的早期佛教存在论生态观念。这种思想观念的产生，与当时特殊的文化转型背景有着密切关系。面对画像石这一汉代丧葬风俗中的璀璨明珠和艺术瑰宝，我们认为，它的文化价值和学术价值，既不光体现为能够帮助我们挖掘汉代社会背后所隐匿的某些复杂文化征候，也不光体现在能够使我们穿越汉代早期佛教流布发展方面文献资料的匮乏，去直观了解和把握早期佛教对民众生活影响的具体状貌。最为重要的，乃是通过汉画像石直观生动的表现，使我们在领略早期佛教无情有性、众生平等这一心灵金弦的氤氲热气之外，也可以感受生态灾难警示、命运终极关怀这个醒世木铎的悲壮与厚重。这些沉埋地下两千年，躲过无数兵燹战乱洗礼的不言灵石，以特殊言说形式所记录下来的早期佛教存在论生态思想观念，给当下在日益严峻的生态危机中寻求和谐社会的人们而言具有重要的借鉴价值。为使问题集中，本部分在前人研究的基础上，拟以佛教特征突出的画像石和乍一看不具备佛教特征，但确又与佛像或有佛教标志性图案的画像石同处一墓的画像石为考察对象，其他类别的画像石暂不予涉及。

一、汉画像石中的早期佛教意蕴

从现在所掌握的考古资料来看，汉画像石葬俗的产生发展乃至衰亡几乎与佛教传入中土、两汉经学独特话语方式的形成同步。在这一特定的社会环境中，正如本书第四章所论述的那样，除名教不张、经学僵化，在恶化着贵族富商集群进身上层的条件之外，社会政治日趋明显的颓势也无时不在冷却着他们参与政治的热情。人们的心间总是笼罩着一股怨愤、悲凉的情绪，精神也经常处于压抑、苦闷状态。在这样的生活场境和社会心态作用下，由不得人们不把佛教的境界当作精神“避难所”。佛教的到来无疑等于给汉代人孤寂扭曲的心田注入了新鲜血液，佛教所宣扬的人生观和价值观给人们的思想行为以重要影响。据汤用彤在《汉魏两晋南北朝佛教史·汉代佛法之流布》中考证，西汉哀帝元寿元年（前2年），博士弟子秦景宪即受大月氏王使伊存口授《浮屠经》。东汉初年，面对朝野图谶弥漫、皇帝对外戚宗室疑虑加剧并严加防范、视黄老浮屠为异端的险峻局势，楚王英不惜政敌的诋毁与中伤，不仅“学为浮屠，斋戒祭祀”，[①]而且传播其术，“图其形象”。[②]后来尽管因此而招致杀身之祸，但其治所彭城由此而成为佛教向黄河上下辐射的重要策源地也是早为学界所共识的史实。东汉末年，笮融又于彭城建造规模宏大之浮屠祠，“垂铜九重，下为重楼阁道，可容三千余人，悉课读佛经。”“由此远近前后至者五千余人，每浴佛，多设酒饭，布席于路，经数十里，民人来观及就食且万人，费以巨亿计。”[③]由于有如此雄厚的群众基础作支撑，浮屠信仰遂脱离早期道教和神仙思想的附庸状态而逐渐走向自立。

---

① 陈蒲清点校：《论衡》，岳麓书社，2006年版，第171页。

② 司马光：《资治通鉴》，中华书局，1986年版，第414页。

③ 陈寿：《三国志》卷五，中华书局，1982年版，第1185页。

汉代是一个崇尚雕梁画栋的朝代，讲求“屋不呈材，墙不露形”。[①] 不仅宫室、庙堂、府第、驿站的梁、柱、壁等处，青缫绮疏，极为华丽，除山水花草外，宗教教义、烈士也往往被图画其中。袁宏《后汉纪》就有热衷回南阳省新的明帝因梦佛而图其形象的记载。[②]唐代张彦远著《历代名画记》卷五《彦远跋语》中亦有同样述录。汉代人的这种集体表象式的思维方式，反映到墓葬设计上，不仅表现为仿阳宅建筑在墓的内壁描绘壁画，而且还“把死人当活人对待，认为活人需要的，死人也需要”，[③]大象其生而送其死，把阳间能给人心灵带来慰藉的佛教教义刻石为像并作为墓穴的建筑构件镶嵌在墓室的重要位置。汉画像石葬俗是汉代“富者绣墙雕题，中者梓棺梗椁，贫者画荒衣袍，缯囊缇橐”[④]厚葬大潮中溅起的一朵瑰丽浪花。

李荣有说：“根据对各地出土汉墓的形制、墓志铭、画像内容及随葬品的考证分析，墓主除少数为大夫官宦人物之外，一般多为汉代中下层官吏、富商的墓葬。”[⑤]他们墓中画像石的佛学意蕴，主要通过以下三个方面体现出来：

佛像。佛像是佛门最醒目最直接的标志。南阳两汉时期的画像石中，目前虽然还暂时未能发现真正意义上的佛像，但在全国同

---

① 张衡：《西京赋》，见严可均校集：《全上古三代秦汉三国六朝文·全后汉文》，中华书局，1958 年版，第 810 页。

② 袁宏《后汉纪》：“初，明帝梦见金人长大，项有日月光，以问群臣，或曰：‘西方有神，其名曰佛，陛下所梦，得无是乎？’于是遣使天竺，问其道术而图形象焉。”

③ 陈江风：《汉画像反映墓主生前生活说辨析》，《南都学坛》2002 年第 2 期。

④ 桓宽：《盐铁论》，王利器校注，中华书局，1992 年版，第 34 页。

⑤ 李荣有：《汉画像的音乐学研究》，京华出版社，2001 年版，第 41 页。

时期的其他地方，已经出土了相当数量的佛像。1957 年乐山麻浩崖墓发现有结跏趺坐、施无畏印、头带项光的佛像。[①] 结跏趺坐的作用，依据《慧琳音义》之解析，大凡有二：一曰吉祥，一曰降魔。坐时先以右趾押左股，后以左趾押右股，手亦左押右，佛门名之降魔坐；若以左趾押右股，后以右趾押左股，令二足掌仰于二股之上，手亦右押左，安仰跏趺之上，佛门谓之吉祥坐。此类画像石在汉墓中出土较多，例如四川乐山柿子湾崖墓中也发掘到一幅结跏趺坐姿式佛像。[②] 除此之外，山东滕州房庄、邹城黄路屯均发掘到刻有僧侣、坐佛的画像石。《守护国界主陀尼经》将施无畏印视作安乐众生之举，如来昔日就是在菩提树下以此坐姿转妙法轮普度众生的。山东沂南北寨汉墓除在八棱擎天柱南北两面顶端刻有立佛图像外，还在柱的中部刻有施无畏印的坐佛像。[③] 俞伟超认为，中国向以青铜礼器表达信仰，以石雕表达信仰在汉代才真正发达起来。[④] 以佛像为伴，在汉代人的冥世意识中，是一种相信佛陀能提行教化、带来安乐、存留清净、佑护族籍观念的流露与写照。

佛门故事。用图画的形式表现佛教故事在佛门具有悠久的传统。据文献记载，公元前 3 世纪古印度巴尔胡特和桑志大塔上即

---

① 李复华、陶鸣宽：《东汉岩墓内的一尊石刻佛像》，《文物参考资料》1957 年第 6 期。

② 闻宥：《四川汉代画像选集》，群联出版社，1955 年版，第 24 页。

③ 此图像自 1956 年公布以来，就是否佛像的问题学界一直聚讼纷纭，原发掘报告作者曾昭燏的《沂南古画像墓发掘报告》和任继愈的《中国佛教史》持否定态度。杨泓《国内现存最古的几尊佛教造像宝物》、俞伟超《东汉佛教图像考》和温玉成《公元 1 至 3 世纪中国的仙佛模式》持肯定态度。我认为杨、俞、温诸先生分析有理，故从杨泓等先生说。

④ 《中国汉画像石全集》编委会：《中国汉画像石全集》(1)，山东美术出版社，河南美术出版社，2000 年版，第 3 页。

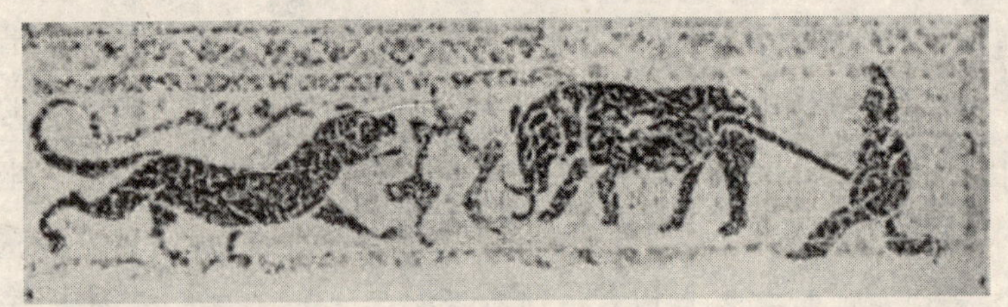

图 6－1

已出现佛教故事画。佛教故事画以内容丰富、情节生动、直观易懂、生活气息浓郁等特点而受到僧俗大众的欢迎，是佛门宣传佛教教义有效工具。汉画像石中佛教故事较为多见。例如，象为菩萨前身，佛门神兽之一，是佛家恶来善往教化的象征。关于象的故事，佛典描述甚多。除见于《杂宝藏经》和《大庄严论经卷》外，还见于三国时《六度集经》。一朵莲花引起妻妾之争，妾负气而死后转生美女报复，结果负遭天遣。象王面对伤害自己牙齿的猎人不仅不予还击，而且还以德报怨，告知他逃避众象报复的方法，最后自己被活活疼死。南阳英庄出土被命名为"猎象"的画像石上，大象长鼻上翘，齿前伸，一人持利钩正欲从象身后套取象牙。见图6－1。南阳县英庄为汉代画像石墓的集中区域之一，数量较多，多为东汉时期的墓葬，20 世纪文物部门在该地区先后发掘 4 座汉画像石墓，出土了一大批汉画像石。"猎象"为其中之一。猎象者头戴尖顶冠，明显是西域胡人装束。另外，猎象用钩，可见于佛经。在唐河县湖阳镇出土的汉郁平大尹汉画像石墓北阁室北壁上也刻绘了一幅象戏故事画。见图 6－2。六牙白象更为象中之宝。东汉竺大力共康孟详译《修行本起经》谓

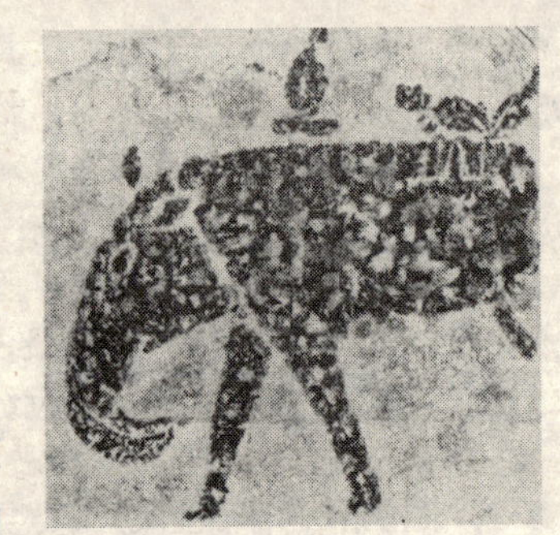

图 6－2

图 6-3

"色白绀目,七肢平跱,力过百象。髦尾贯珠,既鲜且洁,口有六牙,牙七宝色。若王乘时,一日之中周遍天下,朝往暮返,不劳不疲;若行渡水,水不动摇,足亦不濡。"①东汉《杂譬喻经》亦云:"身有六牙,生二万象。"②西晋月氏三藏竺法护译《普曜经》卷一中亦有"形象姝好,威神巍巍"的记载。南阳麒麟岗汉画像石墓是一座宗教氛围极其浓郁的墓葬,六牙白象画像极其丰富,图 6-3,即是其中的 1 幅。图 6-4,为鹿、凤、六牙白象同处画像,周围云气环绕。又如,维摩诘与文殊菩萨对坐说法的故事,不仅见于徐州十里铺的汉代画像石,而且还见于南阳市新野县汉代画像砖。③ 除此之外,与佛籍有关的虎王本生、鹦鹉本生、兔王本生、尧舜禅让等故事在汉画像石中也多有表现。

图 6-4

---

① 竺大力共康孟祥:《修行本起经》卷二,《大正藏》卷三,第 415 页。

② 高楠顺次郎:《大正新修大藏经》卷四,台北新文丰出版公司,1990 年版,第 308 页。

③ 温玉成:《公元 1 世纪至 3 世纪中国的仙佛模式》,《敦煌研究》1999 年第 1 期。

图 6 – 5

动物。在佛家眼里，僧众和动物代表着器世间的一切有情无情众生，是佛陀化导三千世界的重要对象。动物题材是汉画像石表现的重要内容，画面上出现的动物无论凶恶温驯、丑陋漂亮，都蕴涵有特定的佛教教义。龙率性天真，慈悲为怀，“唯默忍为安”，是菩萨行忍的象征。龙在汉画像石中多以载人飞行的形式出现。南阳“羽人 · 龙衔鱼”[①]一石上，龙不仅以尾拉仙人奋力前行，而且口中还衔一鱼，另外一鱼也将进入。如图 6 – 5 所示。此图 1982 年 5 月从南阳市方城县城关镇汉画像石墓发掘出土。方城为汉代南阳郡的一个重要经济文化中心，张骞西汉时曾封在此地的博望，为博望侯。建元二年(前 139 年)，奉汉武帝之命出使大月氏，至元朔三年(前 126 年)方归汉，一共在外逗留了 13 年。元狩四年(前 119 年)，又奉命出使乌孙，并派副使出使大宛、康居、大夏、安息等地。张骞两次出使西域，不仅开辟了有名的丝绸之路，而且还加强了南阳与西域宗教文化的联系。此墓由墓门、前室、主室 3 部分构成，方向 182°。“羽人 · 龙衔鱼”画像刻在主室上部门楣的正面。此墓经专家考证，应为东汉早期的墓葬。鹿本为菩萨前身，具舍生赴死的慈悲之性，因佛曾在鹿野苑初转四谛法轮，故而鹿一直在佛门象征转法轮，代表着转法轮的三昧耶形。南阳不仅有“神鹿”画像石，

① 南阳汉画馆：《南阳汉代画像石刻》，上海人民美术出版社，1988 年版，第 26 页。

图6-6

图6-7

图6-8

而且还有“鹿车”画像石。图6-6、图6-7,为神鹿画像。这两幅画像均出自南阳市麒麟岗东汉画像石墓的横梁上。图6-9为鹿车画像,此画像石从南阳市魏公桥上掘得。龟善占,亦为菩萨前身,从者可得济免难,南阳各地多有“仙人乘龟”画像石。例如,在南阳麒麟岗汉画像石墓的室壁上镶嵌了一幅仙人乘龟画像石,如图6-8画中刻一个仙人,手持仙草跪坐于龟背上。仙人身着长裙,头上发辫后飘,神龟昂首伸颈向左方向爬行,仙草作羽状,飘散于空中。马、猴、鸡、猪、狮、虎、鱼等均在“菩萨昔所住处”“修声闻慈”,因此都有佛性,自然成为画像石内容表现的主角。除阎浮提中动物之外,三足乌、九尾狐等神性动物也常在汉画像石中出现,使汉画艺术更具超凡脱俗之意味。

古人不计靡费地去雕刻佛像、佛门故事和神兽,其目的不在供

图6-9

人参观,更不在邀人喝彩,而是要深埋地下。这些深埋地下的画像石在古人心目中很崇高很神圣,因为“在古人眼中,墓葬画像不单纯是一幅幅画像,每一幅画像都有一个与其对应的阴间实物,每一幅像都能给死者的身后生活带来一种利益。”①这种利益,最重要的,就如《虚空目分·净目品五》所揭示的,乃为“他方诸菩萨等常应恭敬此佛世界”。器世间的草木虫鱼无论美丑凶善,无论有情无情,在墓中要么“安住修慈”,要么教化同类,都在尽力地演说着无上菩提之道。这意在说明:此土功德深厚。拥有功德深厚之土乃古代上至帝王下至平民最大心愿之一。它展现了一种人生幸福的文化模式,有着浓郁的民间文化色彩。

二、汉画像石所反映的早期佛教生态意识

南阳汉画像石存在于西汉中期至东汉末期这样一个历史时期中。在历史时期的大部分时段,贵族士大夫的仕途和世事总是有着太多的不如意。再加之早期原始农业文明所形成的人与自然之间那种紧密关系,当拥有政治参与的忧惧体验之后,他们往往容易跨越认识论而以存在论的视角来思考人与周围的关系。早期佛教从生存角度对于人与社会、人与自然、人与人关系所作的呼唤和阐释,因给世人领略宇宙人生带来了新思路、新理念和新空间而成为人性嬗变神龛上一炷弥合心灵创痛的香烛。

缘起说是佛教自然观的哲学基础,世间的一切存在均由种种条件和合而成。“种种条件”即为因缘。万有凭因缘而生,故而他们不仅在世间相互依存,无法脱离集群而独立存在,而且无论大

① 陈江风:《汉画像反映墓主生前生活说辨析》,《南都学坛》2002 年第 2 期。

小,是否有情,都拥有佛性。因缘的缘集、缘生、缘灭、缘起直接导致了宇宙万有的生育与阒灭。佛教从如此辽阔的视角来考量和概括宇宙万有的诞育发展及其演化趋势,包含着深刻的古典存在论生态意识,对于汉代人设计制作画像石时穿越肤浅的认识论思维模式,从生态存在论审美观念的基础上表现人与人、人与自然、人与社会之间共生共存关系奠定了理论基础。

缘起是宇宙万有与人类最根本的存在,是万事万物诞育发展的总根源,《大正新修大藏经》卷二中说:"有因有缘集世间,有因有缘世间集;有因有缘灭世间,有因有缘世间灭。"[①]除缘起外,世间万般皆空,凡人眼中所见世界是现象世界,各种事物所体现的外部形态和联系,都属于浅表层面的在场的存在者,具有虚幻失真无常无我之质性,是"空"。《摩诃止观》卷一对"空"作了这样的解释:"云何即空,并从缘生,缘生即无主,无主即空。"[②]宇宙万有乃因缘和合之聚合体,一物既是自身,同时又含有他物,此中有彼,彼中有此,都没有自性,现象为假有,本体则是真空。此无故彼无,此灭故彼灭。汉画像石显在主题之一,便是以现象世界的"无主"在场和存在去探索它背后的"人空"和"法空"。南阳汉画像石墓出土的大量人、龙、虎、狮、象、马等共处的画像石和虎躯人首、龙(蛇)躯人首画像石都无不提示了"缘起"世间众生相依相存的道理。生命个体没有实在的本质存在,是人空;兽躯人首是说一切事物不具实体,是法空。汉画石对于佛教"法空"、"人空"观念的阐扬及对于人我执和法执的破除,对于现今反对人类中心论,消除生态危机,创建人

① 高楠顺次郎:《大正新修大藏经》,台北新文丰出版公司,1990 年版,第 104 页。

② 释智顗《摩诃止观》卷一,第 5 页,《大正藏》卷五,第 54 页。

类“审美的生存”具有重要的启发意义。

《三藏法数》指出:“正由业力,感报此身,故名正报;既有能依正身,既有所依之土,故国土亦名报也。”[①]在佛家看来,天地同根,万物一体,法界同融,万物皆有佛性,因此在对待生命与环境的关系上主张“依正不二”,将生命与环境视作不可分割之有机整体。作为其中的生命体,既不可自傲于他物,更不可自傲于自然。通过古人在汉画像石对于动物与人、动物与神、动物与动物关系的处理和表现,可以使我们领略蕴涵其间的那种众生平等的思想情愫,那种“因道同在”命题下的生存平等和智慧平等。

在佛家看来,器世间的人与动物在本质上不存在差别,众生平等。佛教的众生平等观念使汉代人成功穿越人类中心主义而乐意在画像石中心悦神怡地与各种怪禽异兽和谐共处,见不出存有层面和世俗层面相应的恐惧和厌恶。龙原本是古代中国人的图腾,但是到了汉代,受佛教影响具有了驾乘升天的意蕴。这一观念反映到汉画像石上,便有了南阳各地的“乘龙图”和“乘龙升天图”等画像石的出现。虎虽有食肉之性。但在佛门眼里,虎是最能助人抵达彼岸的吉兽,“驾龙骑虎,周游天下,为神人使”,[②]所以,这些图像在南阳汉画像石墓中相当普通。这些图像无不从佛的角度肯定了人与动物之间的平等关系。

智慧方面的平等体现在众生都有体悟自己和他人的智慧。在汉画像石中,这种平等智慧不仅表现在人和食肉猛兽在与弱小动物相处时都会自动收敛与生俱来的杀灭之性,而且还都拥有大慈大悲泛爱众生的情怀,了知所有事物都是多姿多彩生态器世间不

① 一如等:《三藏法数》卷六,上海医学书局,民国十二年版,第39页。
② 尚秉和:《焦氏易林注》,中国书店,1990年版,第372页。

可或缺的组成部分，动物之间（人亦是特定意义上的动物）理应相互“与乐”（慈）和“拨苦”（悲），以便同入涅槃之境，获得彻底解脱。慈悲乃佛法中第一大法，《大智度论》说：“大慈与一切众生乐，大悲拔一切众生苦”。在汉画像石中，人与兽禽共处同乐的内容相当丰富。如图6－10这类画像我们在此选取2幅，第1幅画像从南阳市方城县城关汉画像石墓出土，1人居画面中部，舞姿优美，引逗着左右2头兽类。见图6－10A。第2幅为2人2兽。该画像系从南阳县民间征集而来，现藏南阳市汉画馆。画左刻1人，右手执钺，左手牵虎。虎为索所系，张口瞪眼，向前奔去，步态矫健。画右刻1人，右手执角，左手伸掌，正与1牛相斗。画面以云气做装饰。见图6－10B。这种构图表达了古人予众生以快乐的愿望。智慧平等理念使佛教的慈悲心肠在坚持将平安生存当作最高利益的同时，更看重对于他人他物遇到困难给予必要的帮助。当这种帮助与个人利益发生冲突时，不惜牺牲自己利益。《菩萨投身饴饿虎起塔因缘经》中就曾以乾越陀国太子栴檀摩提投身饲虎来觉证佛教的慈

图6－10A

图6－10B

悲义理。舍身饲虎佛教故事不仅在佛经中有着充分的表现,在汉画像石中也有着广泛的刻画。

汉画像石所表现出来的无情有性自然观和众生平等生命观,意在说明,人与世界万有乃一理相通,只有相互尊重,世界才会获得和谐。

三、汉画像石相关图像对危害生态行为的警示

对生态灾难的警示、对人类命运终极意义的重视和对个人群体灵性存在的强调是早期佛教通过汉画像石体达出来的又一重要内容。

汉代社会倡行田猎,上自皇室,下至贵族豪右,无不把挟弓牵犬视为一种高雅的生活享受。据《汉书·贾邹枚路传》载,文帝宁可"不猎猛敌","不搏反寇",也要"选其贤者使为常侍诸吏,与之驰驱射猎,一日再三出。"①汉武帝时,为免却皇帝入山驰射鹿豕狐兔和手格熊罴道远之苦,乃于阿城以南,盩厔以东,宜春以西,"提封顷亩,及其贾直,欲除以为上林苑。"②汉元帝无视"关东困极,人民流离",仍大举射猎。③ 汉成帝时特设射熊馆,专置民众田猎所获以供自己玩娱,并命民"不得收敛"。④ 桓帝校猎更是无节,面对"田野空、朝廷空、仓库空"的三空大患和"兵戒未戢,四方离散"的严峻局面,不是"焦心毁颜,坐以待旦",而是"扬旗曜武",醉心于舆马猎兽之观。在"前秋多雨,民始种麦,今失其劝种之时",又强令

---

① 班固:《汉书》卷五一,中华书局,1962 年版,第 2335 页。

② 班固:《汉书》卷六五,中华书局,1962 年版,第 2847 页。

③ 班固:《汉书》卷七一,中华书局,1962 年版,第 3047 页。

④ 班固:《汉书》卷八七下,中华书局,1962 年版,第 3557 页。

民众行“驱禽除路之役”。[1] 恤民之意被狩猎之欢夺尽。上有所好下必甚之，在皇室田猎之风的影响下，贵族士大夫对于此种风尚的爱好，更是有过之而无不及。张衡《归田赋》中这样写道：“于是仲春令月，时和气清。原隰郁茂，白草滋荣。王雎鼓翼，仓庚哀鸣；交颈颉颃，关关嘤嘤。于焉逍遇，聊以娱情。尔乃龙吟方泽，虎啸山丘。仰飞纤缴，俯钓长流……极般游之至乐，虽日夕而忘劬”。[2] 马融在与友人书中也不乏“在竹间放狗逐麋”的描绘。在汉代画像石中，这种田猎内容更是不胜枚举。例如，邓县长冢店出土的“田猎”画像石上，左边 2 人围猎 1 虎，其中 1 人跃马于前，回顾挽弓射虎，另 1 人飞马持矛刺虎。画右 1 野兽受伤翻倒在地，后 1 人跨马驰逐，持械搏击。见图 6 - 11《论语 · 述而》云：“弋不射宿。”在南阳靳岗出土的“弋射”图上，天上有飞行的大雁，地上有两位弋射手，一人已获一雁提在手中，另一人单腿跪地，所发带细线之短矢已射中一雁。见图 6 - 12 至于骑射、围猎的画像内容，场面更大，对于生灵的的摧残更烈。图 6 - 11 表现的是宏大的骑射场面。南阳汉画像石中的围猎场面也很壮观。图 6 - 13 是一幅表现汉代围猎场

图 6 - 11

① 范晔：《后汉书》卷六六，中华书局，1965 年版，第 2162 页。

② 张衡：《归田赋》，见严可均校集：《全上古三代秦汉三国六朝文 · 全后汉文》，中华书局，1958 年版，第 720 页。

图6－12

图6－13

面的画像,1983年4月从南阳县英庄汉画像石墓出土,在墓中被刻绘在东主室西壁的左上方。画面以山为界,将画面一分为二。山左1人荷戟,旁边放置1辆小车,似为载猎物用。山右为惊天动地的狩猎场面。画的最右边1人扬鞭催马正将猎物向山脚驱赶,山崖陡峭,原为绝路。2犬张口延颈拼命追逐可怜的鹿群。另1人举毕网兽。图6－14也是一幅表现汉代围猎场面的画像。1983年3月从南

图6－14

阳市王庄汉画像石墓出土,位于墓室中主室东壁北假门门楣处。图画下部刻叠荡起伏的山峦,2只猎犬正追逐1只奔兔。图右1人在呐喊助威。图左1野兽看到兔子就要遭遇不测表现出十分惊恐之态。除此之外,在南阳周边地区汉画像石墓出土的汉画中,这种社会风习也有反映。如登封少室阙上的射鹿图,鹿被两名凶蛮的射手围在中间,尽管鹿颈已中箭,但前后射手仍在不停地挽弓发射,鹿于仓皇奔躲中回首凄哀地看着行将灭杀自己性命的猎手。田猎之风的漫漶,给政事和民事都带来了极大危害。面对皇室贵族穷侈极欲所带来的民生困厄和生态破坏,除贾谊上疏提出"夫射猎之娱,与安危之机孰急"[①]的质问和扬雄作《长杨赋》对成帝沉湎田猎提出严励批评之外,汉画像石也表现出了强烈的否定态度。

在以往的汉画像石研究中,论者针对石上所刻之射猎内容只单纯地将它们定义为山野情趣的娱乐形式,是汉代狩猎风习的再现。这些论说虽然不无道理,一部分田猎画像石也确实反映了世人的这种精神追求,但它的失误也是明显的——未曾将田猎类画像石与同一墓葬中的其他画像石放置在一起实施文化通观从而发现它的宗教含义,特别是那些与佛教特征明显的画像(如佛像)同处一墓的狩猎画像石。如果只是简单地认为它们是表达墓主世俗生活方面的情趣或愿望,那么画像石这一文化现象所折射的佛教属性和不杀生戒律就没有办法梳理和归纳。因为田猎的实质就是杀生,而杀生则是犯佛门五百五十戒之首的杀戒,它违悖慈悲情怀,破坏佛门正行、威仪,乖离沙门清净之法。这对于早期佛教而言,无论如何都是不可思议的。

应该肯定,古人在刻画建造画像石墓时,由于生产力的限制,其

① 班固:《汉书》卷四八,中华书局,1962年版,第2231页。

石的采集、设计、雕刻等程序,不仅费力费时,而且也颇费钱财。因此,它的每一幅画面,包括每一幅画面的每一细部,刻什么和如何刻,应该都是极为慎重和富有寓意的。大量的搏杀动物飞禽的画面自然也不例外。将狩猎图像与佛教标志性图像并置于墓室之中,定然会有其深刻的佛学内涵。其实,与佛相连的狩猎画像石所表现的是佛学戒律方面的不律仪,此类内容的画像石即佛门常说的不律义变相。

不律仪,既指佛徒生于不律义家依其家法行杀生等恶法时所生起的无表色,亦指生于余家为求活命操杀生等恶业时誓心所生起的无表色。凡操刃为业、涂炭生灵、伤天害理、身口不净之人,佛门称为不律义者。此类人乃佛门大敌,佛教典籍常以猎兽之人作喻,且多与佛教四大恶魔(蕴魔、烦恼魔、死魔、天魔)并举。汉代人将不律义者搏杀生灵之妨善止善行为与佛像、佛图并置,其目的就是倡行佛门扬善祛恶的思想,同时也是对汉代狩猎风气的抨击。"杀生凶弊,极恶饮血,害意着恶,无有慈心于诸众生乃至蜫虫。彼受此业,作具足已,身坏命终,必至恶处,生地狱中,来生人间,寿命极短。"[①]如果世人"离杀断杀,弃舍刀杖,有惭有愧,有慈悲心,饶益一切乃至蜫虫,彼受此业。作具足已,身坏命终,必升善处,生于天中。来生人间,寿命极长。"[②]汉画像石所具有的这种"受法现乐当来受苦报"的警策和暗示效用,可以说与后世佛门的戒律画大体相当,是对破坏生态者的震慑和警告。

古人除以佛教不律义变相的形式对破坏生态的行为进行警戒外,还通过画像石刻来表达自己对于佛教生态理想的认知,形象地

① 高楠顺次郎:《大正新修大藏经》卷八,台北新文丰出版公司,1990年版,第705页。

② 高楠顺次郎:《大正新修大藏经》卷八,台北新文丰出版公司,1990年版,第705页。

表现了佛教的生态观。例如，佛教认为无苦有乐的佛门净土是完整有序的。在汉画像石所表现的内容中，动物的题材最多，且不说其中的飞禽走兽基本上与佛教的瑞禽神兽一致，就是各种动物在画面中的位置和行走方向也都表现出明显的秩序性。据汪小洋考证，动物的行动方向基本上都是自右向左的。[①] 画面若有层次之分，那么上层表现天空，中间表现人世，下层则表现地下世界。另外，画像石中所刻画的图案一般都是完整的，不论场面大小，层次多少，构图都是完整的，局部的图像极为少见。又如，佛教认为极乐世界充满了鲜花和水。在《称佛净土佛摄受经》中，不仅"极乐世界，净佛土中，处处皆有七妙宝地，八功德水弥漫其中"，而且"是诸池中，常有种种杂色莲花。"[②]汉代人在雕刻画像石时因受艺术水平和技术手段的限制，不便于表现无形无态的水，于是以鱼代水的刻画手法在汉画像石中可谓屡见不鲜。莲花在佛教教义中表示佛的诞生，是圣洁的象征，吉祥天、观音菩萨、普贤菩萨等总是与莲花为伴。莲花图像在汉画像石墓中的广泛存在，除其民俗意义上的瑞祥之外，佛教色彩也是明显的。再如，佛教认为极乐世界拥有优美的音乐，生存着奇妙多样的鸟类。画像石可以说是鸟类的天国和乐器的渊薮。鹅、雁、鹭、鸿、凤等应有尽有，笛、筝、箫、鼓、笳、竽、埙、铙、钟等琳琅满目。域外新颖别致的乐器也随着两汉文化交流而频频在画像石中亮相。例如南阳东郊墓画像石上雕刻的竖箜篌和山东嘉祥武氏墓画像石上雕刻的胡笳等。图 6－15，此画被论者命名为"伎乐"，系从南阳县民间征集所得，现存放在南阳市汉画

---

① 王小洋：《江苏汉画像石动物图像的宗教意识思考》，《江苏大学学报》2002 年第 4 期。

② 《称佛净土佛摄受经》卷四，《大正藏》卷八，第 210 页。

图 6－15

图 6－16

馆。画面上共刻 7 名乐曲演奏者，左起第 1 人击鼙鼓，第 2 人弹筝，第 3、第 4 两位乐手弹和乐器，据李荣有考证为竖箜篌，[1]第 5 人吹埙，第 6、7 两位，也就是画像最右边的，则摇鼗吹箫。另外，画像石中鼓吹演奏阵容十分整齐。如 1972 年 3 月南阳石桥汉画像石墓出土的鼓吹乐画像石上，乐伎 5 人，2 人立虎座建鼓两侧，双手执桴，且击且舞，1 人于旁吹笙，其余 2 人执排箫吹奏。如图 6－16 该图位于南耳室门楣正面。又如南阳市郊出土的纯伎乐演奏画像石上，演奏人员已多达 7 人，如图 6－17 金石丝竹，美妙动听。出土有

图 6－17

① 李荣有：《汉画与汉代音乐文化探微》，《文艺研究》2000 年第 5 期。

图6－18

六牙白象的唐河湖阳东汉画像石墓的另一块石刻上，对"一人唱众人和"这一汉代民间特有的相和歌演唱形式的表现，更是佛教极乐世界充满欢娱教义的有力佐证。如图6－18天竺国俗，甚重文制，其宫商体韵，以入弦为善。"见佛之仪，以歌叹为贵"。[①] 竺法兰这位第一个来华传教的释门弟子，就曾以"大梵音叹佛功德"。安息国太子安清高僧汉灵帝年间去庐山途中向共阝亭庙神"梵语数番，赞呗数契"[②]（中国原本在新石器时代和夏商时代即已兴起歌舞酬神习俗，佛教的这一好尚与国俗相合，是它得到国人尊崇的重要原因之一）。《佛说大乘智印经》云："如来所有说法声，世间众音莫能比，琵琶筌笛及角贝，箜篌鼓瑟妙歌唱，桴击犍椎及铙钹，如果诸乐共振作，命命频伽及鹦鹉，如是众鸟皆和鸣，佛发微妙柔软音，众音相共莫能比。"[③]在佛教看来，净土是菩萨善行的果极，它的获得有赖于众生修养的提升，即所谓心净则佛土净。将禽鸟和乐器歌舞刻于墓室，即表达一种昼夜六时恒共集会、出和雅声、消灭烦恼的理想，也体现出佛教重视人间净土，改善人类行为的努力。汉画像

---

① 王昆吾、何剑平：《汉文佛经中的音乐史料》，巴蜀书社，2002年版，第588页。

② 释惠皎：《高僧传》，中华书局，1992年版，第6页。

③ 《佛说大乘智印经》卷四，《大正藏》卷一五，第583页。

石为人类勾勒出了人与无量无边妙乐和种种奇妙可爱杂色众鸟共存共生的美好图景，以虔诚笃信超越自我世俗哲学，表达出对于无限、永恒、绝对净土的倾慕和向往。

佛教还预见到生态危机的到来，指出："三界无安，尤如火宅。"由于三界乃至大千世界充满污秽淫欲，因而生态难逃崩毁厄运，人类所处阎浮提亦只能是暂时存在状态。人要告别这充满苦难的婆娑世界，抵达涅槃界，实现人生彻底解脱，除遵守佛教八正道和六度外，还要坚持戒、定、慧三学。通过八道、六度和三学，使众生皆获解脱而进入人心净众生净环境净的涅槃境界。然而，由于人类无明，本心本性为烦恼覆盖，沉溺欲望泥淖不能自拔，所以尽管苦苦挣扎却终究不得解脱。对于这种尴尬，佛门常以"二牛共轭"作喻。[①] 佛教认为，六根与六境之间原本不存在联系，是欲和贪将二者捆绑在一起的。《大正新修大藏经》第二卷中说这种状况"犹如彼二牛、一黑一白，共同一轭，共相牵引，不得相远。此众生类亦复如是，为此贪欲使无明使所缠结，不得相离"。[②] 二牛共轭图像在汉画像石中较多，表达了时人挣扎于苦海不得解脱的思想。《菩萨处胎经》卷五指出："犹如二牛共一轭，若黑牛前，白牛后，则种不成就，若白牛前黑牛后，种亦不成就；非黑牛前白牛后，非白牛前黑牛后，则种成就。神足道果亦复如是。"[③] 山东嘉祥出土的二牛共轭画像石中，二牛不仅并列前行，而且还形象地刻画一人在后施种。此处共轭喻妙法，牛喻顿机，施种喻佛，人若解法则成正觉。佛门认为凡夫之人多受苦恼之因在于不能善守五

---

① 以牛为喻原本在佛陀游化之前就是婆罗门教和其他沙门说法中重要的方便示化法之一，佛徒也常以牛自比。

② 高楠顺次郎：《大正新修大藏经》卷十，台北新文丰出版公司，1990 年版，第 1011 页。

③ 《菩萨处胎经》，《大正藏》卷一二，第 1000 页。

图 6 – 19

根，因此强调制心制根。《佛垂般涅槃略说教戒经》说："五根贼祸殃及累世，为害甚重，不可不慎。是故智者制而不随，持之如贼，不令纵逸。"[①]往往用牧牛、牵牛象征此种功夫。在南阳英庄出土的画像石上，一人左手紧挽缰绳，右手擎鞭，目不转睛地盯视着牛，牛在牧牛人身后不得不亦步亦趋地前行。1982 年 5 月，文物工作者对南阳市方城县城关镇汉画像石墓进行了发掘，出土画像石 20 块。其中两块画像石上，分别刻有胡人手举利刃阉牛的图像，也应该是通过给牛去势的手段来表现从驰骋尘境达到"露地安眠意自如"的寓意。如图 6 – 19 阉中去世图刻在西室门楣处。此外，画像石中还有许多搏牛的内容，也都是佛教由制心到控六根以免滑入外境的比喻。

图 6 – 20

牛图案是清舍门楣上常用的装饰，画像石中的牛也多刻在墓室的门楣之上。在南阳方城县出土的一扇墓门上，将一卧牛与白虎刻绘于同一幅画面中，虎为佛门神兽，牛为佛陀自喻，白虎卧牛横陈于墓门之上，其心清性纯的况味已是不辨自明。如图 6 – 20 所示。

① 《佛垂般涅槃略说教戒经》卷七，《大正藏》卷四〇，第 207 页。

佛教将器世间孕育灾难和悲剧的根源引向心根，这就使人在面对命运悲剧时不光只有苦悲和无奈，同时还会产生深深的反醒与自责。佛教的这种反醒自责精神在汉代画像石中以民间信仰的形式得到了保留。当前当我们面对世界范围的生态恶化形势时理应从汉画像石所彰显的自负情绪和反省意识中受到启发，不能把解决问题的全部办法都只寄托在科学技术的发达上，重视佛教的八正、六度和三学，更多一点自责和反省。汉画像石是中国宗教美术的滥觞，它所体达的对生物多样性的肯定态度及人与万物平等、不能妄自尊大的生命理念，反映了生态的本质。它的克己制欲思想和在解释人类生存目的和意义上的经验与方式，具有重要的当代价值和生态学意义，如果对之进行科学的改造，在维护社会生态平衡方面，将会帮助主流文化取得更大的效用。

第七章　音乐汉画像石中的儒家人格完善思想

刘汉是一个推重礼乐教化的皇朝，乐丧成风且愈演愈炽。然而，由于文献典籍亡佚散失所导致的资料局限，使得今人对于汉代乐或乐教的理解往往止于音乐文化层面，难以全面把握乐在人格完善方面所承当的积极意义。近年来，随着考古工作的发展，一大批汉画像石音乐文物（我们将之称为"乐像"）的发掘出土，为我们深入开掘汉代的哀乐思想和充分认识古代民众的精神世界，提供了不可多得的珍贵文献。音乐汉画像石中蕴涵着极其丰富的儒家哀乐理念和人格完善思想。建基于"戚戚亲爱"之上的乐舞画像石，体现了古人亲仁互爱的理想追求。在儒者的心目中，哀乐异构同质相通相生，表达着一种缘于亲亲基础的"憯怛"、"恻隐"之情和亲和哀悲之仁。哀乐相生构成了古代儒者道德目的论美学的主要特征。

一、汉画像石"乐像"的类型

在儒家的乐教思想体系中，乐文化因负有通伦理、易风俗的社会功能而被视为礼仪的一个重要组成部分，乐及乐教在构建儒家精神家园的过程中，有着非同寻常的意义。儒家系统论述音乐本质、特征、功能和音乐创作、欣赏中主客体关系的美学经典之一的

《乐记》认为,“移风易俗,莫善于乐”,[1]《荀子·乐论》亦说:“夫声乐之入人也深,其化人也速,故先王谨之为文。”[2]《周礼·大司徒》更是将具有“以乐(礼)教和,则民不乖”[3]功能的乐列为12种化人术之一。正是这个原因,有汉一朝,乐舞之风甚盛,上自皇亲贵戚,下至黎民百姓,无不以作乐抒怀、能歌善舞为荣。《盐铁论》云:“今富者钟鼓五乐,歌儿数曹;中者鸣竽调瑟,郑舞赵讴。”[4]在他们看来,乐不仅能够将天道内化为人的心性,而且是实现生命意义和生命价值的动力和手段。在这种乐雨舞风的浸润和吹拂下,有着“谓死如生”观念的古人,觉得“死人有知,与生人无以异”,[5]活人需要的死人也同样需要,于是便在墓室里为死去的亲人刻画了大量的钟、鼓、管、磬、籥和舞蹈等“屈伸俯仰、缀兆舒疾”的“乐像”,以此来表现自己心中那份对于乐而言浓得化解不开的虔诚。

汉画像石中的“乐像”,主要有以下几种类型:

第一,纯器乐。乐是圣人应天之作,有着广泛的群众基础和强大的舆论氛围,因此,至汉代时,除乐器的性能和演奏水平得到进一步的提高之外,有关器乐的理论著作,像刘向的《琴说》、桓谭《琴道》、蔡邕《琴操》等也纷纷问世。这在一定程度上促进了器乐表演的繁荣。从汉画像石来看,汉代不仅已经有了纯器乐独奏,而且还有了纯器乐合奏,甚至纯器乐大型合奏。在独奏形式中,由于琴、鼓分别具有“适足以和人意气,感发善心”[6]和“奋至德之声,感和

① 《乐记》,上海古籍出版社,1987年版,第10页。
② 梁启雄:《荀子简释》,中华书局,1983年版,第214页。
③ 陈戍国点校:《周礼·仪礼·礼记》,岳麓书社,2006年版,第23页。
④ 桓宽:《盐铁论》,王利器校注,中华书局,1992年版,第215页。
⑤ 桓宽:《盐铁论》,王利器校注,中华书局,1992年版,第240页。
⑥ 应劭:《风俗通义》,上海古籍出版社,1990年版,第35页。

平之气”[①]的教化作用，因此被汉代人广泛地刻绘于汉画像石中。在南阳县阮堂汉画像石墓中，出土了一幅琴鼓等纯乐器合奏的画像石。画面左起1人操琴，左起第2人吹埙，左起第3人执桴击鼙鼓。如图7－1所示，需要说明的是，作为一种风俗，此类图像并不仅限于南阳独有。从出土的汉画像石来看，全国好多地方都有这样的风俗。例如，四川雅安高颐阙上所刻的弹琴汉画中，晋平公被师旷的琴声感动得掩面而泣，玄鹤百兽也在悠扬的琴声中且鸣且舞。[②] 四川乐山虎头湾东汉崖墓中也有一幅男伎盘腿端坐抱琴独奏的画像。[③] 鼓乐乃汉画中之卓荦大者，它分为建鼓乐、鼗鼓乐和鼙鼓乐等。其画面在画像石中比比皆是，不胜枚举。汉画中的鼓乐以建鼓乐居多，给人以铿锵的节奏感和鼓点变幻的韵律美。南阳市唐河县出土的“建鼓”画像石上，建鼓被置于鼓座上，鼓员边鼓边舞。如图7－2。该画像石1978年3月从南阳市唐河县湖阳镇汉郁平

图7－1

图7－2

① 班固：《白虎通》，中华书局，1994年版，第21页。

② 中国汉画像石全集编委会：《中国汉画像石全集》(5)，山东美术出版社，河南美术出版社，2000年版，第215页。

③ 中国汉画像石全集编委会：《中国汉画像石全集》(6)，山东美术出版社，河南美术出版社，2000年版，第224页。

图 7 – 3

大尹冯君孺人画像石墓中出土。图中建鼓侧置，上饰羽葆，鼓手戴前低后高冠，手执圆头桴，击鼓起舞。[①] 鼗鼓，古鼓之一种，周时已有，《周礼 · 春官 · 宗伯》即有"掌教鼗鼓"[②]的记载。孔颖达《礼记注疏》曰："鼗如鼓而小，有柄，宾至摇之以奏乐也。"[③]汉画像石中常常由一人左手执鼓，合乐而摇之。如图 7 – 3。此图 1973 年 5 月从南阳市邓县长冢店汉画像石墓出土，位于南二侧室门楣石正面。自左至右分别为：跽坐执槌击铙者 1 人，手摇鼗鼓者为第 2 人、第 4 人、第 3 人口吹排箫，其右刻建鼓 1 面，鼓上刻饰羽葆，鼓侧悬挂 4 个钲之类的打击乐器，建鼓两侧各有 1 人，双手各执 1 桴击鼓。[④] 鼙鼓为扁圆形的军用小鼓，《释名》曰："鼙，裨也，裨助鼓节也。"[⑤]画像石中一般将它置于地上，鼓者手执鼓槌，席地敲击奏乐。如图 7 – 4。此图从南阳市七孔桥出土，画中两部鼙鼓置于地上，鼓手执

① 参见南阳地区文物队、南阳博物馆：《唐河汉郁平大尹冯君孺人画象石墓》，《考古学报》1980 年第 2 期。

② 陈成国点校：《周礼 · 仪礼 · 礼记》，岳麓书社，2006 年第 1 版，第 53 页。

③ 孔颖达：《礼记注疏》，见《十三经注疏》，中华书局，1980 年版，第 13 页。

④ 参见《南阳汉画像石》编委会：《邓县长冢店汉画像石墓》，《中原文物》1982 年第 1 期。

⑤ 刘熙：《释名》，中华书局，1985 年版，第 120 页。

图 7-4

图 7-5

桴而击。这种情形还可见于图 7-1 中右边击鼓人所击的鼓。纯器乐合奏是指两件以上乐器同时演奏的表演形式,类似现代舞台上的二重奏、三重奏、四重奏等。由于相关文献的稀缺,后人对于汉代器乐合奏的情况不甚了了。汉画像石音乐文物对于此类内容的记录和展呈可以在一定意义上弥补这方面的缺憾和不足。1972 年 3 月南阳石桥镇汉画像石墓发掘出土了一幅鼓箫合奏的画像石。此石位于墓穴南耳室门楣正面,建鼓两侧的男伎正与鼓前的二吹箫人合奏乐曲。如图 7-5。1976 年在南阳市唐河县上屯乡征集到了西汉画像石墓中出土的敲击、丝竹类器乐合奏图。如图 7-6。在第六章中提到的那幅刻有竖箜篌的画像石特别值得一提,这是南阳汉画馆目前珍藏的一块表现大型纯丝竹弹弦器乐合奏的画像石。该石长 100 厘米、宽 37 厘米,图中 7 人演奏了琴、箫、瑟、箜篌等 9 件乐器,全国少见。南阳军帐营汉墓中也出土了两块鼓、

图 7－6

图 7－7

箫、钲、竽、瑟合奏的画像石。[①] 纯器乐合奏的画像石在南阳草店汉墓以及南阳地区之外的徐州十里铺汉墓、山东肥城孝堂山祠堂和陕西绥德辛店汉墓等处也多有出土。

第二,舞乐。此指为舞蹈伴奏之乐。汉代舞蹈艺术与器乐艺术已密不可分地联结为一个整体,蔡邕《乐令章句》云:"舞者,乐之容也。有俯仰、张翕、行缀、长短之制。"[②]由于汉代宫廷和民间都盛行乐舞娱年,俗乐泛滥,因此乐舞作为日常性的文化活动也便被摄入了汉画像石的表现范围。南阳县英庄汉画像石墓墓门北门楣背面,刻了一幅表现舞乐的画像。如图 7－7。画像上部刻垂幔,从左至右分别为:左起 3 人为舞者,第 4、第 5 两人在为舞者伴奏。第 4

① 南阳博物馆:《河南南阳军帐营汉画像石墓》,《考古与文物》1982 年第 1 期。

② 蔡邕:《乐令章句》,中华书局,1985 年版,第 5 页。

图 7－8

人跽坐，面前放置 1 鼙鼓，左手执桴敲击，右手持篪吹奏。第 5 人同样跽坐，似在摇鼗。[①] 图 7－8 征集于南阳县，画面刻 8 人，共有 5 人演奏。左边第 2 人摇鼗弄壶，右起第 1 人击铙，第 2、第 3 两人吹排箫、摇鼗。右起第 3 人吹埙，右起第 5 人鼓琴。图中只有 2 人在舞，左起第 1 人作长袖舞，左起第 3 人倒立。由于儒学影响遍及全国，所以此类汉画从全国各地的汉画像石墓中出土较多。例如，山西离石县汉墓出土的乐舞画像石上，为跳盘鼓舞伴奏的是一支竖笛。[②] 山东微山县沟南村汉墓出土的乐舞画像石上，为跳长袖舞舞伎伴奏的是由箫、埙、琴、笙、鼗、鼓等乐器组成的乐队。[③] 在苍山元嘉元年汉画墓出土的画像石中，箫、瑟、竽、鼓、笙、埙一应俱全，为舞者和歌奏乐，其画像题铭用“倡家生汻，相和仳吹”一语来形容和描绘各种乐器相和竞吹以配合舞者表演的盛况。[④]

第三，百戏散乐。百戏之艺，始于战国，盛于汉代，融杂技、角抵、幻术为一炉，合歌舞、散乐于一体。吴钊、刘东升合著的《中国

---

① 南阳博物馆：《河南南阳英庄汉画像石墓》，《中原文物》1983 年第 2 期。

② 袁荃猷：《中国音乐文物大系》（北京卷），大象出版社，1996 年版，第 234 页。

③ 微山县文物管理所：《山东微山县出土的汉画像石》，《文物》2000 年第 10 期。

④ 山东省博物馆、苍山县文化馆：《山东苍山元嘉元年画像石墓》，《考古》1975 年第 2 期。

图 7－9

图 7－10

图 7－11

古代音乐史略》称它是“杂技、歌舞及民间各种新的音乐技艺的总称。”[①]在音乐的伴奏烘托下，艺伎要么要坛戏乐、逗兽弄杖，要么蹴鞠冲狭、吐火倒立，极受民众的欢迎。图 7－9 为百戏散乐画像。征集于南阳市西郊。画左刻 1 伎在樽上倒立，第 2 人作要杖之技，第 3 人作踏鼓舞。右起第 3 人为歌者，中间的 4 人为奏乐者，奏乐者所操乐器分别为鼓、埙、瑟。

图 7－10 百戏散乐画像。此图征集于南阳县，画中置 1 建鼓，二鼓手执桴击鼓，右 3 人表演百戏，其一跳丸，其一舒长袖作踏鼓舞，其一于樽上做倒立，画面左侧 3 人伴奏。

图 7－11 百戏散乐画像。该图 1973 年 3 月从南阳县王寨汉画

① 吴钊、刘东升:《中国古代音乐史略》，人民音乐出版社，1983 年版，第 78 页。

图 7－12

像石墓发掘出土，位于主室门楣正面。画面上刻绘 7 人，以击镈钟伴奏。与全国各地出土相关汉画像石相比较本图像的最大独特之处，在于画面左数第 2 人手中同时能抛耍 12 枚跳丸。这种技艺，全国仅有。左起第 3 人为口吐火者，中间 1 人一手托物，一手按樽倒立，右第 3 人做滑稽表演。

图 7－12 啡戏散乐画像。此图表现的是汉代特有的百戏节目"冲狭"。画中刻 1 狭圈（即刀圈），圈左 1 女伎，高髻长袖，侧身，衣带向后飘拂，似刚从狭圈冲过。圈右置一樽，1 伎纵身腾空，冲向狭圈，其余 4 人为奏乐者。此画像石系从南阳市一中院内画像石墓发掘出土。从各地出土的画像石来看，乐队常常被置于画像石的突出位置。十分醒目，这一特点，不光南阳汉画像石中有，而且全国各地的相关画像石中也有。例如，1954 年在山东沂南北寨村发掘出土的乐舞百戏画像石上，着意突出了乐的地位。总共不到 50 人的画面，演奏乐器的人员就占到了 22 人，钟、鼓、鼗、箫、笛、笙、琴、埙等汉代所能有的乐器应有尽有。南阳汉画馆收藏的"乐舞百戏"画像石和山东苍山县城前村出土的"乐舞百戏"画像石，尽管演出的品种繁杂，参加的人数众多，但在着意突出乐队之乐的用心上，看得出与沂南北寨画像石有着异曲同韵之妙。深刻地反映了汉代音乐与世俗合流的倾向。

乐在古人那里被分成了德音和逆音两种类型，凡庄严纯正之乐，谓之德音；凡颓废淫邪之乐，谓之逆音。由于德音促人奋进，逆音诱人骄淫，所以古人尚仁声德音而抑逆音。德音为调和之音，其纯正肃穆的音色跟人心中顺服之气相呼应，能使人心平气和。逆音为奸邪之音，易于诱发人们心中的逆乱之气而酿造祸患。抑制逆音光大德音有助于人间社会和自然万物向着和谐方向发展。在汉画像石丰富的“乐像”中，无论是钟、鼓、铙、磬，还是埙、瑟、琴、箫，在古人眼里，都是能发出“德音”仁声的乐器。为表现这些与天地之心相通的乐器那种超强的感染效果和对“性与天道”的使命担当，我们发现，刻有此类乐器的“乐像”一般都被设置在了祭祀亡亲的享堂里和墓穴的前室中。即使不在这些位置，那些钟鼓交作、管弦齐鸣的“乐像”周围也往往陪衬着大量的鸟兽神人，或百兽率舞，或人神同和。前者为祭祀场景的构成内容，意在表明此乐能与天神相通；后者是德音感动神、人、鸟、兽的真实写照，意在表明乐具有化仁化德的神秘力量和具有促人向善的美妙功能。《荀子·乐论》云：“乐者，圣人之所乐也，而可以善民心，其感人深，其移风易俗，故先王导之以礼乐而民和睦。”①这种乐以化德的效果，不仅是古人所翘首渴盼的，也是他们不计靡费花费大量人力物力和财力去雕刻它们的内在原因。

二、乐的深层含义

一个很有意思的问题是：乐在墓葬中大量存在，其行为过程意味着什么？

这其实涉及了古人心目中的乐的深层含义：悦。《论语》云：

---

① 梁启雄：《荀子简释》，中华书局，1983年版，第15页。

“孝悌也者，其为仁之本与。”[1]孝悌是仁的重要内容。在儒学极为发达的汉代，古人为孝顺亲人在墓室里刻画“乐像”的用意，不仅使自己心安，更是想让图像影响灵魂，使死者在乐文化的刺激下获得官能和精神上的愉悦而安息，不搔扰生人并保佑生人。也就是以乐为触媒，高蹈远引，走向“中心安仁”。因为以音乐为中心的乐文化原本为“知礼乐之情”的圣人所作，它的存在不仅能“彰德”，更能为个体带来高级的精神愉悦和道德升华，使人对生活环境产生一种满足感和幸福感，从而稳定心性，变得有义、讲礼、守仁，心平德和，“乐”而致“安”。《礼记·礼运》中“播乐以安之”[2]和《荀子·乐论》中“乐则安”[3]，说的就是这个意思。正是在此意义上，“古者天子、诸侯、卿大夫，无故不彻乐，士无故不去琴瑟，以平其心，以畅其志，则和气不散，邪气不干。”[4]通过乐行礼修，达到耳聪目明、血气和平、民心善化、以仁为安的目的。

但并限于此，汉画像石在发掘乐文化的相关思想时，显然是在不否认乐文化所带来的感官快乐的同时，把善民心这种高级的精神愉悦当作“礼乐之原”，立于乐而不止于乐，把儒家的仁当作乐的旨归。

汉画像石的刻凿体现的是活人对于亲人所特有的“戚戚亲爱”之情。郭店楚简《五行》中说：“中心悦迁于兄弟，戚也；戚而信之，亲也；亲而爱之，仁也。”[5]亲则爱，爱则仁，仁则弭斗讼，无斗讼则和，和则乐，乐则安。在这样的人性基础上，汉画像石内容的设计

① （春秋）孔丘等撰：《四书五经》，线装书局，2007 年版，第 7 页。
② 陈戍国点校：《周礼·仪礼·礼记》，岳麓书社，2006 年版，第 318 页。
③ 梁启雄：《荀子简释》，中华书局，1983 年版，第 21 页。
④ 杜佑：《通典》，中华书局，1988 年版，第 45 页。
⑤ 荆门市博物馆：《郭店楚墓竹简》，文物出版社，1998 年版，第 32 页。

制作就不能因为丧事本身的哀悲而不涵融和显示亲与安的和谐与欢乐。为此，具有“以和邦国，以谐万民，以安宾客，以悦远人，以作动物”功能的“从和”之乐，便充当了不可多得的中介。和谐一般理解为欢乐和睦融洽友好。如果说汉画世界是和谐的整体，那么乐就是这种和谐的引媒。这样，古人便借助于乐，以“亲亲”、“戚戚”为起点，成功地实现由爱亲人向爱万物的跨越，在客观效果上突破“爱从亲始”的限制而将仁爱扩大到自然界的一切生命。从而使音乐画像石所显露的对死去亲人的“憯怛”、“哀”、“悲”之情充溢着强烈的仁爱精神。正如本书第四章和第六章所论述的那样，汉画像石中除了人类的和顺安乐之外，人与动物在欢快的乐曲中也无不处于亲和之中。动物与乐共处的图像是汉画像石图像中的重要内容。除此之外，人与各种动物在一起和乐竞技的图案也较多见。汉画像石对于人性中“仁”之内涵的彰显，反映了儒者的以仁为安的思想。可以认为，这些都是古人在儒风的熏染下对于世界所做的人文式解读。通过对与“乐像”同处一墓的人与动物、动物与神、动物与动物关系的处理和表现，使我们领略了蕴涵其间的那种仁者的思想情愫。在升天画像石中，更无不从超越的立场和仁爱和谐的角度肯定了人与动物之间的融洽关系。“大乐与天地同和”，在乐的启沃和濡染之下，自然之道已经内化为人的心性。这种以亲亲为基础的“中心之仁”以及超乎其上的和谐与安乐，是汉代人立足于自身，从“天地之情”出发，为实现精神上的“安”、“乐”所做的努力。这种建立在“戚戚”、“憯怛”基础上的安、乐追求，因为包含着浓郁的“哀”、“悲”之情而成为汉画像石音乐文物的“礼乐之原”。

如果说汉画像石中乐是审美主体亲情血缘之爱的具体实践，那么从内在的“戚戚”、“憯怛”到外在的和乐而安，贯穿的是亲仁互爱的人格精神。仁既是乐的本质和灵魂，也是乐在个体人格和社会理想两条进路中所要实现的最高追求。仁的实质是要求个体从内在致乐的自我修养中将个体愿望、目的跟他人和社会的愿望、目的实现圆融贯通。只有这样才能使个体在“亲仁”的基础上完成向“泛爱众”的理想境界的跨越。“乐像”艺术的创作就充溢着这种强烈的仁爱精神。另外，“憯怛”之爱使“乐像”在坚持将仁作为追求的理想境界和最高利益的同时，更看重达到乐的境界后对于他人他物，特别是弱者在遇到困难时所给予的帮助。正如本书前文所论述的那样，当这种帮助与个人利益发生冲突时，“体物而不遗”，不惜牺牲自己的利益。这种关爱他人他物和弱者的悲悯情怀在与“乐像”相配的汉画中有着充分的表现。这种由乐具体物化而成的人格行为，虽然超越了人的类属、道德范畴和社会目的，但是，这是人在乐的感染熏陶下境界得到提升之后排除了“得欲”和“王天下”之心的表现，是一种突破了狭隘情怀的无私自由之乐。人以此等境界回报社会，让人间万有皆从我身得到好处，产生愉悦，由此而带来的才是真正的身心之乐。钟鼓道志，琴瑟乐心，众人在乐的感化下，“日使其渐于礼义而不苦其难，入于中和而不知其故。”[①]于潜移默化中和合了情感，顺导了意志，协调了行动，化消了粗顽鄙吝。美善也就在这样的艺术启迪中实现了统一。若将这种仁义之乐发展为社会人格，人人争相效法，万众的内心情感皆以仁爱为旨归，那么，理想和谐之大同世界便指日可待。这是古今中外乐文化所追求的最大目标，也是最终目标。

① 王守仁:《传习录》，商务印书馆，1927 年版，第 45 页。

三、人格完善：儒家之乐对人生宇宙的解悟与转化

人的故去无论从哪个方面讲都不是一件令人欣喜快乐的事，必然要在亲属的心中埋下深深的哀痛。即使在局外人那里，由于人的“即境显性”之心的存在，也常常会激起一丝怵惕恻隐之情。1973 年 3 月，南阳市东郊李相公庄发现一座用汉画像石再葬的墓葬。墓穴在地表下 35 厘米处，墓的方向为 35°，平面呈长方形。墓顶用 5 块石料平盖，其中 1 块上刻着死者许阿瞿的墓志。该墓志长 112 厘米，宽 70 厘米，厚 11 厘米，墓志文竖刻，6 行，满行 23 字，共 136 字，末 2 行有 20 字漫漶，无法辨识。出土后经郭沫若考订断句，使我们得到了这样的信息：墓主名叫许阿瞿，年仅 5 岁便于东汉建宁三年（170 年）三月十八日早夭了，他的家人极其悲伤。“惟汉建宁，号政三年，三月戊午，甲寅中旬，痛哉可哀，许阿瞿身，年甫五岁，去离世荣。遂就长夜，不见日星，神灵独处，下归窈冥，永与家绝，岂复望颜。谒见先祖，念子营营，三增丈火，皆往吊亲，瞿不识之，啼泣东西，久乃随逝，当时复迁。父之与母，感□□□，□□□□□王五月，不□晚甘。羸劣瘦□，投财连篇，冀子长哉，□□□□，□□□此，□□土尘，立起□埽，以快往人。”[①]如图 7－13。此类哀痛，为人之常情。嘉祥宋山东汉安国墓祠

图 7－13

① 南阳市博物馆：《南阳发现东汉许阿瞿墓志画像石》，《文物》1974 年第 8 期。

堂题记中说因安国辞世，其父母及三个弟兄，“憔悴怆伤”；微山县两城汉墓题记也说“复失慈母，兄弟悲伤”，曲阜阳三老更是“感功伤心，晨夜哭泣”。山东武氏祠武荣碑文不仅写出了失去亲人的哀痛，而且还写出了邻里的忧伤：“痛乎我君，仁如不寿，爵不副德，位不称功。咸里伤怆，远近哀同。”这种对于活人逝去而表现出来的哀悲和同情，是缘于人类内心深处的仁爱，也就是儒家所谓的“憯怛之爱”。《礼记·表记》曰：“中心憯怛，爱人之仁也。”[①]这种包含着悲、哀和恻隐之情的仁爱，在相同的心理基础上，和本章第二部分所述的“戚戚亲爱”之情一起，分别从反正两面构建着人的本然之情的完型。鉴于此情跟血缘关系具有深刻的联系，注定了这一深层人文心理不会轻易受到外在其他条件的左右。哀与乐顽强地结合在一起，不可分割，在内源性的人生必然性的关联中互为条件，让“戚戚”和乐之亲、爱与“憯怛”恻隐之哀、悲这一任何人面对自然必然性时都会有的自然自觉态度以具象的形式得到更加充分的展呈。

哀乐异构同质，相通相生。《礼记·孔子闲居》云：“乐之所至，哀以至焉，哀乐相生。”[②]楚简《性自命出》亦云：“凡至乐必悲，哭以悲，皆至情也。哀乐，其性相近也，是故其心不远。”[③]作为对“憯怛”、“戚戚”人性哀乐之仁这一人类“同体之爱”的外化和体认，汉画像石的喜乐内容总是与哀悲相伴而存在。这可以说是汉代音乐画像石最为明显的特征。应该指出的是，由于乐、哀这种心理现象过分抽象，难以用图画的方式直接表达，因此，古人除在箫、鼓、磬、钟、竽等中间普遍地杂以善放哀怨悲伤之音的笳、角、琴、埙之外，

① 陈戍国点校：《周礼·仪礼·礼记》，岳麓书社，2006 年版，第 410 页。
② 陈戍国点校：《周礼·仪礼·礼记》，岳麓书社，2006 年版，第 415 页。
③ 荆门市博物馆：《郭店楚墓竹简》，文物出版社，1998 年版，第 17 页。

汉画像石还常常用杀戮、鞭笞、非命等引起灵魂惊悸震颤的灾祸与欢乐场面并处的形式来作这种心理现象的隐喻。它们形态悬绝，旨趣大异，或并处一墓，或同居一石，以哀痛中的欢乐和欢乐中的哀痛这一包含否定之否定的仁爱形态寄托和体达这种近似宗教般的情怀。南阳市西郊麒麟岗汉画像石墓为 1 前室 3 主室结构。前室和主室均呈长方形。前室墓顶用石板封盖，石板上部再用长方形砖砌成拱券顶。3 主室，东西长，各有 1 墓门，每门有石扉 2 扇，共 3 门 6 扉。北主室和中主室的墙壁和墓顶都用石板砌筑、封盖、南主室用砖石混作，石板封顶，石板之上再用叠涩方法券顶。全墓共用石料 110 块，刻绘画像石达 155 幅。这样的规模，就目前全国画像石墓的发掘出土情况来看，应该是绝无仅有的。在门楣石上，画像的内容是恶善并列的。例如，图 7 – 14 斗兽图。画中刻 1 力士，上身赤裸，下着短裤，光足，徒手与 1 怪兽搏斗。怪兽的头及前肢被力士的左手和左腿紧紧地按在了地上，性急之中的怪兽 2 目圆睁，龇牙咧嘴，后身拱起，臀部上翘，作挣扎状。而在相对应的门楣上，则刻着乐舞百戏图。如图 7 – 15 乐舞百戏。画面中部刻绘 4

图 7 – 14

图 7 – 15

人，正在表演百戏节目，其中1人跳舞，1女伎舒展长袖跳七盘舞，1人做滑稽表演。另外1人居于画面右部，不够清晰，似在舞蹈。画面左边刻绘3人，2人并肩而坐，面前各置1酒具，似为观百戏表演者。旁边1人跪伏于地，当为奴仆，画右另1人似为伴舞者。若把近年来汉画像石的考古资料放在一起对照考察，发现这种情形不光南阳一地独有，全国好些地方的汉画像石在发掘后都存在着这样的现象。山东临沂吴白庄汉画像石墓基本上是按乐哀相对应的格局来设计画像位置的。发掘报告显示，[①]墓前室南壁中段刻舞乐百戏表示欢乐的场面，相邻之石上则刻绘着持刀杀牲的图像；东耳室门额刻绘吹笙、竽和排箫3名乐者，西耳室门额则刻执戟、持盾、荷刀并作追杀状的3个凶徒。前室西过梁为双面刻绘，正面刻一妖人正奋力射杀一翼虎，反面则刻一人与一虎玩耍嬉戏。前室南壁横额石上面刻一行刑场面，一着冠服者腰佩长剑，一武卒荷戟而立，一人捧笏而跪，一武士举斧正向跪者砍去。4个佩剑持盾武卒在一旁监刑。与此相对应的中室南壁横额石上则是一幅羽人舞蹈、仙人抚琴的行乐图。前引1997年发掘出土的山东微山县西汉墓中，出土画像石5块，其中西壁石上刻有乐舞图，而东壁石上则刻了两人相互撕杀的凶恶场面。从对称的布局来看，乐哀显然是作为一正一反的两个方面来表现的。象这样哀乐共处一墓的图像，还可见于南阳市城区东汉画像石墓群、南阳市邓县长冢店汉画像石墓和南阳县英庄汉画像石墓。哀乐同居一石的情形，在出土汉画中也占有很大的比重，十分常见。南阳石桥汉画像石墓北门

---

① 管恩杰、霍启明、尹世娟：《山东临沂吴白庄汉画像石墓》，《东南文化》1999年第6期。

楣画像石，左边刻着角抵百戏，右边则刻着象人以矛杀人的内容。① 如图 7－16。在山东诸城凉台出土的东汉孙琮墓画像石上，②古人将髡笞图与乐舞百戏同刻一石，髡笞图在上，乐舞百戏图在下，受髡笞之刑的人多达 20 余人。上文本书第四章提到的南阳市北郊邢营出土的“耕耘”画像石共分 3 层，上层为乐舞百戏，中层为青龙白虎，下层所刻的中耕图像中，一恶虎正在风卷残云般啃噬一个瘦骨嶙峋的农夫。哀乐相通、相生，领悟了哀也就领悟了乐，反之亦然。从汉代哀乐图像如影随形且在各地都有出土和秦汉民间丧仪中盛行的“挽歌送葬”风俗来看，儒家哀乐之仁不仅已经得到了普遍的解悟和体认，而且业已全面地影响到了汉代人的精神深处。从这个意义上论之，过去学界将“哀乐相生”这一包含着宗教情怀的哲学命题解析成乐极生悲（如郑玄、孔颖达等）和“忧患意识”（如徐复观等），因未关涉人性本然之情而显得有些外在和不够确当。

哀代表悲伤、苦恸，尽管它与乐相通，也尽管深切领悟了哀就意味着领悟了乐，但是，哀毕经兆示着不祥和不幸，乖违于世人的

图 7－16

① 南阳博物馆：《河南南阳石桥汉画像石墓》，《考古与文物》1982 年第 1 期。

② 黄展岳：《记凉台东汉画像石上的“髡笞图”》，《文物》1981 年第 10 期。

通常心理。因此，在已发掘出土的汉代画像石墓中确实有为数不少的墓室画像干脆回避哀的内容。南阳市唐河汉郁平大尹冯君孺人画像石墓就是如此，表现哀的画面十分鲜见。与此相类似的，还有南阳出土的许阿瞿墓。尽管根据题铭记载，许阿翟年甫5岁就不幸于东汉建宁夭折，全家人极为悲伤，但是，然而画面却在极力地回避着哀，不去涉及它。画像分上下两格，上格一幼童跽坐于榻上，旁边锲刻“许阿瞿”三字；榻前三幼童嬉戏玩耍，或托木鸟，或牵鸠车。下格刻乐舞百戏场面，或飞剑跳丸，或抚琴奏乐。上下两格合在一起构成了一派欢乐祥和的景象。如图7-17。苦中作乐，虽乐犹哀。这样的例子还可举汉画像石中最常见的方相氏率12神兽踏着乐曲跳傩舞的图像。表面上一片欢腾，但实质是为了驱魔逐疫、消除殃咎。两汉时因大灾频发而导致疾疫不断，夭不终命者不计其数。对汉代人而言，抹不去的是疾疠多作之哀所导致的“或阖门而殪，或举族而丧”[①]的惨痛记忆。此外，汉代享祚四百余年，尽管发达的政治、经济、哲学和科技在我国古代取得了飞速的发展，达到了高度繁荣，但自然灾害，特别是水灾在大河上下、长城内外蔓延奔突也是一个学界共识的史实，据邓云涛《中国救荒史》所统计的375次灾患中，水灾就多达76次。鼓有攻社止涝功效，南阳各地汉画像

图7-17

① 范晔:《后汉书》卷一〇七，中华书局，1998年版，第3350页。

石中广泛存在的建鼓乐舞寄托着古人厌恶水患、平安生存的心理祈愿。汉代投壶之乐原本是朋友相聚小酌的雅举，素有“对酒设乐，必雅歌投壶”[①]之说。南阳出土的“投壶”画像石上虽然也欢乐有加，充分显现出至爱亲朋的戚戚仁爱之情，但天底下没有不散的筵席，酒醉终有酒醒时，何况谁能说美酒佳肴的后面没有离别的苦痛意味？故也是乐中含哀。从画面上可以看到，画像中间刻 1 壶，壶旁置 1 酒樽，宾主 2 人各抱数矢轮番投壶，投中者赢，不中者输，输者罚酒 1 杯。画面左边 1 人正在解劝侍候 1 悲伤之人。宾主之间 1 人为司射，正在履行其监督职责。如图 7－18。此类将主观感受渗透融合到客体的描绘中去的做法，跟世人的心理情感是相一致的，虽不云哀悲而哀悲存焉。它从个体之乐入手，却在人生层面展开命运本质的描述，从而呈现出形而上的终极关怀端质。徐复观认为传统艺术是为人生的艺术，[②]对哀乐有着至深体认的汉画像石，在深切领受乐的愉悦的同时，将人人共有之哀深隐进乐的外衣之下，乐哀串一线，喜悲冶一炉，“躬自厚而薄责于人”，以表层的、外部的乐的形式来表达不可抗拒的灾难和自然必然性趋势所造成的深层的、内在的哀，其目的是以乐提升世道人心，使人们乐以忘

图 7－18

① 吴树平：《东观汉记校注》，中州古籍出版社，1987 年版，第 30 页。
② 徐复观：《中国艺术精神》，台湾学生书局，1998 年版，第 136 页。

忧。这种化解灾难和对付困境的方式与手段可谓是汉画像石反映人生的一大特色。

在汉代，图在人们的意识中具有重要地位，讲求图文并茂，以图补文。《山海经》因有经有图就曾被命名为“图经”。盛行于汉代的纬书和长沙子弹库、马王堆出土的缯书帛画以及成书于汉末的《三辅黄图》，更是以图补文的典范例证。图在汉代人的生活中有着十分重要的作用。透过音乐汉画文物这一华夏文化宝库中的璀璨明珠，使我们看到了汉代人的人格理想与价值追求对于某种文化观念和历史传统自觉而持久的认同。“乐像”在墓中的出现，并不纯粹是现代装饰意义上的图像，它表达了一种缘于亲亲基础上的“憯怛”、“戚戚”之情和亲和哀悲之仁，展呈了一种人格“大成”和“天地同和”境界，对蕴涵其中的哲学思想进行精细的梳理和研究，对于我们深入理解传统哲学精神特质具有重要意义。

第八章　汉画像石所反映的早期道教性命双修文化

南阳汉画像石中反映道教教义、教理的图像、文字是我国宗教学宝库中的璀璨明珠，不凡的内质在赢得世人惊羡目光的同时，也引起了学术界的广泛赞誉和持久关注。性命双修汉画像石是汉代文化的重要组成部分，体达着“下根”之人对于道教义理的认识和选择。房中养生画像石刻是对特定历史时期道教房中养生思想观念的诠释和图解，它的出现，与汉代特殊的人文环境有着密切的联系。同时，南阳汉画像石不仅以大量的道教仙圣形象来象征修道的终极目标，而且还以文字、图像的形式呈示了具体的修仙方法。从道教的形神观和性命观来看，南阳汉画像石对于身心关系的表现以及对于生命的关注和探索，具有丰富的文化意蕴。

一、道风炽盛是形成相关汉画像石葬俗的重要因素

在特定历史阶段处于主流地位的宗教，无疑会对人们的思想、艺术、行为方式和社会风习产生深刻影响。南阳地区在汉代所产生的画像石葬俗与当时统治阶级的嗜好便不无关系，甚至可以说，画像石在各个不同时期所呈现的特点，实际上就是道教广泛渗入民间对丧葬风俗产生深刻影响所造成的。

南阳大地多变的气候、旖旎的湖光山色和多样的劳作方式，在荆楚浓郁的信鬼崇巫的温床上，极易使民众形成神秘遐想的思想意识。再加之南阳所处中原文化和荆楚文化交接地带的优越位

置，太平道、五斗米道与当地其他宗教流派有着广泛而充分的交融混合，这不仅使它们能互取对方的精髓和要义以化作自己的新质，同时也直接导致了南阳道风的强劲和热烈。

西汉之际，南阳即以发达的农业和工商业而“富冠海内”，[①]成为列侯士大夫争相谋取寄食之所。东汉“帝乡”、“南都”的特殊背景，贵族阀阅极盛。[②] 这些人在当时社会风气中对于道教的痴迷与重视，为道风巫俗的昌盛提供着直接而强大的动力。光武帝刘秀极为迷信谶纬之术，并将其与长生不死羽化升仙观念杂糅于一体，推向极致，使全国弥漫着一股浓重的崇巫尚鬼风习，南阳便是闻名遐迩的“图谶盛行之区”。[③] 图谶与阴阳五行、神仙方术结合，逐渐向道教归流。[④] 自建武年间光武帝姊湖阳公主在裕州（按：今南阳方城）建炼真宫后，裕州的三贤山庙、黄石山仙翁观，南召九分垛祖师庙、皇后铁牛庙和南阳县老君堂等相继出现。此可谓道教在南阳活动的滥觞。光武帝子楚王英“甚喜黄老”。[⑤] 章帝到灵帝的数位皇帝，一直都与道士保持着亲善关系，颇以道士之论为然。东汉延熹年间，道教已在南阳广泛流传，官方对于道教的发展，更是关怀备至，呵护有加。据南阳桐柏淮渎庙所立延熹碑刻载，由于时任南阳太守的中山卢奴受桓帝的指派在延熹六年（163 年）到该庙祭祀时，见庙祠废弛，遂“开拓神门，立扉四达，增广坛场，饰治华盖，高大殿宇，阙齐傅馆”，大兴土木，重建淮渎庙[⑥]。又据《后汉书·陈

① 桓宽：《盐铁论》，王利器校注，中华书局，1992 年版，第 45 页。
② 参见范晔：《后汉书》，中华书局，1965 年版，第 34 页。
③ 桓宽：《盐铁论》，王利器校注，中华书局，1992 年版，第 45 页。
④ 李泽厚：《已卯五说》，中国电影出版社，1999 年版，第 24 页。
⑤ 范晔：《后汉书》卷四二，中华书局，1965 年版，第 1428 页。
⑥ 此碑现存放在桐柏淮渎庙旧址桐柏一中院内。

王列传第五十六》记载，即使在黄巾起义爆发后，灵帝明知中常侍张让与黄巾暗中交通，不仅“不能罪之”，而且还屡有接近和重用道士之举。[①] 高道襄楷、肥致等当时便颇为活跃，朝廷不仅听任他们积极向社会各界渗透，而且还允许他们在统治阶级高层罗致信徒。也正是出于这样的原因，在整个东汉，早期道教一直都处在上升状态之中。由于官府的勖勉倡行，“群士钦仰”，世人效尤，使得南阳境内莫不以沉溺巫道为尚。汉画像石葬俗便是这一潮流中绽放的一朵瑰丽之花（汉画像石葬俗的产生及发展与道教的关系，本人已有专文论及，限于篇幅，在此容不赘述[②]）。由于上述因素的存在，不仅导致了南阳画像石墓葬众多，画像石中道教内容繁富，而且还直接奠定了南阳在全国汉画像石葬俗中的“中心”、“源头”地位。特别是东汉后期，在当时中国社会沉重的伦理——信仰危机中，面对党锢的高压与经学的僵化，从贵族集团到世俗阶层，都无不把宗教当成疗救心灵创痛的良药，从而使画像石葬俗出现了一些新的特点。

《太平经》是道教最早的经籍，它在两汉时期先后流传有 3 种版本：西汉成帝时有齐人甘忠可的《天历包元太平经》12 卷，东汉末有于吉的《太平清领书》170 卷和张道陵的《太平洞极经》140 卷。由于道家（教）思想自汉武帝始所遭遇的罢黜命运和东汉末年外戚宦官专

---

① 范晔：《后汉书》卷六六，中华书局，1965 年版，第 2173 页。

② 拙作《早期道教教义的传播与汉画像石葬俗的演变》认为，武帝时期，当儒学凭借政治的力量取得独尊地位之后，道学（包括后天的道教）虽遭排挤居于边缘地位，但其精神灵泉并未干涸，它遁入了人的内心，从统治阶层到世俗阶层，内心依然向往道学指点的境界。东汉中期以后，党锢的高压和经学的僵化，恶化了贵族集群进身的条件，冷却了他们参与政治的热情，人们的世俗生活及对身后的憧憬表现出明显的非政治化色彩。画像石葬俗既是这种苦闷扭曲心境的写照，又是对尘世的超脱。详见《世界宗教研究》，2005 年第 3 期。

权，人们外儒内道，渴望把道教所宣扬的仙境当作精神的避难所，因此，当张角口诵《太平经》，手执九节杖，画符念咒为人治病时，入教民众便如过江之鲫，十余年间发展信徒数十万人。太平道在南阳更是如火如荼，后继有人。据《后汉书》记载，自称"神上使"的南阳黄巾军首领张曼成于灵帝中平元年（184 年）三月"攻杀郡太守诸贡，兵屯宛下"时，人马仅有数万，两个月之后，当他们占据宛城时，这些身着道袍手持符水的黄巾军已发展到十余万人。"六月，赵弘率众十余万据宛城。"①十余万之众对于当时总人口三十余万（虽然经西汉抚民政策和东汉光武中兴后，南阳人口都在 200 万上下，一直雄居全国各郡之首，但东汉晚期瘟疫肆虐和历经战乱，南阳大批人口流徙与死亡，致使百里绝而无民者不可胜数）的宛地而言②，不能不说是一个值得注意且发人深思的数字。道教徒在总人口中所占比例之高，其宗教观念不能不对包括画像石葬俗在内的乡风民俗产生理性化移易转化。对此，忽视道教思想观念对特定历史阶段汉画像石葬俗影响的所谓研究，是不能深入揭示汉画像石的本质内涵的。

汉画像石葬俗与道教的紧密关联，不仅意味着汉画像石葬俗应该有丰富的道教内涵，而且进一步启示我们，当我们在汉画像石之间出入的时候，应该从原始可靠的文献入手，在中国文化的整体结构中综观画像石这一富有生命律动的文化现象，不仅要还原它在汉代厚葬社会思潮中"我在"，而且还要展现它在汉代广泛的道教文化语境中的"他涉"（虽然已有研究文章涉及道教与汉画像石的关系，但往往因把道教形成前后自然宗教与人为宗教的性质区

---

① 范晔：《后汉书》卷七一，中华书局，1965 年版，第 2309 页。

② 南阳地区史志编纂委员会：《南阳地区志》，河南人民出版社，1985 年版，第 223 页。

分不清，而使其研究只停留在描述层面，不能深涉汉画像石本质）。这种治学策略，对于体察汉代人们认识道教本质的状况和梳理汉画发展轨迹而言，有着十分重要的意义。

应该说，鲜明的宗教艺术品格是汉画像石的醒目标志。

汉画像石葬俗中所包含的丰富的道教内容，是以图画形态间接表现出来的道教文献资料。道教是关注此岸的宗教，在对于现世和生命的认知上，较之其他宗教有着无以伦比的热情。这种热情，不仅体现在生活的各种细节中，而且还体现在画像石的艺术创作上。图乃心画，观其图，即知其用心之所在。我们通过石板上那简洁的构图和流畅的线条，不仅能看到汉代早期道教对于以前葬俗这一世俗民俗移易痕迹，而且在那业已理性化和程式化了的丧葬习俗中能阅读出道教神学的髓质。道教经书《太平经》云："一切含气莫不贵生，生为天地之大德。德莫过于长生，长生者必其外身也。"[①]为实现"生"这一"天地之大德"，让人长生、乐生，早期道教不仅对世人选择阴宅提出了明确要求，而且还为解除注讼承负与护卫生人设计了操作性很强的法术，要求人们将其先人"根种"植于善地。为使死者在冥界不受墓鬼注讼，并为生者解释殃咎，乃于石头上雕刻了象征阴阳交合、来往于仙国的三足乌、九尾狐、朱雀、祥瑞、绿龟、算子等神学符号。

图 8－1

图 8－1 三足乌，该画像石于 1972 年 7 月由河南省博物馆从南阳市唐河县针织厂汉画像石墓中发掘出土，该图像位于北主室顶部。画面中刻绘日轮一只，三足乌立于其中，这是汉代画像

① 王明：《太平经合校》，中华书局，1960 年版，第 34 页。

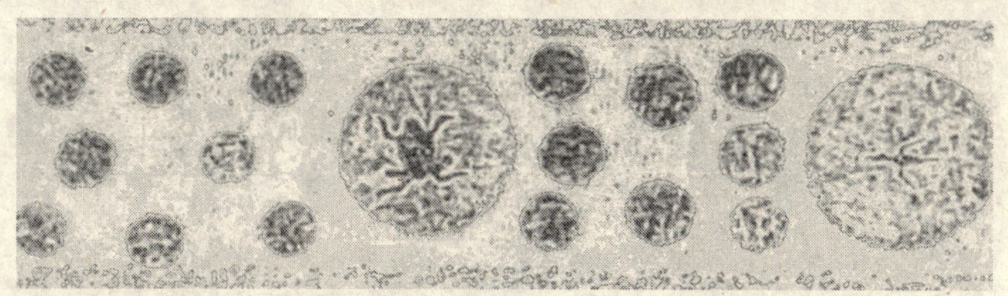

图 8－2

中表示道教色彩太阳的一种形式。图 8－2 三足乌，在南阳县辛店乡熊营村出土的“日月星辰”汉画像石中，左侧刻一圆轮，内有三足乌，为太阳。《淮南子·精神训》云：“日中有踆乌。”高诱注：“踆，犹蹲也。谓三足乌。”①

图 8－3 九尾狐，此图从南阳县新店乡南门外小南庄征集。画上一狐，9 尾，这 9 尾的根部合在一起。该画像石现藏于南阳市汉画馆。

图 8－4、图 8－5 为朱雀图像。

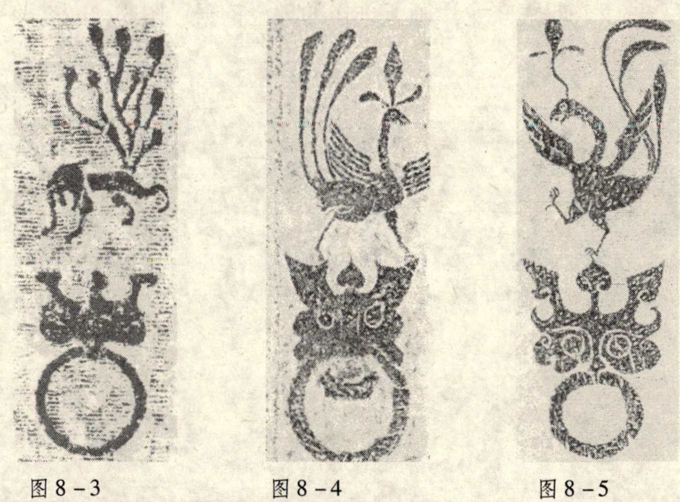

图 8－3　　图 8－4　　图 8－5

① （汉）淮南王刘安编、刘文典集解：《淮南鸿烈集解》，中华书局，1989 年版，第 74 页。

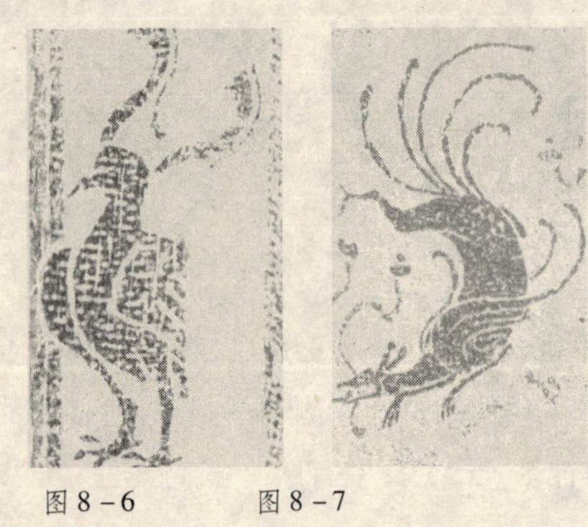
图 8 –6　　图 8 –7

在汉画像石墓的门扉上，常将朱雀与铺首刻在一起。这些图像是大量的，每座汉画像石墓都有几幅出土。

天鸡图像、神兽图像等也是汉画像石中常用的表示吉祥的瑞兽，刻绘很多，几乎每墓都有。如图8 –6、图 8 –7、图 8 –8 所示。

《易》之“一阴一阳之谓道”宏论被早期道教吸纳后，男女合气、雌雄合体成了进入“抱一”、“守一”状态的法门，成为汉画墓中龙蛇交尾、男女相拥、虎啖龙津画像创作的理论依据。图 8 –9、图 8 –10

图 8 –8

图 8 –9

图 8－10

是南阳汉画中常见的龙蛇交尾画像。人们凭借这一阴阳相就的“合气”构精之术就可达到释灾消祸、度厄延年、镇凶辟邪、保护生人的目的。这其实是道教贵生养生观念的延伸。

学界普遍认为，东汉末期画像趋于抽象，重要例证是画像中多出现直线连结圆点的图案。其实，这类图案是表示星象的符铭。尽管星象被作为符铭使用，史书早有记载，如《太平御览》卷七三六《黄帝出军诀》中，黄帝大战蚩尤，无胜而愀然，他得西王母所遗太一一星和天一三星构成的星象符后，才将蚩尤降伏。但东汉时期，星象符已被道教吸纳并使其成为道教符铭中一个重要类别。《太平经》所载后圣李君《灵书紫文》二十四诀中，“佩星象符”就被列为其中第九诀①。以星象为道符，在道教界有着深远影响，即使在后世的《抱朴子》内篇《登涉》中，仍为葛宏这一早期道教与正统道教分水岭式人物所看重，把它看作“老君入山符之一”。因此，世人墓葬以星图为饰，理应归到道教符铭之列。图 8－11、图 8－12 是 1994 年 4 月从南阳县高庙画像石墓出土的星图，它们分别被刻绘在北室、中室墓顶石的西起第 2

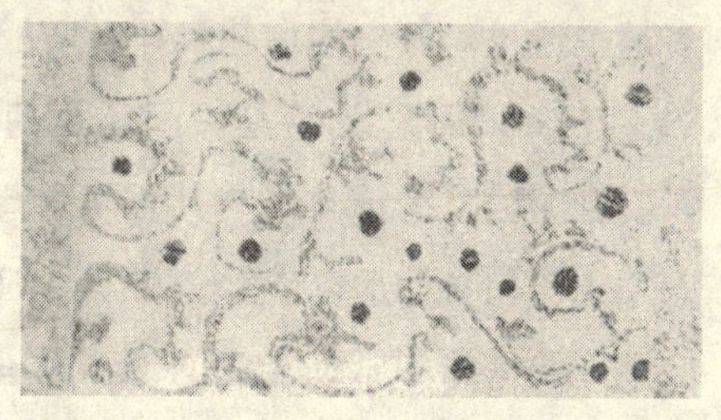

图 8－11

① 王明：《太平经合校》，中华书局，1960 年版，第 34 页。

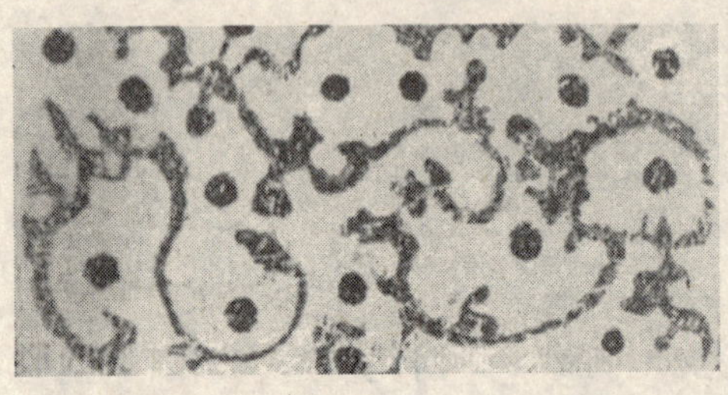
图 8－12

块和西起第 4 块上。云气中两块星图上分别刻上了 20 颗星和 16 颗星。

在汉代终末思想的基础上，灾异论和天人感应论策动了道教徒替上天伸张意志的使命意识，他们中的统帅不仅以“神上使”自名，还常常自称“将军”、“天帝使者”等①，“人有道而称使者，神人神师也”②。而“将军”一词的来源，则与北斗七星有关。“斗为帝车，运于中央，临制四乡。分阴阳，建四时，均五行，移节度，定诸纪，皆系于斗。斗魁戴匡六星曰文昌宫：一曰上将，二曰次将，三曰贵相，四曰司命，五曰司中，六曰司禄。”③北斗乃决定人生命运、福祸寿夭之大神，与道教有着极为密切的联系。汉画像石中多次出现七斗星图，实含有上天派遣道教徒拯救民人于水火灾异的意蕴。

道教与汉画像石的紧密相连，还从画像石主人着意宣扬道教思想观念的功利意图上表现出来。人们对于宗教襁归的意识，大多都是通过对教主的顶礼膜拜和增加宗教神灵的神秘气氛来实现的。在东汉晚期，无论是民间还是朝廷，对老子的崇祠都很殷勤，人们普遍地将老子本人与其哲学思想“道”混同，把老子看成是上天意志的化身而加以崇拜，仅桓帝在延熹八年(165 年)一年之内，便接连两次派中常使赴苦县老子居里祭祀老子。因此，汉画像石

① 罗福颐:《秦汉南北朝官印征存》，文物出版社，1987 年版，第 209 页。
② 王明:《太平经合校》，中华书局，1960 年版，第 34 页。
③ 司马迁:《 史记》，卷二七，中华书局，1959 年版，第 1291 页。

中,不仅出现了老子这一道教教主的画像,而且还把中国古代神话中豹尾虎齿善啸的西王母和人首蛇躯的女娲伏羲等这些被道教所信奉的主神刻画于墓中,以此来象征得到了"道"的佑护,并表达希冀得到通天之权的愿望。图8-13伏羲女娲像,该图像1989年4月从南阳县辛店乡熊营村汉画像石墓发掘出土。该墓为宣帝时期墓葬,由墓门、前室、东西二主室组成,使用石料22块,刻绘画像40幅。伏羲女娲交尾图像刻绘在主室中门柱正面。画面上刻两套连圆环,下刻伏羲女娲交尾。伏羲头戴冠,手擎华盖,怀抱日轮,女娲梳髻,手擎华盖,怀抱月轮。伏羲鳞身,女娲蛇躯。汉代辞赋家描述灵光殿建筑及壁画的《鲁灵光殿赋》中有"伏羲鳞身,女娲蛇躯"[①]的文句。南阳汉画像石墓中出土伏羲女娲画像极多,均为鳞身蛇躯,但至今未见持矩擎规的伏羲女娲像出土。即使如此,南阳的这种伏羲女娲图像形式业已得到了学术界的广泛认可。同时,为增强这类文化符号的神秘气氛,在这些神人的周围,常刻以龙、凤、虎、鱼、鹿等道教特涉的动物。其宣喻之意,与道教"设像者神必主之"的宗教要求高度一致。

图8-13

徐建融在《美术人类学》中指出:"宗教美术,绝不是指单纯以宗教为内容或题材的美术,而是指服务于并服从于宗教行为的美术。真正意义上的宗教美术,首先是从宗教宣传的功能上被加以

① 王延寿:《鲁灵光殿赋》,见严可均校集:《全上古三代秦汉三国六朝文·全后汉文》卷五十八,中华书局,1958年版,第71页。

认可的。”[①]汉画像石的上端与道教教义相连，其下端则深深地楔进民间丧葬习俗中，画像石道教内容是调动民众宗教热情的精神力量，由于它是分层的，层与层之间存在区隔，所以它所彪炳的道教美术品格，历来为学界研究所忽视。人们至多将视野锁定于画中道教内容或题材，一直都未曾于历史学、道教史学的高度将目光向前延伸到它对于道教教义的服务和服从的层面上，未曾看到有关道教内容画像石的出现，不是为艺术而艺术，而是为修道而艺术的，其创作的主要目的乃是使人悟道、明道、得道。研究的触觉未涉猎此一层面，故而在对一些问题的判断上，不仅有失肤浅之嫌，而且还出现了不应有的舛误。这一点，在对东汉末年的汉画像石的研究中表现得尤为突出。汉画像石的研究进展到目前阶段，理应倡行“综观”，不能抛开其存在的时代整体文化构成而单纯地进行图像的描述与说明，要在文化学、美术学、道教美学、历史学等多种知识领域，以图文互动的方式，进行文化整体性意义上的考察。这种见微知著，由点入全的治学意识，对于正确诠释汉画像石本然的深层内涵而言，是可取可行的。

二、养生画像石蕴涵着丰富的道教房中思想

房中养生类画像石包括伏羲女娲图、羲和常羲图、玄鸟高禖图、拥抱图、龙虎接吻图、男女交合图等，内容颇为繁杂，分布于南阳所属的新野、邓州、唐河、桐柏等地各阶层的墓室中。羲和为太阳母，《山海经·大荒南经》云：“东南海之外，甘水之间，有羲和之

① 徐建融：《美术人类学》，黑龙江美术出版社，2000年版，第205页。

国,有女子名曰羲和。”[①]又云:“羲和者,帝俊之妻,生十日。”[②]羲和善占日,《史记·历书》“索引”引《世本》云:“黄帝使羲和占日。”[③]《尚书·尧典》亦有尧派羲仲、羲叔、和仲、和叔分驻东、南、西、北四地观星相、定季节、制历法的记载。[④] 羲和人首蛇身,戴冠着上襦,双手举一日轮。常羲主月,亦为帝俊妻,人首蛇躯,《山海经·大荒西经》云:“生月十有二。”[⑤]二神后为早期道教吸纳。图8－14,为南阳汉画像石墓中出土的羲和常羲画像。此画像石从南阳市唐河县湖阳镇农村征集所得。画面刻2人,均人首蛇躯,曲尾相交,1人负日,1人擎月。南阳此类题材汉画蔚为大观,居全国之冠,这是与汉代南阳上述特殊的人文环境分不开的。

图8－14

伏羲女娲原本是道教传播过程中“种民”之说的神话表述,影响甚大。从目前的出土情况看,南阳汉画多将其刻画于墓的门柱、过梁、门楣、门扇、墓顶等处,为横、竖作画的条状石,都是比较醒目之所。伏羲女娲为人首龙尾,交尾。或一人将伏羲女娲紧揽于胸前,让其两脸相亲而交尾,世间所谓的“玄鸟高禖”图即如是。伏義女娲图像像常羲羲和图一样反映的也是房中养生内容,在南阳汉画馆陈列的“伏義女娲”画像石上,伏義女娲人首龙尾,尾部紧紧缠交于一体,如图8－15所示。此画像1983年4月从南阳县英庄汉

① 袁珂校注:《山海经校注》,上海古籍出版社,1980年版,第72页。
② 袁珂校注:《山海经校注》,上海古籍出版社,1980年版,第72页。
③ 司马迁:《史记》卷二六,中华书局,1959年版,第1256页。
④ 孔子等编:《四书五经》,线装书局,2007年版,第189页。
⑤ 袁珂校注:《山海经校注》,上海古籍出版社,1980年版,第80页。

图 8－15

画像石墓中发掘出土，刻绘于墓前室中部过梁石下面。另外还有一定数量的男女相拥图、接吻图、日月合璧图、阴阳交合图等，散见于各地的汉画像石墓葬中。对于汉画中的这些交合图、拥抱图、接吻图，我们理应将它还原到原始态来考察其社会价值，发掘蕴涵其中的深远的历史传统，仔细体味道教房中养生观念影响下的画像的象征意味。

养生类画像石的画面从内容到形式都是大同小异缺少变化，当我们把南阳各地同类画像石放在一起比较时，不论是画面内容，还是在墓中的位置，都能很容易地看出其中陈陈相因的模式化因素。如果民众不是出于对某种观念大面积的持久认同，那么是不会在画面的布局、图像的内容、悬置的方位上反复呈现出一种惯有的模式的，然而正是这种模式化因素的存在，使我们能够从中体会到所浓缩的生活万象的典范意义，看出蕴涵在民众思想观念中的诸如调和阴阳、得道升仙等早期道教研究所需要的内容，就此视角切入该领域进行仔细深入发掘考镜，窃以为对于丰富、补充道教的文献研究而言，具有重要价值。

汉代早期道教本已有在门、柱、梁等处绘制图像的传统，房中养生类画像出现位置的设计，除了表达信仰者希望依傍神界奥援的因素外，也有着与道教仪式配合的意味，目的是将寻求修炼之人的灵魂带到道教的仙境圣域中去，“皆目想仿佛若见形仪，不可以空静寥然无音响趋拜而退也”。[1] 阴阳交合汉画像石作为墓葬的建

① 《云笈七签》，齐鲁书社，1988 年影印，第 257 页。

筑与装饰材料，本身并不全表现汉代社会的阳间生活，更不一定是墓主生前生活的写照，大多数情况下，它反映的本是墓主对阴间生活的一种理想追求，体现着前期道教对汉代民风民俗以及价值观念的影响。汉画不仅附丽了汉代厚葬的墓葬形制，而且蕴涵着对于死者的祈祷。伏羲女娲、日月合璧等两性相交图像的出现，一方面是汉代龙图腾化育万物信仰的余绪，另一方面也表达了汉代对于道家“玄牝之门，是谓天地根”[①]等阴阳乾坤养生观念的认同与张扬，是汉代民众和谐思想意识在丧葬中的体现。

“尾”字在汉代作“交媾”解，人首龙躯合体交尾的画像构建了一个阴阳二元相合的养生模型，与道家对于世界的认识是完全一致的。“如果不加讳饰，还事物以本来面目，那么，这位‘古人之神圣女’人类伟大的母亲女娲，最原始的面貌便是女性生殖器。崇祀女娲，肇源于远古对女性生殖器的崇拜。其他一切的‘花里胡哨’都是后来的缙绅先生施加的‘脂粉’。”[②]女娲是女阴的象征，伏羲则必然是男根的象征。人首龙躯，是汉代人秉承了秦时龙为“人之先也”思想的缘故。这类交媾图所体达的不是通常意义上的交媾，而是负载有甚为深厚的道教房中养生文化内容。

养生的目的是为了长生，长生的目的是为了成仙。道家羽化升仙思想有着很强的号召力，它使不同阶层的人们通过房中术修炼以抵御疾病，达到无忧无虑无羁绊的长生和极欲之境。虽说“淫为破年之斧”，但是房中的确又是极具诱惑力的。为避免淫“斧”破“年”减去阳寿，理学家要求戒欲绝欲，主张以道德代欲；佛家则力

① 王卡点校：《老子道德经河上公章句》，中华书局，1993 年版，第 22 页。

② 龚维英：《女娲本来面目探源》，《民间文学季刊》1987 年第 2 期。

图 8－16

主远欲戒欲，强调以虚无避欲。这些说教的缺憾是显而易见的。在这一问题上，唯有道教寻找到了一条既可极欲又不伤身的绝佳之途，用其他教派理论体系所绝无仅有的房中之术巧妙地解决了这一难题，满足了世人性享乐的要求。房中术乃不死之道，若善行之，命寿可逾百千而不衰老。班固在《汉武故事》中就记述了房中之术对于身心滋润的神奇功效：“凡诸宫美人可有七八千……上能三日不食，不能一日无妇人；善行导养术，故体常壮悦。”[①]《神仙传·彭祖传》中，彭祖年逾七百而不衰弱的原因，也在于“得阴阳之术”。[②] 道经告诉人们，欲是否致人死命，不在于是否“纵”，而在于是否善行道教的“导养之术”和“彭祖之道”，大可不必有“御女当如朽索御奔马，如临深坑下有刃，恐坠其中”之性惧虑。房中有至乐，阴阳能互补。道家还告诉你，彼纵欲而亡者，盖出于不修房中术元阳失竭之故。图 8－16 为高禖图。该画像从南阳县民间征集。画面刻 3 人，上部 2 人为伏羲女娲，2 人相向而立，皆人首蛇躯，下部 1 人，赤身裸体。伏羲女娲下垂曲尾于神人怀中。伏羲女娲交尾时中间所置的一人，有人阐释为“高禖”，意为撮合伏羲女娲合好；也有人阐释为“童子”，意为伏羲女娲的爱情结晶。这种解释难免给人望图臆断、穿凿附会之嫌。伏羲女娲交尾时在侧者，实为道也，以道为邻，目的乃是传授阴阳之术，

① 班固：《汉武故事》，见《汉魏六朝笔记小说大观》，上海古籍出版社，1999 年版，第 172 页。

② （晋）葛洪：《神仙传》，上海古籍出版社，1990 年版，第 25 页。

让交尾者行不死之道，爱精而不致挥霍元阳。这种意思在全国别的地方，表现得更加晓畅明白，如，在山东腾县博物馆陈列的两块相关题材画像石上，上面二格正中干脆刻的是西王母形象，下面才是二龙交尾的内容。西王母乃西仙之首，道教主要神人，是长生不死的象征，到了西王母身边即意味着到了神仙世界。又如在山东沂南县北寨村出土的伏羲女娲画像石上，伏羲女娲和童子三人的下方，更是明白无误地雕刻着炼丹的场景。① 这种通神明的交合设计与表现，淋漓尽致地体达出养生画像石所隐寓的长生成仙思想内涵，具有很高的思想史研究价值。

汉画像是埋藏于地下与尸、棺为伴的，它的产生虽然受到了壁饰岩画的影响，但是不像壁画岩画那样绘制的意图在于供人观赏，而是自从埋于地下就没打算再重见天日，纯粹是一种愿望的表达图式。汉代人为什么要这样做？显然是道教信仰在驱使着。

尽管图像与道教有着密切的关联，但是对于芸芸“下根”之人而言，只需在静室里潜思默想、按照道经的要求行事就成了。为什么要用图像这种图式来象征它度人的过程？在这种有意的选择、构想、设计之中包含了怎样的文化传统和价值观念？我们当如何看待汉画像石对房中养生的诠释图解并如何理解其中蕴涵的思想意味？这是研究汉代早期道教思想必须面对的问题。

性命双修是道教内丹学中一道十分重要的理论命题。通俗地讲，性，就是神，修性就是养神，它包括人的心、性、神、意识、思维等；命，就是肉体，修命就是养身，包括身、命、气、精、形等。性命双修是道教追求的终极价值，抵达此境有“先性后命”和“先命后性”

① 参见孟庆利：《汉墓砖画“伏羲女娲”像考》，《考古》2000 年第 4 期，第 83 页图 2。

二途。先性后命的修炼方法较难,只适合少数“上根”之人。而先命后性从有形入手,践之较易,再加之命的修炼是修性的前提,“心”受“气”制约,人心每时每刻都变动不居,故而对于“下根”之人而言,修命较之于修性,更显迫切。房中术属于修命的范畴。

在修炼的全过程中,道经历来都认为形和神必须是统一、不分离的。房中养生术的形神观与外丹术迥异其趣,不是形神合同于实而白日飞升成仙,而是形神合同于虚而“炼神还虚”“阳神出壳”,与道合真。虽然形体不能够直接随神飞升,但是经过炼精化气、炼气化神、炼神还虚的化生,可以与神在虚的境界中合同为一体。了解了道教有关精气神的理论,再来体认汉代人设置交媾画像的用意便一目了然了。

道教强调修炼成仙必须形神合一和形神不离,但是人死入墓后尸骨腐朽为泥水是谁也阻止不了的,“形”的丧失必然导致神之无所依,与形分离之神在道家养生理论那里被视为阴神,是要遭道理贬斥的,《道藏气功要集·丹经极论》云:“夫性者,道也、神也、用也、静也、阳中之阴也;命者,生也(气也)、体也、动也、阴中之阳也。斯二者相需,一不可缺,孤阳不立,孤阴不成,体用双全,方为妙道。”[①]为解决这一难题,汉代人不但在男女合葬墓室隔墙上设门让阴阳相通,而且依道经将性功修炼刻勒于石,在人体内部仿照外丹术进行生命修行,以阴阳双方丹田为炉鼎,以精气神为药物,以意念为火候,炼成升仙之躯。由于石质坚固耐腐,其上所画图像可以弥补墓主尸体朽烂的缺陷。性命乃道之本源概念,在汉画中出现诸如伏羲女娲交尾相拥、男女交合秘戏、鸟兽交尾贴首和龙虎衔唇相吸等图像,就是以阳秉阴受、雌雄相顾、虎吸龙精的形式来接替

① 洪丕谟:《道藏气功要集》,上海书店出版社,1991年版,第319页。

形体朽腐之后失却的神气，以返还先天的性命的。南阳地区出土的伏羲女娲交尾画像石以及山东沂南县出土的伏羲女娲画像石上，上部刻人首龙躯的伏羲女娲交尾像，下部刻炼丹的鼎炉，便是强有力的佐证。

陈撄宁指出："将精、气、神混合为一，周天火候，炼成身外之身，神在是，精在是，气在是，分之无可分也。"[①]生命蜕凡生仙，存于自然，永不消失。汉画中伏羲女娲等交媾图型的出现，目的是想凭借"炼养为真"来倡明本性的，也就是通过先命后性的方法达到性命双修的终极目标。《青华秘史》云："先就有形之中，寻无形之中，乃因命而见性也；就无形之中，寻有形之中，乃因性而见命也。先性固难，先命则有下手处"，[②]用先命后性的"炼己"方式进行修炼，实乃芸芸"下根"之人导入形神俱妙、性命双圆觉岸的方便法门。但修命也好，修性也罢，皆得先从炼心开始，因为身体之修者实唯人心之修也，"始以性立命，继以命了性，终则性命合一，以还虚无之体"[③]。由于汉代人囿于人类认识与思维规律的限制，其理想图景只能以现实生活为蓝本，养生汉画中伏羲女娲交尾、男女交媾、拥抱接吻等房中题材大量出现的同时，所相伴而设的驾龙升仙等画像内容也大行其道。这些乍一看似显赘余，好像只需用房中养生一种图像便可将所有问题解决。其实不然，因为道教内丹学反对性命偏修和单修，只修命不修性只能算作身体的一般修炼，无法达到成仙的境界；只修性不修命，虽有精神解脱之乐，但终不具纯阳仙体。正因为如此，养生画像石多是杂陈于故事乐舞、车马乘

① 陈撄宁：《道教与养生》，中国道教协会编，第168页。

② 王沐：《悟真篇浅解》，中华书局，1990年版，第243页。

③ 《乐育堂语录》，《藏外道书》，第二五册，第702页。

骑、神祇灵异等画像石之间，而非有独置房中养生一石于墓中者，性命双修的用意是明显的。这也从另一个侧面证明了道教“性”“命”观念对汉代人心理影响的深刻性和普遍性。

尽管汉画中该类题材的构图设计不乏雷同，甚至呆板缺少创新，但是，它被放于墓室门、梁、柱等显眼处的意义，窃以为跟《度人经》被置于《道藏》之首的用意一样，异曲同韵，有着相当重要而深邃的象征寓意。它按照一个模式在各地反复出现的本身，不仅说明养生观念在汉代具有深厚的群众基础，而且是暗蕴了民间这种积极的评价的。

三、汉画像石所反映的早期民间道教人格完善技法

汉画是汉代贵族富门墓室里使用的装饰，从现在掌握的考古资料来看，汉画中早期道教仙圣图像的分布既与汉代经学独特话语方式的形成同步，也与东汉道教教团太平道和五斗米道的活动区域吻合。[①] 在汉代特定的社会环境中，除名教不张、经学僵化在恶化着贵族富商集群进身上层的条件之外，社会政治日趋明显的颓势也无时不在冷却着他们参与政治的热情。正如前文已论述的那样，人们的心间总是笼罩着一股怨愤、悲凉的情绪，精神也经常处于压抑、苦闷状态。在这样的生活场景和社会心态作用下，由不得人们不把道教的境界当作精神避难所。道教的到来无疑等于给汉代人孤寂扭曲的心田注入了新鲜血液，道教所宣扬的人生观和价值观给人们的思想行为以重要影响。[②] 东汉中后期，在黄老道向道教转变的过程中，盛

① 洒德忠：《道教史》，上海译文出版社，1987年版，第81页。

② 刘克：《汉画像艺术的阴阳本原与古典生态存在论审美观》，《西北师大学报》2006年第3期。

图 8－17

行于民间的神仙信仰也逐渐融入新生道教思想体系，[①]汉画中所刻绘的那些道教仙圣图像，尽管只是后天道教仙圣的滥觞，但是，作为一种信仰，它们在汉代墓室中广泛存在的事实，说明古人不仅已经心甘情愿地以仙真作为自己效仿的样板，而且已经把仙真所倡导的人道修行思想当作了自己的功德走向。

在道教的仙圣体系中，黄帝是穷道尽真的典型，其宏恩盛德不仅惠于本族，而且还泽及周边。《尸子》曰："四夷之民，有贯胸者，有深目者，有长肱者，黄帝之德尝致之。"[②]有汉一朝，除文景二帝读《黄帝》"尊其术"和武帝、桓帝等屡祠黄帝之外，东汉民间更是把黄帝当作"体道合真"、"效法自然"的圣人象征广泛地刻绘进墓室的砖石之中。在南阳王庄东汉画像墓的盖顶石画像中，生动地刻画了黄帝巡天时的气派场景。图8－17为黄帝巡天图。1983 年 4 月发掘出土。图中上部刻 3 神人共同拽引一车，车上一驭者双手挽缰，另一神人端坐于车上，车轮以五星连线组成。图画下部刻 4 神人，头发皆披向一边，怀中各抱一大口瓮，瓮口向下倾倒以给民间

① 相关论述参见李夏:《试论汉初道家思想的宗教化》,《山东师范大学学报》2007 年第 3 期。

② 尸佼:《尸子》,见李昉等:《太平御览》,中华书局,1960 年版,第 135 页。

行雨。图右一巨神，赤身跪地，张口作吹风状，此神为俗说的风伯。图左边上方有斜对4星。图像下沿中间一星应为老人星。图像空白处饰以云气以表示为天上神界情景。在建造于桓帝年间的山东武氏祠西壁画像中，黄帝与神农、颛顼、喾、尧、舜、禹等刻在一起，其下刻着“黄帝多所改作，造兵，井田，垂衣裳，立宫宅”的赞语。在山东沂南画像石上，依据先秦“黄帝四面”的传说，古人将黄帝的四幅脸面都刻到了画中。在传统文化中，五色可以跟五方及五帝相互指代。《广韵》云：“黄，中央色也。”①《论衡·验符》云：“黄为土色，位在中央。”②《诗集传》云：“黄，中央土地之正色。”③道教尚黄贵土，认为“土王四季，罗络始终，青赤白黑，各居一方，皆禀中宫，戊己之功。”④由于黄帝为土德，色黄，为中央之色，所以在汉画中，黄帝常常位居“中宫”。在南阳市西郊麒麟岗汉画墓出土的天象图中，青龙、白虎、朱雀、玄武分列四方，黄帝端坐于正中，⑤见图8－18。稽考汉代道教文献《黄帝四经》、《黄帝阴符经》、《黄帝宅经》、《黄帝太

图8－18

① 陈彭年：《巨宋广韵》，上海古籍出版社，1983年版，第413页。

② 陈蒲清点校：《论衡》，岳麓书社，2006年版，第258页。

③ （宋）朱熹：《诗集传》，上海古籍出版社，1980年版，第15页。

④ 《道藏》（第20册），文物出版社、上海书店出版社，天津古籍出版社，1988年版，第20页。

⑤ 韩玉祥、曹新洲：《南阳汉画像石精萃》，河南美术出版社，2005年版，第60页。

一八门人式秘诀》等可知，黄帝的中土之位象征着四方四季和合于中，这种和合是国家和个体安乐吉祥的基础和条件。汉画的这种构图设计既是古人对黄帝修身理国圆融为一境界的仰慕，也是古人对于早期道教圣人身正德纯意旨的深度认同。

“三皇”被道教经典尊为“上圣人”，代表着道德修养的最高形态。《太平经》第四十七卷《服人以道不以威诀》云：“古者三皇上圣人胜人，乃以至道与德治人。”[①]汉画作为道教教理教义的书写者，无时不在彰显“上圣人”的高尚品德。除南阳汉画像石中连篇累牍地刻画三皇，尤其伏羲女娲之外，在山东嘉祥武氏祠的西壁画像中，神农氏像旁有“神农氏因宜教田，辟土种谷，以振万民”15字颂词。在徐州画像石中，用持耒牵凤的造型来揭示神农氏断木为耜、揉木为耒、造福民众的基本含义。此类赞美神农氏圣人品格的图像在四川、陕北等汉画产区中都有出土。据粗略统计，仅陕北就有24幅之多。伏羲女娲的故事产生于战国以前，《列子》中即已有人面蛇身的描述。到了东汉，其婚配繁衍人类的传说仍然有着很大影响。伏羲女娲的相拥交合的图像也因此而成了南阳乃至全国汉画中最为抢眼的题材。在道教看来，无论是神农氏的“刑政不同而治，甲兵不起而王”[②]还是伏羲女娲“不设法度而以至德遗于后世”[③]都无不与道家“内圣外王”的思想意趣相契合，是一种难得的“至道与德”。而这种“至道与德”胸怀的得来，道教认为，乃是“常

① 王明：《太平经合校》，中华书局，1960年版，第143页。

② 严可均校：《商君书》，《诸子集成》，上海书店出版社，1986年版，第135页。

③ （汉）淮南王刘安编、刘文典集解：《淮南鸿烈集解》，中华书局，1989年版，第27页。

自旦夕力学真道"[1]的结果。当人置身于才优德昭、涵养宏深的"三皇"图像前时,其心志就会因受到陶洗和激励而滋生出一种向最高人格权威看齐的情感。

随着道教教理体系的建立和影响的扩大,进入东汉中后期,汉画中仙圣的规模也随之放大,除黄帝、"三皇"这些有着极尊名号的大神之外,北斗、太一、西王母等早期道教神仙也都作为人格完善的典型被大量地刻绘到了汉画之中。特别是关于西王母的仙话,虽然在西汉已经基本成型,但东汉早期道教的教义教理却把她演绎神话成了"母仪天下"的典范。因为是一个握有不死之药的吉神,具有除疫疠定生死的神通,所以在当时灾异频仍的特殊背景下,西王母理所当然地成了人们崇拜的对象。为显示敬重,人们总是让她居于汉画的重要位置。毫无疑问,西王母这种极尊之位的设计,是古人崇敬圣人品德修养心理的充分体现,它在汉画中的存在,具有鲜明的道德象征意义。

世俗性是一条生生不息长流不断的巨川,它潜隐于民众灵魂的深处,任何时代和任何个人都将无法把它割断、驱散。在这样的产床上,作为民间艺术的汉画像石,当它对道教中象征人格完善典型的仙圣进行挑选和呈示时,对那些世俗色彩浓厚者总是表现出一种情不自禁的亲和倾向。不难发现,那些被刻绘进汉画的道教神人,没有一个身上不散发世俗的气息。他们尽管识力通透、法术无边,但个个都仁厚慈善,对普通民众的生活命运给予了充分的观照和体念,积极主动地扶危济困和不遗余力地惩恶扬善。黄帝面对人民众禽兽寡的生活困难,不仅率众"童山竭泽"发展农业生产,

---

① 王明:《太平经合校》,中华书局,1960年版,第159页。

而且还“经土设井，以塞争端”。[①] 为消除民众肠胃疾患，钻燧生火，教民熟食。当蚩尤暴虐百姓时，黄帝“修德振兵”，跟蚩尤在涿鹿鏖战，平定了叛乱，为民众创造了平安稳定的生活局面。神农氏作为道教人格修养方面的楷模，在有关他的所有传说故事中，强烈的世俗性不能说不是一条贯穿始终的红线。在汉画的仙圣队伍里，西王母身上的世俗性最为显著，无论是长生、成仙，还是赐子、得福，哪一宗都涵泳着世俗的基调。西王母隐喻“生”的意蕴，在汉代人看来，只要有西王母在，就意味着能够度厄消灾、化险为夷。汉时的社会动荡和瘟疫肆虐导致民众无时无刻不处于恐怖不安的状态之中，动不动就惊慌失措的记载在《汉书》、《后汉书》等文献中层出不穷。到安帝时，民众因“讹言”相惊，更达到了“弃捐旧居，老弱相携，穷困道路”的惨烈程度。[②] 道教认为，恐慌骚乱的根源是厉鬼妖邪作祟，古人用世俗之笔对汉画中西王母形象所进行的全部描摹，本质上与特定文化时代人们祛灾攘患的世俗追求有着高度的一致性。可以认为，汉画的创作在某种意义上是世人欲望难以满足时的一种想象补偿，是在朝政窳败、天灾人祸横行、人们茫然无绪境况下一个时代的宗教情感的深刻反映。这种建立在困厄体验基础上的刻绘，是人们世俗情感的流露和对道教颇具社会伦理色彩之修炼理念的依从。此类内容在汉画中的大量出现，在表明世人已将这些象征道教人格完善最高形态的仙圣当成了崇拜偶像和行为圭臬的同时，也表明道教人道修行实践的场域在此岸而非彼岸。

道教极其重视修行，有着丰富的修行思想。在道教看来，仙由技成，修行不仅能使人的形体和气质臻于完美，而且还能够圆融身

① 杜佑:《通典》，中华书局，1988 年版，第 25 页。

② 范晔:《汉书》卷五，中华书局，1965 年版，第 209 页。

心,提升个人的品性水平。为便于民众仿习和实行,道教以其修行思想为参照,制定了十分具体的动作系统。对于这样的"动作系统",汉画给予了生动的记录和形象的展呈。

道教的人格完善既包括个人品德能力的提高,也包括个人形体上的美健。在道教看来,要成为一个大修行人,谙通黄中机理,就要重视身心的锻炼,及时排放体内风邪,使肌肤润泽身心健康的同时,实现灵魂的美善。武术为导引的一种,是道教重要的形体养生功法。《南华真经 · 刻意篇》云:"吹呴呼吸,吐故纳新;熊经鸟申,为寿而已。此导引之士,养形之人,彭祖寿考者之所好也。"[①]对它推崇备至,认为通过一系列身体活动能够突破命定而获得与彭祖一样的寿考。《太清导引养生经》认为它具有疏经通络、调气理血、开郁解滞、防病祛疾的奇妙功效。作为一种健美手段,《淮南子》特别强调"熊经鸟伸,凫游猿攫,鸱视虎顾"[②]之类的养生价值,认为通过对禽兽动作的模仿能够实现形体的康健和优美。作为道

图 8－19

教修行义理的图示,汉画中除大量模仿禽兽动作的图像外,拳术、

① 郭象:《南华真经注疏》,曹础基、黄兰发点校,中华书局,1998 年版,第 32 页。

② (汉)淮南王刘安编、刘文典集解:《淮南鸿烈集解》,中华书局,1989 年版,第 13 页。

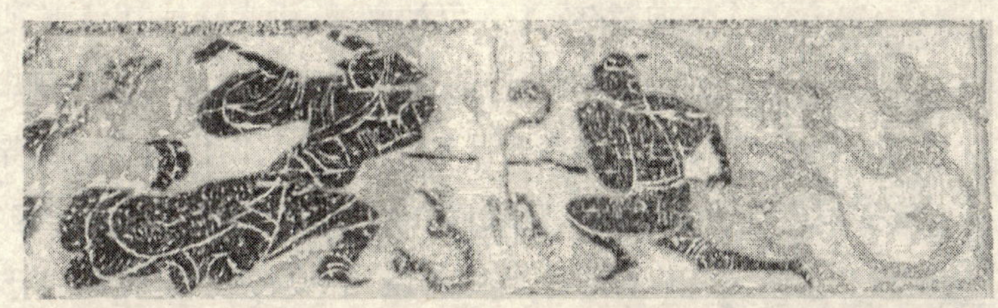

图 8－20

图 8－21

图 8－22

骑射、蹴鞠、捽跤、跳丸、冲狭等表现形意相随和内外协调的图像也很丰富。图 8－19 中，图中 3 人，正在进行拳斗，图像中间饰以云气，拳师脚下刻绘山峦。此图画像石从南阳县民间征集而来。图 8－20、图 8－21 两幅画像 1988 年 7 月从南阳市麒麟岗汉画像石墓发掘出土。学术界将之命名为“技击”，刻绘于门楣上，画面上刻 2 人，1 人持矛，1 人徒手，持矛人猛刺，另一人则以手相搏。画面上饰以云气。图 8－22为骑射图，1972 年 6 月从南阳市唐河县针织厂汉画像石墓出土，刻绘的位置在前室南壁下方。图 8－23 为蹴鞠图。1977 年 10 月从南阳市方城县东关汉画像石墓出土。该墓为砖石结构，墓门东向，方向 110°，由墓门、两前室、两主室、两侧室、后室等 8 部分组成，使用画像石 9 块，刻绘画像 13 幅。蹴鞠图刻绘于南门北扉背面。画像由 3 部分构成，中间用横线隔开，蹴鞠图处在该幅画像的中间部分，为最大的一部分。画面上 2 人头戴冠，身着紧身衣，相

图 8 – 23

向蹴鞠。1 人甩袖叉腰，脚尖踏球，1 人长袖轻舒，箭步向前，作防御姿势。2 人之下刻球状物和鼎形器各一。[①] 这些图像在墓中的普遍刻绘，是汉代人用特殊的绘画语言对道教修行思想所做的继承和发展。这种建基于"意生形合"、"形意融合"完美技术境界之上的"身体的技术"，使得人们在锻炼身体的同时，精神和心理也得到相应的历练。以技术而换取身心的健美，符合道教寄道于技的修行理念。

纳气也是道门张扬生命活动、实现形体健美的基本方法。道教认为，气是精神之本和性命之源，宇宙万物皆由气化育而成，气是生命中不可或缺的重要元素。《南华真经 · 知北游》云："人之生，气之聚也；聚则为生，散则为死。"[②]天地万物无不借气以生，气是成长生养过程中最尊最贵者。《太平经》曰："夫气者，所以通天地万物之命也，天地者，乃以气风化万物之命也。"[③]气乃命门根本，有气则生，无气则死。善行气者外可却恶，内可养身，要使身心健美获得仙寿天福，唯有炼气养气使之内聚而不散。因此，古人在深入理解道教养气炼气法理的基础上，用汉画详细地记载了他们学习和运用纳气修行技术的过程。此类画像在南阳目前还暂时没有

---

① 南阳市博物馆、方城县文化馆：《河南方城东关汉画像石墓》，《文物》1980 年第 3 期。

② 郭象：《南华真经注疏》，曹础基、黄兰发点校，中华书局，1998 年版，第 25 页。

③ 王明：《太平经合校》，中华书局，1960 年版，第 205 页。

发现，但在山东嘉祥五老洼汉画像石墓出土的纳气图上，[①]就有吸纳天地、日月阴阳结精之气以求健康长寿的内容。道教认为，若只纳不守，仍然达不到健身强体、祛病延年的目的。因此，气法除要求纳气之外，还特别讲究守气。《黄庭经》云："仙人道士非神也，积精累气乃成真。"[②]邹城面粉厂东汉墓出土的守气图中，一运足丹田之气的修行者，瞑目卧于石板之上，咽气凝结于腹而闭气不出，形象地阐扬了道教的六字气法。[③] 道教的这种养生技术，肇始于天地大宇宙人身小宇宙一体同构的理念。生死之间的连续来自于气的聚散。既然气的流转不息构成了宇宙和谐不灭的整体，那么在此理念的启发引导下，人通过慢细匀长的呼吸形式将天地元气定固于丹田，并让它像在宇宙中一样周流全身，转化为自己的精气神，就能够超越世俗达到与道同在的永恒境界。这些图像说明，道教的仙真修炼是能够通过相应的技术操作来完成的。

道教修仙讲究动静之道。在道门看来，修炼身心必涉动静，唯有于动静之间才能炼精化气，炼气化神，炼神化虚，修得形神健美之妙。因此，要人格圆满，除按照一定的技术方法假求外物以自固外，还要善于在静态中巧借"身体的技术"，"存想于丹田"，密自度世以去恶获福、形神圆贯。存想是一种兴于先秦盛于东汉的重要养生术。道教认为人体各部位均有神灵持守，为使华盖明、身体健，就要潜神隐智，悄无声息地对日月、仙圣和自己的五脏六腑之类的特定对象进行内视和返观。道教文化是一种诗性文化，素有以直觉式的"象"象征看不见摸不着事物的传统。对于五脏六腑这

① 朱锡禄：《嘉祥五老洼发现一批汉画像石》，《文物》1982年第5期。

② 王明：《黄庭经考》，《道家和道教思想研究》，中国社会科学出版社，1984年版，第141页。

③ 刘培桂等：《邹城出土东汉画像石》，《文物》1994年第6期。

样无法用自己眼睛看到的对象，早期道教常以磬作为它的象征。这就是在南阳地区汉画像石墓中都多有象征五脏六俯的磬画像出土的原因。古人坚信物类之间存在着密切的关联和深刻的感应，既可以相互借用，也可以相互辅助，悬磬、日月和仙圣图像于静寂的墓内，一方面是出于方便死者内照返观的考虑，另一方面也是想通过对这些对象的存想，祈祷神灵保佑，完全精神，预知凶吉，达到健美身心的目的。汉画对于道教此类修行技法的表现，淋漓尽致地体达了道教致神养生的深彻理趣。

正像《太平经》将人格完善思想建立在“道”、“大道”、“天道”和“生道”等哲学概念的基础上一样，反映道教人道修行的汉画也是以“道”的存在为前提并按照“道”的思想来构造其技术体系的。《太平经》曰：“夫道者何也？万物之元首，不可得名者。六极之中，无道不能变化。元气行道，以生万物。”[①]从“道生万物”的命题出发，人作为修行的主体与大道便有了天然而紧密的联系。这样，道教用于人道修炼的一系列技术作为与天地万物相对范畴的“自在之物”，因为道的缘故而成为虽不为知识所认知但却能为信仰所达到的“技术本体”。“技术本体”的存在，不仅为道教修炼系统的切实可信提供了理论依据，而且其巨大的包容性也为世人抵达仙圣的境界、获得圣人的高尚品格提供了极具想象力的空间。可以相信，古人在生产力水平极不发达的条件下，不计靡费地在石上刻凿反映道教合道保生思想图像的做法，便是对这种文化态度和情感状态的表达。然而，由于人类社会自化生之后已经经过了很长的时间，不仅真人之息在人体中变得十分稀薄，而且在远离大道的自我流转中，人的性命里也沾染了凶恶、贪婪、侈奢等病变。因此，人

① 王明：《太平经合校》，中华书局，1960 年版，第 16 页。

若要弥补生命的缺损，获得“圣人”的品格，成为人人钦羡的神仙，就要“穷理尽性”，用“逆行”之法追本溯源，用武术、吐纳、存想等行之有效的技术方法，去复归“混沌”、“婴儿”、“无极”和“朴”，实现与长生久视之道的契合。这是《道德经》为什么强调“反者道之动”和《列子》为什么推重“一往一反”的原因，也是汉画中刻绘道教人格修炼技术图像的发生论根源。这些蕴涵道教修行技术哲学的图像在全国各地的陆续出土，反映了早期道教影响的广泛性，表现了古人于道教修仙层面对生命与本体相互关系所产生的深刻认识。

汉代道教是在饥荒频仍、疾疫肆虐和终末思想甚嚣尘上及各种亡徵导致人心焦虑、精神颓靡的背景下倾动朝野、深入乡鄙的，自有其特定的社会历史属性。作为民众精神的折射，汉画所展呈的道教修行思想是民众面对人、社会、环境三者之间相互关系极度恶化造成的大量可怕的寿不终命、灾祸时乐生畏死心理的反映，融含有极其丰富的社会文化内容。对它实施精心的发掘和深入的解读，对于继承发展优秀传统文化资源和构建人类健康和谐的生活而言，具有重要价值。

首先，汉画中的道教人道修炼内容能够对现代社会中人们创建诗意化的生存环境提供新的思路。道贵中和，其人格完善思想的重要内容便是要人通过导引、纳气、存想等形神圆贯之修行术的宣导而致三位和谐。在道教的义理中，身国同构，生命的原理与治国的原理是相通的，“身国互喻”、“身国共治”、“以身喻国”是早期道教经典中屡屡出现的重要术语。《老子道德经河上公章句》：“国身同也。"[①]《吕氏春秋 · 先己》:"成其身而天下成,治其身而天下治。"[②]认为理身治国"异位而本同"。[③]《老子指归》:"是故建身为国,诚以赤子为容,则是天下尊道贵德。"[④]修身之道也就是治国之道,《淮南子 · 汜论训》曰:"未尝闻身治而国乱者也,未尝闻身乱而国治者也。"[⑤]在这里,"国"不仅仅指具体的国家,还指环境、天下。身与国的关系可以看作修行主体与环境的关系。[⑥] 由于人格完美的关键在于诸器官的和谐,因此要使天下太平也理应以和谐为本。人离不开和谐的环境,人有维护和谐的责任。具有整体思维特质的道教,就特别重视阴宅与自然的关系。为体现人顺应四时天地,与社会和环境建立相依相扶的"大通"关系,古人还常常在墓石上刻画出山川草木和鸟兽虫鱼,并着意突出其盎然生机与无穷妙趣,试图以此佳境给死者带来一种与自然万物融洽的快乐,即与自然和谐一致的"天乐"。再者,道家认为人是自然的有机组成部分,天地之体即为人之体,自然之性即为人之性。老子提出"万物齐一",庄子则追求"以天合天"。万物都是平等的,人类不是万物主宰,孔德之容,唯道是从,人在修炼的过程中只有能动地与宇宙精神相合为一,达到天心相印,方能从自然中吮吸灵气、元气和真气,获得心灵和肉体的真正超越。这些思想包含着深刻的整体和谐精神,对

---

① 王卡点校:《老子道德经河上公章句》,中华书局,1997 年版,第 231 页。

② 陈奇猷:《吕氏春秋新校释》,上海古籍出版社,2002 年版,第 72 页。

③ 陈奇猷:《吕氏春秋新校释》,上海古籍出版社,2002 年版,第 81 页。

④ 严遵:《老子指归》,中华书局,1994 年版,第 5 页。

⑤ (汉)淮南王刘安编、刘文典集解:《淮南鸿烈集解》,中华书局,1989 年版,第 37 页。

⑥ 詹石窗、贾来生:《论净明道的身心健康思想》,《世界宗教研究》2003 年第 1 期。

于古人设计制作汉画时穿越认识论思维模式,从身国共治视域表现人与人、人与社会、人与自然之间共生共存关系奠定了坚实的理论基础。这样一来,不仅日月星辰、山川草木、花鸟虫鱼、仙界凡间均被理所当然地纳入到了汉画像石艺术的题材范畴,而且在汉画像石艺术中,世界万有在交往中也实现了彻底的平等和自由,整个汉画王国进入到了浑然一体的和谐境界。“一切有形,皆有道性”,道赋予了万物自然生存的权利。汉代人这种建基于道教人道修行思想基础上的本性使汉画艺术成功穿越人类中心主义而实现人与各种怪禽异兽的和谐共处。真道好生而恶杀,汉画中的动物具有体悟自己和别人平等的智慧。道教将“慈心于物命”和身心和谐当作“永享福寿”的重要前提和保证,从人格完善思想出发,以身喻国,将和谐与治国联系起来。这类画像在汉人墓葬中的大量出现,既是艺术反映生活的特性使然,也是个体生存和人道修炼中对和谐环境的真诚呼唤。汉画这种偿愿于冥世,把和谐当作身国共治的必要条件予以确认,并在与阴阳及周围环境相统一的背景中追求诗性栖息的艺术实践,无疑扩大和丰富了道教德养技术的哲学内涵。汉画所蕴涵的和谐理念和价值诉求,展示了古代民间艺术对宗教和谐观念内核的学理认知与哲学判断,启示我们在推动社会发展和提升个体素质时务必对和谐投以应有的注意,不仅要讲身体各器官间的和谐,而且还要讲人与人、人与自然、人与社会的和谐。

其次,重视生命,注重养生,相信通过自己的后天努力,可以改变身体状况而延年益寿。这种敢于打破生死定律和敢跟造化抗争的生命信念,有助于人们面对挫折时振奋精神重扬生活风帆。道教认为,大道无为,无知无识,无亲无疏,对天地万物一视同仁,生命来源于元气这一天下本母,并非天地所造生,所以福寿长短的决定权在己不在天。《太平经》曰："人命近在汝身，何为叩心仰呼天乎？"①认为天不掌握移易予夺性命福禄的玄机，人不必向天乞福求寿。《老子想尔注》也反对"仙自有骨录"②的命定论，认为只要看重身体努力修道，做到自清自爱自念自责自成，不管体内是否存有先天缺憾，同样能够益寿延年得道成仙。受此沾溉，汉画中表现贵生延年的图像特别丰富。粗略统计，大概占到总量的五分之三。面对天灾人祸所带来的生灵涂炭，早期道教虽然一方面通过《河图稽耀钩》、《易纬乾凿度》、《春秋演孔图》、《河图挺佐辅》等大肆宣扬危机说和更命说，认为终末来临必然凶咎不绝；另一方面又主张阳者主生，阴者主养，人的命运与朝廷的气数没有联系，个人的生命长短最终只能由自己掌握，只要讲求三五七九，注重阴阳相交和男女合气，就能够度厄过灾，性命永存。"阴阳雌雄守道而行，故能世代相传。"③《后汉书》载甘始、东郭延年、封君达3人善行《容成》御妇之术，"皆百余岁及二百余岁也"。④ 滥觞于这种文化风潮中的汉画，自然保留着那个时代的特征。南阳、新野、方城、邓县等汉画像石墓集中的出土地，都有大量表现男女性合秘事的图像出土，其中好些还是在伏羲、女娲、黄帝、西王母等道教仙圣的身边进行的。服食也是道教延长生命的常用技法，《太平经》、《老子想尔注》、《周易参同契》等汉代文献对此都有详尽的阐述。服食在道教看来能收到和谐阴阳、养神益智、安神固体的功效，对此后世张伯端曾经说道："药逢气类方成象，道在希夷合自然，一粒仙丹吞入腹，始

① 王明：《太平经合校》，中华书局，1960年版，第527页。

② 《道藏》（第20册），文物出版社、上海书店出版社、天津古籍出版社，1988年版，第27页。

③ 王明：《太平经合校》，中华书局，1960年版，第21页。

④ 范晔：《后汉书》卷八二下，中华书局，1965年版，第2750页。

知我命不由天。”[1]由于西王母会炼不死的仙丹，故而西王母及其玉兔、凤鸟、蟾蜍的炼丹场面成了汉画重要的反映对象。汉画所记录和表现的一切，是一个文化时代之于道教探索生命奥秘理念的全面凸显。其中的有些内容虽然已不太合乎当前实际，但其探索生命奥秘的思维方式、不向命运低头的进取精神和重视后天修炼的坚定信念作为一种精神财富并没过时，对现代社会中一些行无所宗、进退失据、悲观厌世的人们而言，不啻是一副清脑醒神、重振精神的灵丹妙药。

最后，汉画对道教复归、忠孝等修性功夫所做的阐扬，对社会道德建设中民众涵养天元、回返本心，树立正确的道德观具有重要意义。早期道教虽然肯定人生的“气数”，但又强调个人的命运由自己掌握，认为只要沿着复归之路，顺应天道，修心养性，守住中和，蓄积和保持高尚的品德，就能够获得神祇福佑而形神健美。在道教看来，尽孝道是一种切实可行的逆向复归方式。因为就父母与儿女的关系来说，父母是本原；就父母与天地的关系来说，天地是本原；就天地与天道的关系来说，天道是本原。尽孝的实质就是老子《道德经》所说的“复归于无极”，是一种精神调节的炼性方法和气血控制的修命过程。[2] 缘于此，早期道教不仅在《道学传》中强调以孝为本，把孝视为崇高的生命之德，而且《太平经》还创立了报应思想，提出了承负说，强调要想免灾增寿，“转在长寿之曹”[3]而“长为种民”，[4]就要积善修德，孝敬双亲。教理的前行和创新不仅

---

① 王沐：《悟真篇浅解》，中华书局，1990年版，第150页。

② 詹石窗、贾来生：《论净明道的身心健康思想》，《世界宗教研究》2003年第1期。

③ 王明：《太平经合校》，中华书局，1960年版，第602页。

④ 王明：《太平经合校》，中华书局，1960年版，第1页。

在源头上影响着宗教的格局和机制，接受层面的扰攘喧哗和理念上的认可又可能在汉画制作中引发更加激越的蹈袭气象。由于养生与道德紧紧地联结在了一起，所以汉画中行孝图甚多，都是对尽心知性、纯朴至诚之生命伦理的歌颂。孝常常和顺联系在一起，是敬仰、顺从、赡仰、思念的意思，表现了推己及人的伦理价值观念。“老莱子娱亲图”遍见于各地的汉画像石中，从司马迁《史记·老子韩非列传》“著书十五篇，言道家之用”①的记载来看，老莱子也是一个赞同道家思想的人。他为使年迈的父母常怀喜乐，不顾自己年高位尊，在精心赡养老人的同时，常以仆地作婴啼的天真顽皮之相给父母造乐。正如老莱子画像的榜题所说：“老莱子楚人也，事亲至孝，衣服斑连，婴儿之态，令亲有欢，君子嘉之，孝莫大焉。”②儒家讲忠孝之德，道家吸收了这一伦理观念并将之与长生相联系，认为孝是善的重要内容，积善至诚是取得仙寿之道的前提和条件，“道设生以赏善”。③ 当遇到天灾人祸时能获天救而长生。对此，汉代人是深信不疑的。这种具体感性的告白，说明孝作为其文化时代的特殊宣言，在汉代人的心目中已经成了一种养生的方法。汉代早期道教抓住时人对世事失望、对末日恐惧和对未来憧憬的心理特点，以人道修养进至仙道修养为修行法门，内容具体实在，方法简便可行，极易为民众接受并自觉运用到自我的实践活动中。当今我国的德育体系是一个开放的多层次的体系，一切有利于文明进步的德育资源均可成为其体系的有益补充。汉画所展呈的以

---

① 司马迁：《史记》卷六三，中华书局，1959 年版，第 2141 页。

② 朱锡禄：《山东武氏祠画像石》，山东美术出版社，1993 年版，第 140 页。

③ 《道藏》（第 20 册），文物出版社、上海书店出版社、天津古籍出版社，1988 年版，第 25 页。

德养生修行理路因为将道教的得道成仙观念与人的心灵修养捆绑在了一起，赏善罚恶，为世俗道德教育注入了神圣性，所以在劝善戒恶过程中具有较强的约束力和号召力，若对这一修德延年的做法进行合乎当前实际的改造和转换，对于社会道德的教育和公民素质的提高来说，意义不仅显得重大，而且显得深远。

第九章　风雨雷气信仰画像石所蕴涵的生态意识

任何时代的思想文化都是具体历史条件下的特定产物。南阳汉画像石中风伯、雨师、雷公、虹霓、北斗、望气等信仰内容的大量出现，与本地的自然生态、文化传统有着密切的关系。

楚地发达的天文学知识对南阳民众产生了积极影响，汉画像石上相关星相图像的出现是南阳民众观象推事素养和才气的反映。楚人的祖先约在5000年前就以火正的职掌来为刀耕火种的原始农业生产颁授时历了。《史记·楚世家》云："楚之先祖出自帝颛顼高阳。高阳者，黄帝之孙，昌意之子也。高阳生称，称生卷章，卷章生重黎。重黎为帝喾高辛居正，甚有功，能光融天下，帝喾命曰祝融。共工氏作乱，帝喾使重黎诛之而不尽。帝乃以庚寅日诛重黎，而以其弟吴回为重黎后，复居火正，为祝融。"①这种观天象订时历的工作，一直持续到夏商时期，《国语·楚语下》中说："以至于夏、商。"②祝融既是火神，居火官之长，能"昭显天地之光明"③，又为司天地之官，具有绝地天通的神功。祝融之后代秉承祖业，在天文的领域勤奋耕耘，努力探索，极大地推进了古代天文学的发展。羲和乃祝融后裔，是夏代执掌天文历法的官吏。《史记·历书》"索

---

① 司马迁：《史记》卷四〇，中华书局，1959年版，第1689页。

② （春秋）左丘明撰、（三国吴）韦昭注：《国语》，四部丛刊影印杭州叶氏藏明金李校刊本。

③ （春秋）左丘明撰、（三国吴）韦昭注：《国语》，四部丛刊影印杭州叶氏藏明金李校刊本。

隐"引《世本》有黄帝命羲和占日的文句,《尚书·尧典》有帝尧派羲仲、羲叔、和仲、和叔分驻东、南、西、北四地观星相,定季节,制作历法的内容。在《离骚》中,屈原依据楚地民间神话传说,把羲和描绘成为太阳神驾车的神:"吾令羲和弭节兮,望崦嵫而勿迫。"[①]请求羲和不要急于把太阳所坐的车赶下西山。在《山海经·大荒南经》中,羲和成为太阳的生母,"羲和者,帝俊之妻,生十日"。[②] 楚地流传着很多有关羲和的神话。进入战国时期,荆楚之地的天文学获得了更大的发展,楚人甘德(亦有谓齐人者)经过对天象的深入研究,不仅创立了战国时期重要的天文学派,撰《天文星占》八卷,勘定恒星180座、510个,而且还和魏人石申合著了一部天文学著作《甘石星经》。在《甘石星经》中,作者在对五大行星运行规律精确测算的基础上已经总结出四宫二十八宿历法体系。由于人把天官星相当作了有灵魂有意识的东西,因此,至迟在战国中期,星相崇拜以及由此而引起的宗教祭祀活动已经在民间兴盛起来,宗庙祠堂和墓穴内壁上已经刻绘了表现天界的星相画像。《天问》乃《楚辞》名篇,共有172问,据王逸考证,即为战国时楚人屈原放逐以后悲愤郁结,看到神庙星相壁画时而对天发的质问,深刻地反映了当时社会风习。战国之后,尽管斗转星移,岁月不居,但是,此俗并未因时间流失而绝迹。在南阳汉画像石中,不仅青龙、白虎、朱雀、玄武四象被刻凿得准确无误,而且角、氐、亢、尾、牛、女、参、斗、鬼等星宿也应有尽有。这在全国其他地区都是绝无仅有的。应该说,这是地域文化的厚赐。

① (战国)屈原等撰、(汉)王逸章句、(宋)洪兴祖补注:《楚辞补注》,上海古籍出版社,1983年版,第25页。

② 袁珂校注:《山海经校注》,上海古籍出版社,1980年版,第101页。

受董仲舒天人感应、阴阳灾异学说的濡染，人们对天文星宿的认识更加深化。在汉代人的心目中，除继续坚信人间事物由上天主宰、天象变化表示上天的意志之外，开始有意识地将风伯、雨师等与箕星、毕星进行整合，将其纳入到星相的范畴之中，①从而形成了一个以天气现象和星相运行情况来诠释灾害、表达生态意识，并借助天道来预知人事的新范式。由于凭天道变化即可知道人世间的凶吉，因此，在汉代自然灾害频繁发生的条件下，天文星相特别能够引起世人的关注。这正是汉代的南阳人在墓室石头上刻绘星相画像的真正原因。

与古人对天空的认识相关联，天象画像石出现的位置一般都是在墓室的顶部或四壁的上部，墓室中其他位置出现此类画像的情况基本上是不存在的。南阳市唐河县针织厂汉画像石墓、南阳麒麟岗汉画像石墓、南阳县英庄汉画像石墓和南阳县王庄汉画像石墓等，虽然都出土了大批天象画像石，但未曾见到一块安排在除上述位置以外的另外一些地方的画像石。

瑞士心理学家荣格说："每一个原始意象中都有着人类精神和人类命运的一块碎片，都有着在我们祖先的历史中重复了无数次的欢乐和悲哀的一点残余。"②天象画像石在汉墓中存在的事实，是汉代民众在天命主义禳弭论这一社会文化观念基础上以祭祀日月星辰、风伯雨师的形式消弥灾异、祈求丰稔苦乐心绪的反映。由于建基于"著其灾异，而削其事应"的目的之上，所以，南阳汉画像石中那些对人与自然、人与社会、人与人对立、失调状态起警示、预防

① 相关论述参见李立《汉墓神画研究——神话与神话艺术精神的考察与分析》，上海古籍出版社，2004年版，第99-101页。

② 冯川：《神话人格—荣格》，长江文艺出版社，1996年版，第95页。

作用的天象图像，也因此成了传统文化资料库中举世无双、不可多得的内容。

一、风雨雷电信仰

（一）风伯

风伯具有兴大风的神性。大风，在汉代人的观念中，是一种重要的自然灾害。从记述两汉灾害的代表性著作《汉书·五行志》来看，灾害的种类大致有这样六十几种：鼓妖、鱼孽、耳阿、黑眚黑祥、风灾、雪、霜、雹、冻害、蝗灾、蜚虫、草妖、羸虫之孽、目阿、赤眚赤祥、暖冬、草木花实非时、天雨血、天雨草、冬雷、火灾、服妖、龟孽、体阿、青眚青祥、大水、大雨、室屋坏、木冰、诗妖（歌谣谶纬）、介虫之孽、口舌之阿、白眚白祥、大旱、兽害、山鸣、脂夜之妖、华孽、心腹之阿、黄眚黄祥、螟虫、五足兽害、沙尘、地震、鼠害、山崩、饥荒、射妖、龙蛇之孽、马祸、下人伐上之疴、日月乱行、星辰逆行、阴霾、蜮、龙蛇、日食、月食、星陨和猪鸡狗怪胎。[①] 风灾已赫然在列。在《后汉书·五行志》对灾害的界定中，大风作为基本灾害类目也被罗列其中。灾害往往使人饱尝苦难，罹此辛酸经历，任何人均不会无动于衷。大风能够与诸灾害并列于史籍，风伯能够被刻绘于墓室，说明风伯信仰已经成为汉代民众共同关注的焦点。另外，在古人的观念中，灾难系天帝对人间的责罚，而风伯又是天帝的使臣，《太平御览》卷九《河图地通记》有"风伯，天帝之使也"句，常奉天帝之令给人间行疾风以制造灾情。另外，风雨相随，风能引雨，雨露滋润加上和风习习，是农作物茁壮成长的重要条件。正反两个方面，都

① 相关统计由卜风贤完成。参见卜风贤：《中国古代的灾荒理念》，《史学理论研究》2005 年第 3 期。

与农业生产的关系极为密切。因此,以农业立身的汉代古人自然不能不对风伯另眼相看,毕恭毕敬。

南阳汉画像石墓中多刻有风伯画像,从目前业已出土的情况来看,有风伯画像石的汉墓大多都处在土地肥沃、灌溉条件较好的平地上。例如,第八章图8-17黄帝巡天图所在的南阳王府东汉汉画像石墓就属于这种情形。[①] 王庄汉画像石墓位于独山(古称予山)南麓的台地上,滩儿河从此地东侧流过。这一带土地肥沃,汉代曾是旱可浇、涝可排的陂渠之地。《明一统志》云:"予山在(南阳)府东北十五里,下有三十陂,西汉召信臣、东汉杜诗、晋杜预作陂溉田,民被其泽,遗址犹存。"刻绘着风伯的这块黄帝巡天画像就位于该墓的盖顶石上。由图可知,风伯居于图像右部,赤身跪地,张口作吹嘘之状。对照《中国古代天文文物图集》[②]图74,可以判断图中的五星连线为五帝星座。王庄汉画像石墓出土的这幅风伯图,形象生动地表现了风伯在黄帝的指使下行风的过程。这样的图像在山东武氏祠后石室第四石上也有刻画。

风伯行风致灾,曾被为民除害的羿射死在青邱之泽。《淮南子·本经训》云:"(羿)缴(弋射)大风于青邱之泽。"[③]对于《淮南子》的这条记载,汉末司空掾高诱注曰:"大风,风伯也。能坏人屋舍。羿于青邱之泽徼遮,使不为害也。"如果说在上引图像中风伯造灾的含义尚不显著,那么,以下4幅汉画像所表现的"坏人屋舍"

① 参见南阳市博物馆:《南阳市王庄汉画像石墓》,《中原文物》1985年,第3期。

② 中国社会科学院考古研究所:《中国古代天文文物图集》,文物出版社,1980年版,第35页。

③ (汉)淮南王刘安撰、刘文典集解:《淮南鸿烈集解》,中华书局,1989年版,第115页。

内涵便十分显豁了。见图9－1、图9－2、图9－3、图9－4。

图9－1

这些画像所反映的内容与高诱的注释实现了对证，文图一致。不论是分层刻画还是单独构图，画面主体都是左边一座二柱门楼，右边一人半蹲对着这座门楼吹气。强大的气流以摧枯拉朽之势不仅将门柱迅速吹断，而且也将房顶吹得摇摇欲坠。这样的画像，除南阳有出土之外，全国其他地方也时有发现，逼真地表现了风伯的禀性。

图9－2

图9－3

风伯字飞廉。《楚辞》中屈原《离骚》云："前望舒使先驱兮，后飞廉使奔属。"王逸注："飞廉，风伯也。"[①]应劭《风俗通义·风伯》云："飞廉，风伯也。"[②]飞廉是南阳乃至全国各地汉画

图9－4

① （战国）屈原等撰、（汉）王逸章句、（宋）洪兴祖补注：《楚辞补注》，上海古籍出版社，1983年版，第25页。

② （东汉）应劭、王利器校注：《风俗通义》，中华书局，1981年版，第110页。

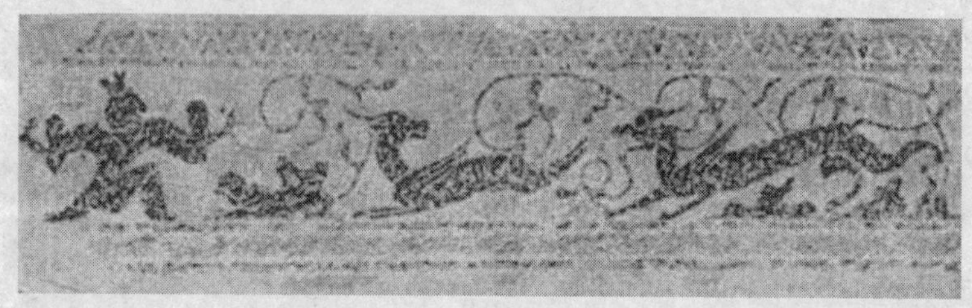

图 9－5

图 9－6

像石墓中常用的题材。南阳县石桥汉画像石墓发掘于 1972 年 3 月，墓内共置画像石 17 块，刻图 28 幅，剔底浮雕，为东汉早期墓葬。南北二主室，飞廉图刻绘于北主室门楣正面。飞廉作逐龙状，周围饰以云气纹。如图 9－5、图 9－6 所示。

飞廉为传说中的风神，对于飞廉的性能及其外形，应劭和晋灼二人分别作了说明。应劭曰："飞廉神禽，能致风气。"晋灼曰："身如鹿，头如雀，有角而蛇尾，文如豹文也。"[①]《历代神仙通鉴》将飞廉描绘成鹿身蛇尾，雀头羊角。汉画像石中所刻绘的飞廉画像，鹿身、雀头、短尾似蛇、一角，与上述文献基本上吻合。虽然由于绘画材质的限制无法显现豹子皮毛的纹路，但并不影响今人对于这种神禽的判断。何况石材的缺憾也已经在同时期的汉墓壁画中得到了弥补。洛阳卜千秋墓壁画中的飞廉不仅具有汉画像石中飞廉的

① 司马迁：《史记》卷一二，中华书局，1959 年版，第 478 页。

所有特征，而且还有生动形象的豹子毛色特有的斑点纹。

建基于天地对应思想，古人开始为健行于大地的风伯寻找对应的星辰。由于箕星位于东宫苍龙角、亢、氐、房、心、尾七星中的最后一宿，再加之其 4 星相连颇似民间生产所用的簸箕，因此，苍龙东宫的这一星宿便被命名为箕星了。由于簸箕上下簸扬能致风气，故而箕星便有了风神的内涵。《尚书·洪范》中有“庶民惟星，星有好风，星有好雨”文句，晋元帝时豫章内史梅赜的伪孔传中将之索性写成了“箕星好风，毕星好雨”。针对《周礼·大宗伯》中“以禋祀祀昊天上帝，以实柴祀日月星辰，以槱燎祀司中、司命、风师、雨师”句，对整理古代历史文献上颇有心得的东汉古文经学家郑玄，在注释风师与星宿箕的关系时，用十分肯定的语气强调风师就是箕宿。他说：“风师箕也，雨师毕也。”[①]《春秋纬》则依据自然现象更是附会道：“月离于箕风扬沙，故知风师箕也。”《风俗通义·祀典》也认为：“风师者箕星，箕主簸扬，能致风气。”[②]东汉文学家蔡邕在其《独断》一文中也说：“风伯神，箕星也，其象在天，能兴风。”[③]都肯定了箕星就是风伯。另外，在古人的观念中，天为乾，地为坤，乾坤相交，阴阳相合，便会有六子相生。而按《易经》的规则，这六子中，长子为震，长女为巽。同时依据天人合一的原理，自然中的水火风雷山川又与六子相配，风正好与巽相属，巽为长，长为伯，故风为伯，亦即箕为伯，所以古人又称箕星为箕伯。在东汉南

---

① （汉）郑玄：《郑志丛书集成初编》，中华书局，1985 年版，第 11 页。

② （东汉）应劭撰、王利器校注：《风俗通义》，中华书局，1981 年版，第 125 页。

③ 蔡邕：《独断》，见严可均集校：《全上古三代秦汉三国六朝文·全后汉文》，中华书局，1958 年版，第 215 页。

阳西鄂人张衡的《思玄赋》中就有"属箕伯以函风兮,惩溃浊而为清"[①]的文句。在这样的比附中,风神成了人们崇拜的天神。

风与民生有着密切的关系,它既能引雨滋润禾苗生长,也能够造成自然灾害。所以,《管子·版法》云:"万物尊天而贵风雨……所以贵风雨者,为其莫不待风而动、待雨而濡也。"[②]《史记·律书》也充分肯定了风对生态及农业生产的重要作用,认为八风关系到生命的诞延和健康,说条风居东北,主出万物;明庶风居东方,众物尽出;清明风居东南维,主风吹万物而西之。[③] 在这个意义上讲,人们不能不崇拜风伯。

《汉书·郊祀志》云:"《易》曰:'方以类聚,物以群分。'分群神以类相从为五部,兆天地之别神:中央帝黄灵后土畤,及日庙、北辰、北斗、填星、中宿、中宫,于长安城之未地兆。东方帝太昊青灵勾芒畤,及雷公、风伯庙、岁星、东宿、东宫,于东郊兆。"[④]风神风伯与太昊等在东郊兆接受祭拜,地位之高,可见一斑。在县邑等基层官府中,对风伯的祷祠也很隆重。《后汉书·祭礼下》云:"县邑常以乙未日祠先农于巳地,以丙戌日祠风伯于戌地,以己丑日祠雨师于丑地,用羊豕。"[⑤]个中缘由,正如应劭《风俗通义》所云:"养成万物,有功于人,王者祠以报功也。"[⑥]正因为如此,所以民间各地多有建风伯之庙者,"雍有日、月、参、辰、南北斗,荧惑、太白、岁星、填

① 张衡:《思玄赋》,见严可均集校:《全上古三代秦汉三国六朝文·全后汉文》,中华书局,1958年版,第327页。

② 黎祥凤:《管子校注》,中华书局,2004年版,第215页。

③ 司马迁:《史记》卷二五,中华书局,1959年版,第1246页。

④ 班固:《汉书》卷二五下,中华书局,1962年版,第1268页。

⑤ 范晔:《后汉书》卷九九,中华书局,1965年版,第3204页。

⑥ (东汉)应劭撰、王利器校注:《风俗通义》,中华书局,1981年版,第27页。

图9-7

星、辰星、二十八宿，风伯、雨师、四海、九臣、十四臣、诸布、诸严、诸逐之属，百有余庙。”[①]雍指雍州，古九州之一，辖境在今南阳之淅川、内乡、方城以南，泌阳以西、丹江口市以北广大地区。由此可见，敬祀风伯的香火还是相当旺盛的。

鉴于风神的巨大威力，人们爱屋及乌，一些知风之鸟，如玄鸟、凤鸟等也备受崇拜，被人们奉为司日月岁时的大神。[②] 汉画像石中有大量刻绘。图9-7 凤鸟，1982 年 5 月从南阳市方城县博望镇汉画像石墓发掘出土。图9-8 玄鸟，1983 年 4 月从南阳县英庄汉画像石墓发掘出土，墓门东立柱正面画像。

图9-8

古代人们的风神信仰的实质则是指向生态的。

在论述这一问题之前，我们有必要认识一下风神箕星的另一面。与前述“养成万物，有功于人”不同，箕星在古人看来还有调弄是非的一面。《史记·天官书》云：“箕为敖客，曰口舌。”对于“敖客”，“索隐”引宋均的话云：“敖，调弄也。箕以簸扬，调弄象也。箕又受物，有去去来来，客之象也。箕主八风，亦后妃之府也。移徙入河，国人相食。金、火入守，天下乱。月宿其野，为风起。”对于“口舌”，“索隐”引《诗》曰：“维南有箕，载翕其舌。”又《诗纬》

① 班固：《汉书》卷二五上，中华书局，1962 年版，第 1206－1207 页。

② 玄鸟、凤鸟之与风伯的关系，其考据性文章可参见张应斌：《上古的风神崇拜与风神文化》，《中国文化研究》，2002 年春之卷。

云:“箕为天口,主出气。”箕有舌,象谗言。《诗》曰:“哆兮侈兮,成是南箕,谓有敖客行谒请也。”①这与风伯拔屋相一致,是其神性中恶的一面。风伯是一个善恶统一体。

应该肯定,所有民间信仰都是有抑恶扬善功利性的,南阳汉画像石所反映的风伯信仰也不例外。风神箕星虽然有疾风坏屋、调弄口舌恶的一面,但是,它位于东宫,按照《管子·四时》的理论,它和东宫六星一起都具有“东方星德”。《管子》云:“东方曰星,其时曰春,其气曰风,风生木与骨。其德喜嬴,凡发出节时。其事号令,修除神位,谨祷弊梗。宗正阳,治堤防,耕耘树艺。正津梁,修沟渎,甃屋行水。解怨赦罪,通四方。然则柔风甘雨乃至,百姓乃寿,百虫乃蕃。此谓星德。星者掌发为风。”②箕伯所代表的季节是春季,所行之气为春风,春季正是万物捱过严酷的冬天受到春风的吹拂而蓬勃生长的季节,也是阴阳和合、欣欣向荣的季节。在这里,帮助万物孕长是包括箕伯在内的“东方星德”的本质,温暖的春风即是阴阳和合之象。

这样,风神箕伯善与恶的双重性不仅被放到了世人的面前,而且其教喻作用也变得十分明显:若要其实现利物利人善的一面,保持阴阳和谐,避免人与自然、人与社会、人与人对立失调状态的出现,即《管子》所说的“修除神位,谨祷弊梗”,“解怨赦罪”,将是阻制、抑制其恶的一面的基础。若阴阳失和,则可能害及四方。毫无疑问,置于这个体系中的箕伯风神,其正面和负面的效应是同时存在的,虽然主人的用意是将人们的情感和愿望引向培育和谐、利物利人方向,但是,对于箕伯神性恶的一面的张扬,不能说不具有一

① 司马迁:《史记》卷二七,中华书局,1959 年版,第 1298 页。

② 黎祥凤:《管子校注》,中华书局,2004 年版,第 131 页。

定的警示意义。应该说,南阳各地汉画像石对风神形象所作的这种艺术处理,是始终体现着这样的思想、情感和功利追求的。

(二)雨师

朱天顺在《中国古代宗教初探》中指出:"人们对雨的自然作用的依赖性,就是雨神的神性和权威。"[①]望天吃饭的现实使古人难以摆脱对雨神的依赖和崇拜。《说文解字注》云:"雨,水从云下也,一象天,冂象云,水灵其间也。"[②]由于雨乃从天而降的水,对作物有润膏之效,因此最早的文字甲骨卜辞中有关雨的内容极多。说明自殷商有文字记录的历史开始,古人便十分渴求天雨的滋润。

在中国传统文化里,雨神是雄性化的神灵,先后有玄冥、屏翳、雨师之称。玄冥,古之水神。《左传·昭公十八年》有"禳火于玄冥、回禄"句,注:"玄冥,水神。"[③]《礼记·月令》有"其神玄冥"句[④]。玄冥为水神,人和高等动物主要排泄器官肾属水,故后被道家尊为肾神。《云笈七签》十一《黄庭内景经》中《心神》云:"肾神玄冥,字育婴。"注:"肾属水,故曰玄冥。"[⑤]所以,先秦的人们将之尊为雨神、雨师。屏翳也是神话故事中的神名。《史记·司马相如传》中《大人赋》有"召屏翳诛风伯而刑雨师"句。《正义》引应劭:"屏翳,天神使也。"[⑥]闻一多在《古典新义·周易义证类纂》中将屏翳考据为河伯,他说:"雨师名屏翳,《汉书·司马相如传》作冯翳,

---

① 朱天顺:《中国古代宗教初探》,上海人民出版社,1982 年版,第 14 页。

② 段玉裁:《说文解字注》,上海古籍出版社,1988 年版,第 571 页/下。

③ 杨柏峻注:《春秋左传注》,中华书局,1981 年版,第 321 页。

④ 陈戌国点校:《周礼·仪礼·礼记》,岳麓书社,2006 年版,第 298 页。

⑤ 张君房:《云笈七签》,齐鲁书社,1988 年版,第 244 页。

⑥ 司马迁:《史记》卷二五,中华书局,1959 年版,第 1280 页。

图 9 – 9

冯翳即河伯冯夷。”[1]这种考证是有道理的。南阳汉画像石中有河伯为雨师的画像，如图 9 – 9 所示。雨师乃司雨之神，南阳所在的楚地一带又将之称为云中君。汉画像石中的雨师，我们在本书第八章图 8 – 17 黄帝巡天图中已经看到过它的风采，披发，于云端持瓮向下倒水，往往与雷公、风伯同时出现。像箕星为风神一样，古代人们认为毕星为雨师，对《尚书 · 洪范》中“庶民惟星，星有好风，星有好雨”句，桓帝时才高博洽的通儒马融就注释为“毕星好雨”。《风俗通义 · 雨师》说得更直接了当，云：“雨师者，毕星也。”[2]

在汉代以前的文献中，雨师常常作为蚩尤的助战扈从而出现，有着异乎寻常的战斗力和破坏性，可谓是穷凶极恶。例如《山海经 · 大荒北经》云：“蚩尤作兵伐黄帝，黄帝乃令应龙攻之冀州之野。应龙蓄水。蚩尤请风伯、雨师纵大风雨。”黄帝因此而败北。[3]

到了汉代，雨师身上所附加的魔力渐渐被时间剥离，成为一个和顺的、能够给人带来甘霖的善神。对此，应劭《风俗通义 · 祀典》

① 闻一多：《古典新义》，中华书局，1956 年，第 35 页。

② （东汉）应劭撰、王利器校注：《风俗通义》，中华书局，1981 年版，第 111 页。

③ 袁珂校注：《山海经校注》，上海古籍出版社，1980 年版，第 115 页。

这样评价:"雷震百里,风亦如之,至于太山不崇朝而遍雨天下,异于雷风,其德散大,故雨独称师焉。"①但是,如果联系汉代其他文献,很容易看出,雨师的这种善解人意和为人造福的品质,是又以阴阳和谐为前提的。例如,在《焦氏易林》中,焦延寿提到雨师娶妇凡5次:

第1次出自卷一:雨师娶妇,黄岩季子。成礼既婚,相呼南面,膏润应时,年丰大吉。

第2次出自卷六:雨师娶妇,黄岩季子。成礼既婚,相呼南上。膏我下土,岁年大丰。

第3次出自卷十二:雨师娶妇,黄岩季子。相呼而归,润泽田里。

第4次出自卷十四:雨师娶妇,黄岩季子。成礼既婚,相呼南去。膏润下土,年岁大有。

第5次出自卷十六:雨师娶妇,黄岩季子。成礼既婚,相呼南上。膏我下土,年岁大有②。

焦氏治易有成,是汉代有影响的学者,他的观点具有一定的代表性。在他的这些文字中,年岁"大丰"、"大有"是果,而雨师"成礼既婚"则是因。显然,雨师婚配在前,洒雨(膏润)在后;婚配是因,洒雨(膏润)是果。二者所构成的因果关系,反映出了两汉时期雨神——雨师崇拜的深层内涵:只有阴阳和合,才能膏润应时,也才能年岁大丰。阴阳和合则生。所以,汉人心目中的雨神,正是这种能够滋润万物的吉祥之神,或是以夫妻相偶的形象出现的夫妻

---

① (东汉)应劭撰、王利器校注:《风俗通义》,中华书局,1981年版,第125页。

② 焦延寿:《焦氏易林》,中华书局,1985年版,第43页。

雨神”。[1] 这种神像刻绘于墓室，其目的跟风伯神画一样，既是对未来风调雨顺、连年有余、幸福美满生活的憧憬和祝福，也是对人们在日常生活中树立生态平衡，维持社会正常秩序意识的强调和呼唤。因为这些善恶同体的神画，既能让人看到丰收的喜悦，也能让人想到“天罚”的警示。

（三）雷神

雷，段玉裁《说文解字注》是这样解析的：“阴阳薄动生物者也。从雨，雷象回转形。回，雷声也。注：薄音博，迫也。阴阳迫动，既为雷也。迫动下文所谓回转也，所以回生万物者也。”[2]雷与生态有着必然的联系。《易·子辞上》云：“鼓之以雷霆，润之以风雨。”[3]《易·说卦传》亦云：“动万物者，莫疾乎雷。”[4]把雷当作万物的主宰。由是，人们自古以来对雷神都怀着无比的敬畏之情。

有关雷神的形象，从古典文献的记载来看，也有一个由简到繁、由抽象化到社会化的过程。

在甲骨文里，雷字是回文形。在《易》里，也仅仅是一个概念，形象根本谈不上。战国以后，雷神形象渐趋明朗。例如，《离骚》中有“吾令丰隆乘云兮，求宓妃之所在”句，王逸《楚辞章句》虽注释“丰隆”为“云师，一曰雷神”，但形象不甚明了。等到了《山海经·海内东经》时，情况有所改观。《山海经·海内东经》云：“雷泽中有雷神，龙身而人头，鼓其腹。”[5]龙身、人头、凸腹，成为雷神的形象标

---

① 李立：《汉墓神画研究——神话与神话艺术精神的考察与分析》，上海古籍出版社，2004 年版，第 94 页。

② 段玉裁：《说文解字注》，上海古籍出版社，1988 年第 2 版，第 572 页。

③ 《周易》，见《十三经注疏》，中华书局，1980 年版，第 76 页。

④ 《周易》，见《十三经注疏》，中华书局，1980 年版，第 76 页。

⑤ 袁珂校注：《山海经校注》，上海古籍出版社，1980 年版，第 88 页。

志,对我们研究西汉以前的雷神形象有一定的参考价值。在《淮南子·地形训》中,雷神形象的生动性较之《山海经》有所加强。其云:“雷泽有神,龙身人头,鼓其腹而熙。”[①]在《山海经》龙身人头这一外在形象的基础上,《淮南子》加上了“鼓腹而熙”这一最具表现力的性格特点,雷神的形象便由此而变得丰满起来。由于《淮南子》系刘安门客所撰,时在武帝时期,较汉画像石墓产生时间为早,因此,尽管该作对雷神形象的刻画称得上鲜活可感,但未能在南阳汉画像石中予以反映。

王充,会稽上虞人,活动生活主要在东汉明、章、和三帝时期,少游学于中原洛阳的太学,博闻强记,喜好论说,曾师事班固之父班彪。历任郡功曹、治中等官,后罢职家居,从事著述。据《后汉书·王充传》记载,王充回归故乡后,以为俗儒守文,多失其真,“乃闭门潜思,绝庆吊之礼,户牖墙壁各置刀笔,著《论衡》八十五篇,二十余万言,释物类同异,正时俗嫌疑。”[②]在他的《论衡·雷虚》中,详细地记载了东汉民间流行的雷神形象。他写道:“图画之工,图雷之状,累累如连鼓之形;又图一人,若力士之容,谓之雷公,使之左手引连鼓,右手推椎,若击之状。其意以为雷声隆隆者,连鼓相扣击之(意)[音]也;其魄然若敝裂者,椎所击之声也;其杀人也,引连鼓、(相)[推]椎,并击之矣。”[③]王充生活的时期,正是汉画像石的兴盛期,他在《论衡》所记的雷神民俗信仰,在南阳汉画像石上,都可得到充分的印证。

图9-10雷神图。该图系1965年11月从南阳县新店铺镇南

---

① (汉)淮南王刘安撰,刘文典集解:《淮南鸿烈集解》,中华书局,1981年版,第307页。

② 范晔:《后汉书》卷四九,中华书局,1965年版,第1629页。

③ 陈蒲清点校:《论衡》,岳麓书社,2006年版,第85页。

图 9－10

1500 米处的英庄村汉画像石墓中发掘出土，位于墓前室盖顶处。在这幅雷神图中，3 只翼虎挽驾云车，车舆内树建鼓，鼓上饰羽葆。车上乘坐 2 人，肩生双翼，其一为御者，另一人为雷公。《云仇杂记》云："雷曰天鼓，神曰雷公。"①

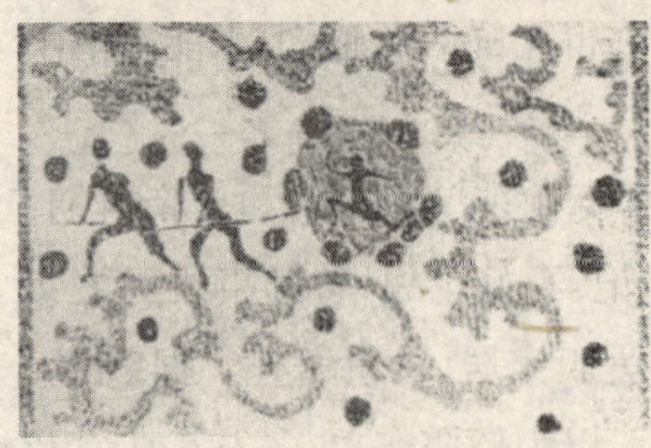
图 9－11

图 9－11 雷神击鼓图。该图系 1994 年 4 月从南阳县高庙乡侯营村汉画像石墓中发掘出土，被刻绘在墓中室南侧西端第一块盖顶石上。画中心为一六边形鼓，六角处分别点缀一椭圆形星，中间为雷神，跨步振臂，作击鼓状。前有 2 人，上肢前倾，跨步，后视，双手持索，相向分别处于索两侧，作牵引行走状。索与鼓连，周围饰以星云，共有 15 颗星。

南阳汉画像石墓出土的"雷神"画像有一个共同特点，那就是每一幅画像中都置一面大鼓，这是与王充《论衡》所记的民俗相吻合的。虽然截止到目前，南阳汉画像石墓中还尚未出土"右手推椎，若击之状"的雷神画像，但并不等于说，就不存在这样的画像。且不说考古发掘是一个过程，就目前已出土的汉代雷神画像石来说，也不乏椎击之类的品种。椎，同捶，同槌，敲打的意思，古人以

① 参见南阳博物馆：《河南南阳英庄汉画像石墓》，《中原文物》1983 年第 2 期。

椎击产生火花来象征雷电的闪光。嘉祥武氏祠前石室和左右室屋顶前坡西段所刻绘的雷神画像，就有雷公执锤击打的情节。[①]

俗语云，十里不同风，百里不同俗。民间的雷神信仰作为民俗的有机组成部分，它也具备民俗趋同性和变异性的特点。雷神离不开鼓，这是跟全国其他地方相同的。但是，我们在所引用的图像中也清楚地看到，南阳的雷公车是由长着翅膀的虎拉动的。画匠为显示翼虎的速度，将3只翼虎的身子处理成了直线，给人以速雷不及掩耳之感。在汉代，民间有云出自龙、风出自虎的说法。云是龙世界，风为虎家乡，《易》曰："云从龙，风从虎。"[②]对于这种风俗的来龙去脉，王充的《论衡》一书中的《偶会篇》和《乱龙篇》中已有详尽解析，此不赘述。

雷神在中原又被称为夔。夔既是殷人的高祖，也是他们内心深处敬仰爱戴的雷神。《山海经·大荒东经》云："东海中有流波山，入海七千里，其上有兽，状如牛，苍身而无角，一足，出入则必风雨。其光如日月，其声如雷，其名曰夔。黄帝得之，以其皮为鼓。橛之以雷兽之骨，声闻五百里，以威天下。"[③]从"橛之以雷兽之骨"一语可知，夔乃中原民众心目中的雷神。雷神加高祖的双重身份，使夔的变体饕餮成为殷商至西周钟鼎彝器上的主体装饰。此后，流年如梭，当到了秦汉时期，饕餮纹饰的头部也被人用作铺首以承载门环。汉代人事死如生，完全仿阳宅的格式以建造墓室，故而铺首衔环也成了南阳汉画像石图像中的重要表现形式。此类由雷神崇拜变化而来的画像石在南阳出土甚多，且大多与凤鸟绘在一起，

① 朱锡禄：《武氏祠汉画像石》，山东美术出版社，1992年版，图32，图34。

② 《周易》，见《十三经注疏》，中华书局，1980年版，第61页。

③ 袁珂校注：《山海经校注》，上海古籍出版社，1980年版，第31页。

图 9－12

图 9－13

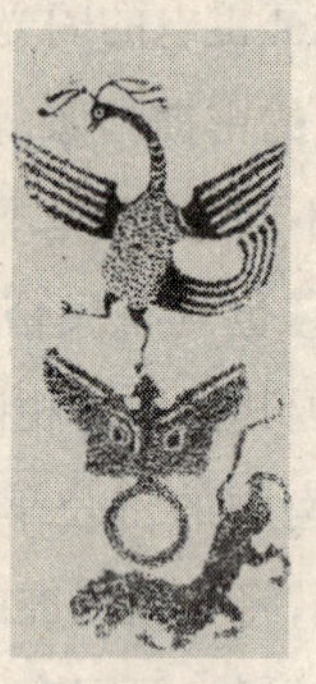
图 9－14

图 9－15

天神信仰显得相当直观。

图 9－12 铺首衔环。1976 年 6 月从南阳市唐河县电厂汉画像石墓中发掘出土，刻绘在东墓门门扉正面。[①]

图 9－13 铺首衔环。1992 年 12 月从南阳县蒲山镇二号汉画像石墓发掘出土，刻绘在西墓门门扉正面。[②]

雷、风、雨 3 种自然现象总是相伴发生，因此，在汉画像石墓的铺首图上，除凤鸟外，还常常见到代表风的虎形象。

图 9－14 朱雀（凤）、铺首衔环、虎。1977 年 10 月从南阳市方城县城东关汉画像石墓发掘出土，位于南墓门北门扉正面。[③]

图 9－15 朱雀（凤）、铺首衔环、虎。1982 年 5 月从南阳市方城县城关镇汉画像石墓发掘出土，位于东墓门门扉正面。[④]

---

① 《南阳汉画像石》编委会：《唐河县电厂汉画像石墓》，《中原文物》1982 年第 1 期。

② 南阳市文物研究所：《河南南阳蒲山二号汉画像石墓》，《中原文物》1997 年第 4 期。

③ 南阳市博物馆、方城县文化馆：《河南方城东关汉画像石墓》，《文物》1980 年第 3 期。

④ 南阳地区文物工作队、方城县文化馆：《河南方城县城关镇汉画像石墓》，《文物》1984 年第 3 期。

南阳汉画像石中的雷神形象，体现了汉代人浓郁的生态意识。

我国民间信仰大多都蕴涵着丰富的生态学意蕴，雷神信仰也不例外。天地人一体化是中国传统文化中的根本内容。在我们传统文化那里，人、社会、自然界三者之间是相互联系、相互作用的有机统一体和生态循环系统，自然界里任何一种灾害发生，都会对人、社会和自然界产生不同程度的冲击和危害。正如陈兴民在《自然灾害链式特征探论》一文中所强调的那样，自然灾害一旦发生，很容易产生冲击生物圈的链式反应。他说："自然灾害的发生不仅仅直接冲击社会，还冲击构成社会的或社会生存与发展所依赖的自然环境、人文环境以及个人、家庭与社区。所以，与其说自然灾害对社会的冲击是一个自然过程，倒不如说是自然过程基础上的社会过程。而且自然灾害冲击社会的整体链条上的每一环都不是孤立的，而是相互联系、相互作用的。"[①]和谐地生存，动物，尤其是作为高级动物的人，承担着更大的义务和责任。为了使社会生态和自然生态按照和谐有序的进程发展，在科技和文化都相对落后的古代，人们把雷神看作伸张正义、惩治邪恶的希望所在，试图以它对那些公开地或隐秘地破坏自然、破坏人与人之间美好关系，直接或间接给社会造成危害或潜在危害的恶事恶行的当事人实施"天罚"。王充在《论衡·雷虚篇》中对此一问题论说得相当深刻。他说："盛夏之时，雷电迅疾，击折树木，坏败室屋，时犯杀人。世俗以为击折树木、坏败室屋者，天取龙；其犯杀人也，谓之阴过，饮食人以不洁净，天怒，击而杀之。隆隆之声，天怒之音，若人之呴吁

---

① 陈兴民：《自然灾害链式特征探论》，《西南师范大学学报》1998 年第 2 期。

矣。世无愚智,莫谓不然。"[①]又说:"有阴过,天怒杀之。"[②]还说:"被雷击者,有如炙处,状如文字,人见之,谓天记,书其过以示百姓。"[③]在王充看来,只有"顺天时,示己不违"[④],方能避免雷神的惩罚。正是在这个意义上,雷神被人们当成了镇邪的重要力量。古今中外对雷神都怀着敬畏之情。《诗经·小雅·十月之交》有"烨烨震电,不宁不令"[⑤]的句子,表现出古人在雷神面前无可奈何、不得不臣服的心情。即使在今天科技异常发达、人们在对天上响雷已有科学认知的前提下,侗族人还把雷电当作"雷祖",认为它代表着天意,司管着人间的罪恶罚判,并由此引出许多禁忌民俗。如久旱不雨,就设坛求雨,杀牲祭雷神。响春雷的那天,忌下地干农活。被雷击的树木不能用来做家具。雷击房屋是最不吉利的凶事。被雷击的人,是罪大恶极之徒。刘锡蕃的《岭表纪蛮》云:"凡被雷殛者,侗人以为天诛,必罪大恶极,相戒不往吊,虽至戚亦远之。若雷击其屋顶,则侗人呼群啸类,拥入被灾者之家,席卷其所有以去,谓'天既罚之,人亦须罚之,所以顺天意,行天道也'。"[⑥]雷神被侗人奉为最有权威的大神,把它当作行为的规臬。弗雷泽在《金枝》一书中写斯拉夫人坚信雷是无所不能、无所不晓的巨人,是雷创造了人间的一切,并坚信雷神知道人们所犯下的每一桩罪恶,一旦做坏事过多而致使雷神发怒,它就会用雷电警告或杀死他们。因此,在斯拉夫人那里,"相信人间只有一个神,即雷电之神,才是万物之

① 陈蒲清点校:《论衡》,岳麓书社,2006 年版,第 82 页。
② 陈蒲清点校:《论衡》,岳麓书社,2006 年版,第 83 页。
③ 陈蒲清点校:《论衡》,岳麓书社,2006 年版,第 84 页。
④ 陈蒲清点校:《论衡》,岳麓书社,2006 年版,第 87 页。
⑤ (宋)朱熹:《诗经集传》,中华书局,1962 年版,第 232 页。
⑥ 云清:《侗族信奉"雷神"》,《贵族民族研究》1989 年第 4 期。

主,并向他献祭牲牛和各种牺牲。"[①]赫梯人把雷神当作一国的主神。[②] 全球范围内对雷神的崇拜,意味着人们对生态环境的关心和对风调雨顺、诗意生存环境的向往和憧憬。

《易》乃占卜之书,讲变易、简易、不易三义,含64卦和384爻。认为阴阳相推,变化其中,万物产生的根源在于阴阳两种势力的相互作用,用八卦的形式象征天、地、雷、风、水、火、山、泽等8种自然现象,并依此推测自然、社会的变化规律和人类自己的行为准则。《易》卷二云:"震,洊雷,震。君子以恐惧修省。"[③]震卦的象为雷神,其作用是让君子因"恐惧"而日日修省己身。这样,汉画像石墓中刻绘雷神形象和铺首衔环图案以震慑人们不管明处、暗处均不产生有损生态(人自身生态、社会生态、自然生态)的行为的目的便昭然若揭了。在汉代人副天数、谶纬符命观念甚嚣尘上的特殊背景下,可以说,此类图像具有很强的教化功能。在增加墓室装饰意味的同时,有效地引导了人们趋仁避害的心理走向。这些图像和心理虽然看似荒诞不经,但在客观上却有利于生态环境的良性发展。

二、北斗、虹霓信仰

(一)北斗

北斗是由天枢、天璇、天玑、天权、玉衡、开阳、瑶光等北天7颗恒星组成的星座。虽然在现代社会中,人们常把北斗星当作指示

---

① 弗雷泽:《金枝》,中国民间文艺出版社,1987年版,第243页。

② C.A. 托卡列夫:《世界各民族历史上的宗教》,中央编译文献出版社,1998年版,第331页。

③ 《周易》,见《十三经注疏》,中华书局,1980年版,第126页。

方向和星座的重要标志，但在古代人们的心目中，北斗不是单纯的星座，而是沟通天地、维护天极的神灵，具有主宰宇宙的神奇力量。因此，秦汉时期，无不把北斗当作天神看待。《汉书·郊祀志》云："中央帝黄灵后土畤，及日庙、北辰、北斗、填星、中宿、中宫，于长安城之未地兆。"[①]北斗成了帝王们祭天大祀中的重要天神，和太一、雷公、风伯、雨师、伏羲、女娲、盘古等天神一道接受着人的崇拜，被称为"七政之枢机，阴阳之元本。"[②]由于其位于北极中央天区，靠近帝座，故又被古人附会成天帝乘坐的车子。《史记·天官书》云："斗为帝车，运于中央，临制四乡。"[③]具有分阴阳、建四时、均五行、移节度、定储记、化育万物的神通。对于这些，古典文献多有述说。例如：

《春秋纬·文耀钩》：

中宫大帝，其精北极，含元出气，流精生一。[④]

《淮南子·本经训》：

瑶光者，资粮万物者也。高诱注：珠光谓北斗第七星也。居中而运，历指十二辰，槌起阴阳以生杀万物也。[⑤]

《黄帝内经》：

太虚廖廓，肇基化元，万物资始，五运终天，布气真灵，揭统坤元，九星悬朗，七耀周旋，日阴田阳，日柔曰刚，幽显既位，寒暑弛

① 班固：《汉书》卷二五下，中华书局，1962年版，第1268页。

② 房玄龄等：《晋书》卷一一，中华书局，1974年版，第290页。

③ 司马迁：《史记》卷二七，中华书局，1959年版，第1291页。

④ 孔子：《春秋纬》，中华书局，1957年版，第15页。

⑤ （汉）刘安编、刘文典集解：《淮南鸿烈集解》，中华书局，1989年版，第204页。

张，生生化化，品物成章。①

《春秋元命苞》：

故曰北辰，以起节度，亦为紫微宫。紫之言北，宫之言中，天神图法，阴阳开闭，皆在此中。②

《后汉书·律历上》：

夫五音生于阴阳，分为十二律，转生六十，皆所以纪斗气，效物类也。③

古人认为，北斗乃一巨囊，天地元气皆藏括于内。囊口随节候开闭，万物亦因之而被生杀。

《太平御览》中有这样的记载：

北斗当昆仑，气注天下，春夏为露，秋冬为霜。④

在此基础上，用吁荼、吁吸喻斗囊的开闭，进一步解释了北斗化生万物的运行机制：

北方者何？伏方也。伏方也者，万物之方伏。则何以为之冬？曰：北方，冬也。阳盛则吁荼万物而养之外也，阴盛则吁吸万物藏之内也。故曰吁吸者也，阴阳之交接，万物之终始。注曰："吁荼，出气而湿；吁吸，气入则寒。湿则生，寒则杀"。⑤

正因为北斗为万物之根，所以在古人的观念中，北斗能决定人生的两个基本问题：寿夭福禄与年景丰歉。《河图帝览嬉》云："斗

① 马莳：《黄帝内经·素问·注证发微》，人民卫生出版社，1998年版，第312页。

② 《春秋元命苞》，见《纬书集成》，上海古籍出版社，1994年版，第40页。

③ 范晔：《后汉书》卷九一，中华书局，1965年版，第3016页。

④ 李昉等：《太平御览》卷二二，中华书局，1985年版，第1042页。

⑤ 李昉等：《太平御览》卷二六，中华书局，1985年版，第1189页。

主岁时丰歉。”[1]《钦定授时通考》将这种思想表达得更具体，它说：“常以岁除夜，五更视北斗，占五谷善恶。其星明则成熟；暗则有损。贪狼主荞麦，巨门主粟，禄存主条黍，文昌主芝麻，廉贞主麦，武曲主粳糯，破军主赤豆，辅星主大豆。”[2]北斗不光养物以生，其司生司杀之属性还能决定人的寿夭福祸。在古人看来，只要能从北斗生化机理中吸取其元气，秉持阴阳之令，就能够消灭度厄、延命致福。在这种观念支配下，汉代将北斗看作司命之神，异常敬重。为不逢横祸凶恶之事而延年益寿，有汉一朝，王侯庶士，为男为女，皆望死后魂归北斗，正如同《后汉书 · 文苑传下》所谓：“乃收之于斗极，还之于司命。”[3]

人之寿夭福祸、粮之丰歉稔荒，跟北斗布发、敛息生气有着极为密切的联系。当北斗布发生气时，意味着人间万物化育生长；当北斗敛息生气时，意味着万物遭杀伐而衰败没落。这是北斗属性的两个方面。对此，正确的做法应是顺斗而非逆斗，按北斗的节律行事，以北斗藏布生气的进程出入斗中，不可人为地违逆斗真之天地枢机。《老子 · 制惑》云：“夫代司杀者，是为代大匠断。河上公章句：天道至明，司杀有常，犹春生夏长，秋收冬藏，斗杓运移，以节度行之。人君欲代杀之，是犹拙夫代大匠断木，劳而无功也。”[4]还进一步指出：“夫代大匠断者，希有不伤手矣。河上公章句：方圆不

---

① 《纬书集成》，上海古籍出版社，1994 年版，第 85 页。

② 《钦定授时通考》卷六，中华书局，1956 年版，第 39 页。

③ 范晔：《后汉书》卷八〇下，中华书局，1965 年版，第 2628 页。

④ 王卡点校：《老子道德经河上公章句》，中华书局，1993 年版，第 286 页。

得其理，还自伤其手。代天杀者失其纪纲，不得其纪纲，还受其殃也。"[①]这种顺斗观念的实质，就是要按自然规律办事，是人在探究和解决人与自然关系问题时应该坚持的基本原则。所以，汉代文献中凡涉及北斗之处大多都有不要与北斗反逆的要求。例如，《淮南子·天文训》依据北斗斗柄所指为败、北斗所在为胜这一内容，明确提出了"北斗所击，不可与敌"[②]的要求。《太平经》为顺帝时琅玡人于吉所撰的一部神书，凡170卷，贯穿着阴阳交感乃生万物的主旨。在讲到人如何顺天地行事时，常拿北斗作喻。例如："此气皆在斗前日进，欲见助兴，故动之，其余气皆在天斗后，气所背，去日衰，故不宜兴动，与天地反逆，不合天地之心，故天之所向者兴之，天之所背者废之，是知天时吉凶可知也。"[③]还说："乃当顺天地之心意，不可逆太岁诸神。同舍其气，与帝、王同事，同喜同心，同指同向，同运同枢，同根同意，故古者圣人陈法使帝、王。春东方，夏南方，秋西方，冬北方者，主与此天气共事也。同故相迎，是为顺天之道，与天同气，故相承顺。"[④]又说："生气者属天属阳属前，天道以神气生，故斗前六神皆生，后六神属地属阴，天道以死气为鬼，为物凶咎。"[⑤]这种顺斗才能避凶趋利的观念，反映出早期人文精神与自然万物之间最基本的价值关系，具有丰富的生态内涵，表现了人们对于自然的依恋之情。

---

① 王卡点校：《老子道德经河上公章句》，中华书局，1993年版，第286页。

② （汉）淮南王刘安编、刘文典集解：《淮南鸿烈集解》，中华书局，1989年版，第31页。

③ 王明：《太平合校》，中华书局，1960年版，第415页。

④ 王明：《太平合校》，中华书局，1960年版，第440页。

⑤ 王明：《太平合校》，中华书局，1960年版，第532页。

古人信奉物精说，认为天上的星相乃地上万物的精华升华而成。《管子·内业篇》云："凡物之精，比则为生。下生五谷，上为列星。"[①]因为物化为星，所以，地上事物有多少，天上的星相便相应地有多少。星相的根系在土地上，事物与星相一体相应。"星也者，体生于地，精成于天。"[②]地上有什么文物，天上便有什么星相，天上的星相跟地上的事物是相互对应关系。不仅天象是人间生活的投影，"人副天数"、"天人一世"，[③]而且天人还经常处在互相感应之中。毫无疑问，这些思想观念为汉代的南阳人在自己的墓室里刻绘北斗神像提供了有力的理论基础。

北斗主生杀，有如人间帝君，所以《春秋元命苞》说："斗为帝令，出号布政，授度四方，故置辅星以佐功。为斗，为人君之像，而号令之主也。"[④]北斗在天上具有无上的权威，依据天地一体、星事对应的原理，北斗七星的明暗自然也喻示着地上人事的得失。《孝经·援神契》曰："王者德至于天，则斗极明。"又曰："天子不事祠名山，不敬鬼神，则斗第一星不明。数起土功，坏决山陵，逆地理，不从谏，则第二星不明。天子不爱百姓，则第三星不明。发号施令不从四时，则第四星不明。用乐声淫泆，则第五星不明。用文法深刻，则第六星不明。不省江河淮济之祠，则第七星不明。"[⑤]上文是《孝经》中有关北斗的一段占辞，古代占辞的一大特点是拿帝君为

---

① 黎祥凤：《管子校注》，中华书局，2004年版，第371页。

② 张衡：《灵宪》，转引自范晔《后汉书·天文志》，中华书局，1965年版，第3215页。

③ 董仲舒：《春秋繁露》，中华书局，1992年版，第21页。

④ 《春秋元命苞》，见《纬书集成》，上海古籍出版社，1994年版，第85页。

⑤ 《孝经注疏》，见《十三经注疏》，中华书局，1980年版，第47页。

占或为帝王行占，历代占书都是沿着这一相同的思路行文的。所以，此段占文明里是讲北斗七星的明亮暗淡与天子本人为政得失的关系，其实可以将它理解为北斗七星与世间所有人的行为关系。《孝经》是宣扬封建孝道和孝治思想的儒家经典，在汉代以孝治天下这一特殊历史场景中具有很大的影响，其文中所写有关北斗的占辞，理应能够受到世人，尤其是贵族富门的关注。“不事祠名山，不敬鬼神”，“数起土功，坏决山陵，逆地理，不从谏”、“不爱百姓”，“发号施令不从四时”、“用乐声淫泆”，“用文法深刻”、“不省江河淮济之祠”等7种引起北斗星体不明的举动，都是建立在无视自然界是一个生命有机体、无视自然界的内在价值的基础上，给人与自然、人与社会、人与人造成对立、失调的直接动因。这些举动，不仅乖违于中国传统哲学的“天道流行”、“生生不息”的主旨，而且是扼杀自然界的生命、扼杀生命创造力和破坏生态的行为。只有按天道、天性和天的本质行事，不淫、不骄、不懒、不贪、不昏、重生、重仁，作自然界“内在价值”的实现者和执行者，与天地合其德，才能够使北斗“极明”，才能使生态系统中各种因素处在一种和谐融洽的状态中。

现在再来考察南阳汉画像石墓中所刻绘的北斗图像。从比较丰富的出土文献来看，南阳汉画像石墓出土的北斗星图案，七星不仅所在位置显要，而且每一颗星也都明大。例如前文所提到的南阳麒麟岗汉画像石墓中出土的北斗画像石，就位于前墓室室顶。画面中部刻绘的是四神形象，上朱雀、下玄武、左白虎、右苍龙。四神即四象，分别是代表二十八宿中的4个方位，即南、北、西、东。画面中央于四神中间位置，刻绘一人，根据阴阳五行的相关原理判断，可知此人应是天神黄帝。苍龙之右刻一人首蛇尾的伏羲画像，伏羲怀中抱一象征太阳的日轮，日中有阳乌。白虎之左刻绘一人首蛇尾的女娲画像，女娲怀中抱一象征月亮的月轮，与伏羲相对应。画面最右边刻北斗七星，明亮清楚的七星由线条连结成斗形。画面最左边刻绘六星，六星也由线条连结为斗形，应为南斗六星。麒麟岗汉画像石墓墓前室盖顶处的这幅巨型画像，形象地表现了天宫星相的构成情况。结合雕刻技法判断，此墓可能是汉画像石葬俗倡盛的东汉早期墓。在南阳市唐河县针织厂汉画像石墓中，北斗图像被刻在南主室顶部。南主室顶部由 7 块石板组成，刻绘图像较少，除中间 2 块石上刻月亮、翼宿和北斗外，其余 5 块画像石均刻绘装饰图案，北斗图像显得异常醒目。同时，此图代表夜晚，北斗七星无不灼灼发光。① 这样的图像在南阳西凤店等处的汉墓中也有出土。如图 9 – 16 所示。

图中北斗星居右，斗口向上，斗柄朝右偏下，虽然因构图原因使该图与实际天象相反，但由于构成北斗七星的总体结构未变，因此仍能辨认出来。

北斗由 7 个星体构成，按照古人的认识，七星代表人间七政。“七政，谓春、秋、冬、夏、天文、地理、人道，所以为政也。人道政而万事顺成。”②图像中的七星朗朗生华，北斗代表上苍在向世人垂

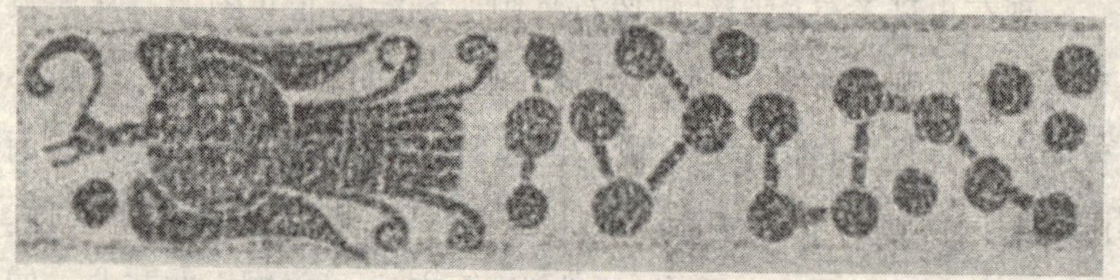

图 9 – 16

① 周到、李京华：《唐河针织厂汉画像石墓的发掘》，《文物》1973 年第 6 期。

② 陈寿祺：《尚书大传》，上海蜚英馆光绪十四年刻本。

象，既是墓主纳吉避凶万事顺成愿望的表达，也是墓主臣服于上苍、一生兢兢业业执行上苍的律令而德至于天的品操的展示，同时也是一种警示和号召，使人们按照照北斗的要求去礼地、法祖。因为北斗毕竟代表天库，为黄帝含枢之府，“主藏六物之税”，[①]聚集着天的元气和五帝的神魂。人禀元气而生，死后因德全而居于北斗府库之中，依北斗生杀之理而循环，既护佑生者又安慰死人。从生态角度着眼，无论怎样讲，都是一个至上的追求。

（二）虹霓

虹霓是常见的自然现象，具有以下三个方面的含义：首先，指阳光射入水滴经折射和反射而形成在雨幕或雾幕上的彩色圆弧。常见的有主虹和副虹两种，如同时出现，主虹位于内侧，副虹位于外侧。主虹由阳光射入水滴，经一次反射和两次折射而被分散为各色光线所成。色带排列是外红内紫。副虹也叫霓，由阳光射入水滴经两次折射和两次反射所致，光带色彩不如主虹鲜明，色带排列内红外紫。在雾上出现的虹，一般呈淡白色。月光也能在雾或雨幕上形成淡白色彩弧。其次，指日（月）光受大气中悬浮小冰晶表面反射而在天空反射出贯穿日（月）轮的淡白色大气光象。包括两种情形：一为日（月）柱，即晨昏时，竖直通过地平线上方日（月）轮的柱状光象；二为假日（月）环，即横向贯通天空日（月）轮的弧状或环状光象。历代《五行志》中记载的“白虹贯日”现象，即指此两种光象。最后，称为“青白露”，或“青冈白冈”。就是在晨昏时，从地平线附近太阳一侧向天空辐散，并在太阳相对一侧地平线上辐辏的青白相间扇骨形光象。其中白色光条是阳光在地平线附近穿越起伏峰峦或云顶间隙而形成的；青色光条是阳光受阻于地平线

① 陈戍国点校：《周礼·仪礼·礼记》，岳麓书社，2006年版，第251页。

附近起伏峰峦或云顶而在背光方向形成的。历代《五行志》中记载的“白虹弥天”现象，即指这种光象。

古代民众从天人合一、天人感应角度，将虹霓的这种自然属性与人间的社会属性相联系，不仅把虹霓想象成两条龙，而且还分别赋予了雄雌的性别。《毛诗正义》引《郭氏音义》云：“虹双出，色鲜盛者为雄，雄曰虹；暗者为雌，雌曰霓。”并像人间一样，将雄性归为阳，将雌性归为阴。[①]

虹霓虽然汇合了七彩之色，娇艳异常，但是，古往今来，在们的心目中，虹霓的出现，并非是一种好征兆。

民众的这种联想从本原上讲，是与虹霓吸水的属性分不开的。

虹霓吸水的传说在我国有着悠久的历史。郭沫若在《卜辞通纂考释》中考证说自殷商以来便有了这样的传说，“啜水之说，盖自殷代以来矣”。[②] 近代著名金石学家罗振玉所撰《殷墟书契·考释三种》中也有殷代便有虹“自北饮于河”[③]传说的记载。历史发展到战国时期，相关文献记载了虹吸水传说在当时民间流传的情形。例如，长于名物训诂考据的清代著名经学家郝懿行在他那部援引各书而著成的《山海经笺疏》中，就有战国“虹有两首，能饮涧水，山行者或见之”传说的记述。[④] 到了汉季以后，从相关文献的记述来看，虹所吸之水已不仅限于河、涧，井水、盆水等均已成为虹饮的对象。例如《汉书·武五子传·燕刺王刘旦传》云：“是时天雨，虹下

① 《毛诗正义》，见《十三经注疏》，中华书局，1980 年版，第 55 页。

② 郭沫若：《卜辞通纂考释》，中国社会科学出版社，1983 年版，第 121 页。

③ 罗振玉：《殷墟书契》，中华书局，2006 年版，第 30 页。

④ 郝懿行：《山海经笺疏》，巴蜀书社，1985 年版，第 71 页。

属宫中,饮井水,井水竭。”[①]在山东沂水,出土了一块虹吸盆水的画像石。该画像石呈扇形,分内外两格,内格刻绘祥禽瑞草,外格刻绘虹霓的龙头伸向水盆吸水,龙首下方各刻绘 1 人披发跪地,头顶大盆呈送,敬畏虹霓的寓意相当明显。[②]

汉代以后,为虹霓所饮吸的范围呈逐渐扩大趋势。《黄帝占经诀》写虹霓“入饮城中”,《梦溪笔谈》写虹霓入溪涧饮水。到了《异苑》、《茅亭客话》等后期笔记中,虹之所饮,则更加奇跷,不仅饮人酒粥,而且还登堂入室,吸人筵宴上的食肴。这些记载从侧面反映了汉代及其以后虹霓信仰广泛雄厚的社会基础。

正如前文所说,虹霓系天空中水珠经日光照射发生折射、反射作用而形成的弧形彩带。在空间上它位于太阳相对方向,东南西北都有出现的可能。由于是水珠照太阳而出现的七彩光芒,所以,在雨前或雨后并不一定必然出现虹霓这种自然现象。从这个意义上讲,虹霓并非跟干旱降雨有必然联系。这从汉画像石的构图设计上也能看出古人的用意并不全在祈雨。例如,南阳市唐河县针织厂汉画像石墓发掘于 1972 年 6、7 月间,从发掘报告可知[③],虹霓图像被刻绘在北主室顶部,与该图像相配的图像是三足乌、白虎、四灵、鲤鱼以及二方连续套环图案,看不出明显的祈雨意蕴,如图 9－17所示。其实,从古文献来看,虹霓一般被视为不祥之兆,面对绚丽灿烂的虹霓天象,人们大多都会表现出极大的恐慌。

虹霓作为古人意识深处的不祥征兆,主要表现在以下三个方面。

---

① 班固:《汉书》卷六三,中华书局,1962 年版,第 2757 页。

② 山东省博物馆等:《山东画像石选集》,齐鲁书社,1982 年版,第 25 页。

③ 周到、李京华:《唐河针织厂汉画像石基的发掘》,《文物》1973 年第 6 期。

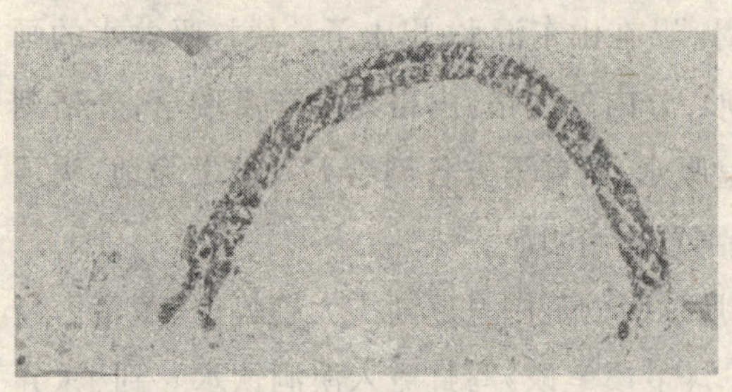
图9－17

首先，虹霓代表礼废义失，淫风流行。古人认为天降虹霓乃帝王失德、后宫淫乱所致。如果国君失节纵欲而不修国是，导致后宫淫泆专权这些欺罔日月的行为发生，那么，天就要降虹霓这样的妖邪之象以预示其国将要败亡。虹霓横天是阴阳不合、性事糜烂的表现。《易稽览图·中孚经》郑玄注曰："霓邪气也。阴无德，以好色亲幸于阳也。"①《肖冢周书》云："清明又王日，虹不见，妇人苞乱"，又云："小雪之日，冬虹不藏，妇不专一。"②刘熙为东汉著名的训诂学家，以音同音近字解释字义的方法撰写出《释名》这部重要的汉语语源学著作。在这部著作中，作者以同声相谐推论称名辨物之意，有些地方虽然伤于穿凿，但足资考见古音，并可因以推求当时的风习。例如，在他的《释名·释天》中，他对虹这一名称的解释是："又曰美人。阴阳不合，婚姻错乱，淫风流行，男美于女，女美于男，互相奔随之时，则此气盛。"接着从啮与霓音近的角度，由啮的字义来解释霓的字义："霓，啮也，其体断绝，见于非时。此灾气也，伤害于物，有如所食啮也。"③刘熙的著作展呈了汉代淫风盛行的风习，同时以啮之咬损之义表现了虹霓淫乱给国家社稷所带来的损

① 范晔：《后汉书》卷五四，中华书局，1965年版，第1780页。

② 转引自陈东原：《中国妇女生活史》，上海书店出版社，1998年版，第4页。

③ 刘熙：《释名》，见《文渊阁四库会书》，商务印书馆，1983年版，第301－1175页上。

害，也把虹霓当作淫乱败国的先兆。

虹霓是天降的妖气，是凶祸将出的一种预先征兆，此俗在中国由来已久。据《尚书·洪范》记载，征兆在周代被称作“庶征”。庶，即众的意思。征，即验的意思。“庶征”一词是说自然界的万事万物都会在某件事情的发生前显现出或吉或凶的迹象和征候。吉利的征兆叫休征；灾祸的征兆叫咎征。前者谓“叙美行之验”，后者叫“叙恶行之验”。[①] 虹霓作为古代的征兆信仰民俗，是被归到凶兆范畴当中的。因此，当作为色党象征的虹霓出现时，人们往往认为是天地在“示异”，并与后宫淫乱、谗言流行、阉尹欺国相联系，表现出厌恶的思想感情。东汉灵帝光和元年(178 年)，白天一条虹霓降到位于都城九龙门内的嘉德殿前，灵帝刘宏一面“恶之”，一面召集杨赐、蔡邕询问祸福祥异所在。《后汉书·杨震传附孙赐传》详细记载了这个事件的全过程：“光和元年，有虹霓昼降于嘉德殿前，帝恶之，引赐及议郎蔡邕等入金商门崇德署，使中常侍曹节、王甫问以祥异祸福所在。赐仰天而叹，谓节等曰：‘吾每读《张禹传》，未尝愤恚叹息，既不能竭忠尽情，极言其要，而反留意少子，乞还女婿。朱游欲得尚方斩马剑以理之，固其宜也。吾以微薄之学，充先师之末，累世见宠，无以报国。猥当大问，死而后已。’乃书对曰：‘臣闻之经传，或得神以昌，或得神以亡。国家休明，则鉴其德。邪辟昏乱，则视其祸。今殿前之气，应为虹霓，皆妖邪所生，不正之象，诗人所谓蝃蝀者也。于《中孚经》曰：‘霓之比，无德以色亲。’方今内多嬖幸，外任小臣，上下并怨，喧哗盈路，是以灾异屡见，前后丁宁。今夏投霓，可谓孰矣。案《春秋谶》曰：‘天投霓，天下怨，海内乱。’加四百之期，亦复垂及。昔虹贯牛山，管仲谏桓公无近妃宫。《易》

① 顾颉刚等：《尚书校释译论》，中华书局，2005 年版，第 75 页。

曰：'天垂象，见吉凶，圣人则之。'今妾媵人阉尹之徒，共专国朝，欺罔日月。又鸿都门下，招会群小，造作赋说，以虫篆小技见宠于时，如驩兜、共工更相荐说，旬月之间，并各拔擢，乐松处常伯，任芝居纳言。郄俭、梁鹄俱以便辟之性，佞辩之心，各受丰爵不次之宠，而令缙绅之徒委伏畎亩，口诵尧舜之言，身蹈绝俗之行，弃捐沟壑，不见逮及。冠履倒易，陵谷代处，从小人之邪意，顺无知之私欲，不念《板》、《荡》之作，虺蜴之诫。殆哉之危，莫过于今。"①对于这段记述，李贤、宋均等人结合当时的社会背景，在给相关文句作注的同时，字里行间也流露了个人的看法。他们在文中写道："《春秋演孔图》曰：霓者，斗之乱精者也。失度投霓见。汉终于四百年。《春秋文曜钩》曰：白虹贯牛山，管仲谏曰：无近妃宫，君恐失权。齐侯大惧，退去色党，更立贤辅，使后出望，上牛山四面听之，以厌神。宋均注曰：'山，君位也，虹霓，阴气也。阴气贯之，君惑于妻党之象也'。"②在这些论述中，显然都把虹霓当作了阉人擅权、后宫淫乱、朝纲失度、国家亡乱的征兆。因为虹霓象征淫乱，所以民间禁忌在天出虹霓的天象下交媾延嗣，正如《素女经》所谓："虹霓之子，若作不祥。"

其次，虹霓出现意味着发生水涝灾害。水涝灾害是我国民众生活中最大的悲剧之一，房倒屋塌，饥馑荐臻的惨状目不忍视，刻骨铭心的痛苦和巨大的财产损失对民众的生活产生着极其绵长的不良影响。由于水涝灾害能够引发很多社会问题，所以民间自古以来对水涝灾害都心存惧虑，用心很勤。正因为如此，民间对虹霓与水涝灾害的关系也有好多深入的认识。例如，南阳一带流传着

---

① 范晔：《后汉书》卷五四，中华书局，1965 年版，第 1799－1780 页。

② 范晔：《后汉书》卷五四，中华书局，1965 年版，第 1780 页。

这样的民谚:"南虹北虹,沟满河平。""东虹日头(太阳)西虹雨,南虹北虹卖儿女。""东虹呼雷西虹雨,天南出虹下暴雨。""东虹风来西虹雨,南虹出来卖儿女",等等。民众在长期的生产劳动中,深刻感受到了虹霓出现所带来的各种水涝自然灾害。自然灾害导致了严重的生活困难,为能够生活下去,只好走卖儿卖女的道路。虹霓作为天雨之象,目前在南阳汉画像石墓中虽然还未曾发现,但在山东嘉祥县武氏祠的汉画像石中却有着生动而形象的刻绘。武氏祠中的虹霓图像刻绘于后石室第3石的第2层和第4石的第2层之上,龙形,弓状。在第3石第2层石刻上,左边为雨师、风伯、雷公画像,虹霓图像刻绘在画面的右边。两龙首接地,龙身作穹窿状。在第4石第2层石刻上,虹霓与雷公、电母、雨师等画像刻绘在一起,作夭娇蜿蜒之状。① 风、雷、雨三位一体,是天雨的必要条件,将虹霓与象征天雨的雷公、风伯、电母、雨师合刻一石,下雨的意象便不辨自明。由于虹霓给人们的生活带来了巨大的不幸和无尽的辛酸,因此,民间从不认为虹霓是祥兆,也从不把虹霓当作和谐生态的象征。

再次,虹霓的出现往往被看作战乱邪戾、近臣为祸、天子命绝、国家破亡的预兆。由于虹霓象征凶祸,所以自古人们对虹霓都讳莫如深,祀典中根本提都不提虹神。《淮南子·天文训》云:"虹霓,慧星,天之忌也。"②

不可否认,汉季以后,作为征兆,虹霓的内涵发生了很大的变化,虹霓进入人家,补充增添了有利主家这一吉兆的因素。但是,

---

① 朱锡禄:《武氏祠汉画像石》,山东美术出版社,1992年,第31页。

② (汉)淮南王刘安编、刘文典集解:《淮南鸿烈集解》,中华书局,1989年版,第75页。

若站在汉代及汉代以前的文献和民俗志材料立场来看，虹霓为凶兆的信仰一直都是处在主流地位的。特别是有关国家存亡这类大事上，虹霓的出现更是被看作“妖气”。

《汉书·武五子传·燕刺王刘旦传》在记述虹下属宫中饮井水并使井水枯竭之后，又记述了紧接其后所出现的一系列妖异之象：“厕中豕群出，坏火官灶。乌鹊斗死。鼠舞殿端门中。殿上户自闭，不可开。天火烧城门，大风坏宫城楼，折拔树木。流星下坠。后姬以下皆恐。王惊病，使人祠葭水、台水。王客吕广等知星，为王言：当有兵围城，期在九月十月，汉当有大臣戮死者。”[①]东汉灵帝朝，外忧内患，此伏彼起。与此相对应，上天也不断下降妖异之象，特别是光和元年，除上文提到的“秋七月壬子青虹见御坐玉堂后殿庭中”之外，“五月壬午，有白衣人入德阳殿门，亡去不获。六月丁丑，有黑气堕所御温德殿庭中。八月，有星孛于天市。”[②]因忽不见的白衣人、黑气、孛星是人所共知的妖象，虹霓与之并列，可见古人的态度。虹霓出还象征君王有见杀的危险。《史记·邹阳列传》有记载虹霓贯日荆轲替燕太子丹刺杀秦王之事。“荆轲发后，太子自相气，见虹贯日不彻，曰：‘吾事不成矣’，后闻轲死，事不立，曰：‘吾知其然也。’”[③]就这件事的本身而言，无论对秦王还是对太子丹，虹霓的出现均不是吉祥之兆。《后汉书·五行志六·日抱条》云：“光武建武七年四月丙寅，日有晕抱，白虹贯晕，在毕八度。毕为边兵。秋，隗嚣反，侵安定。”[④]《后汉书·五行志六·虹贯日条》认为白虹贯日不吉，只要出现白虹贯日，便“国多死孽，天子绝命，大臣为祸，

① 班固：《汉书》卷六三，中华书局，1962年版，第275页。
② 司马迁：《史记》卷八三，中华书局，1959年版，第2470页。
③ 范晔：《后汉书》卷八，中华书局，1965年版，第341页。
④ 范晔：《后汉书》卷一〇八，中华书局，1965年版，第3372页。

主将见杀”。[①] 在南阳流行的民谚中，也有虹霓出而起兵造反的内容。如：“东虹无露西虹雨，北虹出来杀皇帝。”又如：“东虹呼雷西虹雨，北虹出来兵马起。”诸如此类的记载在《史记》、《后书》、《后汉书》、《三国志》乃至《晋书》等古籍中引不胜引。除此之外，虹霓出现还被看作天理闭、贤人隐的不和谐之象。《后汉书·党锢传·李膺传》云：“虹霓扬辉，弃和取同。《春秋考异邮》曰：虹霓出，乱惑弃和。谓弃君子，同小人也。《论语》曰：君子和而不同，小人同而不和也。方今天地气闭，大人休否。《易·文言》曰：天地闭，贤人隐。”[②]总之，虹霓的出现是一种不和谐的征兆，是人与自然、人与社会、人与人之间生态恶化的表现。所以詹鄞鑫在《神灵与祭祀》中说：“今人视为美好的霓虹，在古代却是不受欢迎的恶神灾异。”[③]

汉代的虹霓信仰虽然带有浓重的不祥色彩，但是，如果站在汉代天人感应的文化立场上来看待这件事也很好理解。虹霓作为一种天象固然是上天对人间政事或某人行为所发出的警告，然而这种建基于朝纲废驰和操守无德的警告却是出于对于人的关爱。正如班固《汉书·天文志》中所分析的那样：“抱珥虹霓，迅雷风祆，怪云变气，此皆阴阳之精。其本在地，而上发于天者也。政失于此，则变见于彼，犹景之象形，响之应声。是以明君睹之而寤，饬身正事，思其咎谢，则祸除而福至，自然之符也。”[④]要消除虹霓之凶兆，只有“饬身正事，思其咎谢。”人人若此，则“祸除福至”，诗意生存之和谐理想生态便可指日实现。警戒效用甚明。汉代人，汉代南阳人，将象征凶兆的虹霓图像刻在自己墓中，像座右铭一样朝夕相

① 范晔：《后汉书》卷一〇八，中华书局，1965年版，第3373页。
② 范晔：《后汉书》卷六七，中华书局，1965年版，第2196页。
③ 詹鄞鑫：《神灵与祭祀》，江苏古籍出版社，1992年版，第59页。
④ 班固：《汉书》卷二六，中华书局，1962年版，第1273页。

伴,其用意大可在此。虹霓的禁戒效果相当显著,民间至今仍然流行不敢用手指虹霓的风习便是明证。

三、望气信仰

望气是流行于汉代的类宗教信仰,属于占候术范畴。如果说上文所述汉代南阳人是通过汉画中刻绘星体来占验凶吉,那么望气则是通过云气来推断祸福。

所谓望气,就是一种通过观察天上云气以附会人事,并预言凶吉的方法。《墨子·迎敌祠》云:"凡望气,有大将气,有小将气,有往气,有来气,有败气,能得明此者,可知成败吉凶。"①望气乃方士行世时显弄神通的技能,这些人利用望气之术在皇宫言鬼谈神,呼风唤雨,并且凭借此技接近帝王,以对皇帝的政治观念和日常生活产生影响。《史记·项羽本纪》记载范增的话说:"吾令人望其气,皆为龙虎,成五采,此天子之气也,急击勿失。"②《史记·孝文帝本纪》亦云:"赵人新垣平以望气见,因说上设立渭阳五庙。"更有甚者,还能借望气等术加官进爵。③《后汉书·郎顗传》云:"郎顗字雅光,北海定丘人也。父宗,字仲绥,学《京氏易》,善风角、星筭、六日七分,所望气占候吉凶,常卖卜自奉。安帝征之,对策当诸儒表,后拜吴令。时卒有暴风,宗占之京师当有大火,记识时日,遣人参候,果如其言。诸公闻而表上,以博士征之。"④长沙马王堆三号墓出土的《天文气象杂占》帛书,也详细地记载了当时的一些望气活动。

---

① 孙诒让:《墨子间诂》,中华书局,1954 年版,第 75 页。
② 司马迁:《史记》卷七,中华书局,1959 年版,第 311 页。
③ 司马迁:《史记》卷一〇,中华书局,1959 年版,第 430 页。
④ 范晔:《后汉书》卷三〇下,中华书局,1965 年版,第 1053 页。

上层社会的厚爱自然带动了民间对此类方士的敬信行为，致使方士中的一大部分活动在民间，为世人所瞩目，在社会生活中扮演着极其重要的角色。他们所开展的望气活动吸引了大批信众，形成了汉画像石墓中炽热一时的望气图像装饰风习。

现在看来，望气虽然从形式上讲纯属无知迷信的无稽之谈，对之作相应的考镜也是没有多在意义的。但是，它的本质却蕴涵着深刻的生态内容。对之进行深入的研析，将有助于我们全面系统地认识汉代人的生态意识。

气，《说文解字注》释为云气，而云，则指山川之气，从雨，云象回转之形。[①] 在汉代的望气信仰里，气与天上的云有着密切的联系，云气是望气信仰的根基所在。

另外，气是中国传统哲学中的重要概念，早在汉代以前，人们已把气与道等同看待，对二者的关系有着充分、深入的理解。《易·系辞》云："精气为物。"[②]《庄子·知北游》是庄子哲学思想体系中的重要文章，集中阐述了庄子和道家哲学的宇宙论、认识论，对最高本体的道和气之间的关系有着精辟的论述，提出了"通天下一气耳"[③]的重要命题，把天地万物这些道的生成品看成是一气贯通的，气是道的体现，是道的作用的显化和具体化，道与气相通连。《庄子·缮性》也表达了这样的理念。《管子》为战国时齐稷下学者托名管仲所作，共有著作24卷86篇，今存76篇，分为8类，内容十分庞杂，包含有道、法、名等家的思想以及天文、历数、舆地等知识。其中《心术》、《白心》、《业内》等篇，保存着相当丰富的道家气、道

---

① （清）段玉裁注：《说文解字注》，上海古籍出版社，1988年版，第333、575页。

② 《周易》，见《十三经注疏》，中华书局，1980年版，第23页。

③ 陈鼓应：《庄子今注今译》，中华书局，1983年版，第100页。

学说。在这些篇章中,道和气是通用的、对等的。《管子·内业》在讲到气生万物时说:“精也者,气之精者也。”“凡物之精,此则为生,下生五谷,上为列星。流于天地之间,谓之鬼神,藏于胸中,谓之圣人;是故民气,杲乎如登于天,杳乎如入于渊,淖乎如在于海,卒乎如在于己。是故此气也,不可止于力,而可安以德。不可呼以声,而可迎以音。敬守勿失,是谓成德。德成而智出,万物果得。”“抟气如神,万物备存。”这一功能,还体现在道上:“彼道之情,恶音与声。修心静音,道乃可得。通也者,口之所不能言也,目之所不能视也,耳之所不能听也,所以修心而正形也。人之所失以死,所得以生也。事之所失以败,所得以成也。凡道,无根无茎,无叶无荣,万物以生,万物以成,命之曰道。”[①]《心术》上主要论道,《心术》下则主要论气。《心术》上讲道可得物,云:“故杀僇禁诛以一之也,故事督乎法,法出乎权,权出乎道。道也者,动不见其形,施不见其德,万物皆以得,然莫知其极。”[②]《心术》下用相同的理论阐释了气同样具有这样的功能:“形不正者,德不来;中不精者,心不治。正形饰德,万物毕得,翼然自来,神莫知其极,昭知天下,通于四极。是故曰:勿以物乱官,毋以官乱心,此之谓内德。是故意气定,然后反正。气者身之充也,行者正之义也。”[③]在国治民安上,守气与守道,可谓异曲同韵:“一气能变曰精,一事能变曰智。慕选者,所以等事也,极变者,所以应物也。慕选而不乱,极变而不烦,执一之君子,执一而不失,能君万物,日月与之同光,天地与之同理。圣人裁物,不为物使。心安,是国安也;心治,是国治也。治也者心也,安

① 黎祥凤:《管子校注》,中华书局,2004年版,第125页。
② 黎祥凤:《管子校注》,中华书局,2004年版,第125页。
③ 黎祥凤:《管子校注》,中华书局,2004年版,第125页。

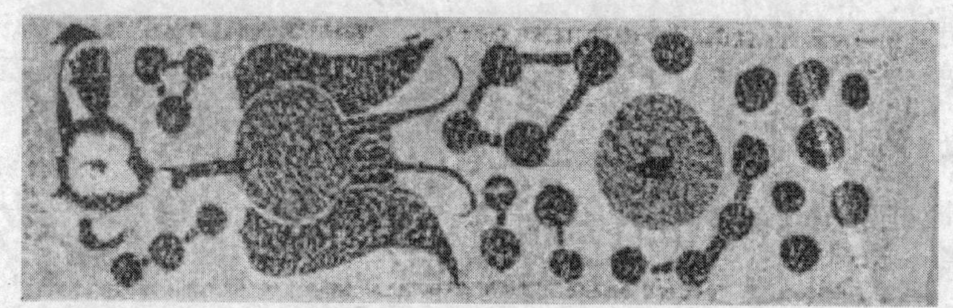

图 9－18

也者心也。治心在于中，治言出于口，治事加于民，故功作而民从，则百姓治矣。所以操者非刑也，所以危者非怒也。民人操，百姓治，道其本至也。至不至无，非所人而乱。”①道、气通连的意旨十分明显。当历史进入汉季，气道合一的认知则成为文化发展中的一种主要趋势，汉代末年的道教更把道与气等同看待，提出“道，气也”的著名论断。

道和气虽然都是阴阳五行的实体，有化生万物的功能，但是，道气的这一功能在汉代人们的认识里是有所区别的。与道孕生木火土金水五材相较，气更偏重对生命、命运活力的关注，表现出对个体生命活力和家族运势的激发的功能特征。也正是出于这样的原因，在南阳汉画像石的刻绘中，古人对那些于生命、命运具有重要意义的望气类型情有独钟。而这样的云气，却又当首推“日傍云气”。《史记·天官书》云：“王朔所候，决于日傍。日傍云气，人主象，皆如其形以占。”②《古微书·洛书灵准听》说得更清楚：“有云象人，青衣无手，在日西，天子气。”③正因为如此，“日傍云气”图像在南阳汉画像石中比较多见，体现了当时人们的相关认识和观念。如图 9－18。在该画像的构图中，代表日的金乌位于中间，日左上

① 黎祥凤：《管子校注》，中华书局，2004 年版，第 78 页。

② 司马迁：《史记》卷二七，中华书局，1959 年版，第 1338 页。

③ 《纬书集成》，上海古籍出版社，1994 年版，第 150 页。

呈三角的3星为左摄提,日左下呈直线的3星为牛宿,星左似人形无手者,当是日所傍之云气。此情形与《洛书灵准听》所说的情形甚是吻合。图像右边内中有蟾蜍的圆团为月,其周围所环绕的星相都跟人的生命、运势有着密切关系。月上1星是大角,月下4星相连呈弧状的星相为苍龙第2宿的亢宿。《史记·天官书》云:"亢为疏庙,主疾。"[①]疏庙,《史记·天官书》索隐云:"亢四星为庙廷。"[②]月偏上1星与偏下1星为苍龙第1宿角宿。亢宿左4星两两相连者为苍龙第3宿氐宿。《史记·天官书》云:"氐为天根,主疾。"[③]《史记·天官书》索隐云:"天根,氐也。孙炎以为角、亢下系于氐,若木之有根也。"[④]《史记·天官书》正义亦云:"氐四星为路寝,听朝所居。其占:明大,则臣下奉度。"[⑤]路寝,轩辕星的别称,也指天子、诸侯的正室。昔曰天子、诸侯皆有3寝:一曰商寝,二曰路寝,三曰小寝。《诗经·鲁颂·闷宫》有"松桷有舄,路寝孔硕"句,[⑥]《春秋公羊传·庄公三二年》亦有"路寝者何?正寝也"[⑦]的解释。月右上呈倒立三角形的乃星,为右摄提。《史记·天官书》正义云:"摄提大星,夹大角,大臣之象,恒直斗杓所指,纪八节,察万事者也。"[⑧]日傍云气为天子气,乃人主之象,"疏庙"、"路寝"、"臣下奉度"、"大臣之象"等都从不同侧面佐证了此气的高贵。将此类象征大福大贵的气象置于墓室,影响自己在天之灵和护佑后人升官发

① 司马迁:《史记》卷二七,中华书局,1959年版,第1297页。
② 司马迁:《史记》卷二七,中华书局,1959年版,第1297页。
③ 司马迁:《史记》卷二七,中华书局,1959年版,第1297页。
④ 司马迁:《史记》卷二七,中华书局,1959年版,第1297页。
⑤ 司马迁:《史记》卷二七,中华书局,1959年版,第1297页。
⑥ 朱熹:《诗经集传》,中华书局,1962年版,第254页。
⑦ 何休:《春秋公羊传解诂》,上海古籍出版社,1990年版,第218页。
⑧ 司马迁:《史记》卷二七,中华书局,1959年版,第1297页。

财，真可谓是意行似天，其乐陶陶。将己之意与天的法则、规定、秩序、条理及一切属性对接，将天之规定性和己之思想行为统一起来，在获得天地万物以成福贵的同时，又获得了有关天地万物的道理，然后再以此道理去获得富贵，“因气而生，种类相产”。[①] 如此往复不辍，人、自然、社会三者之间便会构成一个融会贯通、和谐共存的生态世界。在这个意义上讲，汉代的望气信仰促成了民众的这种生态追求。

气生万物，万物充塞之世界实是气的世界。由于世界万物皆为气所孕化，“普施气万物之中”，[②]因此，气“无形则无所抵牾，无所抵牾，故遍流万物而不变。”[③]不仅凭借气布漫天地、无所不入的特性，可以使万物万事之间建立密切而不具分界的联系，同时，无所不透、柔韧飘逸、容纳整个太虚的气也将宇宙之道、万物之理传递到世界的每一角落，教化人们弃恶扬善，以自然放达的胸襟，自觉地去与气合一，从得气入手进而得道。这种云气，在南阳汉画像中有着极其丰富的表现。如图9－19。这幅画像石从南阳市唐河县针织厂汉画像石墓出土，位于墓室顶部，原发掘报告说这种设计，“表示天空”。[④] 在古人的意识中，天空就是气。图中圆内刻绘蟾蜍，表示月。

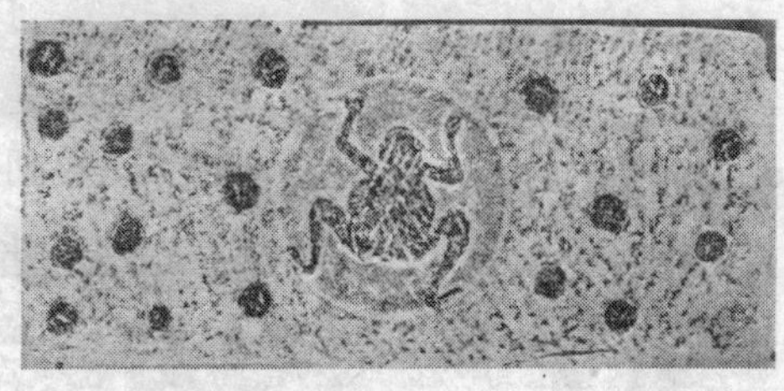

图9－19

① 陈蒲清点校：《论衡》，岳麓书社，2006年版，第95页。

② 陈蒲清点校：《论衡》，岳麓书社，2006年版，第234页。

③ 黎祥凤：《管子校注》，中华书局，2004年版，第42页。

④ 周到、李京华：《唐河针织厂汉画像石墓的发掘》，《文物》1973年第6期。

以月为中心，月左以线相连的11星为朱雀第6宿的翼宿。翼宿共22星，常以对称方式分布于空。因此，月左虽然只有11星，但汉代仍将它看成是一个完整的翼宿。《史记·天官司书》云："翼为羽翮，主远客。"①《史记·天官书》正义亦云："占：明大，礼乐兴，四夷服；徙，则天子举兵以罚乱者。"②《古微书·春秋元命包》更详尽地记述了翼宿的宣教功能，曰："翼星主南宫之羽仪文物，声名之所丰茂，为乐库，为天倡。"③月右以线相连呈卷曲状态的7星为朱雀第3宿的柳宿。《古微书·春秋汉含孳》云："柳主教气。"④这些说法跟云气的功能是相符的。此类图像在南阳汉画像石还有这样的变形：如图9－20。因月中蟾蜍头的朝向只表示月亮运行的具体位置，不表示月亮运动的方向，所以除上图蟾蜍头朝上之外，还有头朝下的图像，图像所表示的意义不变。

这些图像作为相关云气的反映，它们在汉代南阳人的墓室中之广泛存在，表现了古人愿意接受宇宙之道的教化，并遵循此道应对四时和不与物质世界为敌的心理倾向。《管子·心术上》云："君子恬愉无为，去智与故，言虚素也。其应非所设也，其动非所取也，此言因也。因也者，舍己而以物为法者也。感而后应，非所舍也，缘理而动，非所取也。过在自用，罪

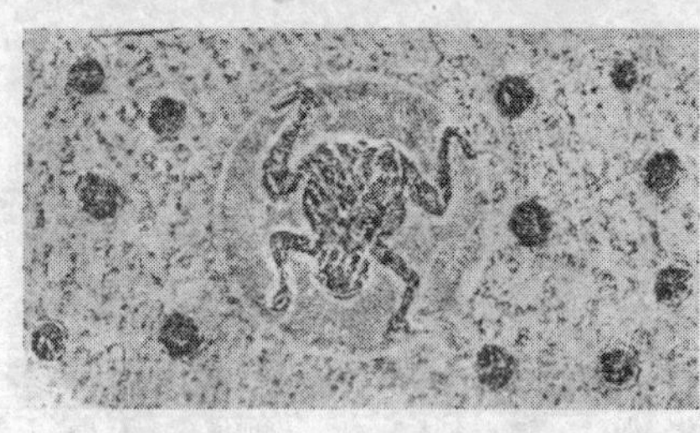

图9－20

---

① 司马迁：《史记》卷二七，中华书局，1959年版，第1303页。

② 司马迁：《史记》卷二七，中华书局，1959年版，第1304页。

③ 《丛书集成初编本》690册，中华书局，1985年版，第31页。

④ 《丛书集成初编本》691册，中华书局，1985年版，第133页。

在变化,自用则不虚,不虚则仵于物矣。变化则为生,为生则乱矣。故道贵因。因者,因其能者,言所用也。”①

对于云气的重视和推崇,使南阳汉画像石所描绘的宇宙图景成了一个独特的生态系统。人生活在世界上,与宇宙万物之间存在着须臾不能脱离的密切联系,所以从望气的视角来看,人与宇宙万物之间是一个生命的有机整体。在这个整体中,人对局部山川河流所做的任何一种改造,都会引起宇宙整体的相关反应,都会在云气上有所表现。如果人与自然共生共荣、和谐相处,在为保证人类自身生命的正常延续时能够把握气的规定性以德取物,那么,天就会出祥气。如图9－21,苍龙戴月。此图出土于南阳县蒲山镇阮堂村。该图上刻一满月,月下刻以苍龙,月龙四周点缀以明大的星象,形成苍龙戴月的格局。云气之上、龙首之前的1星为苍龙第1宿的角宿。龙身下4星相连呈弧状的星相为苍龙第2宿的亢宿。苍龙身处两两相连的星宿为苍龙第3宿的氐宿。图像最上部7星相连呈三角状的星象为苍龙第6宿的尾宿。虽然《史记·天官书》记载“尾为九子”,但是,汉俗常以7星表示尾宿,这从苏颂等人所绘古星图上可以得到印证。月与龙颈之间的1星为岁星,也叫大渊献岁。《史记·天官书》云:“察日、月之行,以揆岁星顺逆。曰东方木,主春,日甲乙。失义者,罚出岁星。岁星赢缩,以其舍命国。所在国不可伐,可以伐人。其趋舍而前曰赢,退舍曰缩。

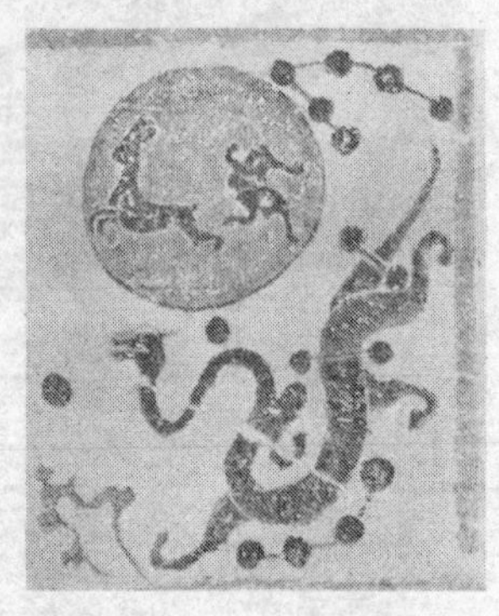
图9－21

① 黎祥凤:《管子校注》,中华书局,2004年版,第36页。

嬴,其国有病不复。缩,其国有忧,将亡,国倾败。其所在,五星皆从而聚于一舍,其下国可以义致天下。"①又云:"大渊献岁,岁阴在亥,星居辰。以十月与角、亢晨出,曰大章。苍苍然,星若跃而阴出旦,是谓正平。起师旅,其卒必武。其国有德,将有四海。"②《史记·天官书》正义亦说:"岁星者,东方木之精,苍帝之象也。其色明而内黄,天下安宁。"③如果尊气守气,按照天地万物之理行事,不仅能够获得智慧,有情有义,而且能德至四海,毕得万物。包含着深刻的生态学精髓。

相反,如果人自认为独立于自然之外,保护自然的义务感和责任心不强,只是一味地站在人类自身发展延续的立场去向自然获取生产生活资料,根本不顾及自然宇宙自身的价值,在功利之心的前提下,不管打着如何美妙的旗帜和唱着如何响亮的口号,不仅于保持和改善生态问题无补,而且天上也要出凶恶的云气以示警戒。如图 9-22,日月同辉。④ 该图像从南阳市东汉画像石墓中发掘出

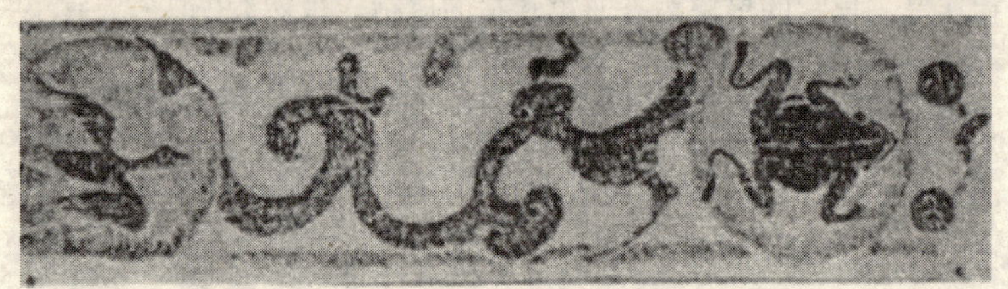

图 9-22

① 司马迁:《史记》卷二七,中华书局,1959 年版,第 1392 页。

② 司马迁:《史记》卷二七,中华书局,1959 年版,第 1315 页。

③ 司马迁:《史记》卷二七,中华书局,1959 年版,第 1312 页。

④ 韩玉祥、曹新洲:《南阳汉画像石精萃》,河南美术出版社,2005 年版,第 67 页。

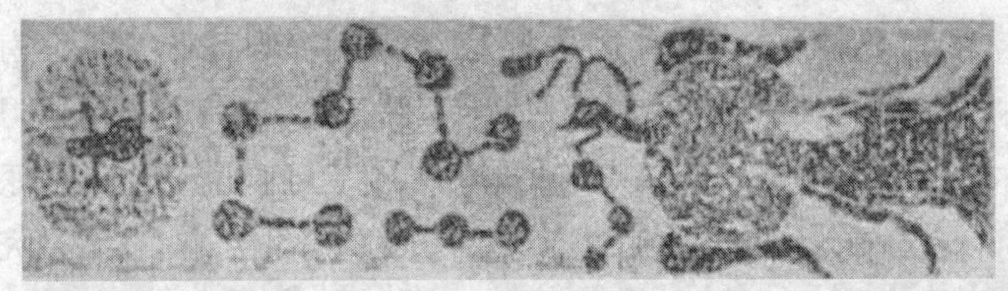

图 9－23

土，画面左边刻绘日轮，日轮内刻阳乌。画面右边刻绘满月，月内刻蟾蜍。日、月之间云气缭绕。此图乃星月掩日的日食之象。汉代风俗文献将之归入灾异之列，为不祥征兆。《古微书·春秋汉含孳》云："臣子谋，日乃食。"[①]后世的文献对此气象的出现也大多持相同观点，如《隋书》云："阴侵阳。臣掩（君）之象，有亡国，有死君，有大水。日食见星，有杀君，天下分裂。"[②]大水乃自然灾害，自然灾害诱发社会动乱，亡国亡君悲剧极易发生。

鉴于汉季南阳生态环境恶化导致自然灾害频仍，"日食见星"气象在南阳画像石墓中刻绘较多。如图 9－23。[③]

此图像的构图与上图大同小异。这些图像在墓室中出现并不是一般意义上的装饰图案，它的望气占星内容反映了汉代南阳民众意识深处那种对风调雨顺、安乐吉祥生活的强烈渴盼和尊重自然、合于阴阳的价值追求。

天人对应思想在古代具有相当大的影响，古人深信天不仅有意志，而且还有情感，是完全人格化的。《易·系辞上》云："天垂象，见吉凶，圣人则之"[④]从汉画像石上刻绘望气图像的行为上可以

① 《诸子集成》，中华书局，1954 年版，第 315 页。

② 魏征：《隋书》卷二〇，中华书局，1973 年版，第 555 页。

③ 闪修山、陈健海、王儒林：《南阳汉代画像石刻》，上海人民美术出版社，1981 年版，第 52 页。

④ 《周易》，见《十三经注疏》，中华书局，1980 年版，第 310 页。

看出,古人是把云气的变化视为天意的表现理解为上天的暗示。南阳汉画像石中所记载的这些望气之术虽然具有一定的生态意义,但不可否认的是,其迷信色彩也相当浓郁,特别是将天上云气的变化跟各种人事所作的附会,更是如此。这种历史的局限性,有必要在研究中投以应有的注意。

第十章　汉画像石中民间信仰的文化生态

汉画像艺术是古人留给我们的珍贵遗产，为学术研究提供了丰富的研究资源。虽然从表面上看，选择什么样的内容作墓室装饰，似乎完全取决于墓主本人的爱好和经验，是一种纯粹的个体行为，但是，若将审视的目光从单个墓葬的画像移开，于汉画像和对汉画像发生、发展、变化起重要作用的社会环境的内在关联上进行艺术通观和本质还原，不难发现，这种建基于历史时期特定文化背景上的情感表现方式，因为接受了太多的社会影响而在审美判断上掩盖了个体性酣畅的元气和光泽，相关的审美活动也由此而变成了一种富含文化哲理的社会行为。在汉代多层面的社会管理控制模式和各种社会因素的共同塑造中，精妙绝伦的汉画艺术尽管罹遇的是一种自生自灭的随意发展命运，然而其对传统社会历史发展和民俗生活需要的顺循，也使它承载了沉重而丰厚的人文精神意蕴，记录了所处时代民俗生活的方方面面。对于日常行为的关注与表现和对于艺术实践与世俗生活之间壁垒的融通，使得汉画内容的演化跟时代民俗的流变之间具有一种很强的联动关系。作为一种文化存在的表达方式，汉画所蕴涵的人文精神，既是它发挥历史存储和民俗引领效用的条件，也是它全部意义和价值得以实现的基础。

一、汉画像石葬俗与早期乡村政治互动的动力机制

汉画像作为一种社会文化现象，它是社会促进的产物。所谓

社会促进，指的是别人在场的行为效应。由于汉画像的制作是在同一文化圈彼此熟识的环境中公开进行的，因此，民间的这种墓室装饰举动在亲戚邻里的相互往来中便具有了社会性。行为主体（墓主）不仅能够解释各种行为的意义，而且还要照顾社会的影响和接受别人的建议而修改既定的态度和行为方向。这样，一个单纯的墓室装饰行为便在社会中引起了互动。在这种互动中，汉画像若要得到认可，成为人们共同认知的"社会"，"它们必须对不断变化的行动进行相互的调适，这一互动过程既要向人表示自己的所作所为，又要对他人的行动进行解释"。[①] 汉画像墓连片而建的形式既是这种社会互动的直接结果，同时也为不同的行为主体（墓主）之间的相互学习和相互启发带来了条件，使他们能够在一个文化单元中互取对方精髓和要义以化作自己的新质。在这种双向的沟通和互动中，因为影响是相互的，所以在墓主之间根本分不清谁是主体谁是客体，或者干脆就是互为主客体的。这从佛道画像的相互影响上能够得到最有力的佐证。在佛教未传入之前，由于西王母是汉代艺术中唯一的神且代表着仙境，因此汉代南阳人在刻绘画像时，不管内容烦杂与否，西王母这一具有特定内涵的画像总要被刻在墓室的显耀位置，墓门或墓穴上方出现的几率最高，象征着死者已经顺利升天成仙。佛教刚传入时，由于初来乍到，民众基础不够广泛，为求民众的信任，只好选用与中国本土宗教共通共在的方式传播。受西王母画像的影响，佛教在造像时，也往往像西王母一样，让象征佛教的一些动物僭居于墓门或墓穴上方等显眼的地方。其存在的用意，也并非像后天那样，是人们顶礼膜拜的宗教

① 中共中央马恩列斯著作编译局：《马克思恩格斯选集》（第四卷），人民出版社，1995 年版，第 320 页。

偶像，而是跟西王母像的寓意一样，是"一种仙境的标志"，"寓意死者已进入仙境天国"。[①] 佛像对西王母像也有影响。进入东汉中期以后，佛教造像时喜在佛像的两边各刻一胡人作侍祷之状，已带有明显的偶像画用意。而此时期的西王母画像也一改东汉初期以前那种四分之三侧面角度构图的惯例，变成了正面角度，左右也往往刻上对称的侍从，与佛像有着异质同构的关系。这些都充分说明，汉画像是在社会互动的情境中向前发展的。

也正是在这种社会互动中，人们的审美情趣和价值观念渐渐趋于一致。表现在汉画像上，便是生活（包括建筑、出行、田猎、冶炼、纺织、庖厨、宴乐、丧葬和耕作等）、鬼神（包括祥瑞、升仙、辟邪、镇墓等）、故事（包括远古神话、孝子烈女故事等）、装饰（日月、星云、山川、草木）、乐舞、百戏等"类"的形成和出现。当汉画像"类"成为人们设计制作墓室装饰的准绳时，说明大家已经遵守了一种集体意识，其情感、思想和行为所具有的个体性已经悄然引退，汉画像已经不是某个初民的手笔，它所拥有的几大类别以及这些类别所表现出的许多新特征显现着集体的意识，是民众业已加入了群体的行动并朝着同一个方向前进的体现和表征。

在汉画像的题铭中，社会对世人集体行动施加影响的痕迹更为明晰，利用汉画像为活人服务的色彩更加浓厚。汉代像唐河郁平大尹这样能治画像墓者多为豪门富绅，有一定的文化修养和社会地位，在当地的影响力也较强。例如，本书第四章已经提到的汉郁平大尹冯君孺人墓就是如此。该墓们于南阳市唐河县湖阳镇新店村西"楸树坟"高地上，文物工作者解放后在南阳地区发掘的建筑格局较大的汉画像石墓之一，该墓使用石材 154 块，出土画像石

① 罗二虎：《论西南地区早期佛像》，《考古》2005 年第 6 期。

35 幅。其中有 5 块上刻文字，涉及墓主姓名、官职等。其中 4 块较清晰，无缺字。

图 10－1，郁平大尹冯君孺人车库，南车库东柱。

图 10－2，郁平大尹冯君孺人中大门，中大门南柱。

图 10－3，郁平大尹冯君孺人藏阁，中室南门门楣。

图 10－4，郁平大尹冯君孺人北车库西柱。

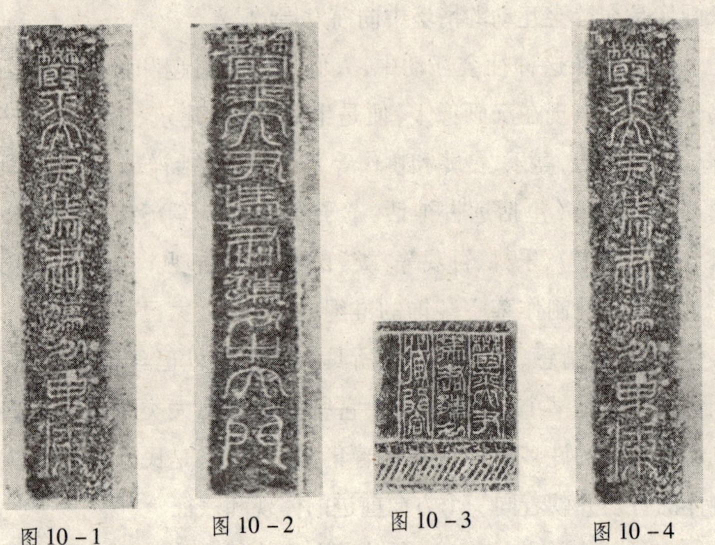

图 10－1　图 10－2　图 10－3　图 10－4

“郁平”即桂林郡，《汉书·地理志》云：“故秦桂林郡，属尉佗。武帝元鼎六年开，更名，有小溪川水七，并行三千一百一十里。莽曰郁平。”①“大尹”为王莽时官职名。《汉书·王莽传》云：“莽以《周官》、《王制》之文，置卒正、连率、大尹，职如太守。”②又云：“其

① 班固：《汉书》卷二八，中华书局，1962 年版，第 1628 页。
② 班固：《汉书》卷九九中，中华书局，1962 年版，第 4136 页。

无爵者为尹。"[1]由此可见，该墓墓主生前职务为大尹，系相当于太守一级的人物。由于周围的乡邻跟这些人处在同一种文化环境之中，有着相同的心理需求，因此，当看到这些先知是以怎样的方式来显示孝行，并受到了怎样的社会褒奖及得到了怎样的实惠后，无疑为他们提供了价值参照，促使他们在相同对象上不仅要做出相同的反应，而且还要取青蓝之效。在汉画像的丧葬活动中，集合在一起的人的情绪和动机之所以会表现出如此高度的一致性，很显然，社会文化思想的影响起到了不可低估的促进作用。

社会心理学告诉我们，社会风俗、群体亚文化对人的教育尽管具有非系统、非正规的特点，但它发生于无形之中，其教化对于个体的成长、心理的变化以及行为方式的选择而言，常常发挥潜移默化的影响。[2] 在这种影响下，人们往往放弃成见和原有的态度，把跟别人在行为上保持一致当作增强安全感的有效手段，从而在知觉、判断、信仰诸方面表现出强烈的模仿与接受倾向。这就是从众现象，也叫从众行为。在大一统的汉代社会里，生活情趣、思想意识、人生理想和价值观念的相似性，由不得人们不把别人的行为结果当作自己的价值预设。再加之古人之间生活行为较强的联动性，汉画像这种具有强烈暗示性和引动性的文化现象，极易在同一文化圈内产生相互感染和呼应，从而创造出一种类似滚雪球般的群体效应或循环反应。它蕴涵有丰富的社会促进因素，对墓主的影响极其深刻。

在汉画像葬俗中涌现出来的从众行为，既是审美活动社会性的一种重要表现，也是墓主面对社会影响和公众压力时依据自己

---

① 班固：《汉书》卷九九中，中华书局，1962 年版，第 4136 页。

② 周晓虹：《现代社会心理学》，上海人民出版社，1997 年版，第 125 页。

的实际情况所表现出的一种心理反应。从各地发掘的不同时期的画像所展呈的鲜明特征来看,汉画像葬俗中的从众,态度上明显存在着积极和消极之分。所谓积极从众,是指在汉画像的葬俗中,墓主不仅从内心深处心悦诚服地认同群体投射在汉画像葬俗中的情感和趣味,还在态度和行为上跟群体有意识地保持一致。积极从众是一种建立在自觉自愿基础上的从众。若内心深处不以为然,只是迫于外部压力,敷衍塞责的从众,则是消极的从众。模式化、类型化的汉画像之所以能够蔚然成风,显然与积极从众所特有的心甘情愿的心理状态有关。而消极从众则不利于汉画像葬俗的发展。

图 10 - 5

综观整个汉画像的琳琅风色,汉代人所表现的积极从众,主要有两种形态:其一是与行为墓主的现实生活认同;其二是与另一个行为个体(他者)认同。汉代是一个崇尚富贵、讲究享乐的社会,富豪仕绅的生活充滞着浓重的奢华颓靡色彩。由桓宽的《盐铁论 · 刺权篇》和《盐铁论 · 散不足篇》可知,富贵之家不仅喜欢临渊钓鱼,放犬走兔,隆豺鼎力,蹋鞠斗鸡,连车列骑,田猎出入,[①]而且也热衷马戏斗兽、戏倡舞像、钟鼓五乐、郑舞赵讴。[②] 赙赠过礼,讲求排场和威仪。在灵魂不死观念的影响下,活人需要的死人也需要的观念在古人意识中根深蒂固,王符《潜夫论 · 浮奢篇》云:“死人有知,与生人

① 桓宽:《盐铁论》,王利器校注,中华书局,1992 年版,第 31 页。

② 桓宽:《盐铁论》,王利器校注,中华书局,1992 年版,第 32 页。

图 10－6

图 10－7

图 10－8

无以异。"①在斗鸡、走犬、田猎、乐舞、出行、宴飨等成为时尚之后,人们很快在冥世观念上接纳和认可了这种生活追求,把这些象征荣华富贵和代表财富尊严的内容刻画到另一个世界,祈望死者能够像生前那样继续欣赏它和享用它。钟鸣鼎食和朱门酒肉这种奢侈的生活毕竟是许多人梦寐以求的期盼。考古报告显示,汉画像中不仅门阙、厅堂、楼阁的图像多,存在广泛,而且宴飨的场面也多。宴飨一般都被设置在楼阁厅堂里进行,方形大案上摆满了烹调好的鸡、鸭、鱼、肉和美酒,美女侍立,乐舞助兴,宾主开怀畅饮。

图 10－5,门阙画像。1976 年 2 月从南阳市赵寨砖瓦厂汉画像石墓出土。

图 10－6,双阙、厅堂、人物画像。1978 年 3 月从南阳市唐河县汉都平大尹画像石墓出土,南阁室北壁中下部画像。

图 10－7,楼阁画像。1972 年 6 月从南阳市唐河县针织厂汉画像石墓发掘出土,刻绘于前室南壁上方。

图 10－8,宴飨图。征集于南阳县新店石桥上,拓本为孙文青收藏。

① 王符:《潜夫论》,上海书店出版社,1986 年版,第 54 页。

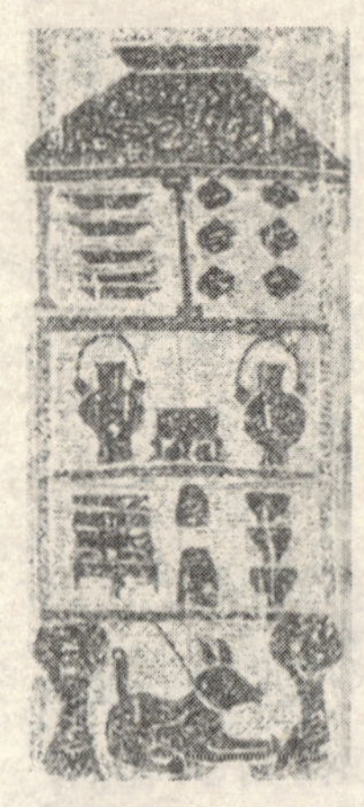
图 10－9

图 10－9，宴飨图。1983 年 4 月从南阳县英庄汉画像石墓发掘出土。此墓为砖、石混作而建，由墓门、前室、东西主室组成，墓向 200°，共用石料 25 块，刻绘画像 53 幅。该画像位于东主室西壁。此图表示设置在楼阁厅堂里所进行的盛宴。第 1 格左边放 5 盘，右边放 6 个耳杯，中间放 2 个提梁壶和 1 樽，底格左边放 1 樽，中间放 2 食奁，右边放 3 只碗。最下边刻绘 1 犬。汉代豪强地主习惯为城堡、部曲来强化宅居及其周边环境的安全，贵族之家多豢养私人武装。汉画像中的武库图，上为兰锜，悬挂弓、矛、戟、盾等武器，下为护卫，个个如狼似虎，凶神恶煞，生动地表现了当时私人武装守家护院时的情态。如图 10－10、图 10－11。这两幅武库图像均从南阳市唐河县针织厂汉画像石墓发掘出土。其中图 10－10 刻绘于前室东壁北端，图 10－11 刻绘于前室东壁南端。富人这种骄奢淫逸的神仙生活，引得曾经经历过或根本没有经历过的人们纷纷效仿。在这样的视野、气度和格局中，古人将想象的仙境与现实生活有意识地进行了重合。与另一个行为个体（他者）的认同，则表现为亦步亦趋地按照别人的做法来行事，先知喜欢什么，以什

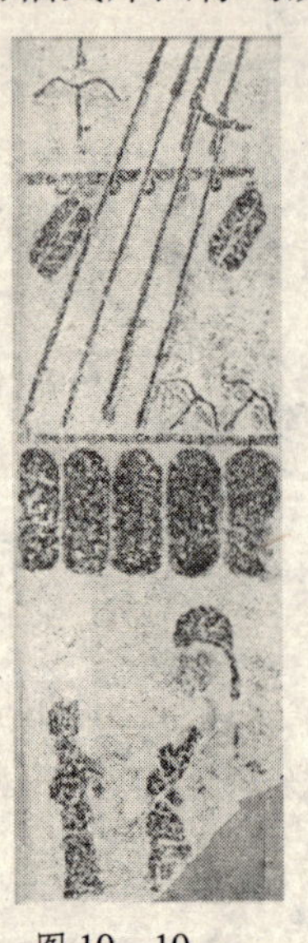
图 10－10

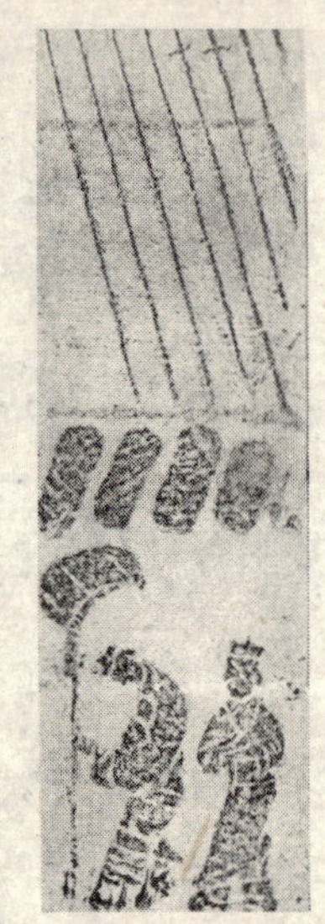
图 10－11

么样的图案装饰墓室，他也喜欢什么，也以这样的图案装饰墓室。以他人为圭臬的直接后果，便是汉画像连片而建和区域性特征的产生。①

如果从民俗变异的视境去透视和把握汉画像这一丧葬习俗附属物的人文本质和人文属性，那么对于汉画像活动中的从众行为将会有更加明晰的认识和更加深入的理解。发掘出土的汉画像让我们看到，在汉画像的群体活动中，并不是每一个古人都是怀着虔敬的心态去面对每一块画像砖、画像石以及上面所刻制的内容的，其所流露的情感也并不都是完全出自欣赏者的自觉自愿。在好多时候，他们只是出于维护群体的需要，把自己的观点和不屑深埋心间，仅只是在外表上跟群体的态度和行为保持一致。这样的从众现象是典型的消极从众，它使汉画像葬俗带上了虚华的外观。这些墓主骨子里不认同别人的所作所为，凑合草率的态度十分明显：一是画像的摆放零乱，不合常规。原为封门石上的画像可能被刻到了盖顶石上，原为墓前室之画像却被用在了后室。现在已经发掘的以南阳十里铺汉画像石墓为代表的数座汉画墓，墓室内画像的摆放均缺乏其他汉画像石墓的有条不紊，在一定程度上失去了画像应有的意义。二是不珍视画面，画像墓建好后没有及时清除覆盖在画面上的污物。南阳市郊好些汉画像石墓出土的画像石刻上大多都残留有石灰的污迹，污损了画面，显得极不虔敬。三是尽管画面雕刻得认真精细，但建筑墓室时却糙拉马虎，许多石刻画面被砌在墓外遭土掩埋，或被置于墓底作铺底石使用。这类汉画像墓较多，南阳各地出土的大批东汉后期画像砖石墓都可与此相互

① 刘克：《汉画像石艺术的阴阳本原与古典生态存在论审美观》，《西北师大学报》2006 年第 3 期。

发明，几成定规。这些现象或可表明，当时汉画像的使用者只是屈从于社会的压力在表面上做出了让步，内心深处并不太认同汉画像所表征的实际意义，这些原本具有无穷神圣内涵的画像石在他们眼里充其量只是普通的建筑石材。和积极从众相比，这种消极从众由于缺乏相应的真情实感和切身体验，无法表达生活的意蕴与深刻性，因此在一定意义上削弱了汉画像质性体气的厚重，对汉画像葬俗的存在和发展极为不利。

积极从众的进一步发展，易于把群体的目标和价值标准内化为个人追求。虽然这种内化对个体审美开放性产生抑制，使汉画像审美流于组织性、活动性、社会性的理性程式而出现概念化、模式化的倾向，不利于审美经验的积累和拓展，但是，在汉画像的群体活动中，这种从众行为也无疑是促使汉画像由单一孤立状态朝着集体化方向迈进并演化成“俗”的直接动力。而消极从众，因为是在表面上佯装顺从而内心仍固守自己的态度和看法，缺乏圣洁的情感和实际体验，因此，当它内化为个人的心理结构时，将会离群体社会化的要求越来越远。[①] 消极从众的存在，将会使汉画像这一璀璨明珠失却耀眼的光辉而逐渐走进历史尘封的记忆。

在汉画像群体行动中出现的从众行为，其实质是社会成员在社会压力之下采取的一种与社会相适应的行为，是社会影响与墓主个人素质之间互动的直接呈现。汉画像是在从众心理作用下传播开来的。对从众个体施加心理压力和影响的，既有来自情境方面的外部因素，也有来自墓主自身方面的内部因素。

先说情境方面的外部因素。

首先，动机刺激。画像石或画像砖是汉代人手中自我标榜、沽

① 阿伦森：《社会性动物》，新华出版社，2002 年版，第 40 页。

名钓誉的利器。孝子们以这种形式来表示自己的德行与孝行，在当时的社会环境中，其根本动机就是为了搏得社会赞誉。《后汉书·吴延史卢赵列传第五十四》载赵岐“先自为寿藏，图季札、子产、晏婴、叔向四像居宾位，又自画其像居主位。皆为赞颂。”[①]把自己画像与古代圣贤并列，具有自己与他们同为德行高洁之人的寓意，目的在于邀人褒扬。应该承认，能以石刻画像装饰墓室的人，在社会上一般都具有较高的公信力。汉画像对于这些人嫁惠之多，自然会让另一些人领悟到此举也将对他们有利，于是在充分欣赏这些先知的汉画动机的同时，也必然会在心间产生相同的念头并于运作实践中踵事增华。《盐铁论·散不足篇》云：“今生不能致其爱敬，死以奢侈相高，虽无哀戚之心，而厚葬重币者则称以为孝，显名立于世，光荣著于俗，故黎民相慕效，至于发屋卖业。”[②]在显名耀祖、加官封爵动机的刺激下，汉画像这一丧葬习俗成了世人灵魂骛趋的热土。

其次，社会规则的约束。文化是人们生活方式、价值观念、理想信念和审美习惯等的总和，是民生的基础，“它渗透在其风俗习惯、艺术活动中，内化于民族成员个人的情感、道德和意志，使本民族成员形成一种心理习惯，指导民族实践行为。”[③]在文化领域，约定俗成的心理习惯对于同一文化圈中的行为主体（墓主）而言往往形成一种规范压力，迫使他在进行文化活动或审美表现时要照顾本文化圈的道德标准和价值观念。秘戏图是汉画像中的重要内容，是长生不死、瓜瓞不绝的象征，与汉时盛行的道教房中术有关，

① 范晔：《后汉书》卷六四，中华书局，1965年版，第2124页。

② 桓宽：《盐铁论》，王利器校注，中华书局，1992年版，第130页。

③ 史红：《舞蹈生态与中国民族舞蹈的特异性》，《文艺研究》2006年第4期。

全国各地都有出土。房中术乃道教男女修炼之大法，是借助两性交接合气以实现度世禳灾进而羽化升仙的重要手段。汉代人对此趋之若骛，乐而忘返。然而在具体表现上，南阳与齐蜀地区存在着明显的差异，分别带着直率和含蓄的地域化特征。齐蜀同宗，都是以西王母为总先妣分化出来的王族，都有杜主之祭的风俗，故在表现这种题材上显得直率大胆。《汉书·景十三王传第二十三》载，广川王刘越"令倡优裸戏坐中，以为乐。"[①]戴王刘海阳图绘交接之像邀父亲姊妹同观，"坐画屋为男女裸交接，置酒请诸父姊妹饮，令仰视画。"[②]这说明父子狎亵同欢、姊妹俳笑宣淫在蜀人心中仅仅是习以为常的普通生活现象。此一习俗的存在，既是一种价值标准，更是一种行为规范，它促使此地的民间艺术家们在表达子孙兴旺、生命长存愿望时必须遵从和符合标准，而相关的社会规范也允许人们在表现男女交接合气的含义时去使用那种嬉亵过度、令外人骇观的直露场面。[③] 而在没有此类习俗孑遗的南阳，同样是表现延年益寿、繁育子嗣的男女合气意念，却常用伏羲女娲、鱼、蛙等图像来象征，显得含蓄委婉，不像齐、蜀之地那么直露，为此地民众所喜闻乐见。如果效颦齐蜀，有违所在文化圈的相关规范，墓主的人品将要遭到世人的鄙视。合群生存是包括人类在内的许多动物的天

---

① 班固:《汉书》卷五三，中华书局，1962 年版，第 2431 页。

② 班固:《汉书》卷五三，中华书局，1962 年版，第 2432 页。

③ 考古报告显示，齐蜀秘戏类型有三：其一是接吻，四川乐山麻浩崖墓中男女二人于羊背热吻。山东莒县沈刘庄汉墓西王母画像下一对男女热吻。其二是拥抱。四川彭山崖墓门楣上刻一相拥的赤裸男女，男的从女肩下伸手探抚女的乳房。其三是交媾。山东平阴孟庄画像石墓中于戏兽、角力、杂耍、乐舞之中一对男女相拥立交。新都出土的一块汉画砖上，大树下一女子裸躺于地，双脚上翘钩住男子肩膀，男子双膝跪地，坚挺的硕阳正刺向女子阴门。其后一人阳物上举，目摇心动，不自禁制。

性，他们谁都不情愿被视为不合群者。社会学家霍尔巴赫说："没有人会不害怕人的裁判而更害怕上帝的裁判，因为他亲自直接感受到世人裁判的结果——希望受人欢迎，忠于传统，惧怕惹人讥笑和担心人们议论是非——这就是比宗教观念更强大得多的种种动因。"[①]他们内心深处潜藏着巨大的被群体接纳、善待、赞许的热望，为使自己的这一热望得以实现，他们总会遵从群体的意见，以群体的行为标准为自己的行为标准，践行群体共同认可的行为规范。不然的话，他的努力将会得不到所在文化圈民众的赞许。得不到赞许，墓主的所有寄托都将化为泡影。

最后，群体压力。来自社会学的研究资料证明，群体规模的增长能够对行为个体的从众行为产生直接推力。汉画像不断发展的过程，也是作为一个群体不断壮大的过程。我们发现，在汉画像葬俗的产生初期，汉画阵营还不够强大，社会的其他阵营对墓主的心理上还构成着威慑，因此，此时的汉画题铭中经常出现一些乞告外人不要毁坏画像的文句。此类题铭的存在，说明作为一个行为群体，当规模还不够大到足以迫使社会中所有人无条件接受它，社会上还有一大部分人在充当着这种活动的对立面时，它也不敢理直气壮地打出自己的旗帜，义正词严地坚持自己群体的意见。但到了东汉中期以后，随着汉画像葬俗的迅猛发展和这一群体势力的不断增大，情形则发生了翻天覆地的变化。在汉画像狂潮的强劲奔涌中，一些眼热心急者的理性思维也荡佚出了传统文化的边框。表现在汉画像的行动上，不仅咒人、求人的题铭不见了，而且还出现了再用和再葬画像墓的社会风气。所谓再用，是指后人利用原有汉画砖石材料重新建造墓葬；所谓再葬，是指后人就前人的画像

---

① 霍尔巴赫：《健全的思想》，商务印书馆，1980 年版，第 143 页。

墓加以重新利用。此类墓葬的大量涌现,折射出特定历史时段的某些人(如不具建造画像墓之资财者),在面对汉画像那种如火如荼的逼人形势时,身不由己地选择从众以满足“合群需要”的微妙心理。

墓主方面的内部因素,也为汉画像群体行为的产生注入了新的动力。房龙说:“一国的艺术,是该国灵魂的可以见得到和摸得着的表现形式。”[①]刘汉皇朝践祚四百余年,虽然倡盛富强,但和先秦相比,汉代人的思想灵魂并不是想象中的更为独立和更有信心,而是缺乏信心,没有思想。方东美把这一时期叫做“精神堕落,思想萎缩时期。”[②]儒家无力实现意识形态上的一统天下,而只能与道、墨、法诸家和谐并存。这从《汉书·艺文志》的有关记载和汉画像石中大量的孔子见老子画像以及只有孝道故事没有忠君画面等中即可得到印证。统治者实行“霸王道杂之”政治权术,民间则讲究外儒内道的行事原则。在这种繁芜驳杂的文化背景上,世人难以免却行无所宗、进退失据的尴尬。作为民间文化层次的汉画像,在对待相关问题上就不敢对自己的文化判断力有过高估计而标新立异或独彪奇怀,往往乐意跟从社会潮流走。另外,一般欣赏者由于在审美趣味性和自主性的选择上处于被动地位,汉画像所孳乳的嘉言懿行也会对他们形成强大的心理压力,使他们的自信心受到削弱,更加相信群体的选择,从而不由自主地走进群体行动的洪流。

社会心理学家指出,智力、教育、自尊感会使人们具有独立性,

---

① 房龙:《人类的艺术》(上),河北教育出版社,2002 年版,第 54 页。

② 方东美:《原始儒家道家哲学》,黎明文化事业股份有限公司,1987 年版,第 136 页。

在审美活动中不易接受团体的压力影响而从众。汉画像这种墓葬艺术不是帝王大臣等精英文化层墓室的饰物，而是接近民风民俗的底层官员和殷实富有者墓室中的陈设。这个阶层的审美能力、艺术修养和社会地位都注定他们在面对具有通俗性、质朴性和刻制标准模糊性特征的汉画时要产生共鸣，并轻易就会采纳相应的审美评价而跟从大众。看重立竿见影的眼前利益，轻视难以预测的长远利益是民间文化重要的价值取向。正是基于这样的原因，汉画像充当了潮流的重要对象。

我在《早期道教教义的传播与汉画像石葬俗的演变》[①]一文中强调，由于险恶的政治文化原因，汉代士大夫的情绪一般来说是焦虑不安的。表面上看，好些人对世事似乎无动于衷，“默默独守吾《太玄》”，但内心深处忧谗畏祸的情感狂潮却无时不在激烈地涌动。心理学告诉我们，这种情绪类型最易使他们在汉画像葬俗的发展过程中放弃自我而遵从群体和大众。

总之，一个时期的艺术是一个时期哲学思想的反映，是特定文化的隐喻与表征。以争取社会价值认同为目的的汉画像，尽管对于审美共通感这个社会情志沟通中介的倚重使它的审美意蕴受到了一定程度的遮蔽和消弥，也尽管把孝行炫耀作为内核并在世俗文化的知识谱系中同化大众的感知方式时使它及它存在时代的人文超越本义遭到了不同程度的否弃。但是，汉画像是古人在生存需求背景下产生的认知，具象的意表和内在的意蕴在为我们深入认识社会集体行动动力机制和规律提供独特视角的同时，对社会学研究的理论空间也带来了相应的延伸和拓展。从这个意义上

---

① 刘克：《早期道教教义的传播与汉画像石葬俗的演变》，《世界宗教研究》2005 年第 3 期。

说，汉画像的学术价值和理论价值不可忽视。

二、汉画内容形式与时代风尚之间的和谐关系

心阅目读一部汉画史的琳琅风色，不难发现，其艺术认同和确证形式一直都处在激烈的变化中。促使汉画从内容到形式发生变化的直接动力，在我看来，不是来自汉画的本身，而是来自汉代民俗特有的文化力量。作为民俗文化的直接成果和精神隐喻，汉画总是与汉代社会中的特定民俗广泛而密切地联系着。若抛开汉代民俗进程来谈论汉画的形式内容特征，我们将会茫然找不到头绪。

大约在公元前四百年中国由奴隶社会向封建社会转型的大变革中，动荡纷乱的社会现实激活了一部分渴望改变自身生存状况之人意识深处的那一潭死水，他们决计要趁此时机大显身手，凭自己豪纵不受羁勒和重气持节朴野刚健的秉赋去做一番事业。其行事时由于好“立气势，作威福，结私交，以立强于世”而被世人称为侠；更由于他们不喜居业，偏好游处而被世人称为游侠。经过数百年的发展演变与社会各界的踵事增华和推波助澜，至两汉之际，游侠之风已呈现出燎原之势，他们中的好些人受特殊环境的滋养，逐渐成长为天下豪杰。“不事家人生产作业”的刘邦，“贫无行”“不能治生商贾”的韩信、“居丁邳，为任侠”的张良以及萧何、曹参、樊哙、陈平、彭越、项梁、英布、季布、项伯等，骨子里都带有十分浓厚的游侠习性。这些人不仅在当年的楚汉争霸战中以自己的勇猛善战为各自营垒立下过赫赫战功，就是在刘邦践祚之后，作为皇帝身边的枢臣，其喜侠秉性对刘汉集团的游侠政策也产生了重大影响。西汉早期，任侠之人不但可在年老体衰之后改节而出任高官，就是刚狠好斗，正在横行乡里的游侠也可受朝廷招安而任达官、爵列

侯。这样不仅形成了侠在权门、豪强的局面,而且朝廷对游侠的欣赏和任用,也为社会尚侠民风的炽烈提供了澎湃的动力。武帝杀郭解之后,侠虽逐渐脱离权门、豪强而进入民间江湖,但由于朝廷与游侠千丝万缕的紧密联系,昭、宣、元、成、哀、平及王莽时代对任侠都无不网开一面,明里暗里行施着宽仁之政。因此,游侠尽管隐然退入了民间,却不仅未能在社会上绝迹,相反其凶焰对天下仍有着很大的威慑力量。"宁负两千石,无负豪大家",许多游侠都是"名闻州郡者"。受此沾溉,游侠弃绝庸常的品质、勇毅忍强的壮行和伉直耿正、重气持节的人格魅力也就全面地进入到了汉代人精神世界的深处。以是之故,二桃杀三士、聂政刺侠累、荆轲刺秦王等表现侠义之举的图像以及游侠所热衷的强弓硬矢、斗鸡走马图像在西汉晚期的汉画像石墓中普遍存在,南阳各地都有大量出土。图 10-12,为二桃杀三士画像,从南阳县英庄汉画像石墓出土。画中 1 勇士正将手伸向放有 2 桃的高脚盘,另 2 勇士则横剑割颈自刎。画左 3 人,其中个头最矮者当为晏婴。"二桃杀三士"画像石

图 10-12

图 10-13

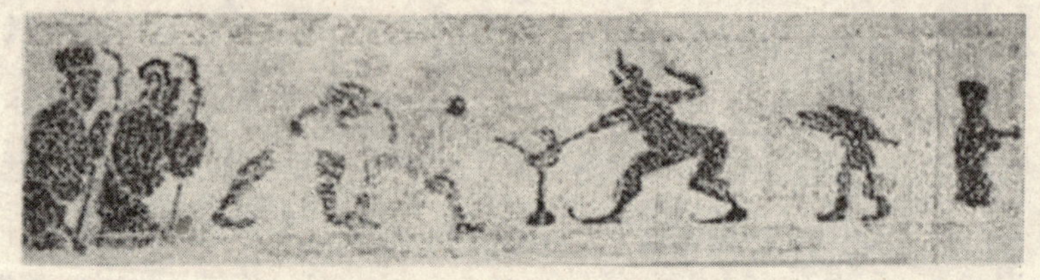

图 10 – 14

在南阳出土较多，常被刻绘在墓门门楣正面，如图 10 – 13、图 10 – 14。这两幅画像分别从南阳县民间和南阳市方城县光店农村征集所得。图 10 – 15 表现的也是历史故事"二桃杀三士"，为 1972 年 6 月从南阳市唐河县针织厂汉画像石墓前室北壁发掘出土。图 10 – 16，为聂政刺侠累画像，该画像表示聂政刺韩相侠累后自刎的场面，1972 年 6 月从南阳市唐河县针织厂汉画像石墓发掘出土。

图 10 – 15

图 10 – 16

《史记 · 刺客列传第二六》云："聂政者，轵深井里人也。杀人避仇，与母、姊如齐，以屠为事。"韩烈候时，大臣严遂与国相侠累因争权而结怨，严遂于烈候三年（前 397 年）使聂政刺杀侠累。于是，聂政"杖剑至韩，韩相侠累方坐府上，持兵戟而卫侍者甚众。聂政直入，上阶刺杀侠累，左右大乱。聂政大呼，所击杀者数十人，因自皮面决眼，自屠出肠，遂以死"。[1] 发掘报告显示，此类画像在该墓共出土 2 幅，情节内容相近。在该墓北主室西壁下方还刻绘了"荆轲刺秦王"的历史故事，

① 司马迁：《史记》卷八六，中华书局，1959 年版，第 2524 页。

如图10－17。图10－18，为高祖斩蛇画像，1972年6月从南阳市唐河县针织厂汉画像石墓发掘出土，位于北主室北壁右下方。此类画像的大量存在，不能说不是古人心中所潜存的“豪侠情结”的真实写照和全面凸显。当历史进入到东汉，游侠中的上层由于“在封建制度的演变过程中不断同豪强地主合二为一”，而下层则隐匿江湖盗匪之间干起了劫掠逼命、奸淫烧杀的禽兽勾当，因此，“原来意义上的游侠便不复存在了。”[①]其行径也开始遭到世人的诟病。《汉书·游侠传》中对游侠“以匹夫之细，窃杀生之权”深致不满，[②]张衡《西京赋》之文字賸理间也流露着贬大于褒的色彩。在这样的文化环境中，昔日备受推扬的游侠题材由于失去了先前的运作程式和积储逻辑，因此便在震铄一时之后，很快从东汉的汉画中销声匿迹不见了踪影。东汉对于游侠题材的坚定排斥，本质上是跟人们的民俗心态相一致的。王弼《周易略例·明象》云：“夫象者，出意者也”。[③] 游侠形象在汉画中的去留，从根本上折射了古代民间那种建构于民俗心态基础之上

图10－17

图10－18

① 刘修明：《秦汉游侠的形成与演变》，《中国史研究》1985年第1期。

② 班固：《汉书》卷九二，中华书局，1962年版，第3699页。

③ 王弼：《周易略例》，见楼宇烈校释：《王弼集校释》，中华书局，1980年版，第33页。

的文化原则。作为根源于民俗立场的汉画，其艺术表现对象的变异，充分感性地体现了一定民俗时代的巨大特征。

道教在东汉末年拥有雄厚的群众基础，在社会生活中占有重要地位，自然会对人们的精神生活产生重要影响。同时，在科学还不能完全解释世界和人生的时候，道教的教义和教理仍然是许多人思考社会和人生的出发点。这一点，今人从东汉晚期的画像石内容中便可以强烈而清晰地感受到。因此，把汉画像石投置于当时特定文化环境中考镜与探询，许多悬置的问题将会迎刃而解。道教继承老庄"虚静"、"心斋"的学说，并把它发展为修道炼性的原则、动因，"子欲得道思书文，求道之法静为根"，[1]《太平经》出于向民间普及这种超功利审美心态的实际需要，将它的清静观描述得清楚明白且极具操作性："守清静于幽室，成者是也，自言得道行。"[2]在道教的义理中，形属阴，主静，唯有阴静而凝，方能致神达仙。《庄子》倡导"齐生死"，"事死如生"，死人与生人一样，认为只有排除私欲杂念和世俗烦扰，就能体验道的美妙，"人能常清静，天地悉皆归"，[3]成神升仙。《道德经》指出："出生入死。生之徒十有三，死之徒十有三，人之生，动之死地十有三"，[4]在汉代这个危机四伏的社会，人生的流程中险象环生，为求"长生久视之道"，理应"深根固柢"。为此，在东汉末期的墓葬中，墓门画像中较多地出现了神荼、郁垒、青龙、白虎、熊、天禄、辟邪等形象，虽然缺少先前歌乐

① 王明：《太平经合校》，中华书局，1960 年版，第 305 页。

② 王明：《太平经合校》，中华书局，1960 年版，第 278 页。

③ 《道藏》，文物出版社、上海古籍出版社、天津古籍出版社，1988 年版，第 312 页。

④ 王卡点校：《老子道德经河上公章句》，中华书局，1993 年版，第 191－192 页。

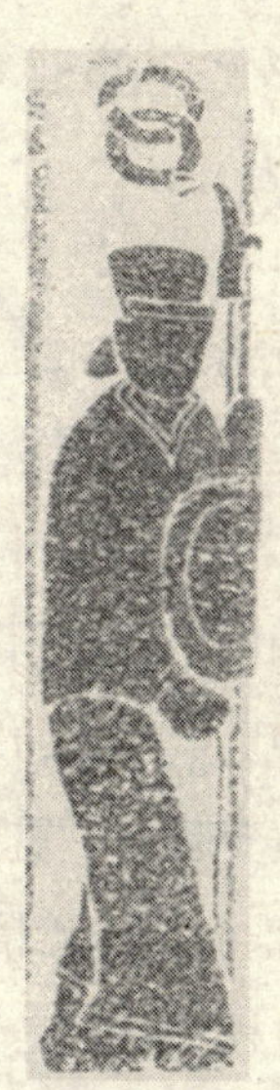
图 10－19

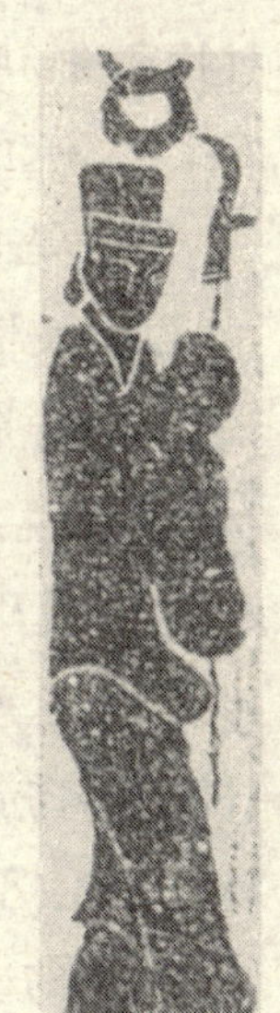
图 10－20

升腾的热闹场面，给人以呆板、模式之感，但因它们具有御凶辟恶、击魍食魅的性能，将其置于墓门，以镇鬼慑凶，使恶害不祥之物不敢侵入，可保墓室无扰。《老子想尔注》认为生是“道的别体”，与“道、天、地”并列为“域中四大”。[①]《太平经》亦认为生命乃大道之祖，无生命便无大道，“元气行道，以生万物，天地大小，无不由道而生者”，[②]生命为阴阳精气和合之果，故须倍加珍贵。这种以道教特有的神学手段厌劾鬼神，安镇冢墓，无不是为了达到一种佑助生人安宁，利于死者修道的目的。这反映的其实是一种重人贵生理念。贵生的方法尽管多样，但制止对于生命有害事情的发生乃是众多方法建立的总纲。东汉末期，辅首、门吏、神物画像内容之蔚为大观，既不是画像石衰落之象，也不是画像呆板，而是东汉早期道教终末意识在葬俗中的反映，表现了世人对于现实生活的不安心态和对汉家国运的怀疑态度。图 10－19、图 10－20，为墓门上刻绘的门吏画像。这种图像的出现，与当时道教大肆宣扬的灾厄历数、解厄祛危思想可互参互证。王宜娥认为，“道教美术的特点是反映与表现道教徒对道教神仙的信仰与崇拜，或以形象的艺术形式反映和宣传其精深玄奥的教理教义”。[③] 在这

① 饶宗颐：《老子想尔注校证》，上海古籍出版社，1991 年版，第 77 页。

② 王明：《太平经合校》，中华书局，1960 年版，第 371 页。

③ 王宜娥：《道教美术概说》，《中国宗教》1997 年第 2 期。

种特定的场域中，艺术的本质、宗教的本质和人的本质三者之间是联系在一起的。

道教是追求此岸世界、重人贵生的宗教。它把“安贫乐道”当作重要的审美情趣，反对物质铺张上生死不分、事死过生的社会风习，认为神仙皆是“不贪尊贵”者，[①]对死者的祷祭强调“但心至而已。”[②]《道德经》说：“我有三宝，持而保之：一曰慈，二曰俭，三曰不敢为天下先。”[③]要爱及山川河流及日月天地，廉洁清正，远离酒色，不可随便暴殄天物。这种贵生贱死的宗教信仰，对于东汉末年画像石葬俗向素朴简化方向演变起到了重要的推动作用。在道教看来，营造修道环境时，只有把墓饰与修道精义相连才有价值。人生的幸福在于追求长生成仙的过程中。正是这种价值标准的确立，东汉晚期的画像石不仅出现了学界共识的“场面较小，内容简单”的倾向，前中期那种浩浩荡荡的出行图和充满欢歌笑语的宴飨图已难觅踪迹，而且在南阳各地，还出现了利用前人画像石材料再建画像石墓和利用别人画像石墓再葬的现象，墓室的建筑材料也一改前中期那种靡费甚巨的纯石条结构而由青砖代替，仅骨架由石条充任。即便如此，在骨架石条上刻绘画像者也已不多见，画像只集中于门楣、门扇之处。从考古发掘来看，再墓的形制及结构都比较简陋，装饰意义的图案也较以前大为减少。这足以看出道教教义的影响。此时期的道教教义为人们再建再葬画像石墓提供了理论依据。反过来说，如果没有这些理论作为人们丧葬观念的基础，出于忌讳上的考虑，也不会利用他人画像石和墓穴再建再葬。在他们看来，画像石的内容繁富与否，新建新葬与

① 王明：《太平经合校》，中华书局，1960年版，第51页。
② 王明：《太平经合校》，中华书局，1960年版，第51页。
③ 王卡点校：《老子道德经河上公章句》，中华书局，1993年版，第263页。

否，都不是问题的关键，重要的是人改造自己以会道。“我琴不在声音，我意不在山水。月明风静中间，对景有谁玄会。”[①]这种“磨砖成镜”的艺术追求过程同读经一样，只是一种追求和理解道的手段、途径。在这个意义上论之，某些考古论著将这种现象判定为画像石葬俗由兴盛转向没落，[②]并把政治动荡经济萧条归为此俗衰败的原因，显属不当。综观东汉中晚期官宦富豪之墓向着大型豪华方向发展而画像石葬俗却逐渐趋向简单抽象的事实，只能表明道教作用下人们的民俗心态发生了变化，而不是什么“政治动荡经济萧条”造成了它的“全面衰落”。因为这是难与事实和民俗学的相关理论相符合的。汉画虽没有用文字写下重人贵生的专论，但却用图像抒发了人们心底未曾明言的情感。

在形式结构的审美追求上，风俗变化对汉画的影响也很深刻。从全国出土的情况来看，各地的汉画像都十分喜用构图满、寓意露的表现手法。为了使画面饱满不留空白，汉画工匠常常将不同时间和地点的景观刻绘于同一个石面。1994 年南阳市邢营村出土的“耕耘图”，面画分别由“乐舞百戏”、“驱魔逐疫”和“耕耘”3 方面内容组成。这种情形，在外地也有，例如，在成都新都出土的汉画砖上，汉画工匠将象征天上人间的 1 枝嘉禾、4 个人、2 只猴、2 羽凤凰组合在一起。至于发生在同一时空的内容，汉画工匠更是从纵向或横向的构思角度作高密度的平行排列，让有关内容密密层层地充满整个画面。例如，1983 年 4 月南阳县英庄汉画像石墓发掘出土的庖厨图中，刻画了烧烤、筛酒、烹饪等场面，画体甚是精细绵

① 《道藏》(第 15 册)：文物出版社、上海古籍出版社、天津古籍出版社，1988 年版，第 958 页。

② 王建中：《汉代画像石通论》，紫禁城出版社，2001 年版，第 395 页。

密。如图 10 – 21。在成都新都出土的汉画砖上,刻绘着酿酒酤酒的全景图。画面左上 1 人推独轮车,上置送糟的方形圆口器皿,左下 1 人担 2 只酒瓮,其旁置釜灶,1 人正在和曲。灶前置酒炉一座,炉内置瓮。画右刻一廊檐,檐下有两瓻,旁有圆盒 2 只。画面中刻绘如此众多的内容,无不给人以强烈的饱和之感。除此之外,“满”作为汉画美学的基本追求,即使在一些受主题限制很难添加附属内容的画面上,汉画工匠也要想方设法挤加进去一些装饰图案。例如东汉年间常见的神兽、升仙和神话题材,其空隙处常常要添加一些简洁流畅的云气作为填充,营造出一种神秘飘渺、杳寂萧疏氛围,

图 10 – 21

如图 10 – 22、图 10 – 23,这两幅画分别表现了神兽形象和升仙情况,图 10 – 24,为表现河伯出行神话的画像。在斗兽、田猎图的空白处则多刻绘茂密的植被和起伏的山峦,给人以活力充盈、生机盎然的美感。图 10 – 25、图 10 – 26,这两幅画像表现了斗虎、田猎内容。而在乐舞百戏画像之上往往以衔华佩实的垂帐作装饰,使整个弦歌擗踊场面显

图 10 – 22

图 10 – 23

图 10 – 24

得既欢乐祥和又富丽堂皇。如图10－27乐舞百戏画像。特别东汉后期的画像石，为使画面“满”，装进较多的内容，往往要将一石分为数层，给人以强烈的充实之感。形成这种构图特色的原因，在我看来，主要有如下两个方面：一与时代审美风尚的变化有关，是古人求全意识的反映。受楚辞鸿篇巨制体式和战国纵横家铺排夸张文风的影响，汉代审美风尚发生了质的改变，包括汉画、汉赋在内的艺术创作，出于润色鸿业的需要，其艺术精神、审美追求的重心，业已由诗骚的内心情志感发跨越到了对外部世界的赞美，将关注社会以求善，变为关注自然以求美，亦即将以人为中心和本位的审美观，转化为主体向客体辐射，表现出对客体美的热烈追求。[①] 在这个由无限关

图10－25

图10－26

图10－27

① 邓乔彬：《论汉画的艺术表现原则》，《文艺理论研究》1997年第6期。

系构成的社会中，汉画在对整个社会文化之共同利益进行关照和对大众日常生活形态进行呈示时，人们自然要把画面的充实丰满与巨细无遗当作美的基本形态。可以认为，汉画所呈现的那种“总众类而不厌其繁”的求全求满特征，是汉代特定审美风尚的折射和反映。二与汉代人的民俗动机转变有关。汉代人不计靡费地装扮墓室，原先是为死者尽力，是特定条件下至诚至朴、至深至远的孝道思想的表现。后来民俗心态发生了变化，其深层动机变成了借图像来影响死人，进而护佑生者，除要它助已实现子孙满堂、多福多寿、风调雨顺、平安吉祥等愿望，化解和规避生活中可能出现的一切艰辛和不如意之外，还要让它成为为自己浪得好名声的利器。愿望多，石面有限，当工匠仰观吐曜、俯察含章时，汉画的“满”便在情理之中了。

三、汉画像石的功能及人文意识之于世情民俗的顺循

汉画作为民间艺术，它是汉代厚葬习俗沃土上长出的藤、结出的瓜，其制产和传承与当时的民风民俗的联系相当紧密。人们模仿阳宅图画其壁的风俗在砖石上范铸图案或刻绘画像，其情形便成了我们现在习称的汉画。从这个意义上说，汉画源于民俗，它具有民俗的所有功能。

这种功能首先表现为对文化传统的强化和保存。有汉一朝甚重农桑，素以渔商为末节敝俗。在这种重本轻末的风气中，除秦晋这些有先王“好稼穑，务本业”遗风之地的民众越发勤勉，“言农桑衣食之本甚备”[①]外，就连向有“夸奢，上气力，好商贾渔猎”风俗的南阳，风气也为之一变，郡中莫不以“耕稼力田”为乐。为求得风调

① 班固：《汉书》卷二八下，中华书局，1962年版，第1642页。

雨顺,五谷丰登,民间还盛行演耕籍田、祭祀田神的风俗。这种风俗在乡间里巷的进退不仅关乎着社稷的盛衰和治乱,其民俗功能多层面效用之在人们心中的累积叠加还会给汉画增添新的内容。细察一部汉画变迁史,其中不仅有大量来自田间地头的幸福歌唱,而且更有表现"籍田"、"祈谷"等祭祀方面的优美篇章。缘于神农氏炎帝析木为耜、揉木为耒和教民种谷之德,汉时对神农氏的祭祀即已成为定制。《后汉书·礼仪上》载:"正月始耕,尽漏上水初纳,执事告祠先农,已享。"[①]《后汉书·祭祀下》亦载:"县邑常以乙未日祠先农于乙地。"[②]全国各地的汉画题材虽然存在着极其明显的差异,但在对神农氏的祭祀上却呈现出惊人的一致性。南阳农业传统悠久,出土神农氏画像较多。从已发现的神农氏画像来看,神农氏在人们心中的地位极高,常被设置在神树的最顶端以寓意具有无限的神性。后稷乃谷神,也叫灵星神,因有播种之功而早在汉初就已享受到祠祭,《史记·封禅书》载,高祖曾"令郡国县立灵星祠,常以岁时祠以牛。"[③]民间祭祀灵星神时一般2人1组,按照从耕种到收获的次序持相应农具以载歌载舞的形式来进行。由于这种习俗影响深刻,故南阳各地的汉画对这一题材施墨较多,这其中又尤以南阳市汉画馆珍藏的芟草播种画像石最为典型。石上6位农夫分3组表演着祭灵星神中芟草播种的舞蹈。[④] 至于牛耕拉车、积肥整田方面的民俗内容,都被各地归入了特别偏爱的"本土文化"范畴,十分普遍,成为汉画幽赞神明题材中的荦荦大者,反映了

---

① 范晔:《后汉书》卷九四,中华书局,1965年版,第3106页。

② 范晔:《后汉书》卷九九,中华书局,1965年版,第3204页。

③ 司马迁:《史记》卷二八,中华书局,1959年版,1380页。

④ 韩玉祥、曾新洲:《南阳汉画像石精萃》,河南美术出版社,2005年版,第75页。

人们在面对自己所创造的文化时所特有的自豪情感。

《日书》乃日者卜筮择居之书。从江陵张家山327号汉墓、武威磨咀子6号汉墓、定县八角廊40号汉墓、临沂银雀山汉墓等遗址的考古发掘皆有《日书》出土之情况来看,《日书》在汉代的影响极其广泛。在日者看来,五行之气相生高贵昌吉,五行之气相胜贫贱衰耗,所以《日书》十分重视宅居的格局,尤其重视门的朝向。《日书》将东西南北4个方位的门分成22个(南北各六,东西各五),并从东南隅的寡门起依顺时针方向逐一解说各种用途房屋所宜的朝向。汉画以自己特有的智慧图解了日书的相关思想。由于商为金,南方火,火克金,五行之气不相生,故在日者看来商门不宜南向。徵为火,北方为水,水火相胜,故汉画上所刻乐舞百戏表演场所的门基本是没有北向的。另外,在日者看来,水井、牲口圈等所处的位置对居者贫富命运的影响也很大。《日书》云:"井当户牖间,富。"[①]井要打在房前才能发财。从汉代南阳汉画中宅院图的构图来看,不管是以长廊将宅院分成若干个互有联系的院落,还是单门独院,井的图案一般都刻在居所的户牖之间,院落其他地方很少有井的出现。牲畜圈的位置对居者财运而言也至关重要。日者认为,只有把圈建在宅居的北方才可以致富。"圈居宇正北,富。"[②]圈居宇正北,为坎,为水,与商金相生,故可致富。不过《左传·僖公十九年》又曰:"古者六畜不相为用。"因此,圈舍要根据所养品种的不同而将它们分隔圈养。《周易·说卦》云:"艮为犬",又云:"兑

① 睡虎地秦墓竹简整理小组:《睡虎地秦墓竹简·日书》,文物出版社,1990年版,甲种简一八背肆。

② 睡虎地秦墓竹简整理小组:《睡虎地秦墓竹简·日书》,文物出版社,1990年版,甲种简二背叁。

为鸡。”[①]艮、兑分别主东北方和西方，为土，为金。上古天数观以☶主艮位土，属犬；以☱主兑位金，属鸡。[②] 因此，圈之东北宜养犬，而西部则宜养鸡。所养与天数相配，自然六畜兴旺。整体而言，汉画的布局设计总是与《日书》的占断遥相呼应和相互补充的，它对传统文化的理解和认同使它对所刻图像价值的预想没有跟相关民俗彼此错出。

汉画还具有的鲜明的民俗引领功能。

汉代盛行遂性顺欲的道教房中养生观念。汉画中表现男欢女爱的“秘戏”画像很多。南阳县英庄汉画像石墓、南阳市方城汉画像石墓和南阳市新野县高庙乡汉画像石墓都有出土。对此类充斥放诞野性而寄意遥深的性合秘事进行图绘，除具有表达长生久视、瓜瓞不绝的这一“汉者胸次”的用意外，也让世人不借推理，专凭直觉就能从这种同房中世风相一致的视觉形象中对汉代特有文化典型行施有效的探察和体味。

礼乐教化在汉代学校教育活动中有着十分重要的地位，清朝学者俞正燮曰：“通检三代以上书，乐之外无所谓学。《内则》学义，亦止于此；汉人所造《王制》、《学记》亦止于此。”[③]学校教育对于礼乐文明的重视，培养出一个富有礼乐教养的贵族阶层，礼乐方面的许多习俗被他们带进了汉画中。乡饮酒礼和乡射礼既是民间经常性的礼乐活动，同时也是汉画的重要表现对象。此类画像虽然受条件限制难以完整细致地再现乡饮酒礼和乡射礼的全部过程，但

① 阮元：《十三经注疏》，上海古籍出版社，1997 年版，第 95 页。

② 冯时：《中国天文考古学》，中国社会科学出版社，2001 年版，第 107 页。

③ 俞正燮：《癸巳存稿 · 君子小人学道是弦歌义》，辽宁教育出版社，2003 年版，第 65 页。

相关典礼仪式中的重要场景和大致格局却都被刻画进了画面中。欣赏者通过画面能够轻而易举地掌握和明晓宴饮射击的进程及长幼之序的道理，具有与科普挂图或教科书同等的效用。将乡饮酒礼和乡射礼以图的形式相示于石，具有铺渲民俗、启人省思、擢拔世道人心的作用。

作为刻绘实践而留下的印记，尽管从文化的多元性角度来看，汉画不论反映了何种愿望理想和表现了怎样的生活样态，应该说都是具有其自身意义的。但是，人乃"有心之器"，因为"社会秩序"和"社会理想"的存在，汉画便不能成为一种自由的艺术。"它是严格按照当时占统治地位的儒家礼制和宇宙观念刻在石结构墓室、石棺、祠堂和墓阙上的。"①"儒家礼制"和"宇宙观念"通过强制或教化的形式对民众的文化心理实施"整一化"、"同质化"和"规范化"的淘洗与改造，最终凝结为一种独属于汉画的人文传统。

儒家重视事物多样性的统一，把致和当作最高境界，反对没有差异的单一的同。在儒者看来，和是事物孕生的基本前提。"和实生物，同则不继"。《论语·子路》云："君子和而不同，小人同而不和。"②只有将有差别的个体和合聚会融合于一体，方才能够化生新的气象。"异""同"之辨这一中国古典哲学的重要命题，对汉画的创作产生了深刻影响，或者说汉画中的许多题材，如日月星辰、伏羲女娲、东王公西王母等就是按照这样一种哲学论述安排组合在一起的。在汉画中，"致和"不仅兼具诗性与理性的双重属性，而且兼具宇宙起源和文明滥觞的双重意旨。对多元之"和"的亲近和对单一之"同"的拒斥是汉画的重要倾向。

---

① 信立祥：《汉代画像石综合研究》，文物出版社，2000年版，第60页。
② 孔子等：《四书五经》，线装书局，2007年版，第19页。

汉画不是一个封闭的保守系统,对于社会生活的敏锐感受使它的艺术形式中饱含了强烈的人文精神,涵纳民俗文化和时代追求的气度格局使汉画放射出夺目的思想光芒。汉画与民俗的紧密联系和对于日常生活的关注与表现,在凸显自我之于传统文化的理解的同时,也展呈了“历史社会现实”的人文精神风貌,增强了民众与艺术之间的亲近感。汉画对于民众民俗心态的认同和对于艺术实践与世俗生活之间壁垒的融通,使汉画内容的演化跟时代民俗的流变之间具有一种很强的联动关系。作为一种文化存在的表达方式,汉画所蕴涵的民俗特质和人文精神既是它发挥历史存储和民俗引领功能的条件,也是它全部意义和价值得以实现的基础。

后 记

身为教书人，一天到晚所做的重要工作，不是看书，就是写书。看书是学习的过程，写书是实践的过程，学习和实践，二位一体，相得益彰，不可偏废。

我进行汉画研究，虽然已经有些年头了，但其开端，却是出于偶然。我的爱好中有着太多的偶然。记得当年钓鱼，也是一种偶然。原本我对钓鱼没有丁点儿兴趣，总觉得那种起早贪黑、废寝忘食的活动太辛苦，不值当去做。一个偶然的机会，遇到邻居中的一个老钓迷，非约我到附近的水库垂钓不可。因抹不开情面，只好勉强随同。由于初来乍到，钓具、钓饵无备，只好全部借用邻居的。到钓点后，我照葫芦画瓢般模仿着邻居的举动，亦步亦趋地做着试漂、挂饵等动作。待正式开始垂钓，不多一会儿，便有一条鱼儿咬钩。我手一提，看到尺长锦鲤离开水面，兴奋之情无以言表。从此爱上了垂钓，而且爱得义无反顾、死心塌地。随着钓龄增长，方知垂钓学问深大，要想随心所欲，手到鱼来并非易事。与此相仿佛，我之汉画爱好，也是出自偶然。十几年前，由于与南阳汉画馆为邻，耳闻目睹了许多有关汉画的故事，在极其不经意间，写了一篇在以后看来很不成样的汉画文章，投向了一份在学术界有着较大影响的刊物，按现在的话说，叫做“核心期刊”，承蒙厚爱，数月之后竟被发表。当时我所在的单位正在倡导发表所谓的“核心期刊”文章，当我拿着散发着油墨清香的刊物时，那种兴奋的心情跟我当年手捧活蹦乱跳的锦鲤一样，久久不能平静，遂对汉画研究产生了浓厚的兴趣，并一发而不可收。时光荏苒，至今发表相关学术论文已有85篇,放在一起也高可盈尺了。

在2005年教育部人文社会科学规划课题的申报中,承蒙学术界前辈和同仁的关爱与不弃,我又有幸荣获了教育部人文社会科学研究2005年度规划基金资助,从而使我的汉画研究步入了健康发展的轨道。

虽然有南阳汉画堆积如山的便利条件,但由于自己学术视野有限,相关知识积聚薄浅,因此,当我将教育部的这一研究课题正式付诸实践后,困难便像汉画中那一个个张着血盆大口的白虎一样,气势汹汹地出现了,有时甚至将人逼得工作不下去。后来,虽然经过学术界前辈的帮助和我夜以继日地阅读相关学术著作、审慎地辨视那些出土汉画文献,这些困难得到了一定程度的克服,但我深知,我研究中存在的问题和不足还有很多,本书的整体效果与前辈的期望和自己的理想之间还有不小的差距,刘勰所说的"方其搦翰,气倍辞前,暨乎篇成,半折心始"的现象在我的这本书中还存在。为此,我愿意真诚地接受学界同仁批评,更愿意进一步学习、提高。

对于汉画中民间信仰的研究,这还是一个开始,其中有着很大的研究空间。面对这样一座积储早期民间信仰的文化宝库,我将在前一段研究的基础上,除继续对前期研究中所积累下来的问题作进一步的梳理、归纳之外,还将把视野从南阳扩大到中原、全国。潜心治学,试图从早期宗教角度对全国汉画文献作进一步的钩稽、整理,用更加丰富的科研成果来报答古人对于我的恩赐和学术界对于我的厚爱。

在成书过程中,我借鉴引用了时贤先哲们大量的研究成果。对借鉴引用的内容,我在书中都一一列出了出处,并对他们的研究工作表示深深的感谢和由衷的敬意。在写作中,我常担心由于自己的粗疏，给书中酿出这样那样的不足和缺憾。对这些不尽如人意之处，我乞望大家、前辈宽恕。

本书的写作出版得到学苑出版社及我的雅邻刘明阁教授的大力帮助，感激之情无法用语汇形容。没有他们，我真不知道这本书能不能出版。

刘　克

记于二〇〇八年元月三十日